독일 통일의 3단계 전개 과정

독일 통일의 3단계 전개 과정

첫판 1쇄 펴낸날 | 2018년 2월 26일

지은이 | 최영태
펴낸이 | 박성규

펴낸곳 | 도서출판 아침이슬
등록 | 1999년 1월 9일(제10-1699호)
주소 | 서울 은평구 불광로 11길 7-7
전화 | 02) 332-6106
팩스 | 02) 322-1740
이메일 | 21cmdew@hanmail.net

ISBN 978-89-6429-143-6 93920

독일 통일의 3단계 전개 과정

동방정책에서 내적 통합까지

최영태 지음

아침이슬

저자의 글

    1989/90년 독일 통일은 전광석화처럼 빠르게 진행되었다. 베를린 장벽 붕괴로부터 통일까지 불과 11개월밖에 걸리지 않았다. 필자는 동독 망명객들이 서독으로 몰려오기 시작한 직후인 1989년 8월부터 1년 동안 서독 보훔대학에 머물렀다. 짧다면 짧은 1년 동안에 동독혁명과 통일의 주요 과정을 모두 지켜보았으니 독일 현대사 전공자로서, 그리고 분단국가의 국민으로서 참으로 소중한 체험을 한 셈이다. 1990년 8월에 '한국인에게는 아직도 동독 여행이 불법일 텐데……'라고 중얼거리면서 동베를린을 여행했던 순간이 지금도 생생하게 떠오른다.

    1989년 자유화·민주화운동으로 출발한 동독혁명은 1990년 봄부터 '우리는 하나의 민족이다'라고 외치며 민족통일운동으로 진화했다. 동독혁명을 숨죽이며 지켜보고 있던 서독인들은 동독인들의 통일 의지가 분명하게 드러나자 마치 물 찬 제비처럼 잽싸게 통일을 낚아챘다. 우월한 경제력과 뛰어난 외교력을 십분 활용한 결과였다.

    그러나 분단국가에서 살고 있는 우리가 꼭 기억해야 할 것이 있다. 독일 통일은 결코 1년 만에 뚝딱 완성된 사건이 아니라는 사실이다. 독일인들은 통일이 가까운 시일 내에 이루어지지 않으리라 생각하면서도 만일에 대비하여 치밀하게 준비했다. 롤프 마파엘(Rolf Mafael)

주한 독일 대사의 말처럼 독일 통일은 20년 동안 진행된 동방정책과 1989/90년 동독혁명의 합작품이었다.

1969년부터 시작된 동방정책 덕분에 1989년 베를린 장벽이 무너지기 전까지 동·서독인들의 인적 교류는 매년 수백만 명에 이르렀다. 동·서독인들이 교류 협력하면서 민족의 동질성을 유지해 가면 사실상 절반의 통일은 이루어진 것이나 다름없다는 동방정책의 주창자 브란트(Willy Brandt) 전 총리의 말이 현실화되고 있었다. 동독혁명과 정치적 통일은 이런 준비 위에 다가온 일종의 행운이었다.

1989/90년 한국인들의 독일 통일에 대한 관심은 정말 뜨거웠다. 우리도 독일처럼 가까운 시일 내에 통일을 이룩해야 하고 또 이룩할 수 있을 것이라고 다짐했다. 그러나 그로부터 27년이 지난 지금 한반도의 상황은 어떠한가? 불행히도 우리는 2017년 말 전쟁을 걱정해야 하는 참담한 상황에 처해 있었다. 독일인들의 통일 경험은 지금까지는 우리에게 아무런 교훈도 되지 않았다.

한국과 독일의 상황은 분명 다르다. 그럼에도 불구하고 한 가지 분명한 것은 독일인들은 통일이 불가능할 것 같은 상황에서도 꾸준히 절반의 통일을 이루어 가고 있었고, 우리는 지금도 할 수 있는 일조차 하지 않고 있다는 점이다. 오늘의 통일 독일은 20년 동안 지속된 동방정책과 1989/90년의 정치적 통일, 그리고 통일 후 20여 년 동안의 내적 통합 과정이라는 3단계 통일 과정을 통해 탄생했다. 우리도 통일의 1단계에 해당할 남북한 간의 화해와 협력, 그리고 3단계에 필요한 통일 비용 절약을 위해 좀 더 노력해야겠다.

끝으로 이 책을 흔쾌히 출간해 준 아침이슬 박성규 사장에게 감사드린다. 원고를 읽고 조언해 준 김정은 교수와 오종현 박사에게도 고마움을 표한다.

2018년 1월 초
용봉골에서 최영태 씀

차례

2단계 정치적 통일

3단계 내적 통합

머리말

　1989년 여름부터 시작된 동독 주민들의 대량 탈출 사태는 11월 9일 베를린 장벽의 붕괴로 귀결되었다. 1989/90년 동독인들이 선택할 수 있는 방향에는 크게 두 가지가 있었다. 첫째는 동독 정권의 내부 개혁과 새로운 동독의 건설이었다. 이것은 자유화운동을 이끌었던 시민사회 세력이 초기에 내걸었던 목표였다. 그들은 동독의 서독화가 아니라 동·서독 양 체제를 뛰어넘는 제3의 체제를 요구하거나 희망했다. 두 번째 목표는 민족 통일이었다. 초기에 내걸었던 동독 내부의 개혁은 베를린 장벽 붕괴 이후 점차 민족적 주제로 보충되고 대체되었다. 대다수 동독인들은 시민운동가들이 선호한 상상의 제3체제보다는 그들이 직접 비교우위를 확인한 서독 체제를 선호했다. 그래서 그들은 처음 내걸었던 '우리가 인민이다'라는 구호를 '우리는 한 민족이다'라는 구호로 바꾸었다. 동독의 민주혁명이 민족통일운동으로 진화된 것이다.[1]

　독일 통일은 동독혁명에서 비롯되었지만 그렇다고 서독이 수수방관하고만 있었던 것은 아니었다. 서독은 동독의 격변에 처음부터 간접적이기는 했지만 적극적으로 개입했다. 우선 동독 주민들을 서독으로 대량 탈출하게 만들고 자유화운동을 통일운동으로 진화하게 만든 근본적 배경은 서독의 정치적·경제적 우월성이었다. 서독 정부가 헝가리 정부로 하여금 그들의 국경을 개방하여 동독인들이 오스트리아를 거쳐 서독으로 넘어올 수 있게 한 데도, 그리고 소련으로 하여금 독일 통일을 지지하게끔 만드는 과정에도 서독의 경제력이 큰 위력을 발휘했다. 서독 정당들은 1990년 3월 동독 역사상 최초로 실시된 자유선거에도 적극 개입했다. 소련, 미국, 프랑스, 영국 등 4강과 폴란드를 설득하여 독일 통일을 외교적으로 가능하게 만든 것도 서독의 몫이었다. 통일의 물꼬를 튼 것은 동독인들이었지만 그것을 완성한 것은 서독인들이었다.

4대 전승국들은 1945년 독일이 제2차 세계대전 때 자행한 범죄행위에 대한 응징으로 독일을 분할시켰다. 독일인들은 이 민족적 비극을 과거사에 대한 통렬한 반성과 함께 피할 수 없는 운명으로 받아들였다. 그러나 그들은 통일에 대한 희망까지 포기하지는 않았다. 동독을 고립·붕괴시켜 바로 정치적 통일로 연결시키는 흡수 통일 방식과, 동독을 사실상의 국가로 인정하고 교류·협력하면서 민족적 동질성을 유지한 다음 정치적 통일을 도모하려는 점진적 통일 방식으로 갈라졌을 뿐이다. 이 책은 후자, 즉 민족적 동질성 유지와 문화적 통일을 당면 과제로 삼고 정치적 통일은 미래의 과제로 설정한 동방정책(Ost Politik)에 주목하면서 이를 1단계 통일 과정으로 규정하고 이를 1989/90년 정치적 통일과 연결시켜 서술하려고 한다.

동방정책의 주창자인 사민당(SPD) 출신 빌리 브란트(Willy Brandt)는 1969년 집권하자마자 동독을 사실상의 국가로 인정하고 동·서독 사이의 적대적 관계를 완화하려 노력했다. 브란트 총리는 동·서독 간의 인적 교류를 활성화하고 상호 교류·협력하면서 함께 발전하며 민족적 동질성을 유지해 간다면 사실상 '절반의 통일'은 달성되는 것이나 다름없다고 주장했다. 또 그는 독일의 통일은 유럽의 평화 속에서만 가능하다고 보고 서유럽의 범주를 넘어서 유럽 전체의 평화와 협력, 유럽 공동체의 수립 속에서 독일 통일을 도모하고자 했다.[2] 브란트 정부는 이 목표를 실현하기 위해 서방 동맹국들과의 협력을 강화함과 동시에 1971년 모스크바 협정과 바르샤바 협정, 1973년 체코슬로바키아와 협정을 체결하고 동유럽 공산국가들과의 교류 협력을 강화했다. 그는 또 1972년 동·서독 기본 조약을 체결하면서 동독과 서독에 각각 상주대표부를 설치하고 동·서독 간 긴장 완화와 인적 교류 활성화의 획기적 계기를 마련했다.

브란트의 동방정책은 추진 과정에서 야당 등 보수 세력의 큰 반대에 직면했다. 야당인 기민당(CDU)/기사당(CSU)은 동방정책에 반대하여 브란트를 불신임투표에 회부했고, 모스크바 조약, 바르샤바 조약, 동·서독 기본 조약 등의 비준에도 협조하지 않았다. 설상가상으로 1974년에는 브란트 총리의 비서진 중에서 동독 스파이가 적발되었고, 브란트는 이로 인해 임기를 채우지 못하고 불명예 퇴진을 당해야 했다. 이처럼 동방정책은 브란트에게 노벨평화상 수상과 불명예 퇴진 등 영광과 시련을 함께 안겨 주었다.

비록 브란트는 동방정책의 반대자들에 의해 실각했지만 동방정책 그 자체는 그의 퇴임 이후에도 지속되었다. 동독 스파이 사건으로 현직 총리가 불명예 퇴진하는 사건이 발생했지만 서독 정치인들은 이 사건으로 인해 동·서독 관계가 손상을 입어서는 안 된다고 판단했다. 브란트의 후임자인 슈미트(Helmut Schmidt) 총리는 1974년부터 1982년까지 재임하면서 동독 및 동유럽 국가들과의 관계 개선 정책을 계속 추진했고 민족적 동질성 유지 및 회복에 기여했다. 브란트 정부 시기가 동·서독 관계 개선을 위한 비전을 제시하고 제도적 틀을 만든 시기였다면, 슈미트 정부 시기는 인적·물적 교류를 크게 확대한 시기였다.

1982년에 정권이 사민당에서 기민/기사당으로 넘어갔다. 제3당인 자민당(FDP)이 연정 파트너를 사민당에서 기민/기사당으로 바꾸었기 때문이다. 그러나 정권 교체와 상관없이 동방정책은 계속되었다. 야당 시절 동방정책을 비판하고 견제했던 기민/기사당과 헬무트 콜(Helmut Kohl) 정부는 집권 후 동방정책을 중단·폐기하기는커녕 오히려 슈미트 정부 때보다 더 적극적으로 추진했다. 그 결과 콜 정부 때 동·서독 간의 인적 교류와 동독에 대한 경제적 지원은 더욱 확대되었다. 이 시기에 소련 등 공산권 국가들과의 관계도 강화되었으며, 호네커(Erich Honecker) 동독 공산당 서기장의 서독 방문도 이루어졌다. 콜 정부 출범 다음 해인 1983년 서독에서 동독 지역을 방문한 사람은 약 5백만 명, 동독에서 서독 지역을 방문한 사람은 약 160만 명이나 되었다. 1987년에는 서독을 찾은 동독 방문객 숫자만도 약 5백만 명에 달했다. 이처럼 독일인들은 1969년부터 베를린 장벽이 붕괴된 1989년까지 20년 동안 중단 없이 인적·물적 교류를 활성화했다. 이는 브란트가 말한 대로 사실상 '절반의 통일'에 해당되는 것으로서, 롤프 마파엘(Rolf Mafael) 주한 독일 대사의 말처럼 독일 통일은 동독의 '통일에 대한 열망'과 서독의 '20년에 걸친 준비'가 없었다면 불가능했을 것이다.[3]

1989년 11월 9일 베를린 장벽의 붕괴는 독일 통일을 위한 중요한 전기가 되었지만 그것이 곧 통일을 의미한 것은 아니었다. 콜 총리는

1989년 11월 28일 연방의회에서 행한 연설에서 독일 통일을 위한 '10개 항 프로그램'을 제시하면서 통일에 대한 강한 의지를 보였지만 그는 통일까지 최소한 3~4년이 걸리거나, 혹은 유럽공동시장이 완성된 후에나 가능할 것으로 생각했다.[4] 하지만 그 후의 통일 과정은 콜 총리도 상상하지 못할 정도로 급속하게 진행되었다. 1990년 3월 18일 동독에서 최초의 민주선거가 실시되었는데 이 선거에서 신속한 통일을 주장한 동독 기민당이 승리했다. 동독 기민당의 승리는 곧 자매 정당인 서독 기민당의 승리였고, 콜 총리의 승리였다. 이후 통일은 콜 총리의 로드맵에 따라 진행되었다. 양독 사이에 '화폐, 경제 및 사회 통합 조약(국가 조약)'이 발효되었다. 동·서독 마르크화가 통일되었고 서독의 사회적 시장경제의 법적·제도적 틀이 동독 지역까지 확대되었다. 1990년 8월 31일에는 '통일 조약'까지 체결되어 통일 후 시행될 구체적인 로드맵과 내용이 정해졌다.[5] 그리고 드디어 1990년 10월 3일 분단 45년 만에 정치적 통일이 완성되었다.

독일의 운명을 결정지은 최종적인 장은 국제정치 무대였다. 독일의 분단이 냉전의 결과였듯이 독일 통일이 가능해지려면 독일을 둘러싼 냉전의 종식이 선행되어야 했다. 때마침 고르바초프(Mikhail Gorbachev)의 페레스트로이카(Perestroika) 정책이 폴란드와 헝가리의 개혁 그리고 동독혁명을 촉발했다. 고르바초프가 독일 통일에 대해 유연하고 긍정적으로 임한 것은 독일인들에게 큰 행운이었다. 미국은 독일의 통일과 콜 총리의 통일 방식을 처음부터 적극 지지해 주었다. 프랑스와 영국은 독일 통일에 대해 처음에는 부정적 혹은 소극적 자세로 임했는데 나중에 적극적 지지로 방향을 선회했다. 이는 과거사에 대한 서독의 진솔한 반성과 수십 년 동안 주변 국가들과 쌓아온 신뢰와 긴밀한 협조 덕분이었다. 1990년 동·서독과 미국·소련·영국·프랑스로 구성된 '2+4 회담'에서 독일 통일에 대한 국제적 동의가 이루어진 것은 브란트가 시작하고 슈미트와 콜 정부가 계승한 '유럽 평화 속의 독일 정책'이 성공했다는 것을 의미했다.

독일 통일 과정에서 콜 총리의 역할은 매우 돋보였다. 미국, 소련, 영국, 프랑스 등 4대 전승국과 인접 국가 폴란드 등의 강한 반대가 예상되었음에도 불구하고 콜 총리는 통일정책을 흔들림 없이 밀어붙였다. 콜은 1989년 11월 말 독일 통일을 위한 '10개 항 프로그램'을 제시하면서부터 통일 과정을 주도했다. 그는 매우 어려울 것으로 예상했던 미국, 프랑스, 영국 등 서방 강대국들의 지지는 물론이요 불가능할 것 같았던 소련의 동의까지 얻어 냈다. 그는 고르바초프의 페레스트로이카 정책과 이 과정에서 고르바초프가 직면한 위기 모두를 잘 활용했다.

자민당 출신 외무장관 겐셔(Hans-Dietrich Genscher)의 외교적 역할도 돋보였다. 1974년 사민당 정부 때 처음 외무장관을 맡은 겐셔는 1982년 정권 교체가 이루어진 후에도 계속 외무장관을 맡아 동방정책이 콜 정부로 이어지게 하는 가교 역할을 했다. 그는 또 '2+4 회담'을 잘 마무리 짓는 등 통일 외교를 성공적으로 이끌었다. 빌리 브란트와 헬무트 슈미트 등 사민당 출신 전직 수상들도 큰 틀에서 콜 총리가 추진한 통일정책을 지지하면서 콜 총리에게 힘을 실어 주었다.[6] 동방정책을 통해 절반의 통일을 추진한 브란트와 나머지 절반을 완성하여 정치적 통일을 달성한 콜은 경쟁과 협력의 좋은 모델이었다.

독일의 통일은 정말 전광석화처럼 신속하게 이루어졌다. 만약 통일이 조금만 지체되었더라면 기회의 창문이 닫혀 버렸을지도 모른다.[7] 콜 총리의 통일 방식에 대해 비판적 발언을 많이 했던 슈미트 전 서독 수상은 1991년 5월에 쓴 기고문에서 1990년 고르바초프가 직면했던 위기 상황은 거꾸로 독일에는 득이 되었다고 진단하고 고르바초프의 정치적 기반이 무너진 1991년 지금이라면 독일 통일은 불가능했을 것이라고 말했다.[8] 통일이 이루어진 지 불과 7개월 후에 야당 출신 전직 총리가 이런 주장을 했으니 독일 통일이 얼마나 아슬아슬하게 그리고 운 좋게 달성되었는지 충분히 짐작하고도 남는다.

통일 비용은 1990년 통일을 추진할 때까지만 하더라도 아직 현실적인 주제로 부상하지 않았다.[9] 콜 총리는 독일 통일 다음 날인 1990년 10월 4일 연방의회에서 행한 연설에서 동독 재건을 위해 500억 마르크를 투자하겠다고 밝혔다. 통일을 추진하던 당시 서독 정부가 국가 통일을 위해 1994년까지 필요하다고 계산한 액수는 1,150억 마르크였다. 이 돈은 연방정부가 주정부를 비롯해 지방정부와 공동으로 부담한다는 방침이었다. 서독의 건실한 공공 재정, 동독 국유재산의 매각 대금, 통일이 되어 필요 없게 될 분단 유지 비용 등을 활용하면 통일 비용은 거뜬히 해결될 것으로 낙관했다. 그러나 통일 비용은 실제로 처음 예상했던 것보다 몇 십 배 더 많이 들어갔다. 1990년 7월 1일 '화폐, 경제 및 사회 통합 조약'의 발효 이후 1990년 말까지 불과 몇 개월 동안에 동독 지역으로 흘러들어 간 돈만 1천억 마르크에 달했다. 이것은 당시 서독 정부 예산의 약 1/4에 해당하는 액수였다.[10] 매년 이 정도 수준의 통일 비용이 통일 후 20여 년 동안 계속 소요되었다. 통일 이후 2013년까지 통일 비용으로 투입한 자금은 무려 2조 유로(Euro)나 되었다.[11]

서독인들은 통일 후 천문학적인 통일 비용에 크게 놀라고 당혹스러워했다. 한때는 독일 경제가 휘청거리기까지 했다. 그러나 설령 통일 비용이 처음부터 그렇게 예측되었다 하더라도 서독인들이 그것 때문에 통일을 주저하지는 않았을 것이다. 서독인들은 서독의 경제력이 통일 비용을 감당할 만큼 충분히 크다고 생각했고 또 실제로 그랬다.

두 국가가 45년간의 장벽을 넘어, 그것도 상이한 체제를 극복하고 하나로 통합한다는 것은 결코 쉬운 일이 아니었다. 1990년 10월 3일 정치적 통합을 이루는 데는 성공했지만 두 국가와 두 국가의 국민이 하나가 되는 과정은 통일에 못지않게 지난한 과정이었다. 내적 통합이라는 제3단계의 통일 과정을 완수해야 진정으로 통일이 되는 것이었다. 내적 통합의 첫 단계는 정치적·군사적 통합의 과정이었다. 그것은 통일국가로서의 외형적 틀과 자결권의 완전 회복에 초점이 맞추어졌다. 행정·교육의 통합 과정도 중요했다. 슈타지 문제 등 과거사 청산 작업도 피할 수 없는 과정이었다. 내적 통합을 위해서 무엇보다도 중요한 그리고 긴 시간과 노력을 필요로 하는 분야는 동독 지역의 경제적 재건과 생활수준의 균등화였다.

신속한 통일은 후유증을 많이 동반했다. 통일 전 동독 경제의 후진성은 동독 정부의 정통성을 약화시키고, 결과적으로 서독 중심의 통일을 촉진시켰지만 통일 독일이 짊어져야 할 경제적 부담을 그만큼 키웠다. 통일 과정에서 동·서독 마르크화를 1:1 교환하기로 한 결정은 당장은 동독 주민들의 생활수준을 향상시켰지만 동독 경제의 경쟁력에는 매우 큰 악재로 작용했다. 마르크화의 1:1 교환과 함께 옛 동독 기업들의 대외 경쟁력은 완전히 상실되었다. 화폐 통합 이후 반년 만에 동독 제조업의 40%가 문을 닫았고 실업자가 대량으로 발생했다. 동독 경제의 경쟁력 악화와 임금의 급속한 인상, 소유권 문제의 혼선 등에 따른 투자 지체 등은 바로 천문학적인 통일 비용으로 이어졌다.[12]

통일 직후 막대한 경제 지원은 일차적으로 동독 지역 주민들의 생계를 지원하는 데 쓰였다. 실업자 등의 생계를 지원해 주는 것은 물론이요 동독 주민들의 높아진 기대를 충족시켜 주어야 했기 때문이다. 사회 보장 정책은 정부의 강력한 의지와 지원에 따라 신속하게 정비되었지만 민간 영역에 속하는 임금과 고용 영역에서는 통합이 지연되었으며 이 지연은 정치적 균열로 이어졌다. 연방정부의 막대한 투자에도 불구하고 동독 주민들의 생활수준 및 높은 실업률이 당장 크게 개선되기는 어려웠고 이에 따라 동독 주민들의 불만이 높았다. 동독 고위직에 서독 출신 인사들이 대거 투입되면서 동독인들의 자존심에 큰 상처를 남겼다. 동독인들은 자신들이 2등 국민 취급을 받는 데 대해 분개했다. 물론 서독인들이라고 불만이 없을 리 없었다. 서독인들은 통일 비용의 증대 및 이를 해결하기 위한 세금 인상에 불만을 토로했다. 통일 후 10여 년 동안은 동·서독 주민 모두에게 통일의 환희와 일상적 삶 속에서의 고통이 함께한 순간들이었다.

통일된 지 27년이 지났다. 통일 20년이 지난 2010년대 옛 동독 지역의 모습은 많이 변하였다. 동독 지역의 경제는 서독 지역과의 간격을 크게 좁히고 독자적인 경쟁력을 점차 확대해 가고 있다. 동독 지역은 서독에 의존하지 않고 스스로 자립할 수 있는 수준으로 점차 나아가고 있다. 생산성도 개선되어 국제 경쟁력이 제고되고 있다. 일부 산업 분야에서는 동독 지역이 서독 지역을 앞지르는 경우도 생겨났다.

그러나 전체적으로 볼 때 동독 지역은 아직도 서독 지역보다 많이 뒤떨어진다. 생활수준은 대략 서독 주민들의 70% 정도에 그치고 있으며 생산성도 떨어진다. 또한 실업률은 서독 지역보다 상당히 높다. 동독 지역에서 두드러지게 나타나는 외국인 혐오증 문제는 동독 지역 주민들이 갖고 있는 열패감과 깊은 관련이 있다. 동독 주민들의 생활수준은 같은 시기 자유화운동을 펼친 다른 동유럽 국가들보다 훨씬 높았지만 동독인들에게 비교의 대상은 항상 동유럽인들이 아닌 바로 옛 서독인들이었다.

독일의 기본법은 국가에게 전 국민의 균등한 삶의 질을 보장해야 할 의무를 명기했다. 1990년의 신속한 통일 과정은 당시 동독이 처한 어려움과 소련 정세의 급박한 변동 가능성 등을 감안할 때 불가피했던 선택이었지만 그럼에도 불구하고 통일 후 동독인들이 겪은 어려움과 열패감, 서독인들이 겪은 경제적 출혈 등은 통일 과정에 대한 객관적 복기를 필요로 한다. 내적 통합 문제는 여전히 통일 독일의 과제로 남아 있다.

이 책은 독일 통일 과정을 3단계로 나누어 고찰했다. 1단계 통일 과정은 브란트 정부 때부터 콜 정부 때까지 20년 동안 지속된 동방정책에 대해 서술했다. 브란트는 동방정책을 통해 문화적 통일을 이루고 민족 동질성을 유지하면 '절반의 통일'이 달성된 것이나 마찬가지라고 했다. 브란트가 기대한 것처럼 20년에 걸친 동방정책은 동독혁명과 결합하여 통일이라는 역사적 결실을 만들어 냈다. 2단계는 정치적 통일 과정으로서 1989~1990년에 걸친 통일 과정에 대해 다루었다. 여기서는 먼저 동독에서 발발한 민주혁명과 통일운동을 다루었다. 처음 동독 시민사회 세력이 목표로 내건 동독 민주화 및 재건 작업이 어떤 과정을 통해 민족운동, 즉 통일운동으로 진화했는지를 살폈다. 또한 베를린 장벽 붕괴 이후 서독이 통일 과정에 어떻게 대응했는지를 살폈다. 콜 총리의 '10개 항 프로그램', '경제, 화폐 및 사회 통합 조약', 제2의 국가

조약인 '통일 조약', 외교적 성과물인 '2+4 회담' 등이 주요 서술 내용이다. 3단계는 마지막 통일 단계, 즉 내적 통합 과정을 다루었다. 정치·군사·행정적 통합 과정, 경제 통합 과정, 동독 재건 과정에서 발생한 천문학적 재정, 통일 비용의 염출 및 동독 경제 재건 과정에서 야기된 후유증과 시행착오 등에 대해 서술했다.

1단계

동방정책 : 절반의 통일

1. 브란트 정부의 동방정책

동방정책의 맹아

브란트의 젊은 시절과 세계주의

브란트는 사회주의 가정에서 자랐고 15세의 나이 때 독일사회민주당 (SPD)에 가입하였다. 공산주의자나 민주사회주의자 모두 정도의 차이가 있을 뿐 국제주의를 지향하는 점에서는 유사하다. 브란트는 사회주의자로서 국제주의를 지향하면서도 독일 민족의 국민으로서 그리고 나중에는 분단 민족의 국민으로서 이중적 상황을 겪어야 했고, 이는 그를 매우 곤혹스럽게 만들 때가 많았다. 이를 의식한 브란트는 "노동자의 국제주의는 결코 반민족적(antinational)인 것이 아니며, 향토애 혹은 조국애와 국제주의는 자연스럽게 결합될 수 있다"고 정리했다.[1] 그는 노동계급은 이미 초기부터 국제주의자들 및 평화주의 강령과 함께했으며, 독일 민족의 관심사와 국제주의는 결코 대립되지 않는다고 생각했다. 이처럼 브란트의 삶에서 사회주의, 국제주의, 민족, 평화라는 단어들은 매우 긴밀하게 연결되어 있으며 이것은 그가 훗날 추진한 동방정책의 사상적 배경이 되었다.

브란트는 히틀러가 독일제국 총리로 취임한 1933년 20세의 나이로 체포 위험을 피해 오슬로로 망명길에 올랐다. 브란트는 망명지 오슬로에서 신분 위장을 위해 그의 본명 헤르베르트 에른스트 칼 프람(Herbert Ernst Karl Fram) 대신에 빌리 브란트(Willy Brandt)라는 가명을 사용했다. 이 가명이 나중에 그의 정식 이름으로 사용될 줄은 그 누구도 예상하지 못한 일이었다. 브란트는 1938년 히틀러로부터 독일 시민권을 박탈당했다. 이에 브란트는 다음 해 노르웨이로 귀화를 신청하여 노르웨이 국적을 취득했다. 1940년 서유럽은 독일군의 지배하에 들어갔다. 노르웨이도 마찬가지였다. 브란트는 국적을 박탈당한 독일인이었고, 국가가 없는 노르웨이인이 되었다. 그는 이 시기의 심정을 이렇게 표현했다. "나는 이 시기 동안 두 번이나 조국을 잃었다. 나는 두 개의 조국이, 즉 자유로운 노르웨이와 민주적 독일이 다시 승리할 수 있도록 노력할 것이다."[2]

노르웨이가 독일군에 의해 점령당하자 브란트는 더 이상 피신할 곳을 찾지 못했다. 이 위기 상황에서 브란트는 신분 노출을 피하기 위해 그의 모든 서류를 없애 버렸고 그의 지인인 폴 고갱(Paul Gauguin)의 군복을 빌려 입었다. 그는 신분 위장과 보호를 위해 자발적으로 전쟁 포로가 되었으며 잠시 후 석방되었다.[3] 석방 후에도 브란트는 신변의 위험을 느낀 적이 많았다. 그래서 그는 신변 안전을 위해 1940년 이후 오랫동안 중립국인 스웨덴의 스톡홀름에 머물렀다. 스웨덴에서 그는 이중의 이민자, 즉 노르웨이로 피신한 독일인이었고, 스웨덴으로 피신 온 노르웨이인이 되었다.[4) 1960년대에 브란트의 정치적 경쟁자들은 브란트가 1940년 신분 위장을 위해 노르웨이 군복을 입은 사건 등을 부각시키며 그를 '조국의 배신자'라고 비난했다.[5) 브란트는 1989년의 회고록에서 그의 정적들의 이런 비난 공세에 대해 언급하면서 "도덕적으로나 민족적으로 독일에 머물러 죽어야 할 의무는 없었다"고 말했다.[6) 사회주의자로서의 삶에 이어, 젊은 시절 스칸디나비아에서의 망명 생활과 이중 국적, 다양한 외국 경험 등은 그를 독일인의 경계를 넘어 유럽인으로, 세계주의자로 살게 만들었다.[7)

브란트는 독일이 연합국에 항복한 지 5개월이 지난 1945년 10월에 독일로 돌아왔다. 그러나 그가 독일로 돌아온 것은 독일 국적을 회복하거나 독일에서 살기 위해서가 아니라 노르웨이 사회민주당 소속 언론인 자격으로 뉘른베르크(Nürnberg) 전범 재판을 취재하기 위해서였다. 1947년에 노르웨이 정부는 독일 분위기에 익숙하고 독일에 관한 정보를 노르웨이에 정확하게 제공해 줄 사람을 원했고 브란트가 이 임무에 적격이라고 판단했다. 노르웨이 정부는 브란트에게 연합군 통제위원회(Allied Control Council)에서 일해 줄 것을 제안했고, 브란트는 이 제안을 수락했다. 이로 인해 그는 전쟁 때에 이어 다시 노르웨이 군복을 입었다. 그러나 이번에는 그의 자발적 의지에 의해서였고 그의 노르웨이 군복에는 소령 계급장이 달렸다. 그는 이전에 파리 주재 노르웨이 대사관 근무도 제안 받은 적이 있었다. 그때는 거부하면서 베를린에서의 생활을 수락한 이유에 대해 그는 독일 친구에게 다음과 같이 설명했다.

"당신이 알다시피 나는 수년 동안 스칸디나비아인들의 이익을 위해서 활동했을 뿐만 아니라 독일을 변호했다. 이것은 과거에는 서로에게 모순되었고, 지금은 모순되지 않는다.

나는 양쪽 사이에서 양쪽의 이해를 위해 중재자로서 계속 활동하려고 한다. 나는 유럽의 평화, 발전, 안정을 위해 그리고 국제적 협력을 위해 일하는 것을 나의 첫 번째 목표로 삼고 있다."[8]

브란트는 1947년 말 노르웨이 시민권을 포기한 후 독일 국적을 신청했고 신청 몇 달 후 국적을 회복했다. 국적 재취득 절차를 밟지 않아도 연방공화국의 법률에 따라 국적을 자동적으로 취득할 수 있었겠지만 그는 재취득 절차를 밟아 국적을 회복했다.[9] 브란트가 독일 국적을 회복한 것은 독일이 항복한 지 거의 3년 가까운 세월이 지난 후였다. 이는 민족주의적 시각에서 보면 얼른 이해하기 어려운 부분이다.[10] 그러나 세계주의자 브란트를 생각하면 이해하기가 그리 어려운 것은 아니다. 브란트는 노르웨이와 독일을 똑같이 그의 조국으로 생각했기 때문이다.

브란트는 뤼벡(Lübeck)에서 태어났기 때문에 행정 중심지인 키일(Kiel)에서 시민권을 얻었다. 그러나 그는 정치를 고향인 뤼벡이나 인근 지역인 키일, 함부르크(Hamburg)가 아니라 냉전시대 서방 진영과 공산 진영의 최전선 대치점인 베를린에서 시작했다. 브란트는 그의 저서 『베를린으로의 귀환』My Road to Berlin에서 자기 시대의 두 가지 중요한 주제로 평화와 국제적 연대를 들었다.[11] 브란트가 베를린을 그의 정치적 출발지로 선택한 것은 베를린이야말로 평화와 국제적 연대를 위한 최적의 장소라고 생각했기 때문이었다. 브란트가 처음 사민당에서 부여

받은 직책은 사민당 집행위원회 베를린 연락관이었다. 그 직책은 단순히 베를린 당 조직과의 접촉을 유지하고 소비에트 점령지의 친구들과 접촉하는 것에 한정되지 않았다. 그에게 부여된 가장 큰 임무는 베를린에 머물러 있는 연합국의 고위 관리들을 상대하는 것이었다.[12] 브란트는 베를린에서 정치를 시작한 1948년 소련이 서베를린을 봉쇄하고, 이에 맞서 서방측이 11개월 동안 공수를 통해 서베를린을 수호하는 과정을 지켜보았다.

서베를린 시장 시절 체험한 냉전체제

1957년 8월, 서베를린 시장 오토 주어(Otto Suhr)가 사망했다. 브란트는 사민당 베를린 주 특별 전당대회에서 베를린 주 사민당 시장 후보로 지명되었고, 1957년 10월 3일 서베를린 시장으로 선출되었다. 망명지에서 돌아온 지 10년 만에 중요한 정치적 도약을 한 것이다.

브란트가 서베를린 시장으로 선출된 다음 해부터 서베를린에 새로운 위기가 불어 닥쳤다. 1950년대 당시 동독 및 동베를린으로부터 서독이나 서베를린으로 이주해 오는 사람들이 연간 25만 명쯤 되었는데 소련과 동독은 이들 이주민들에 대한 대책으로 다시 한 번 서베를린을 봉쇄하고 나섰다. 소련은 1958년 베를린에서 서방 군대 철수와 비무장화된 '자유도시'로서의 서베를린의 지위에 대한 협상을 요구했다. 도시는 두려움에 빠졌다. 1961년 상반기 동독으로부터의 망명자 수는 20만 명에 달했다. 7월에만 3만 명이 동독을 탈출하였으며, 8월 12일 하루 동안 2,500명이 서베를린으로 넘어왔다. 동독과 소련은 8월 13일 서베를린으로부터 동베를린을 차단시키기 위해 시멘트로 기둥을 세우고 철조망을 치는 작업을 시작했다. 이윽고 8월 16일부터는 장

벽(Berlin Mauer)이 설치되었다. 이후 동독 땅의 고도 서베를린은 철조
망과 콘크리트 벽, 자동 격발 장치로 둘러싸여 마치 '집단 수용소'처럼
변해 버렸다.[13)

베를린 장벽으로 인해 동·서 베를린 사이의 왕래가 끊겼고 독일의
분단은 더욱 고착되었다. 그러나 서베를린 시장 브란트는 이 비극적 상
황을 그냥 지켜보고 있을 수밖에 없었다. 베를린 장벽을 바라보며 베를
린 사람들이 할 수 있는 일이란 고작해야 "장벽은 철폐되어야 한다"고
외치는 것뿐이었다.[14) 미국을 비롯한 동맹국들도 특별한 조치를 취하
지 않은 채 서베를린의 고립을 어쩔 수 없는 현실로 받아들였다. 베를
린 장벽이 설치된 날은 베를린 사람들에게는 격앙의 날이었지만 서방
진영은 오히려 객관적인 안심의 날로 받아들이는 것 같았다. 베를린 장
벽의 설치는 역설적으로 연합국에게 소련이 서베를린을 침범하지 않
을 것이라는 믿음을 준 사건이었기 때문이다.[15) 즉, 서방세계는 소련과
동독이 장벽을 설치한 것은 3년 전부터 서베를린을 서방세계와 완전히
단절시켜 아예 동독에 편입시키려는 계획을 포기했기 때문일 것이라
는 해석을 했다. 브란트는 이 사건을 경험하면서 소련의 봉쇄 조치만이
아니라 서방 동맹국들의 지나치리만큼 냉정한 태도에 큰 충격을 받았
다. 브란트는 이 사건에서 독일 문제에 대해 서방세계가 할 수 있는 것
과 못하는 것의 한계를 명확하게 파악했다. 그의 동방정책은 이런 현실
적 체험에 바탕을 두고 나왔다.[16)

서독은 1949년 새로운 공화국을 수립하면서 헌법 대신 기본법을 제
정했다. 이것은 동·서독의 분할을 과도기 단계로 설정하려는 강한 의
지의 표현이었다. 기본법은 "전(全) 독일 민족은 자유로운 자결권으로
독일의 통일과 자유를 달성해야 한다"고 선언하였다.[17) 서독 초대 총리

인 기민당 출신 아데나워(Konrad Adenauer) 총리는 1955년 9월 22일 연방 하원에서 행한 연설에서 서독이 전 독일 민족에 대한 단독 대표권을 가지고 있다는 점을 강조했다. 서독은 이런 기조를 줄곧 유지하면서 기민당과 기사당 그리고 연정 파트너인 자민당이 통치한 1960년대 후반까지 일관되게 독립된 국가로서 동독의 존재를 인정하지 않았다. 기민/기사당과 자민당 등 보수 연정이 이끄는 서독의 목표는 동독에 대한 소련의 영향력을 약화시켜 민족의 실체를 보존하고 동독 내에 자체적인 민족의식이 형성되는 것을 막으며 장기적으로는 독일을 재통일하는 것이었다.[18]

브란트는 장벽 설치 직후 독일 의회 연설에서 베를린 장벽의 설치는 기존의 동독 및 독일 통일 정책이 실패했다는 것을 의미한다고 주장하며 민족정책의 변화를 촉구했다. 그는 베를린 장벽의 설치를 범법행위로 규정하고 "베를린처럼 평화 보장을 필요로 하는 도시도, 독일 민족처럼 평화 보장을 필요로 하는 민족도 없다"고 주장했다.[19] 그는 또 베를린 장벽의 설치를 동독의 약점 감추기와 독일인들의 고통 증대라는 두 가지 관점에서 바라보았다. 브란트는 베를린 장벽을 설치한 공산주의자들의 비민주적·비인도적 행위에 분노함과 동시에 이 사건에서 독일 내에 두 개의 국가가 실제로 존재한다는 것을 실감하고, 서로 간 동등한 차원에서 정부 당국 간 교섭을 진행해야 한다는 현실주의적 생각을 굳혔다. 그가 생각한 바람직한 해결 방향은 동독의 걱정을 덜어 주고, 국경과 장벽으로 야기된 독일인들의 고통을 완화시키는 것이었다. 그는 현실을 존중하였으며 또 현실을 현실로 수용하는 용기와 이를 토대로 독일이 나아가야 할 비전을 갖고 있었다.[20]

브란트의 이런 생각을 이론적으로 잘 다듬어 준 사람이 있었다. 그가 바로 에곤 바르(Egon Bahr)였다. 바르는 1959년 브란트 시장의 공보실장으로 발탁되면서 브란트와 운명적 인연을 맺었다. 두 사람의 인연은 처음에는 동료로서 시작했지만 나중에는 친구로 발전했다. 바르는 브란트의 정치 인생의 주요 고비마다 함께했다. 두 사람은 무엇보다 동방정책의 공동 추진자로서 역사에 이름을 올렸다. 바르는 1963년 브란트가 '개신교 정치인 아카데미 클럽'에서 연설할 때 토론자로 초청받았다. 바르는 이날 그의 토론문 제목을 '접근을 통한 변화(Wandel durch Annäherung)'로 명명했고 이것을 동행한 브란트에게 보여 주어 "좋다!"라는 대답을 얻었다. 훗날 이 제목은 브란트의 동방정책을 설명하는 대표적인 어구가 되었다.[21]

외무장관 시기의 동방정책 구상

1963년 10월, 아데나워에 이어 에르하르트(Ludwig Erhard)가 서독 총리에 올랐다. 에르하르트는 아데나워 시대에 경제정책을 책임진 사람으로서 '라인 강의 기적'의 사실상의 설계자였다. 기민/기사당과 자민당 연정은 기민/기사당이 하원에서 과반수를 획득한 1957~1961년 시기를 제외하고 1966년까지 13년 동안 지속되었다. 그러나 1966년 기민/기사당과 자민당은 1967년 예산안 편성 문제를 놓고 정면 대립했으며, 연정의 붕괴로 이어졌다. 이보다 1년 앞서 1965년 실시된 총선에서 사민당은 202석을 얻어 196석을 얻은 기민당을 앞섰었다. 1953, 1957, 1961년 모두 기민당에 뒤졌던 것과 비교할 때 크게 선전한 것이었다. 기민당의 자매 정당인 기사당이 49석, 자민당이 49석이었기 때문에 사민당은 자민당과의 연정을 희망했다. 그러나 자민당의 거부로 사민당·자민당 연정은 성사되지 않았다. 자민당은 사민당과 연정을 수립할 경우 경제계로부터의 지원이 끊길 것을 걱정했다. 기민/기사당이 과반을 구성하려면 사민당이나 자민당의 도움이 필요했다. 자민당과의 연정이 깨진 상태에서 대안은 사민당 밖에 없었다. 결국 기민/기사당은 경쟁 정당인 사민당에 대연정을 제의했다.

사민당은 오래 전부터 대중정당이었고 민주사회주의 정당이었지만 강령에서는 여전히 마르크스의 혁명적 사회주의 정당의 냄새를 풍겼다. 그런 사민당이 1959년 고데스베르크 강령을 통해 명실상부하게 민주사회주의 노선을 천명하고 대중정당으로 변신했다. 2년 후 실시된 총선에서 사민당은 190석을 얻어 1957년 선거 때보다 21석을 늘렸다. 반면 기민당은 23석이 줄어든 192석을 얻어 사민당을 근소하게 앞섰다. 사민당은 강령의 변경에 이어 만년 야당의 신세에서 벗어나 집권의 경험을 축적할 필요가 있다고 판단하였다. 사민당은 내부적으로 기민당과의 연정 문제를 놓고 치열한 논쟁을 벌였는데 집권 경험을 쌓기 위해서는 연정이 필요하다는 의견이 다수를 차지했다. 과거 같으면 상상도 하기 어려운 변화였다. 이렇게 하여 1966년 기민/기사당과 사민당 정부가 수립되었다. 대연정의 총리로는 기민당의 쿠르트 키징거(Kurt Georg Kiesinger)가 선출되었고, 사민당 총재 브란트는 부총리 겸 외무장관을 맡았다.

키징거 정부는 아데나워 및 에르하르트 정부와는 달리 동독 및 동유럽 국가와의 관계에 대해 좀 더 유연한 입장을 취했다. 사민당, 특히 브란트 외무장관과의 공존은 이런 노선을 강화할 수밖에 없었다. 브란트는 그가 외무장관으로 재임하고 있던 시기 출간한 그의 저서 『유럽에서의 평화정책』*Friedenspolitik in Europa*에서 평화에 대한 의지는 독일 외교정책의 근본이라고 했다. 그는 외교란 민족의 이익을 위해 봉사하는 것인데 이 경우 평화 및 주변 국가들의 협력과 유리된 민족의 이익은 존재하지 않는다고 말했다.[22] 브란트는 1968년 6월, 아이슬란드의 레이크자비크(Reykjavik)에서 개최된 북대서양조약기구(NATO) 외무장관 회의에서 동독과 동등한 자격으로 회담을 갖자고 제안하였고, 서독 공직자로서는 처음으로 독일 내 두 개의 국가를 언급하였다.[23]

　서독은 1967년 8월 3일 체코슬로바키아와 무역협정을 체결한데 이어 루마니아와의 국교 재개(1967), 유고슬라비아와의 외교 관계 재개(1968) 등을 단행했다.[24] 이로 인해 오랫동안 유지된 할슈타인 원칙(Hallstein Doctrine)은 사실상 무력화되었다.[25] 1969년에 들어서 할슈타인 원칙의 무력화 조치는 더 구체화되었다. 1969년 5월 8일 캄보디아가 동독을 승인하자 대연정 내에서 할슈타인 원칙에 대한 격렬한 논쟁이 일어났다. 외무장관 브란트는 5월 30일 할슈타인 원칙을 수정하는 데 앞장섰다. 서독은 제3국의 동독 승인을 비우호적인 행위로 간주하나, 그것 때문에 자동적으로 외교 관계를 단절하지는 않겠다고 선언했다. 서독은 캄보디아에 대해 캄보디아 주재 서독 대사를 소환하는 선에서 양국 관계를 정리했다. 캄보디아가 서독과의 외교 관계를 단절하여 사실상 서독-캄보디아 외교 관계는 단절되었지만 서독이 앞장서서 캄보디아와의 관계를 단절하지 않은 것은 곧 루마니아, 유고슬라비아와의 외교 관계 회복에 이어 또다시 할슈타인 원칙의 포기를 확인한 것이었다. 이는 서독이 오랫동안 유지해 왔던 동독 고립화 정책에 큰 변화가 시도되었음을 의미한다. 역사가들은 키징거 정부 시대의 이런 유연한 정책을 일컬어 동방정책이라고 불렀다. 그러나 키징거 시대의 동독정책은 여전히 동독을 국가로 인정하지 않는 것이었다. 동독을 비롯한 동구권 국가와의 관계 역시 근본적 개선이 아닌 소극적 개선에 머물렀다. 동독 및 동구권 국가와의 본격적인 개선 및 정상화는 브란트 정부 시대에 비로소 시작되었다. 그래서 역사가들은 브란트 시대의 동방정책을 키징거 시대와 구분하여 신동방정책이라고 명명하기도 하지만 대부분은 브란트 시대의 동방정책을 그냥 동방정책이라고 부른다. 이 책에서도 동방정책은 브란트 시대의 동방정책을 지칭하는 것으로 하겠다.

동방정책의 시작

브란트, 총리에 취임하다

기민/기사당과 사민당이 대연정을 수립한 2년 10개월 후인 1969년 9월 28일 총선이 실시되었다. 선거 결과 기민/기사당은 1965년 선거 때보다 1.5% 줄어든 46.1%(242석)의 지지를 획득했으며 여전히 제1당의 지위를 유지했다. 사민당은 지난 선거 때보다 3.4% 더 많은 42.7%(224석)를 획득했다. 자민당은 의회 진출에 필요한 5%를 간신히 넘은 5.8%(30석)를 획득했다. 극우 정당인 국민민주당(NPD)은 4.3%를 얻는 데 그쳐 의회 진출이 좌절되었다. 국민민주당의 의회 진출 실패는 사민당에게는 큰 기회였다. 사민당과 가장 적대적인 국민민주당에 갈 수 있었던 의석수가 기민당과 사민당, 자민당에 골고루 배정되었기 때문이다.

선거가 끝난 직후 사민당과 기민/기사당 모두 자민당에 연정을 제안했다. 닉슨 미국 대통령은 기민당의 계속적인 집권을 믿고 키징거 총리에게 공개적으로 축하 인사를 보냈다. 그러나 서독 정치권의 동향은 외부에서 보는 것과 조금 달랐다. 1961년과 1965년에 이어 세 번째 총리 후보로 입후보한 사민당의 브란트가 자민당과의 연정에 매우 적극적이었다. 정부의 향방에 대한 결정권을 가진 자민당의 발터 쉘(Walter Scheel) 당수는 기민당보다는 사민당에 더 끌렸다. 자민당의 이런 변화는 자민당이 1966년 기민/기사당과의 연정에서 탈퇴하고 1969년 3월 대통령 선거에서 사민당 후보 구스타프 하이네만(Gustav Heinemann)을 지지할 때 어느 정도 예견된 것이었다. 1968년 자민당 총재로 선출된 쉘은 브란트와 비슷한 민족정책을 갖고 있었고 자민당 지도부는 국내 정책과 외교정책 모두에서 변화가 필요하다고 느끼고 있었다. 자민당 총재 쉘이 선거 며칠 전 사민당과의 연정을 흘린 것은 브란트로 하여금 자민당과의 연정 협상에 보다 적극적으로 임하게 만들었다.

자민당은 선거가 있던 날 밤 한스 디트리히 겐셔(Hans-Dietrich Genscher)를 헬무트 콜 라인란트–팔츠(Rheinland-Pfalz) 지사에게 보내 기민당의 의중을 살폈다. 콜은 겐셔에게 정부를 함께 꾸릴 것을 제의하면서도 발터 쉘이 외무장관을 맡는 것은 안 된다고 말했다. 독일의 외교정책을 놓고 변화가 필요하다고 판단한 자민당과 현재의 기조를 유지하려고 하는 기민당 사이에 정책적 차이가 분명하게 드러났다. 이날 콜을 만난 겐셔는 이미 1961년 기민/기사당과 자민당이 공동정부를 구성할 때 기민당에게 외무장관 자리를 맡긴 것은 전략적 실수였다고 생각한 사람이었다. 겐셔로부터 콜과의 대화 내용을 전해 들은 쉘 총재와 자민당 지도부는 사민당·자민당 연정을 출현시키기로 최종 결정했다.[26]

브란트는 1969년 10월 21일 총리 선출에 필요한 최소한의 표보다

2표 상회한 251표를 얻어 전후 최초의 사민당 출신 서독 총리가 되었다.[27] 전후 서독에서 일어난 최초의 수평적 정권 교체였다. 자민당 의원 중에 3명의 이탈이 있었지만 사민당·자민당 연정을 출범시키는 데는 지장이 없었다. 자민당 총재 발터 쉘은 부총리 겸 외무장관을 맡았다. 사민당·자민당 연정 탄생의 최대 기여자인 쉘은 브란트 정부 내내 브란트 총리와 호흡을 잘 맞추었으며 브란트가 추진하는 동방정책의 최대 협력자가 되었다. 새로운 정부에서 사민당이 총리와 경제장관, 법무장관을 맡은 반면 자민당은 외무장관과 재무장관, 내무장관을 맡는 방식으로 양 당은 정부의 중요 직책을 공평하게 배분했다.[28] 총선에서 42.7%를 얻은 사민당이 5.8%를 얻은 자민당을 크게 배려했음을 알 수 있다.

동독을 사실상의 국가로 인정

브란트의 동방정책이 시행되기 시작한 것은 그가 1969년 총리에 취임한 직후부터였다. 그는 총리 취임 직후인 1969년 10월 28일 의회에서 행한 연설에서 독일에 두 개의 국가가 실제로 존재한다고 선언했다. 그는 동독에 자유를 심는다는 생각이나 서독 정부만이 전체 독일을 대표하는 합법 정부라는 생각은 미·소 데탕트 등 국제정치의 현실과 동떨어진 것이라고 주장했다. 그는 동·서독이 서로 상대방의 정당성을 동등하게 인정한 연후에야 협상과 양보를 통해 독일 및 중부 유럽인들의 인권과 생활수준을 향상시킬 수 있다고 주장했다. 브란트는 협상에 앞서 동독이 변해야 한다는 종래의 요구를 접고, 먼저 변화를 일으키기 위한 수단으로 대화를 제의하였다.[29] 브란트의 최측근 에곤 바르는 1970년부터 총리실 국무차관, 1972년부터는 특임장관을 지내면서 동독과의 협상을 주도했다. 당시 동독 문제를 다룬 독일내부관계부는 외무부가 아닌 총리실에 소속되어 있었다.

닉슨(Richard Nixon) 대통령의 안보 보좌관 헨리 키신저(Henry Alfred Kissinger)는 브란트 정부가 들어서자마자 브란트의 외교 보좌관인 바르를 워싱턴에 초대했다. 키신저는 브란트 정부가 들어서기 전에 이미 브란트가 추진하려는 동방정책에 대한 정보를 가지고 있었다. 서독이 소련을 비롯한 동유럽 국가들과 새로운 관계 설정을 도모하려는 시도는 미국에게 중요한 관심거리였다. 그것은 미국이 추진하고 있는 데탕트 정책과 맥락을 같이한다는 점에서 환영할 만한 일이었지만 경계의 대상도 되었다. 다행스러운 것은 1961년 베를린 장벽 설치 등을 전후하여 미국과 소련이 첨예하게 대치할 때 브란트가 서베를린 시장을 역임하면서 미국과 협력 관계를 잘 유지했었다는 사실이다. 미국은 브란트가 미국과 사전 논의 없이 큰 결정을 내리지 않을 것으로 확신했다. 바르는 워싱턴에서 키신저를 만났을 때 동방정책을 놓고 미국과 큰 마찰을 일으키지는 않으리라는 예감을 느꼈다. 키신저는 바르에게 "당신들의 성공이 우리의 성공이요"라고 말한 것이다. 바르 역시 훗날 이 당시를 회고하면서 키신저가 없었다면 독일의 긴장 완화 정책이 그렇게 순탄하게 전개되지 못했을 것이라고 말하면서 키신저에게 감사했다.[30]

브란트 총리는 동독을 실질적인 하나의 국가로 인정하고 통일을 미래의 과제로 설정한 가운데 독일인들이 추구해야 할 당면 과제로 동·서독 간의 긴장 관계 완화를 들었다. 그는 긴장을 완화하고 민족적 동질성을 유지하는 것이 중요하며 이것은 민족의 통일을 보존하는 가장 현실적인 방안이라고 설명하였다.[31] 브란트가 역점을 두려 한 것은 통일이 되지 않은 상태에서도 동·서독이 하나의 민족으로서 공존할 수

있는 방안이었다. 브란트 정부에서는 통일이 아니라 민족과 평화가 독일정책의 중심 개념이 되었다.[32]

브란트는 히틀러 정권에 의해 자행된 민족적 비극과 제2차 세계대전의 결과 독일에 떠맡겨진 책임들은 궁극적으로 유럽의 평화 질서 속에서만 해결될 수 있다고 주장했다.[33] 평화를 우선적 가치로 설정한 브란트는 독일 문제의 해결을 크게 두 단계로 나누어 접근했다. 첫째는 평화 속에 민족의 동질성을 유지하는 것이었다. 이 단계에서 가장 시급한 민족 과제는 장벽과 철책으로 격리된 독일인들의 고통을 완화시켜 주는 것이었다. 브란트는 통일이 당면 목표가 아니라는 현실을 인정한 가운데 인적·물적 교류를 증진시켜 같은 민족 구성원으로서 동질감을 유지하게 만들고 통일에 대한 염원이 계속 살아 있게 하고자 했다. 둘째는 국가적 통일인데 이는 미래의 과제로 설정함과 동시에 그 통일마저 유럽의 평화에 기여하는 방향에서 가능한 일이라고 진단했다.

브란트는 총리 취임 후 독일 분단 문제를 다루는 부서의 명칭을 바꾸었다. 그 이전까지의 명칭은 '전(全)독일문제부(Gesamtdeutsche Fragen)'였는데 브란트는 그것을 '독일내부관계부(혹은 내독성, Innerdeutsche Beziehungen)'로 고쳤다. 종전의 명칭인 '전독일문제부'는 유일하게 민주적으로 선출된 서독 정부가 독재적이고 불법적인 동독 공산당(Sozialistische Einheitspartei Deutschlands, SED) 체제가 지배하고 있는 지역을 포함한 전체 독일을 독점적으로 대표하는 유일한 합법 정부라는 주장을 함축하고 있었다. 그러나 브란트는 부서의 명칭을 바꿈으로써 서독의 배타적 대표성을 포기하고 동독 공산당 체제를 외교 교섭상의 합법적이고 대등한 파트너로 받아들이려 하였다.[34]

브란트는 국가와 민족을 분리해서 고찰했다. 브란트의 동방정책에서 표방된 민족 개념은 독일이 두 개의 국가로 갈라져 있더라도 하나의 민족으로 존재하는 것은 변함이 없다는 점에 초점이 맞추어져 있다.[35] 브란트는 1970년 1월에 발표한 연두교서에서 독일이 동·서독으로 분할된 지 25년이 지난 상태에서 양자 간의 연결 고리를 형성하고 있는 것은 민족의 개념이라고 말했다. 그에 따르면 민족이라는 개념에는 역사적 실체와 정치적 의지가 결합되어 있다. 민족이라는 어휘는 공통의 언어와 문화, 국가와 사회체제 이상의 의미를 내포하고 있다. 또한 민족이라는 개념은 그 구성원들에 의해 공유되는 지속적 소속감에 바탕을 두고 있다.[36] 이런 의미에서 브란트는 하나의 독일 민족이 존재하고 있고 또 존재할 것이라는 사실을 아무도 부인할 수 없다고 말했다. 브란트가 동방정책을 시작할 당시에는 동독 역시 헌법에서 그 자체가 독일 민족의 일부라고 선언하고 있었다. 브란트는 만약 민족의 상태가 논의되고 전체 독일 인민을 위한 자결의 요구를 확실히 한다면, 그리고 독일인들이 이 요구를 포기하지 않을 정치적 의지를 갖게 되는 한 미래의 세대들은 하나의 독일 안에서, 그리고 독일인들이 완전히 협력할 수 있는 정치제도 안에서 살게 될 것이라고 주장했다.[37]

그러나 야당인 기민당은 두 개의 독일 국가가 실제로 존재하고 있다는 브란트의 발언을 비판하였다. 기민당은 브란트의 주장은 동독 주민들의 생활 개선이라는 반대급부도 없이 오랫동안 지속된 대동독 정책만 포기하는 것이라고 주장했다. 기민당과 밀접한 관계를 맺고 있었던 바이에른의 남작 칼 테오도르 구텐베르크(Karl Theodor Freiherr zu Gutenberg)는 "독일 국토 위에 두 개의 국가가 존재하거나 말거나 주권은 하나일 뿐이다. 그리고 그 주권은 독일 인민에게 있다"고 말했다.[38]

그러나 사민당·자민당의 연립정부와 그 지지자들은 동독에 자유를 심는다는 생각이나 서독 정부만이 전체 독일을 대표하는 합법 정부라는 생각은 도발적이고, 미·소 데탕트 등 국제정치의 현실과도 동떨어진 것일 뿐만 아니라, 불리한 상황을 자초하는 발상이라고 믿었다. 그들은 오히려 서독이 동독의 체제를 변화시키려 한다거나 소련의 안보상의 권리를 부인할 생각이 전혀 없다는 것을 보여 주는 것이 동·서 분열을 극복하는 단초가 될 수 있다고 주장했다. 그들은 서로 상대방의 정당성을 동등하게 인정한 연후에야 협상과 양보를 통해 중부 유럽인들의 인권과 생활수준 향상을 도와줄 수 있다고 생각했다. 브란트는 중요 사안에 대한 협상에 앞서 동독이 변해야 한다는 종래의 요구를 접고, 먼저 변화를 일으키기 위한 수단으로 대화를 제의한 것이다.[39]

1970년 1월의 연두교서에서 브란트는 독일 땅에는 지난 20년 이상 동안 두 국가와 두 체제가 존재하고 있다고 다시 한 번 말했다. 그는 독일이 분열되었을 뿐만 아니라 완전히 상이한 두 사회제도가 이 땅 위에서 서로 마주 대하고 있다는 현실을 인정해야 한다고 말했다. 또 그는 두 체제 사이에는 어떤 통합도, 어떤 불법적인 타협도 있을 수 없다는 점을 동독의 지도자 울브리히트(Walter Ulbricht)와 합의했다고 말했다. 브란트는 히틀러 정부에 의해 자행된 제2차 세계대전과 민족적 대역죄로부터 야기된 문제들은 궁극적으로 유럽의 평화 정착 상태에서만 답을 얻을 수 있다고 말했다.[40]

브란트의 이런 주장은 그의 동방정책이 1차적으로 동·서 간의 긴장완화를 통한 평화 정착에 초점을 맞추고 있다는 것을 의미한다. 기민/기사당은 브란트의 이런 생각이 독일 민족의 분단을 고착화하고 통일을 영구히 불가능하게 만들 것이라고 비판했다. 그러나 브란트의 생각은 정반대였다. 그는 분단된 현실을 인정하지 않고, 또 동·서 냉전체제하에서 서독인들의 의지만으로 통일을 이루는 것이 불가능하다는 것을 뻔히 알면서 그것을 부정하는 것은 오히려 동·서독 간의 대립만 심화시켜 결국 독일 민족의 이익과 미래에 부정적 영향을 끼친다고 주장했다.

브란트는 당대 지도자들이 해야 할 가장 시급한 민족 과제는 장벽과 철책으로 격리된 독일인들의 분단에 따른 고통을 완화시켜 주는 것이라고 생각하였다. 또 시간이 지나면서 같은 민족이라는 생각이나 통일이라는 목표가 점점 더 의미를 잃어 가고 있는 현실을 우려하고, 그 대안을 제시해 주는 것이 당대의 과제라고 주장했다. 참고로 알렌스바하(Allensbach) 연구소의 조사에 의하면 1950년대부터 동방정책이 추진되기 직전까지 독일의 당면 과제로 통일을 꼽는 사람의 비율은 약 20% 수준에 머물렀다. 서독에서 통일을 당면 과제라고 생각하는 사람은 소수에 불과했던 것이다.[41] 브란트는 이런 현실을 과감하게 인정하였다. 통일이 당면 목표가 아니라는 현실을 인정한 가운데 통일에 대한 대안으로 그가 제시한 것은 인적·물적 교류를 증진시켜 같은 민족으로서 동질감을 유지하게 만들고 통일에 대한 염원이 계속 살아 있게 하는 것이었다. 좀 더 구체적으로 말하면 분단의 고착화와 영구적인 분리 그리고 더 나아가서 민족적 유대 의식까지도 끊어 버리고자 하는 동독을 다독거려 민족적 동질성을 유지시켜 나가는 것이 긴급한 과제였다. 브란트가 생각할 때 그것은 미래의 독일 통일을 위한 포석이 될 수도 있고 민족적 동질성을 유지하는 것 자체로서 의미를 가질 수도 있다. 그는 현실을 존중하였으며 또 현실을 현실로 수용하는 비전을 갖고 있었다.[42]

민족 문제를 둘러싼 논쟁

마이네케(Friedrich Meinecke)는 민족을 '국가민족(Staatsnation)'과 '문화

민족(Kulturnation)'으로 구분하였다. 여기서 국가민족은 공동의 정치적 역사와 헌법이 발휘하는 통합적 힘에 근거한다. 그것은 민족의 자결권과 주권, 즉 자신들의 헌법을 스스로 제정하고 정치적 운명을 스스로 주도하고자 하는 국가민족의 자결권과 주권에 관한 사상으로부터 나온다.[43] 국가민족은 또한 동일한 국가단체 속에서 이루어지는 정치적 공동생활과 하나의 점진적이고도 세속적인 성장을 통해서 형성되었다.

이에 반해 문화민족은 공동으로 체험된 그 어떤 문화유산 위에 근거한다. 공동의 언어, 공동의 문학, 공동의 종교는 하나의 문화민족을 이룩하고 결합시키는 가장 중요하고도 강력한 문화적 자산들이다. 따라서 문화민족은 개인이 특정 국가에의 소속을 자의적으로 선택하여 형성된 공동체가 아니라 역사적·자연발생적으로 결정되는 공동체를 의미한다.[44]

마이네케의 분류법에 따르면 브란트의 민족관은 국가민족이 아니라 문화민족 개념이었다. 브란트의 대동독 정책은 이산가족 등 분단으로 고통 받고 있는 사람들의 상처를 완화하고 교류를 촉진하여 민족의 동질성을 유지하는 데 우선적 비중을 두었다. 브란트의 민족정책에서 정치적 재통일은 당면 과제가 아니었다. 브란트의 민족정책은 독일 민족의 공통성이라는 목표에 초점이 맞추어져 있었다. 브란트와 바르는 동독 거주 독일인들의 생활 여건을 인도주의적으로 개선함으로써 문화민족으로 나아가는 것을 추구했고, 그런 개선은 동독에 자금을 빌려준다든지, 동독에 유리한 조건으로 제품을 구입해 준다든지, 데탕트의 분위기를 조성함으로써 가능할 것이라 생각했다.[45] 브란트는 동독과의 협상에서도 동독 지도부에게 대립적인 내용보다는 분단의 잔인성을 강조하고, 그것을 완화하는 것이 일차적 목표라고 주장했다.[46]

브란트와 바르는 만약 서독이 동독의 국가 지위를 인정하는 데 동의한다면, 독일 분할의 충격을 완화하는 데 기여할 수 있다고 보았다. 특별히 이 완화에는 두 국가 시민들 사이의 보다 많은 접촉이 포함될 수 있다. 즉, 서독인들이 동독 내 친척들을 방문하고, 거꾸로 동독인이 서독 내 친척을 방문하는 것, 확대된 여행, 스포츠 및 문화 교류의 확대, 보다 많은 교역 등도 분단의 충격과 피해를 완화시킬 수 있다. 분할에 의해 야기되거나 더 복잡해진 정치적, 행정적, 교통 및 환경 문제에 대한 정례적인 논의도 중요했다. 브란트와 바르에 따르면 이러한 접촉들은 모두 긴장을 완화시키는 데 중요했다. 이러한 접촉과 협력은 중장기적으로 양쪽 독일인들에게 비록 하나의 국가는 아니더라도 한 민족의 일부라는 느낌을 갖도록 해 줄 수 있다. 그리하여 민족의 실체를 유지하면서 문화적 통일과 통일 의식을 촉진시킬 수 있다.[47)]

그러나 기민/기사당은 국가민족론의 입장에서 민족 문제를 바라보았다. 그들은 1871년 비스마르크 제국의 건설에 의해서 독일 국가민족이 형성된 것으로 보았다. 현재의 독일인이 독일인이라는 소속감을 느끼고 있는 것은 1871년 제국 건설이라는 사건 때문이며, 이 제국은 독일 민족국가의 유일한 형태라는 것이었다. 그들에 따르면 이때 형성된 독일제국은 나치 지배 체제의 붕괴와 바이마르 공화국의 탄생, 1949년의 서독과 동독의 탄생에도 불구하고 법적으로 지속되고 있는 바, 서독은 독일제국의 법적 후계자였다. 그들은 법적으로만 존재하는 제국을 현실로 재건하는 것을 독일 외교정책의 목표로 삼았다. 모든 민족은 자신의 민족국가를 가지며, 독일 민족은 자결권을 행사하여 자신의 민족국가를 건설할 권리를 가진다는 것이다.

기민/기사당의 이와 같은 법적 개념 중심의 국가민족론은 민족과 자유의 불가분성론에 의하여 보완되었다. 이러한 민족 개념은 다른 국가와 영토적·역사적으로 뚜렷이 구별되는 일정한 국가 영역과 함께 공동체의 내부 질서를 포함한다. 민족국가적 독일 통일의 재건은 민족적 자결과 불가분 연계되었다. 정치적 자유는 민족국가적 통일의 전제인 바, 이 전제는 절대로 포기되어서는 안 되는 것으로 간주되었다. 이러한 민족 개념에 설 때, 동독에서의 부자유는 반드시 언급되어야 했다. 따라서 국가민족적 입장에서 볼 때 통일이란 이러한 전통적 민족국가를 재건하는 것과 등치되며, 독일인의 자결권의 행사와도 동일시되었다.[48]

기민/기사당이 법리론적 입장에서 국가민족론을 주장한 데 반하여 사민당·자민당은 역사적 측면과 의식적 측면을 강조했다. 사민당·자민당 연정의 민족 개념은 기민/기사당의 관념과 대립했다기보다는 그 강조점이 달랐다고 할 수 있다. 사민당·자민당 연정은 국가민족적 틀을 갖춘 통일을 독일 및 동방정책의 장기 목표로 간주했으며, 독일제국의 법적 존속성의 명제도 거부하지 않았다. 비스마르크 제국에 대한 사민당·자민당 연정의 비판은 법적·영토적 차원에서 전개되었다기보다는 역사적·정치적 차원에서 집중했다. 비스마르크 제국 수립 이전의 역사도 독일 역사이며, 독일이 25년 동안 두 국가로 분단되었다고 독일 민족의 역사가 끝난 것은 아니었다. 독일 민족은 공통의 경계 안에서 민족국가를 형성하여 존재했던 기간보다 훨씬 오랫동안 과도적 상태와 파편들로 존재했다는 것이다.

이런 입장에서 사민당은 통일된 독일 민족국가의 존재 없이도 독일 민족은 역사상 그리고 현재에도 현실로 존재했다. 그들이 생각하건대 기민/기사당의 국가민족 개념은 전체 독일 관련 문제를 국가법적·국제법상의 문제로 너무도 단순화시켰다. 법리적으로 독일제국을 존속시켜 독일 민족의 가상적 국가를 만들어 놓았지만 그럼에도 불구하고 독일 민족의 국가적 통일은 사실상 존재하지 않았다. 그래서 사민당·자민당 연정의 독일 민족 개념은 국가와 민족을 분리해서 고찰했다. 국가는 분리되어 있지만, 독일 민족에의 소속감은 독일인의 의식을 규정짓고 있는 현존하고 생동하는 현실이라는 것이다. 이러한 비국가적 의미에서의 민족 개념은 두 독일 국가를 묶어 놓은 개념적 도구였다.[49)]

사민당·자민당 연정은 국가민족이라는 개념을 포기하지 않았지만 그것을 달성하는 것을 현실 정책의 목표로 설정하지도 않았다. 민족정책의 과제는 국가 통일까지 과도기 동안 서방과 동방의 독일인들의 민족적 소속감을 유지시키는 것이었다. 브란트는 '민족이란 의식과 의지의 문제'라고 주장했다. 공통의 언어, 문화, 전통과 역사가 민족을 이룰 수 있는 기초이기는 하지만, 여러 구성 부분들 사이에 민족 내 소속감이 없다면, 민족은 성립하지 않는다. 민족의 존속 여부에 핵심적인 것은 이러한 소속감인데, 두 독일에서 바로 이 소속감이 소멸될 위험에 처해 있다는 것이었다.[50)]

기민/기사당은 일단 사민당·자민당의 대동독 정책은 실천적 및 인도주의적 조치들로서 독일 분단으로 야기된 부정적 문제들을 완화시키는 데 기여할 것이라고 보았다. 그러나 기민/기사당의 관점에서 볼 때 그러한 조치들은 바른 해결책은 아니었다. 그들은 비록 동방정책은 브란트와 그의 보좌관 바르가 희망하는 것처럼 민족적 형제애와 연대감을 촉진시킬 수 있겠지만 그 자체로 독일 통일을 성립시키지는 못한다고 보았다. 동방정책이 민족의 실체를 보존하는 데는 기여하겠지만 서독의 전통적 목표, 즉 참된 민족적 통일을 대체하지는 못한다는 것이다. 그들이 보기에 실질적인 통일은 독일 국민을 두 개의 국가로 분리시킨 현재의 분단을 종료시킴으로서만 달성될 수 있었다. 그런데 기민/기사당이 추측컨대 브란트와 바르[51]는 통일을 이루어 비자발적으로 분리된 현재의 상태를 종식시키려는 목표를 포기하고 있었다. 그들의 눈에 사민당과 자민당이 추진한 동방정책은 민족의 실체만 이야기할 뿐 재통일을 중요시하지 않았다. 그것은 국가 통일(단일 국가 내의 통일)을 목표로 하는 것을 거부했고 민족 자결의 목표를 약화시키는 것이었다. 결과적으로 동방정책이 독일의 분열을 공고화하거나 혹은 보다 깊게 만들게 될 것이라는 것이 기민/기사당의 생각이었다.[52]

브란트는 자신이 독일의 통일에 대해서 부정적으로 발언했다는 기민/기사당의 주장에 대해 반론을 제기했다. 자신의 민족 개념은 통일을 포기한 것이 아니라 미래의 통일을 더 확실히 하기 위해 그 문화적 동질성을 유지시키려는 것이라고 주장했다.[53] 브란트는 평화와 화해 정책이란 서로 간에 상대방에 대한 두려움을 줄이는 것이며, 몇 년 동안 서로 볼 수 없었던 사람들을 서로 만나게 하는 것이고, 더 나아가 사랑하는 사람끼리 결혼도 하게 하는 것이라고 설명했다.[54] 브란트가 생각하는 평화란 전쟁으로부터의 해방일 뿐만 아니라 일상적 삶을 보다 풍족하게 해 주는 것이었다.

유럽 평화 속의 독일 정책

서구 국가들과의 동맹

브란트는 동·서독의 분단과 베를린의 비극은 히틀러 정권이 제2차 세계대전을 일으키고 유럽의 평화를 깨뜨린 데서부터 시작되었다고 보았다. 그는 독일의 새로운 역사는 과거사에 대한 반성으로부터 시작되어야 하며 분단을 현실로 받아들여야 한다고 주장했다. 그가 느끼기에 베를린 장벽은 단순히 양 독일 간의 경계선이 아니었다. 그것은 서방 자본주의 세계와 동유럽 공산 세계의 경계선이었다. 자연히 독일 문제는 독일인들만의 문제가 아니라 전 유럽의 문제였고 더 나아가 전 세계의 문제였다. 따라서 브란트의 결론은 독일 문제는 당연히 전 유럽적인 차원에서 접근해야 하며 궁극적으로 유럽의 평화 질서 속에서 해법을 찾아야 한다는 것이었다.[55] 나치는 전쟁의 방식으로 유럽을 독일화하려 했지만 지금은 평화적으로 독일을 유럽화하는 것이 필요하다는 게 브란트의 주장이었다.[56]

브란트는 유럽 평화 속의 독일 정책의 첫 번째 단계로 서방 동맹국들과의 우호 및 협력 강화를 꼽았다. 우선적인 대상은 미국이었다. 브란트는 서베를린에서 정치를 하면서 미국과의 협력이 얼마나 중요한지를 잘 인식했다. 브란트는 1948년 6월부터 1949년 5월까지 11개월 동안 지속된 소련의 베를린 봉쇄와 이에 맞선 미국 등 서방국가들의 공수 작전을 지켜보았다. 브란트는 또 서베를린 시장으로 재임하던 1961년 베를린 장벽이 설치되었을 때 서독 정부가 할 수 있는 일은 거의 없으며, 케네디 대통령이 서베를린을 방문하여 수호 의지를 천명함으로써 비로소 서베를린 시민들의 동요가 진정되는 것을 지켜보았다. 그래서 브란트는 기회 있을 때마다 미국과의 우호 관계는 독일 외교정책의 기본 토대라고 말했다.[57]

서방국가들과의 우호 및 협력 관계에서 미국 못지않게 중요한 나라는 프랑스였다. 두 나라는 20세기에 들어서 두 차례나 전쟁을 치렀고 그때마다 프랑스에 많은 인적·물적 피해를 안긴 독일의 처지에서 프랑스와의 우호 협력 없이 평화를 이야기하기는 어려웠다. 브란트는 그가 목표로 하는 유럽공동체 건설 역시 프랑스와의 협력 없이는 불가능하다고 보았다.[58] 브란트는 프랑스와의 협력 증진 및 유럽공동체 건설을 통해 독일·프랑스 사이의 관계사를 근본적으로 바꾸려 했다.

영국은 1963년과 1967년 두 차례나 EEC(유럽경제공동체) 가입을 거절당했다. 미·소 양극체제에서 유럽의 독자적인 진로를 모색하고 있던 프랑스 대통령 드골(Charles De Gaulle)이 미국과 특수한 관계를 맺고 있는 영국의 가입을 거부한 때문이었다. 그러나 브란트는 영국의 EEC 가입을 지지했다. 브란트의 입장에서 영국이 빠진 유럽공동체는 상상할 수 없었다. 그는 영국 및 가입 의사가 있는 다른 국가들 모두 공동시장 및 유럽공동체에서 함께 자리를 해야 한다고 주장했다.[59] 1969년 드골이 정계 은퇴를 했고, 영국은 다시 가입 신청을 했다. 브란트는 영국의 가입을 적극 지지했고, 영국은 1972년 마침내 EEC에 가입했다.

미국 및 서유럽 국가들과의 우호 및 협력 관계는 1949년부터 1969년까지 서독을 통치한 기민/기사당 정부가 먼저 그 기반을 다졌다. 미국 및 서유럽과의 긴밀한 협조 관계는 전후 서독의 국제적 위상 및 안전을 보장받는 데 기여했다. 그런데 1950~60년대 서구의 협력 및 통합운동은 일정 부분 냉전 논리와 연결되어 있었다. 서유럽 협력의 주요 목표 및 이유가 동유럽 공산 진영과의 대결을 위한 서구 진영 강화였던 것이다. 브란트가 생각하기에 서구의 이런 유럽 정책은 방어적이고 너무나 협소한 혹은 부정적 내용을 담고 있었다.[60]

브란트는 시각의 변화를 요구했다. 그는 영국을 포함한 서구, 즉 확대된 공동체는 결코 동구에 대항하는 블록이 아니며, 또 아니어야 한다고 주장했다. 오히려 그는 서구의 강화된 공동체는 균형 잡힌 유럽 안보체제를 수립하는 데 긍정적 기여를 해야 한다고 생각했다. 내적으로 굳건한 단결은 외부를 향한 보다 큰 개방성과 모순되지 않는다는 것이 브란트의 신념이었다.[61] 브란트도 미국 및 서유럽과의 협력 관계를 중시했지만 그 중시의 배경과 의미가 이전 정부와 달랐던 것이다. 기민당 정부 시절 서방 동맹국들과의 협력 관계는 동유럽 공산권 국가와의 대결적 기반이 된 반면, 브란트 정부 시절에는 동유럽 국가들로 협력 관계를 확대시키는 초석 역할을 한 것이다.

동유럽 국가들과의 협력

'유럽 평화 속의 독일'을 위한 첫 번째 단계가 서구 동맹국들과의 협력이었다면 두 번째 단계는 소련, 폴란드, 체코슬로바키아 등 동유럽 국가들과의 긴장 완화 및 협력 증진이었다. 이런 정책을 추진하는 데 있어서 미국의 이해와 협조를 얻어 내는 것은 중요했다. 동방정책을 추진한 동력 중 하나는 서방국가와의 긴밀한 우호 관계였고 그 핵심이 미국과의 관계였기 때문이다. 브란트는 미국과 서독 사이에 특별한 불일치는 없을 것으로 예측했다. 케네디 정부 때 이미 데탕트 정책이 시작되었고, 닉슨 대통령이 키신저의 충고에 따라 소련에 대한 그의 정책을 '대립 대신 협력'의 방향으로 결정했기 때문이다.[62] 브란트의 말을 빌리면 미국 정부는 브란트 정부가 서방과의 협력에서 이탈할 것을 꿈에도 생각하지 않으며, 결코 그렇게 할 수도 없다는 것을 잘 알고 있었다.[63]

브란트는 1937년 스페인 내전을 취재하면서 소련과 공산주의자들의 횡포를 경험했다. 또한 1939년의 독·소 불가침조약, 1956년의 헝가리 자유화운동 억압, 1961년의 베를린 장벽 설치 등을 경험하면서 소련과 공산주의에 대한 브란트의 거부감은 더욱 강화되었다. 그가 서구 동맹국과의 연대를 세계정책의 초석으로 삼으려 한 것은 그의 이런 과거 경험과 연결되어 있다. 그는 서유럽의 휴머니즘, 민주주의, 사회민주주의에서 정신적·정치적 비전과 희망을 찾았다.

그러나 이런 철학과는 별개로 브란트는 외교를 이념보다는 실용주의적 관점에서 접근했다. 브란트는 동부 유럽의 강대국인 소련의 협조 없이 독일과 유럽에서의 평화를 기대할 수 없다고 생각했다. 소련과의 관계 개선은 독일과 유럽의 평화에 필수적인 사항이었다. 이런 관점에서 브란트 정부는 소련과의 적극적인 관계 개선에 나서 1970년 8월 모스크바 조약을 체결하였다. 1970년 12월 서독과 폴란드 사이의 바르샤바 조약도 같은 맥락에서 이해할 수 있다.

유럽 평화를 달성하기 위해서는 긴장 완화와 군비 감축이 필수적이었다. 브란트는 무력 포기는 모든 국가가 준수하는 하나의 법률이 되어야 한다고 주장했다. 그래야 동서 블록을 넘어서 유럽의 평화체제에 도달할 수 있다고 생각했다. 당연히 미국이나 소련의 동의와 참여가 필수적이었다. 제네바 군축위원회(Conference of Disarmament)는 긍정적 신호였다. 군축회의 주도로 체결된 국제협약으로는 1963년 부분 핵실험 금지조약(PTBT), 1968년 핵무기비확산조약(NPT), 1971년 해저 핵무기금지조약(Seabed Treaty), 1972년 생물무기금지조약(BWC) 등이 있다. 이를 지켜본 사람들은 군축 문제가 어려운 과제라는 것을 알면서도 희망을 발견하게 되었다. 초강대국들과 그 밖의 국가들은 많은 차이점에도 불구하고 평화 보장에 있어서 일부 공통의 이해관계를 발견했다.[64]

소련은 1950년대부터 유럽안보협력회의 같은 조직체의 창설을 주장했다. 그러나 소련은 이 협의체에 미국을 제외하려 했고 이런 소련의 의도는 서방세계에 의해 부정적으로 인식, 수용되지 않았다. 그러나 브란트는 일찍부터 어떤 형태로든 유럽안보협력회의가 필요하다는 인식을 가졌다. 그는 유럽의 평화와 긴장 완화를 위해서는 집단 안보 협력체제를 구축하여 군축과 공동의 평화를 함께 논의해야 한다는 생각이었다. 브란트는 유럽 문제에 가장 큰 영향력을 가진 미·소가 책임 있는 유럽의 평화정책을 구현해야 하며 미·소가 함께 참여하는 유럽안보협력회의(Conference on Security and Cooperation Europe, CSCE)가 필요하다고 보았다. 1975년 헬싱키에서 결성된 유럽안보협력회의는 기본적으로 미·소 간의 데탕트 합의가 주요 배경이기는 했으나 서독의 노력도 그 배경 중 하나였다.[65] 브란트는 공동의 안보 개념이 무엇보다 중요하며 유럽 통합의 전제 조건도 자신의 안보가 다른 사람과의 싸움에서의 승리라는 생각에서 벗어나는 것이라고 주장했다.[66]

유럽공동체 구상

브란트는 군사적·외교적 의미의 평화 외에 경제적 빈곤으로부터 벗어나 공동 번영을 이루는 것 역시 평화를 위해 중요하다고 생각했다. 비록 동·서 진영 간에 이념 대립에 의한 경계가 설정되어 있고 또 앞으로도 그럴 것이지만 블록의 범위를 넘어서서 국가 간에 의미 있는 협조를 이룩할 영역이 많으며 이런 방식의 협력을 브란트는 소위 분쟁의 변형으로 이해했다. 그는 이런 방식을 통해 신뢰가 쌓이면 그것은 다시 장기화된 문제들을 해결하는 새로운 기반이 될 수 있다고 보았다.[67]

위와 같은 맥락에서 브란트는 서유럽 공동체를 결코 세계 도처를 향해 보루를 쌓는 내성으로 이해하지 않았다. 그는 EEC 초기 여섯 나라로 구성된 서유럽은, 그리고 확대된 서유럽은 동유럽 국가들에 적대적일 필요가 없으며, 동유럽 국가들과 경제적 협력을 목표로 하는 데 앞장서야 한다고 주장했다.[68] 브란트는 사민당 당수 취임 초기인 1964년 5월 뉴욕에서 행한 한 연설에서 서방세계가 동유럽 국민들에게 공동 프로젝트를 제안해야 하며, 우리는 그들의 생활수준이 우리와 동등해지는 것을 두려워하는 것이 아니라 같게 되도록 노력해야 한다고 주장했다. 그는 이것이 마샬플랜(Marshall Plan)의 본래의 이념과도 일치한다고 주장했다. 그는 굶주림 역시 전쟁과 마찬가지이며[69] 평화의 부재라고 생각했다. 브란트에게서 진정한 평화란 전쟁으로부터의 해방일 뿐만 아니라 일상적 삶을 보다 풍족하게 해 주는 것이었다. 브란트는 서유럽이 철의 장막을 넘어 동·서 유럽을 한 묶음으로 결합할 수 있는 실제적인 프로젝트를 추진해야 한다고 주장했다.[70] 브란트는 1971년 노벨평화상 시상식에서 유럽이 경제, 기술 및 과학적 협력의 새로운 형태를 발전시키고 전체 유럽의 사회 시설을 확장해 가야 할 시점이라고 주장했다. 브란트는 이런 주장의 논거를 과거의 역사에서 찾기도 했다. 유럽은 과거부터 문화 공동체로서 성장해 왔으며, 과거에 그랬던 것처럼 다시 그래야 한다는 것이다.[71] 브란트에게 있어서 유럽의 경제적·정치적 통일은 세계적으로 확장된 평화를 위한 본질적 요소였다.[72] 이런 역사관을 토대로 브란트는 대륙을 하나의 전체로 취급하고 외교와 교역, 그리고 인간적 접촉을 통해 평화적 변화를 증진시켜야 한다고 주장했다. 그는 이것이야말로 미·소 양극체제를 극복하고 독일과 유럽의 정치적 선택권을 확대시키는 방법이라고 생각했다.[73]

브란트의 유럽공동체 혹은 유럽연방주의 사상은 젊은 시절 망명지에서 이미 싹트기 시작했다. 그는 망명지에서 반(反)나치 투쟁을 전개할 때에 나치 집권의 근본 원인을 민족주의에서 찾았고 민족주의를 극복하는 방책으로 초국가주의 유럽 통합 사상에 깊은 관심을 갖게 되었다. 그는 유럽 통합운동을 유럽의 민족주의, 제국주의 그리고 파시즘에 대한 반성의 산물로 인식했다.[74] 젊은 시절부터 오랫동안 꿈꾸어 왔던 유럽 연방국가라는 비전을 그는 총리 재임 때 동방정책을 통해 현실화하려 했다.

브란트는 "동방을 지향하든 서방을 지향하든, 내 생각으로는 동쪽으로든 서쪽으로든 균형을 취하지 않으면, 독일은 다시 일어서지 못할 것이며 스스로를 지탱할 수 없을 것이다. 그리고 어느 한 강대국에 고착된 숙명정책(Verhängnipolitik)을 추구하게 될 것이다"라고 주장했다.[75] 브란트가 서방 동맹국의 단단한 동맹에 이어 전체 유럽을 하나의 공동체로 묶으려는 의도가 이 발언에서 잘 드러난다. 브란트는 소련도 독일 문제에서 서구 동맹국에 못지않게 중요한 비중을 갖는 국가라고 인식하고 있었다. 그런데 독일이 기존의 진영 논리에 묶일 경우 독일과 소련의 관계는 계속 갈등과 대립 관계를 지속하게 될 것이고, 그랬을 때 냉전의 최전선으로서 동·서독 문제가 풀릴 수 없다고 보았다. 브란트의 동방정책은 따라서 동유럽 국가들과의 관계 개선을 통해 유럽을 하나의 공동체로 엮고, 그 속에서 독일의 선택권을 넓혀 궁극적으로 통일까지 모색하려는 매우 원대한 구상이었다. 브란트가 젊은 시절부터 정치적 원숙기까지 일관되게 구상했던 유럽연방주의적 시각[76]이 이를 잘 대변해 준다.[77]

동방정책의 성과

동·서독 정상회담

브란트는 1970년 1월 22일 동독 총리(각료회의 의장)인 빌리 슈토프 (Willi Stoph)에게 편지를 썼다. 편지에서 그는 슈토프에게 무력 단념 및 실질적인 문제에 대한 협상을 제안했다. 슈토프는 이에 대한 대답으로 2월에 브란트를 동베를린으로 초대했다. 동독은 브란트가 동독에 올 때 비행기를 타고 올 것을 조건으로 내세웠다. 그러나 브란트는 철도를 이용하고 싶어 했고, 서베를린을 거쳐 가고자 했다. 양측은 논의 끝에 타협안을 도출했다. 양 정상이 튀빙겐의 에르푸르트(Erfurt)에서 만나기로 한 것이다. 교통편은 기차를 이용하기로 했다.

드디어 1970년 3월 서독 총리 브란트와 동독 총리 슈토프가 동독 땅 에르푸르트에서 만났다. 브란트와 그의 일행이 탄 특별 열차는 본을 떠나 3월 19일 아침 9시 30분 에르푸르트에 도착했다. 브란트는 특별 열차에 오르기 전에 자기 스스로에게 '정치는 인류와 평화에 기여할 때에만 의미가 있다'고 다짐했다. 슈토프 동독 총리가 역에서 브란트를 기다렸고, 두 사람은 회담장인 시청 앞 광장의 호텔로 이동했다. 시청 역 광장에 시민들의 접근이 금지되어 있었으나 브란트를 보기 위해 사람들이 하나둘씩 호텔 주변으로 모여들었다. 호텔 안에 있는 브란트의 귀에 브란트의 이름을 외치는 사람들의 목소리가 들렸다. 브란트는 그 요구에 즉시 반응하지 않았다. 그는 환호에 호응하기보다는 오히려 자제시킬 필요성을 느꼈다. 그는 자기의 이름을 외치며 환호하는 동독 사람들의 운명이 걱정되었다. 그는 격한 감동과 그들에 대한 걱정이라는 이중 감정을 느끼며 창밖으로 가 그들에게 손짓으로 자제를 당부했다.[78]

전후 최초의 동·서독 정상회담이 열렸다. 비록 동독의 최고 실력자는 울브리히트 공산당 서기장이었고 브란트의 대화 상대는 슈토프 총리였지만 동·서독 총리가 함께 만나 동·서독 문제를 상의한 그 자체는 세계적인 뉴스거리가 되기에 충분했다. 브란트의 동독 방문은 서독 정부가 "다른 쪽 독일"의 존재를 대외적으로 공식 인정했다는 것을 의미한다. 회담에서 브란트는 서독 정부가 동독을 무력으로 넘어뜨릴 의사가 없다는 것을 분명히 했다. 그는 한 걸음 더 나아가 "우리는 각각 독자적으로 행동한다. 대외적으로 누가 누구를 대표한다는 것도 있을 수 없다……. 어느 한쪽이 다른 쪽을 복속시키는 것도 있을 수 없다. 동독과의 유대나 어떤 사회질서의 청산을 요구하러 내가 이 자리에 온 것이 아니다"고 말했다.[79] 이것은 서독이 동독의 주권을 위협하는 것으로 간주되는 일체의 행동을 하지 않겠다는 것을 선언한 것이었다.[80]

동독의 슈토프는 회담 의제로 7개 항을 제안했다. 국제법에 기초한 서독과 동독의 외교 관계 수립, 상대방 국가의 외교정책에 대한 불간섭과 할슈타인 원칙의 포기, 유엔 헌장에 의한 무력행사 포기와 군사비 삭감, 동독에 대한 서독의 1천억 마르크 지불 이행 등이었다. 여기서 1천억 마르크 지불 요구는 1961년 베를린 장벽이 세워지기 전까지 서독이 동독의 내정에 간섭했다면서 이에 대한 손해배상으로 청구한다는 것이었다. 이런 요구 사항과는 별개로 슈토프는 동·서독 간 무역의 순조로운 발전에 대해서 큰 관심을 표명했다. 서독이 지원하여 관철된 동독의 유럽공동시장 진출은 다른 동구권 국가들의 질시를 받을 만큼 동독의 경제 발전에 큰 이득이 되었다. 슈토프는 이런 성격의 경제 협력에 대한 서독의 계속적이고 더 적극적인 협조를 요청했다.

브란트는 동독이 요구한 국제법상의 승인을 받아들일 수 없었다. 그는 동독을 사실상의 국가로 인정한다고 선언했지만 국제법적인 승인 문제는 다른 차원의 문제였다. 브란트는 총리 취임 직후 분명하게 서독과 동독은 서로 간에 외국이 아니며, 따라서 서독이 동독을 국제법상으로 인정하는 것은 불가능하다고 말했다.

그러나 동독 지도부의 생각은 달랐다. 그들은 서독과의 관계 개선을 통해 가능한 많은 경제적 이익을 획득하려 했지만 독립된 국가로서의 정치적 승인도 중요한 관심사였다. 특히 후자는 소련과의 관계를 고려해서라도 소홀히 취급할 수 없었다.[81] 동독은 이미 브란트 정부가 출범한 직후인 1969년 12월 18일 서독 정부에 "동등한 관계의 정립에 관한" 조약 초안을 보내왔다. 이 초안은 두 개의 독일 국가를 상정하기는 했지만, 세상의 다른 주권국가들과 더도 덜도 없이 똑같은 평범한 국가 간의 관계로 가져가자는 것이었다.[82] 결국 서독의 긴장 완화 정책의 핵심 요소로서 초국적(transnationalität)인 개념과 동독의 국제법상 주권에 대한 요구가 기본 조약 체결에서 근본적 충돌점이었다.[83]

에르푸르트 회담은 동독에 대한 국제법적인 승인 문제로 교착 상태에 빠졌고 구체적인 성과를 얻지 못한 채 끝났다. 그래도 다행스러운 것은 서독의 카셀(Kassel)에서 양 정상이 다시 만나는 데 합의했다는 점이었다. 차기 회담을 약속함으로써 역사상 첫 번째로 이루어진 회담이 완전히 실패했다는 인상을 희석시킬 수 있었다.

제2차 정상회담은 1970년 5월 21일 서독의 카셀에서 개최되었다. 1차 때와 마찬가지로 동독의 대화 파트너는 슈토프 총리였다. 이번 회담은 지난 번 브란트가 에르푸르트를 방문한 데 대한 답방의 형태를 띠었다. 브란트는 양국 간 조약의 기초로 20개 항을 제안했다. 브란트가 제안한 20개 항 중 주요 내용을 소개하면 다음과 같다.

1. BRD(서독)와 DDR(동독)은 두 개 독일 국가 간 관계를 정리하고 접촉을 개선하기 위한 조약을 체결한다.

3. 양국은 …… 인권, 평등, 평화 공존을 기초로 관계를 정립한다.

4. 양측은 …… 어떠한 무력 사용이나 위협도 자제한다.

5. 양측은 각자의 국내 주권 관련 사안에 있어서의 독립성과 별개의 지위를 존중한다.

6. 두 개의 독일 국가 중 누구도 상대를 대표하지 않는다.

7. 양측은 독일 영토 내에서의 전쟁 재발 반대 입장을 천명한다.

8. 양측은 평화 공존을 교란시킬 우려가 있는 일체의 행동을 자제할 책임을 진다.

9. 양측은 유럽의 안보 증진을 위한 군비 축소와 통제에 총력을 기울인다.

10. 조약은 제2차 세계대전의 결과와 독일의 특수 상황 및 두 나라에 나뉘어 살고 있지만 여전히 같은 민족이라는 인식으로부터 비롯되어야 한다.

14. 조약을 통해…… 이동의 자유……를 확대한다.

15. 이산가족 대책이 마련되어야 한다.

17. 양국은 교통, 우편, 통신, 정보 교환, 과학, 교육, 문화, 환경문제, 스포츠 등 분야에서 착실하게 협력을 확대해 간다.

19. 양측은 장관급 특명전권대사를 임명하고 상주대표부를 설치한다.

20. BRD와 DDR은 국제기구 가입과 협력을 조정한다.[84]

브란트가 제시한 20개 조항에 대한 동독의 반응은 싸늘했다. 동독은 제1차 회담에서와 마찬가지로 동독에 대한 전면적인 외교적 승인이 회담의 전제 조건이라는 주장을 되풀이했다. 동독과 슈토프의 이런 태도를 브란트는 다음과 같이 꼬집었다. "귀하는 전부 아니면 전무 방식을 고집하고 있습니다. 귀하는 우리 민족과 두 독일 국가의 인민을 위한 어떤 긍정적인 성과를 제시해 줄 것인가에 대해서는 한마디도 하지 않았습니다……. 독일 인민들이 겪는 분단의 고통에 대해서도 한마디 말도 없었습니다."[85]

결국 1970년 두 차례의 정상회담이 역사적 의의를 가지고 있었음에도 불구하고 뚜렷한 성과를 얻지 못한 것은 바로 민족 문제에 대한 동·서독 간의 현격한 입장 차이 때문이었다. 동독은 국가 수립 후 약 10여 년 동안 현상 인정에 바탕을 둔 2개의 국가와 국가연합에 의한 통일 방안을 내세웠다. 그러나 시간이 지나면서 서독과의 체제 경쟁에서 열세에 놓이자 동독은 서독 체제의 영향력을 최소화하기 위해 차단 정책을 강화했다. 동독은 서방세계로부터 특히 서독으로부터 독일의 분할과 동독 정권의 정통성을 인정받아 동독 정권을 안정화시키고 합법화하는 것을 우선적 목표로 변경했다. 더 나아가서 동독은 서베를린에서 서독의 압박을 종료시켜 미래에 서베를린이 동독에 의해 흡수된 상태에서의 자주적인 정치적 통일을 목표로 하였다.[86]

이것은 브란트의 동방정책이 발표된 후에도 마찬가지였다. 그들의 눈에 동방정책은 결코 동독을 위한 완전한 보호책이 못되었다. 예컨대 동독은 1971년 독일사회주의통일당(SED) 8차 전당대회에서 동독과 서독은 물과 불의 관계라고 주장하면서 통일 불가를 선언하였다. 특히 동독은 1976년 제9차 전당대회에서 당 강령 중 통독 조항을 삭제하면서 '사회주의적 독일 민족'의 고유성을 강조하고 서독 민족을 '자본주

의적 민족'으로 규정하면서 2민족 2국가 체제를 선언하였다.[87)

모스크바 조약

소련은 독일 통일은 물론이요 당면 과제인 동독 및 동유럽 국가들과의
긴장 완화 및 관계 개선에 결정적 키를 쥐고 있는 국가였다. 브란트는
동독과의 협상이 교착 상태에 빠지자 일단 동독과의 관계 정상화는 뒤
로 미루고 소련과의 관계 증진에 우선적 노력을 기울이기로 했다. 소련
과의 관계 개선 및 정상화는 '유럽 평화 속의 독일 정책'을 추진한 브란
트에게 그 자체가 중요한 과제였다. 또 하나 브란트는 동독과 두 차례
정상회담을 가지면서 소련을 움직이지 않고 동독과 관계 개선을 도모
하기가 어렵다는 것을 간파했다.

서독과 소련은 1969년 12월에 모스크바에서 무력행사 포기와 관계
개선을 위한 예비회담을 시작했다. 이 접촉에서 소련은 서독에게 동독
을 외교적으로 승인하라고 요구했으나 서독은 외교적 승인보다는 '특
별한 관계'의 수준에서 상호 존중하겠다고 맞섰고 이 때문에 대화에 별
다른 진전이 이루어지지 않았다. 브란트는 모스크바에 그의 측근인 총
리실 차관 바르를 파견했다. 브란트는 바르에게 협상권을 완전히 위임
했다. 바르는 브란트의 입장을 잘 대변했고, 소련은 브란트에 대해 우
호적 입장을 취하고 있었다. 바르는 소련과의 관계 개선 여부는 향후
동방정책의 성패를 결정하는 바로미터가 될 것이라고 보았다. 바르는
그로미코(Andrej Gromyko) 장관과 1970년 1월부터 5월까지 총 14차
례 회담했다. 바르는 동독의 현실을 받아들일 준비는 되어 있으나 국제
법상 동독을 인정할 수는 없다고 말했다. 그는 동독의 국제법상 승인은
서독의 기본법에 어긋날 뿐만 아니라 사민당·자민당 연정이 의회에서

근소하게 과반을 차지하고 있는 상황에서 인준을 받기도 어렵다는 점을 강조했다. 또한 독일 전체에 관한 최종 결정은 4대 강국에 의해 결정된다는 점도 지적했다. 대화 과정에서 소련은 서독이 동독을 외교적으로 공식 승인하기가 어렵다는 점을 이해했다. 이 문제에 대한 이해가 이루어짐으로써 회담은 크게 진전되었고 회담 결과는 10개의 항으로 요약되었다.

'바르 문서(Bahr Paper)'로 불린 이 문서는 쉘 외무장관과 그로미코 소련 외무장관이 공식회담의 기초 자료로 활용하기 위해 작성된 실무 문서였다. '바르 문서'에는 국제 평화와 긴장 완화를 위한 무력 포기 및 경계선의 인정 문제, 동독·체코·폴란드와 체결한 조약도 모스크바 조약에 상응한 통일된 전체를 이루도록 한다는 데 합의했다. 문서에는 동·서독의 유엔 가입 문제, 경제·과학·기술적 관계 및 유럽안보회의 문제 등에서 협력한다는 내용 등이 포함되었다. 그런데 예상치 못한 사고가 발생했다. '바르 문서'가 양국 간의 외무장관 회담이 열리기 전에 서독 언론 《퀵》*Quick* 지에 보도된 것이다. 바르는 2013년에 발간한 그의 책에서 비밀이 누설된 출처는 오늘날까지 알려져 있지 않다고 말했다. 그로미코 장관은 10개 항이 서로 합의한 기밀인데도 세상에 알려졌기 때문에 그 텍스트는 소련을 위해 더 이상 협의될 수 없다고 천명했다. 양국 외무장관 사이의 협상은 2주 동안 한 걸음도 나아가지 못했다. 결국 내용을 수정한 후에야 최종 합의에 도달했다. 이렇게 우여곡절을 겪은 다음 '모스크바 조약'은 8월 12일 브란트 총리와 소련의 코시긴(A. N. Kosygin) 총리가 서명하고 쉘 외무장관과 그로미코 외무장관이 부서(副署)함으로써 최종 확정되었다.[88]

'모스크바 조약'은 전문과 5개 조항으로 구성되었다. 조약은 전문에서 "국가들 사이의 평화적인 협력은 유엔 헌장의 목적과 원칙의 토대 위에서 국제적 평화에 대한 제 민족들의 열망과 이익에 합치된다는 확신"을 갖고 있다고 언급했다. 또 두 나라가 1955년 9월 13일 체결한 외교 관계 수립의 의미에 대해서도 언급했다. 조약은 제1조에서 두 나라는 "국제적 평화를 유지하고 긴장 완화를 이룩하는 것을 정책의 가장 중요한 목표로 삼는다"고 천명했다. 제2조는 두 나라는 분쟁 문제를 유엔 헌장에 명기된 목표와 원칙에 따라 "오로지 평화적인 수단을 통하여 해결할 것"이라고 밝혔다. 제3조는 두 나라가 "유럽의 평화는 아무도 현재의 국경선을 침해하지 않을 때에만 유지된다는 인식에 완전 의견 일치를 보았다"고 천명했다. 즉, 두 나라는 "유럽 모든 국가들의 현재의 영토의 불가침성을 무제한 존중할 의무가 있다"고 선언했다.[89] 이 조항은 특별히 독일·폴란드 국경선을 염두에 두고 작성되었다.

모스크바 조약 서명 후 브레즈네프(Leonid Brezhnev) 소련 공산당 서기장은 모스크바 조약이 가능한 빠른 시일 내에 서독 의회에서 비준되기를 희망했다. 이에 대해 브란트 총리는 서독과 서베를린의 자유로운 왕래를 보장하는 베를린 협정이 체결되고 동독과 서독 사이의 관계도 개선이 되어야 의회에서 비준이 가능하다고 대답했다. 이와 함께 브란트 총리는 동독과의 대화의 어려움을 토로하고 소련이 동독에 영향력을 행사해 줄 것을 부탁했다. 브란트가 이렇게 모스크바 조약 비준의 전제 조건으로 베를린 협정 체결과 동·서독 관계 개선을 제기한 것은 향후 두 조약의 체결에 긍정적으로 작용했음이 얼마 후 두 조약의 체결 과정에서 밝혀졌다.

브란트는 1970년 9월 중순 연방의회에서 이렇게 말했다.

"(모스크바) 조약은 기존의 현실적인 상황에서 출발했다. 그것은 국경이 침해받지 않으며 눈앞에 있는 문제들이 평화적으로 해결되어야 한다는 것을 확고히 했다. 그것은 소련 및 동유럽 국가들과의 보다 나은 협력을 위한 전제 조건을 만들어 냈다. 그것은 우리를 나토(NATO)에 있는 우리의 동맹국들로부터 분리하지 않으며 지속적으로 서유럽의 통합을 방해하지 않는다. 그것은 베를린에 도움이 되어야 한다. 그것은 마지막으로 유럽에서의 평화 상태에 도달하는 길을 열어 놓을 것이다. 이러한 평화 상태에서 독일의 문제 역시 자결권의 근거 위에서 올바르고 지속적인 해결책을 발견할 수 있다."[90]

모스크바 조약과는 별개로 소련과 서독 사이에는 경제 교류를 활성화하기 위한 협의가 진행되었다. 그 성과가 모스크바 조약에 앞서 나타났다. 첫 성과는 소련에서 서독까지 파이프라인을 통해 석유와 가스를 공급하는 경제 협정이었다. 1970년 1월 소련과 독일 대표들은 에센(Essen)에서 3가지 협정에 서명했다. 소련은 향후 20년간 520억 m^3의 천연가스를 서독의 루르가스에 1970년 가격 기준 25억 마르크어치를 공급하기로 했다. 서독 측의 요청이 있으면 소련은 800억 m^3까지 공급량을 더 늘려 주겠다는 약속도 했다. 가스는 시베리아로부터 오스트리아-헝가리 국경 인접의 다뉴브 강(Danube) 주변 브라티슬라바(Bratislava)까지 기존의 파이프라인을 연장하여 공급하기로 했다. 연장 구간은 바이에른-체코 국경의 마르크트레드비츠(Marktredwitz)에서 끝난다. 인도 시기는 1973년부터였다.

이 파이프라인 협상과 병행하여 서독의 만네스만(Mannesmann) 그룹이 소련에 120만 톤의 대형 강철 파이프와 소요 자재를 1970~72년에 공급하기로 했다. 도이체방크 등 17개 서독 은행 컨소시엄은 소련의 가스 공급 개시 후 11년 이내에 되돌려 받기로 하고 소련 수출입은행에 대해 파이프 판매 대금 전액에 해당하는 12억 마르크의 차관을 승인했다. 이자율은 연 6.25%였다. 이 차관은 서독 정부가 지불 보증을 선만큼 결국 서독 납세자들이 보증한 것과 마찬가지였다.

1972년 7월에는 루르가스에 대한 천연가스 공급 대가로 뒤셀도르프의 만네스만이 소련에 120만 톤의 대형 파이프를 1972~75년에 추가로 공급하는 두 번째 소련-서독 협정이 성사되었다. 1970년 때처럼 이번 협정도 도이체방크가 이끄는 서독 은행 컨소시엄이 12억 마르크의 차관을 1983년까지 갚는다는 조건으로 제공했다.

바르샤바 조약

제2차 세계대전은 1939년 9월 1일 폴란드 영토를 침공하면서 시작되었다. 제1차 세계대전에 이어 제2차 세계대전 때도 폴란드가 독일로 인해 큰 피해를 입었다. 독일군에 의한 유대인 학살의 상징적 장소인 아우슈비츠 수용소도 폴란드 땅에 위치한다. 제2차 세계대전이 끝나고 옛 독일 영토였던 프로이센과 포메른, 슐레지엔 지역 등이 폴란드 영토에 편입되었다. 동독과 폴란드는 1950년 괴를리츠 조약(Görlitz Vertrag)을 통해 오데르-나이세 강을 사이로 동독과 폴란드의 국경선을 획정하는 데 합의했다. 그러나 서독과 폴란드는 전후 이 문제에 대한 어떠한 논의도 행하지 않았다. 기민/기사당 정부는 오데르-나이세 강(Oder-Neiße River)을 경계로 한 국경선을 인정하는 것은 통일을 포기하는 것이라는 입장을 견지했다. 폴란드는 독일의 입장에서 그리고 브란트 정부의 입장에서 상대하기가 가장 껄끄러운 국가였다.

브란트 정부는 폴란드와의 관계 개선 없이 소련 및 다른 동유럽 국가들과의 관계 개선은 불가능하다고 판단했다. 모스크바 조약에는 "현재의 국경선을 침해하지 않을 것"이라는 조항이 있는데, 이 내용은 서독과 폴란드 사이에도 똑같이 적용되어야 했다. 브란트 정부는 1970년 2월부터 폴란드와의 관계 정상화를 위한 협상을 시작했다. 브란트 정부는 폴란드와의 협상에서 폴란드가 가장 역점을 두는 국경선 문제를 폴란드가 원하는 방향에서 해결해 주기로 했다. 양국의 대화에서는 폴란드 거주 독일인의 서독 이주 문제도 중요하게 다루어졌다. 제2차 세계대전이 종료하면서 폴란드 거주 독일인들의 동·서독 이주가 많이 이루어졌지만 여전히 폴란드에는 독일인들이 많이 남아 있었으며 이들의 독일 이주 문제는 양국 간의 주요 현안으로 남아 있었다. 서독은 독일인의 자유로운 이주를 주장한 반면 폴란드는 숙련된 독일 노동자를 놓치고 싶지 않아 신중하게 접근했다. 원만한 회담을 위해 이 문제는 양국 적십자 회담에 넘기기로 하는 선에서 해법을 찾았다.

바르샤바 조약은 1970년 12월 7일 바르샤바에서 두 나라 총리와 외무장관에 의해 서명되었다. 조약 1조에서 양국은 "현존하는 오데르-나이세 경계선이 폴란드인민공화국의 서부 국경선을 형성한다는 데 견해가 일치했음을 확인"했으며, "현재나 미래에 현 국경선의 불가침성과 상호 그들의 영토적 통합을 무제한 존중할 것이며", "상호 어떠한 영토 요구도 하지 않을 것이고, 앞으로도 그러한 요구를 제기하지 않을 것"임을 확인했다고 명기했다.[91]

바르샤바 조약은 그 이전에 서명이 가능했지만 모스크바 조약 다음에 체결하기로 일정이 조정된 까닭에 모스크바 조약보다 4개월 후에 체결되었다. 폴란드인들은 이런 점을 못마땅하게 생각했다. 그들은 서독이 소련이 아닌 폴란드와 먼저 국경선 문제에 합의를 보는 게 순리라고 생각했다. 폴란드인들은 비록 자신들이 현재 소련의 영향권 아래에 있지만 자신들이 러시아의 속국으로 다루어지기를 원치 않았다. 이런 관점에서 폴란드인들은 서독이 자신들의 국경선 문제를 소련과 먼저 논의하여 조약화한 데 대해 불만스러워 했다.

브란트는 1970년 12월 7일 바르샤바 조약의 서명을 위해 쉘 외무장관과 함께 바르샤바를 방문했다. 브란트는 바르샤바로 오면서 많은 심적 부담을 느꼈다. 평화를 모든 판단의 최우선 순위로 삼고 있었던 그는 폴란드 국민처럼 그렇게 고통 받은 민족, 고통 받은 사람들은 세계 어느 곳에도 없다고 생각했다. 그런데 폴란드의 고통의 대부분이 독일로 인해 야기되었으니 브란트의 폴란드인들에 대한 미안함이 얼마나 컸겠는가.

브란트의 바르샤바 방문 일정에는 도착 다음 날 두 번의 헌화가 계획되었는데 그중 첫 번째 헌화는 무명용사 묘에서의 헌화였다. 브란트가 무명용사 묘소를 참배하는 날 묘소 앞은 서독 및 폴란드 인사들, 그리고 전 세계에서 몰려든 기자들로 북적거렸다. 브란트는 참배를 위해 마련된 묘소 제단 앞에서 무릎을 꿇었다. 참배객 행렬 뒤에 서 있는 사람들은 브란트가 갑자기 시야에서 사라져 버린 데 대해 어리둥절해 했다. 브란트가 무릎 꿇는 장면은 신문과 TV를 통해 폴란드는 물론이요 전 세계로 전파되었다. 그는 이 행위에 대해 당시도, 그 이후에도 수많은 사람들로부터 그 제스처가 무엇을 의도한 것이었느냐는 질문을 받았다. 또 사전에 계획한 것이었느냐는 질문도 받았다. 그러나 이것은 브란트가 사전 계획한 것은 아니었다. 폴란드인들에 대한 미안함으로 가득 차 있었던 브란트가 갑작스럽게 행한 것이었다. 묘역 앞에 서니까 "어쩐지 그렇게 하는 것이 도리일 것 같았다"는 그의 말이 가장 적합한 설명이 될 것 같다.[92] 여하튼 브란트가 폴란드 무명용사 앞에서 무릎을 꿇으며 참배한 장면은 원하든 원하지 않던 브란트의 동방정책을 상징하는 장면 중 하나가 되었다. 또한 세계 역사에서 잘못된 과거사를 반성하고 정리하는 가장 모범적인 사죄 방식의 하나로 평가받게 되었다.

베를린 협정

베를린은 현대 독일의 중심지일 뿐만 아니라 유럽의 중심지이기도 하다. 2차 대전 후 베를린은 독일처럼 미국·소련·영국·프랑스에 의해 분할 점령되었고, 서베를린과 동베를린으로 나뉘어져 각각 서방 강대국과 소련에 의해 관리되었다. 1949년 동독과 서독 국가가 수립될 당시 베를린의 인구는 약 280만 명이었고, 1970년에는 약 320만 명이었다. 베를린은 한 도시에서 함께 살던 친인척들이 어느 날 갑자기 동서로 구분된 별개의 지역에 살면서 상호 왕래도 제한당하거나 완전히 저지당한 비극의 도시였다. 베를린은 또한 1948~49년의 베를린 봉쇄, 1961년의 베를린 장벽 구축 등에서 드러나듯 서방 자본주의 진영과 동유럽 공산주의 진영의 최전선 대치점을 이루는 도시였다. 케네디 등 미국 대통령들은 서독을 방문할 때면 대개는 서베를린을 방문했다. 이것은 서베를린에 사는 독일인들의 안전에 대한 미국의 보장을 확약하기 위한 의도에서일 뿐만 아니라 동유럽 공산국가에게 서방세계의 단결을 과시하는 제스처의 일환으로서였다. 베를린은 실제로 서독과 동독의 실효적 지배 지역이지만 형식상으로는 4대 강국에 의해 관리되는 지역이었고 또 베를린 문제가 해결되려면 4대 강국의 협력과 동의가 필수적이었다.

1960년대에도 동독 당국이 서독과 서베를린 사이를 오고가는 사람들에게 이런 저런 방식으로 통행을 제한하는 경우가 많았다. 국경선 통로에는 승용차와 화물차가 동독 영토를 통행할 수 있는 비자를 받기 위해 늘 장사진을 치고 있었다. 동독 측이 일부러 입국 심사를 지연시켜 비자를 받는 데 하루나 이틀이 걸리는 경우도 있었다. 외국 번호판을 부착한 사람들은 여행 기간 중 동독 번호판으로 갈아 붙여야 하는 불편함을 감수해야 했다. 자동차 안을 샅샅이 뒤지는 것은 일상적인 상황이었다.

서베를린 시장을 역임한 브란트는 모스크바 조약 체결 후 베를린 문제의 해법 찾기에 본격 나섰다. 그런데 베를린 문제의 해결은 모스크바 조약이나 바르샤바 조약 때처럼 특정 국가 간의 협상만으로 되지 않는, 훨씬 복잡한 문제였다. 다행히 독일의 인접 국가이고 양차 대전 때 독일의 침공을 받아 많은 피해를 입었던 프랑스가 전후 양국 간의 협력, 우호 정책에 힘입어 서독 및 서베를린의 현안들을 푸는 데 적극 협력해 주었다. 미국은 서독의 대소련 화해 정책에 대해 우려를 표하면서도 기본적으로는 브란트의 동방정책을 지지해 주었다. 1960~70년대 미국과 소련이 추구한 데탕트 정책과 브란트의 동방정책이 맥락을 같이하고 있기 때문이었다. 사실 미국과 소련의 데탕트 정책은 동·서독 문제의 해결 없이는 불가능한 일이었다. 영국 역시 브란트의 동방정책을 반대할 특별한 이유는 없었다.

4대 점령국이 베를린 협정 문제를 본격적으로 논의하기 시작한 것은 1970년 3월부터였다. 협상에 임한 소련 측의 입장은 다음과 같았다. 첫째, 베를린은 주권국인 동독의 수도이다. 서베를린은 동독의 영토 내에 있는 하나의 독립된 정치적 단위이다. 둘째, 서독에서 서베를 린으로의 통로는 완전히 동독의 관할권에 속한다. 셋째, 서베를린에서 의 서방 3대 강국의 권리는 아무런 문제가 없지만 서베를린에서 동독 의 승인이 없는 서독의 어떠한 존재도 동독의 주권에 대한 위배로서 '비합법적'이다.

이에 대한 서방측의 입장은 다음과 같았다. 첫째, 베를린(전체)은 4 대 연합국의 관할권에 속한다. 둘째, 서독에서 서베를린으로의 방해 받지 않는 통로는 국제법상 이론의 여지가 없는 원래의 권한 사항이 고, 소련은 그것을 보장할 책임이 있다. 셋째, 서방 3대 강국의 점령 지 역이었던 서베를린은 서독과의 결속을 모든 분야에서 가질 수 있다는 것이다.

여기에서 양측의 입장을 정리하면 다음과 같다. 첫째, 서방측은 베를 린을 전체로 보려고 한 데 비해, 소련은 서베를린만을 따로 떼어 다루 려고 했다. 둘째, 서방측은 통로 문제에 대해 소련에 그 책임권을 맡겨 자유로운 통행을 보장받으려고 한 데 비하여, 소련은 그것을 동독에 맡 겨 통제하려고 하였다. 셋째, 서방측은 될 수 있는 한 서베를린과 서독 과의 결속을 강화하려고 한 데 비해, 소련은 그것을 제한하려고 했다.

4대 강대국들이 3월부터 시작한 논의는 1970년 7월까지 아무런 진 전이 없었다. 그러나 같은 해 8월 12일 모스크바 조약이 체결됨에 따라 돌파구가 마련되었다. 모스크바 조약을 체결할 당시 서독은 이 조약의 서독 의회 비준은 베를린 문제가 해결된 이후에야 가능하다고 못 박았 는데 이것은 베를린 문제의 해결에 긍정적으로 작용했다. 1971년 2월 서방 3국은 협정 초안을 마련하여 소련 측에 전달했다.[93] 이 초안에서 서방측은 "전체 베를린 지역에서의 실제적인 개선, 통로 분야에서의 구체적인 규정, 서베를린 시민의 동베를린 내지 동독의 친지 방문 여부, 서베를린과 서독과의 결속 문제 등을 거론하였다. 이 중에서도 가장 역점을 둔 것은 통로의 편리화였다.

베를린 협정 논의가 막바지에 접어들 무렵인 1971년 5월에 동독의 강경파인 울브리히트 공산당 서기장이 해임되고 실용파인 호네커(Eric Honecker)가 새로 서기장에 취임했다. 드디어 1971년 9월 3일, '베를린 협정'이 체결되었다. 이 조약에서 4대국 정부는 "해당 지역에서의 긴장 제거와 분규 방지를 위해 노력할 것"이며, 이 지역에서의 무력 사용이나 무력 위협을 하지 않으며, 분쟁은 오로지 평화적 수단으로 해결한다"고 약속했다. 소련은 "동독 영토를 통하여 서베를린과 서독 사이를 왕래하는 민간인과 물자의 도로, 철도 및 수로에 의한 통과 교통이 방해를 받지 않으며, 또한 이 교통은 그것이 가장 간편하고 신속히 이루어질 수 있도록 편리화 되어야 할 것이고, 그것은 유리한 조건에서 보호를 받을 것"이라고 약속했다. 프랑스, 영국, 미국은 "베를린의 서방측 관할 구역이 종전과 같이 서독의 구성 부분이 아니며, 또한 앞으로도 계속하여 서독의 통치를 받지 않는다"고 밝혔다. 소련은 "서베를린과 그 접경 지역, 또 서베를린과 그 접경 지역이 아닌 동독 내에 있는 지역 간의 교통이 개선될 것"이라고 약속했다. 소련은 "서베를린의 영주자들은 인도적, 가족적, 종교적, 문화적, 상업적인 이유로 또는 여행자로서 이 지역을 여행하고 방문할 수 있으며, 그 조건은 이 지역을 방문하는 다른 사람들을 위해 적용하는 규정과 유사하다"고 규정했다.[94]

브란트는 1971년 베를린 협정이 유럽에서의 평화에 기여할 것이며, 대결에서 협력으로의 새로운 출발점이 될 것이라고 설명했다. 그는 "앞으로 가까운 시기에 실천적 정치 활동의 목표는 독일의 두 지역 사이의 긴장을 완화함으로써 민족의 통일체를 유지하는 것이다"고 말했다. 그는 양독이 동·서독 사이에서 그리고 유럽에서 평화를 확실하게 해야 할 공통의 책임과 공통의 임무를 가지고 있다고 주장했다.[95]

동방정책에 따른 영광과 시련

브란트에 대한 불신임안

브란트의 동방정책은 객관적으로 인정을 받았다. 그는 주변국과의 관계 개선, 모스크바 조약, 바르샤바 조약, 베를린 협정 등 일련의 조약 체결 등으로 유럽의 평화에 기여한 공로를 인정받아 1971년 노벨평화상을 수상했다.

그러나 야당인 기민/기사당은 브란트의 동방정책을 강하게 비판했다. 바이체커(Richard von Weizsäcker, 1984년 연방 대통령에 선출됨)와 콜 등 소수 개혁파들만 좀 더 신중하게 대처하자는 의견을 내놓았을 뿐이다. 이들 개혁파들은 협상 과정은 조급하고 허술했지만 그렇다고 조약들이 치유 불가능할 정도로 나쁜 것은 아니라고 보았다. 그들은 조약에 전면적 비판을 가할 경우 기민/기사당이 국내외적으로 고립될 가능성이 있다고 보았다.[96] 기민/기사당 지도부를 조약의 비준 여부를 놓고 진퇴양난에 빠지게 만든 것은 이들 개혁파들이 아닌 주변 국가들이었다. 닉슨 미국 대통령은 외교정책에 대한 연례보고서에서 유럽에서의 동·서 협력에 대한 희망을 피력했다. 프랑스는 비준이 바람직하다고 선언했고, 영국과 덴마크도 조약들이 무산되면 데탕트에 문제가 생길 것이라고 예상했다. 소련은 조약 비준안 부결이 독·소 관계에 중대한 영향을 미칠 것이라고 경고했다.[97]

이 진퇴양난의 상황에서 새로 기민당 총리 후보로 선출된 라이너 바르첼(Rainer Barzel)은 브란트 불신임과 자신의 총리 취임에서 해법을 찾고자 했다. 브란트를 총리직에서 끌어내고 자신이 총리의 지위에 올라 주변 국가들과 재협상을 하여 조약의 내용을 변경하면 정권 교체는 물론이요 대외 문제까지도 해결할 수 있다고 보았다. 때마침 연방의회 의석수가 그들에게 유리하게 바뀌고 있었다.

먼저 자민당 내에는 사민당·자민당 연정에 반대하는 세력이 1969년 연정 수립 때부터 존재했다. 전임 총재인 멘데(Eric Mende)가 그 중심에 있었다. 1970년 당대회에서 당의 노선을 변경시키는 데 실패한 멘데는 1970년 10월에 지크프리트 초글만(Siegfried Zoglmann)과 하인츠 슈타르케(Heinz Starke) 등 두 사람과 함께 자민당을 탈당하여 기민당으로 당적을 옮겼다. 이들 세 사람이 자민당을 탈당한 것은 쉘이 이끄는 자민당이 좌경화되고 있다는 이유 때문이었다. 그들은 자민당의 좌경화가 유권자들의 신뢰를 잃어 자민당이 연방의회에서 사라질지 모른다고 우려했다.[98] 1971년 사민당에서도 탈당 의원이 나타났다. 헤르베르트 후프카(Herbert Hupka)가 그 주인공인데 그는 동방정책에 반대하여 사민당을 탈당했다. 슐레지엔 출신인 후프카는 브란트가 이끄는 정부가 폴란드와 소련의 농간에 놀아나고 있다고 생각했다. 크누트 퀼만-슈툼(Knut von Kuehlmann-Stumm)과 게르하르트 킨바움(Gerhart Kienbaum) 등 두 사람의 자민당 의원은 탈당은 하지 않지만 브란트에 대한 불신임안이 제출되면 기민당의 바르첼을 지지하겠다고 말했다. 니더작센 출신의 자민당 의원 빌헬름 헬름즈(Wilhelm Helms)도 기민당으로 당적을 옮기겠다고 발표했다. 사민당 의원인 뮌헨 출신의 권터 뮐러(Günter Müller)도 동요를 보였다. 이렇게 자민당과 사민당에서 기민당으로 당적을 옮긴 사람들과 불신임안 투표에서 바르첼을 지지하겠다고 말한 사람들을 합하면 바르첼 지지자는 과반수를 넘긴 250표가 된다.

기민/기사당은 1972년 4월 24일 불신임안을 제출했다. 불신임안은 "연방하원은 빌리 브란트 총리를 불신임하고 라이너 바르첼 의원을 연방 총리로 선출할 것을 동의합니다. 연방 대통령은 빌리 브란트 총리를 해임하시기 바랍니다"로 되어 있다. 1969년 연방 대통령 선거에서 패배했던 온건파 지도자인 바이체커와 게르하르트 슈톨텐베르크(Gerhard Stoltenberg) 등이 불신임안 제출에 반대했지만 기민/기사당 최고회의는 불신임안 제출을 강행하기로 결정했다.

기민당 지도자 중 한 사람인 바이체커가 기민/기사당의 불신임안 제출에 반대한 주요 이유는 대외적 측면이었다. 그가 생각할 때 2차 대전 승전국들은 서독 정부의 긴장 완화 정책을 지지했다. 이것은 미·소·영·프 등 4개국이 체결한 1971년 베를린 협정으로 증명되었다. 이런 상황에서 브란트가 불신임되어 총리직을 물러난다면 어떻게 될까? 바이체커는 서독이 소련, 폴란드 등과 맺은 조약들은 모두 브란트 정부가 서명했고 소련과 폴란드는 이에 기초를 두고 외교정책을 펼쳤다는 점을 중시했다. 그는 불신임안이 통과될 경우 서독은 외교적 고립을 피하기 어려울 것이라고 생각했다. 그는 불신임안 상정은 큰 실수이며, 불신임안이 부결되어야 한다고 주장했다.[99]

국민들 중에는 브란트와 동방정책을 지지하는 사람들이 더 많았다. 1972년 실시된 여론조사 결과 전체 국민의 82%가 동방정책을 지지하는 것으로 나타났다. 기민/기사당은 이런 여론을 의식하여 조기 총선 대신 불신임안 제도를 활용하기로 했다. 조기 총선을 할 경우 승리를 장담할 수 없기 때문이다. 불신임안이 제출되자 사민당 당원들은 물론이요 노동계와 학생운동 조직 등이 강력하게 반발하고 나섰다. 이들은 브란트 지지 시위를 벌였고, 특히 노조는 불신임안이 통과되면 총파업에 나서겠다고 선언했다. 유럽 전역의 주요 미디어들도 브란트를 지지하면서 바르첼과 기민/기사당의 불신임안 제출을 비판했다. 총리를 브란트에서 바르첼로 바꾸는 행위는 서독 기본법에 근거한 합헌적인 정치 행위였지만, 국민들은 선거를 실시하지 않고 의회에서 의원들만의 힘으로 총리를 교체하는 행위에 낯설었다. 불신임안 반대자들은 기민/기사당의 행위를 고매한 인격의 지도자를 저급하고 비루하며 불순한 동기로 뒤집어엎으려는 행위로 해석했다.[100]

기민/기사당은 건설적 불신임안의 통과에 필요한 과반수 249표는 최소한 확보했다고 자신했다. 사민당·자민당 연정이 동방정책 문제로 인해 붕괴 직전의 위기를 맞이했다. 투표가 있기 전날까지 주요 언론은 모두 브란트의 실각과 기민당 대표 바르첼의 총리 취임을 기정사실화했다. 마침내 4월 27일 불신임안 투표가 실시되었다. 전 세계의 이목이 본에 집중되었다. 사민당과 자민당에는 비관주의가 팽배했다. 그런데 놀랄 만한 상황이 발생했다. 개표 결과 바르첼을 총리로 선출하는 데 필요한 과반수에서 2표가 부족했던 것이다. 바르첼과 기민/기사당 의원들, 불신임안 가결을 기정사실화했던 모든 언론 등은 믿겨지지가 않았다. 분명히 기민/기사당 의원에 자민당 및 사민당 탈당파 의원, 자민당에 남아 있지만 투표에서 바르첼을 지지하겠다고 선언한 의원 숫자가 250명이나 되었기 때문이다. 바르첼은 250표를 염두에 두었고, 249표를 필요로 했는데 247표를 얻었다.[101] 불신임안이 부결된 것은 결국 기민/기사당 의원 및 바르첼을 지지하겠다고 공언한 의원 중에 최소한 2명이 불신임안에 반대표를 던졌다는 이야기가 된다.

의회에서 불신임안이 부결되고 한참 동안 정치권 안팎에는 표결 결과에 대한 다양한 추측과 루머가 떠돌았다. 기민당 의원이 매수되었다는 소문이 나돌았다. 그러던 중 1973년 기민당 소속의 율리우스 슈타이너(Julius Steiner)가 자신이 사민당 소속 연방하원 의원총회 서기였던 칼 비난트(Karl Wienand)한테서 불신임안에 기권하는 대가로 5만 마르크를 받았다고 털어놓았다. 비난트와 슈타이너를 연결시켜 준 인물도 나타났다.[102] 그러나 슈타이너의 말 외에 다른 증거는 없었다. 의회 조사위원회가 구성되어 이 사건을 조사했으나 아무것도 밝혀내지 못했다. 다만 슈타이너를 매수한 인물로 지목된 비난트가 의원직과 사민당 의원총회 서기직을 모두 내놓아 그가 의원 매수 사실을 간접적으로 시인했다고 해석할 수 있는 여지가 있었다. 이 사건이 발생한 후 8년이 지난 1980년 사민당의 원내총무 베너(Herbert Wehner)는 브란트 정권과 동방정책을 지키기 위해 '매수 행위'가 있었음을 시인했다.[103] 브란트의 총리직 유지에 안도한 사민당 사람들 중 일부는 자민당과 사민당 의원들을 기민당으로 당적을 옮기게 한 행위 역시 일종의 매수 행위에 의한 것 아니냐면서 사민당의 의원 매수 행위를 변호했다. 불신임안에 기권하는 대가로 돈을 받았다는 슈타이너 의원의 폭로로 인해 브란트 총리의 대내외 이미지는 크게 손상되었다. 그러나 이 사건으로 인해 브란트 정권이 직접적인 위기에 처하지는 않았다.[104]

불신임투표에서 바르첼과 기민/기사당이 뜻을 이루지 못했지만 브란트도 불신임투표에서 살아남은 바로 다음 날 의회에서 연방 총리 예산안을 통과시키지 못했다. 표결에서 예산안이 247 대 247로 과반을 얻지 못해 부결된 것이다. 브란트는 과반을 확보하지 못한 의회에서 모스크바 조약 등을 안전하게 비준 받을 자신이 없었다. 브란트와 바르첼 모두 타협이 필요했다. 바르첼은 브란트에게 기민/기사당의 주요한 우려를 불식시켜 준다면 조약안 비준을 무산시키지 않겠다고 약속했다. 브란트는 이를 수용해 조약에 대한 표결을 몇 주 연기하고 바르첼 및 다른 기민/기사당 지도자들과 협상을 시작했다. 양측은 소련에 보낼 외교 서한과 여야 모두 수용 가능한 조약 해석을 담을 의회 공동결의문을 채택하기로 했다. 사민당과 기민당 공동위원회가 구성되었고, 양자의 논의에 소련 측도 의견을 제시했다. 기사당의 슈트라우스도 논의에 참여했다. 이런 과정을 거쳐 기민/기사당과 사민당이 공동결의안을 도출하는 데 성공했다. 공동결의문은 "베를린과 전 독일에 대한 4개 국가의 권한과 책임은 변함이 없으며, 모스크바 조약과 바르샤바 조약은 평화통일을 달성하려는 서독의 노력과 어긋나지 않는다"고 했다.[105] 이제 모두들 조약은 절대 다수의 지지를 받아 통과될 것이라고 예측했다.[106]

그러나 공동결의안 채택에 합의한 후 기민/기사당에 후폭풍이 몰아닥쳤다. 동방정책에 반대한 강경파들이 조약의 비준에 맹렬히 반대하면서 기민/기사당까지 비판하고 나선 것이다. 기민/기사당은 결국 의회에서 기권이라는 절충안을 선택했다. 기민/기사당은 공동결의문에 만장일치로 찬성하였으나 모스크바 조약에는 238명이 기권, 10명이 반대했고, 바르샤바 조약에는 231명이 기권, 17명이 반대하였다. 공동결의문은 기민/기사당으로 하여금 반대에서 기권으로 선회시키는 데는 성공했지만 찬성까지 가게 하지는 못한 것이었다. 대신 기민/기사당은 그들이 다수를 차지하는 상원 표결에서 기권함으로써 조약들을 통과시키는 데 협조했다.[107] 또 다른 중요 조약인 베를린 협정은 형식상 4대 강국 간의 조약이기 때문에 서독 의회에서 비준할 필요는 없었다.

1972년 5월 26일에는 서독과 동독 사이에 통행 조약(Verkehrs-vertrag)이 체결되었다. 베를린 협정에 토대를 둔 양독 사이에 맺어진 후속 조치였다. 이 조약은 33개 항으로 되어 있으며, 도로, 철도 및 수로를 통한 양국 사이의 상호 교역 및 통행에 관한 자세한 내용을 담고 있다. 양측은 이 조약에서 두 개의 독일 간 '상호 통행'을 허용함으로써 정상적인 선린 관계를 증진해 나갈 것을 다짐했다.[108] 이 조약은 서독이 동독을 독립된 국가로 인정하면서 맺어진 최초의 문건이라는 데 의미가 있으며, 동독은 이 점을 널리 홍보했다. 기민/기사당은 조약 비준에 찬성표를 던졌다.

불신임안이 부결된 다음 날인 4월 28일 연방 총리실 예산안이 부결되자 브란트는 불안한 지위를 만회하기 위해 임기를 1년 남기고 조기 총선을 구상하기 시작했다. 독일 기본법 아래서 조기 총선은 두 가지 경우에 가능했다. 하나는 총리가 사임한 후 연방하원의 다수당이 2주일 이내에 후보를 내지 못하는 경우이다. 다음 경우는 현직 총리가 연방하원에 자신에 대한 신임을 물었는데 그 신임안이 부결되는 경우이다. 기민당은 전자에 의한 조기 총선을 주장했지만 브란트는 후자의 방식을 선택했다. 전자의 방식은 브란트 스스로가 여당의 실패를 자인하는 형태였기 때문에 브란트의 입장에서 받아들일 수 없었다. 브란트는 국민들의 동방정책에 대한 지지가 높다는 점을 고려하여 조기 총선에서 승리를 자신했다. 브란트는 9월 20일 자신에 대한 신임안을 연방하원에 제출했다. 여당은 신임안이 확실하게 부결되도록 하기 위해 정부 각료들은 표결에 참여하지 않도록 했다. 표결 결과 신임안은 248 대 233으로 부결되었다.

동·서독 기본 조약이 가조인된 직후인 1972년 11월 19일 총선거가 실시되었다. 기민/기사당이 1972년 4월에 제출한 건설적 불신임안 표결에서 브란트가 간신히 살아난 장면을 지켜본 그의 지지자들이 11월 총선에서 단결했다. 브란트는 동·서독 기본 조약의 공식 서명을 선거 뒤로 미룸으로써 총선을 자신의 외교정책에 대한 신임투표로 연결시키는 작전을 펼쳤다. 바르첼은 동방정책이 선거 이슈로 부각되는 것을 원치 않았지만 동방정책은 인플레이션과 사회 개혁을 제치고 선거에서 가장 큰 쟁점으로 떠올랐다.[109] 선거 결과 사민당은 45.8%의 득표율을 기록했고 의석은 1969년 224석에서 230석으로 6석 증가했다. 자민당은 8.4%의 득표율과 함께 1969년보다 11석이 늘어난 41석을 배정받았다. 양 당의 의석은 과반수보다 22석이 더 많았다. 사민당과 자민당 연정의 승리였다. 사람들은 이 선거를 '빌리의 선거'라고 불렀다.[110] 브란트는 12월 중순에 있었던 총리 선거에서 찬성 269, 반대 233, 무효 1표로 당선되었다. 1969년 총리 선거 때 251표를 얻었던 것과 비교할 때 여유 있는 당선이었다.

동·서독 기본 조약

브란트는 모스크바 조약을 통해 소련과의 관계 정상화에 합의한 후 동독과의 관계 정상화에 박차를 가했다. 동·서독 대표들은 1972년 6월 예비회담을 거쳐 8월 9일 정식 협상에 들어갔다. 선거를 11일 앞둔 11월 8일 동·서독 기본 조약이 가조인되고 12월 21일 정식으로 체결되었다. 소련이 영향력을 발휘하여 강경파인 울브리히트를 실각시키고 호네커를 새로 동독 공산당 서기장으로 내세운 것은 동·서독 기본 조약의 체결에 유리하게 작용했다. 브란트는 1970년 두 차례나 동·서독 정상회담을 하고도 성과를 내지 못한 후 소련과의 관계 정상화를 우선적 목표로 삼는 우회 전략을 썼는데 결과적으로 이 전략은 잘한 선택이었다.

조약을 통해 서독과 동독은 "동등한 권리의 토대 위에서 정상화된 선린 관계를 발전"시키기로 했으며 "양독 간에 존재하는 경계선의 불가침"을 강조했다. 또 양국은 그들의 분쟁 문제를 오로지 평화적 수단을 통해서 해결할 것이며, 무력에 의한 위협이나 무력의 사용을 포기한다고 선언했다. 양국은 또 조약의 토대 위에서 양측의 이익을 위하여 "경제, 과학 및 기술, 교통, 법률 부문의 교류, 우편 및 전화, 보건, 문화, 스포츠, 환경보호 및 여타 분야에서 공동 협력을 촉진"하기로 했다. 양국은 특히 상주대표부를 교환하기로 했으며 대표부는 각기 상대방의 소재지에 설치하기로 했다. 동독은 대표부가 아닌 대사관으로 하자고 주장했지만 서독이 완강하게 반대하여 뜻을 이루지 못했다. 동·서독 기본 조약의 체결은 동·서독이 상대방을 각각 실질적으로 인정한 가운데 경제, 문화 등 광범위한 교류를 실시하여 하나의 민족으로서 동질성을 유지하는 방식에 동의한 것이었다. 이는 동방정책의 최대 성과였다.[111] 동독은 상주대표부를 외무부에 소속시키자고 제안했지만 서독은 내독관계부 소속을 주장했고 협상 끝에 양국 재량에 맡기기로 했다. 이에 따라 서독은 총리실 소속으로, 동독은 외무성 소속으로 각각 절충했다.

1973년 5월 9~11일 연방의회에서 기본 조약 비준에 대한 토의가 있었다. 기민/기사당은 연방정부가 동독의 불법 정권을 정당화하고 있으며, 통일에 대한 국제법적인 요구를 무력화시키고, 강화조약이나 베를린에 관해서도 전 독일에 관한 4국의 권한과 책임을 약화시켰다고 비판했다. 그러나 연방정부는 기본 조약을 체결했다고 해서 독일 분단을 인정하는 것은 아니라고 주장하며 기민/기사당의 주장을 반박했다. 기민/기사당은 동·서독 기본 조약의 내용을 비판하기는 했지만 내놓고 반대표를 던지는 데는 부담을 느꼈다. 모스크바 조약과 바르샤바 조약의 비준 때 그랬던 것처럼 기민/기사당은 동·서독 기본 조약을 놓고도 내부 논쟁과 분열을 겪었다. 기민/기사당은 반대 입장을 모호하게 유지한 가운데 탈출구로 비준이 된 후 연방헌법재판소에 기본 조약의 정당성 문제를 물어보는 것으로 가닥을 잡았다. 동·서독 기본 조약은 결국 5월 11일 연방의회에서 기민/기사당의 애매한 반대 속에 비준되었고, 5월 25일에는 연방상원에서도 비준되었다. 상원에서 기본 조약은 사민당과 민주당의 찬성만으로 비준되었다.

브란트는 기민/기사당의 이런 비판과 반대에 대해 다음과 같이 반응했다.

"우리의 전체 국민을 위해서 평화를 더욱 확실하게 하는 것, 그것이 아무것도 아니란 말인가? 서구와, 그리고 남과 북의 민족들과의 우애와 신뢰와 화해를, 그리고 또한 동구의 민족들과의 우애를 첨가하는 것, 이것이 아무것도 아니란 말인가? 그것에 따라서 독일이 더 튼튼한 안보와 더욱 개선된 평화를 갖게 되지 않는가? 그의 국민이, 개인이 그것으로부터 이익을 얻게 되지 않는가?"[112]

동·서독 기본 조약이 통과된 직후 바이에른 주정부는 1973년 5월 28일 연방헌법재판소에 기본법의 저촉 여부를 묻는 위헌심사청구서를 제출했다. 기민당의 자매 정당인 기사당이 지배하는 바이에른 주는 위헌심사청구서에서 조약이 독일 기본법에서 벗어나 "독일의 민족적 통일을 부정하고, 동독을 독립된 국가로 인정하고, 독일 내 경계선을 국경으로 인정함으로써 독일의 분열을 영구화시켰다"고 주장했다. 바이에른 정부는 또한 병결이 끝날 때까지 정부가 조약을 발표시키지 못하도록 법원에 효력정지 가처분 신청을 냈다. 그러나 1973년 7월 31일 연방헌법재판소는 바이에른 주정부의 신청을 기각하고, 조약이 재통일 추구라는 기본법 정신을 위반하지 않는다고 선언했다.[113)]

체코슬로바키아와의 협정

체코슬로바키아와의 관계 개선도 추진되었다. 체코슬로바키아의 영토 중 절반가량은 독일 및 오스트리아와 국경을 접하고 있다. 또 체코슬로바키아 지역은 오랫동안 과거 오스트리아를 지배한 합스부르크 왕가의 영향권 아래 있었다. 이런 점들 때문에 독일과 오스트리아 인접 지역인 쥬데텐 지역에는 독일인들이 많이 살았다. 히틀러는 1938년 체코슬로바키아 내 독일인 거주 지역인 쥬데텐의 병합을 요구했다. 이 문제를 논의하기 위해 1938년 9월 29일 영국, 프랑스, 이탈리아 등이 독일과 함께 모였고 그 결과 '뮌헨 협정'을 체결했는데 이 과정에서 서유럽 국가들은 제1차 세계대전의 상흔을 상기하며 어떻게든 전쟁을 피해 보려 했다. 이런 태도는 서유럽 국가들의 유약함으로 비쳐졌고, 히틀러가 오히려 전쟁 도발의 의지를 강화하게 만든 계기를 제공했다. 히틀러는 서유럽 국가들이 전쟁에 대한 의지가 전혀 없는 것을 확인하고 쥬데텐 지역의 범위를 넘어서 1939년 3월 체코슬로바키아 전체를 병합해 버렸다.

과거 역사에 대한 반성을 토대로 서독과 체코슬로바키아는 긴 협상 끝에 1973년 6월 20일 본에서 현안 문제를 타결했다. 양국은 조약에서 1938년의 뮌헨 협정을 무효로 간주했을 뿐만 아니라 그것으로 인해 생긴 제반 문제들을 해소하는 일련의 조치를 취했다. 양국 외무장관은 프라하 조약에 가서명했고 12월 11일 브란트 총리와 체코의 스트루갈(Lubomir Strougal) 총리가 정식으로 서명했다. 양국은 조약 외에 체코슬로바키아에 거주하는 독일인의 서독 이주 문제와 서독에 거주하는 체코슬로바키아인의 가족 결합 문제는 두 나라 적십자사에 의해 추진하기로 합의했다.

동·서독 교류의 활성화

분단 후에도 통일의 의지를 버리지 않은 서독 정부가 미래의 통일을 위해 가장 역점을 두어 추진한 것은 민족의 동질성 유지였다. 동·서독 교류 협력은 이를 위한 가장 실질적인 조치였다. 동·서독 교류에서 가장 우선적인 대상은 분단으로 고통을 받고 있는 이산가족 간의 교류였다. 분단의 상징적 도시인 베를린의 경우 280만 명(1949년 기준, 1970년에는 320만 명)의 주민들이 동·서로 갈라지면서 함께 살았던 가족과 친지들까지 떨어져 살고 마음대로 만나지도 못하고 있었다. 서독 정부는 이 비극적 상황을 개선하기 위해 이산가족의 교류를 포함하여 동·서독 간의 인적 교류에 많은 노력을 기울였지만 키를 쥐고 있는 쪽은 동독이었다. 1952년 5월에 동독이 서독과의 국경을 차단한 후 서베를린 시민에게는 동베를린 방문만 허용되고 동독 방문은 불허되었다. 1961년 베를린 장벽 설치 후에는 이것마저도 축소되었다. 동독은 서베를린 시민의 동베를린 방문을 불허하였고 오로지 서독인에 한하여 하루에 한

해 동베를린 방문을 허용했다. 당시 서베를린 시장이었던 브란트는 이 문제를 개선하기 위해 동독과 협상하였고, 1963년 12월 17일 '통과 사증 협정'을 체결한다. 이 협정 체결 이후 서베를린 시민은 1963년 성탄절과 새해 연휴 기간에 동베를린에 살고 있는 친척들을 방문할 수 있었다. 이 조치로 서베를린 시민 약 70만 명이 혜택을 보았다. 동독 측은 처음에는 인적인 교류가 가져올 파급 효과를 우려하여 1년에 한 번 4주 간의 체류 기간을 정하여 동독에 친척이 있는 경우에만 방문을 허용했다. 여기서 친척의 범위는 조부모, 부모, 자식, 형제·자매, 이복형제·자매 등이었다.[114] '통과 사증 협정'은 그 후 매년 갱신되었으나 1966년 12월 동독이 협정의 갱신을 거부하여 긴급한 가사(家事) 문제 외에는 서베를린 시민의 동베를린 방문이 중단되었다.

동·서독인들 및 동·서베를린 사이의 인적 교류가 다시 활성화된 것은 1971년 베를린 협정과 그 후속 조치인 1971년 12월의 동·서독 '통과 협정' 및 '동독과 서베를린 시의회의 여행 및 방문 교류 완화와 개선에 관한 합의서'가 체결되면서부터였다. 1973년 서독인들의 동독과 동베를린 방문 숫자는 약 228만 명이었는데 이는 1971년 약 127만 명보다 101만 명이 증가한 숫자이다.

동독은 1964년부터 서독인 또는 외국인이 동독을 여행할 경우 여행 일수에 따라 동독 화폐를 의무적으로 환전 구입해야 하는 제도를 시행했다. '최저 환전' 제도는 연금 수령자와 어린이를 제외한 모든 방문객에게 강제 적용되었고 이들은 동독 방문 1일에 5마르크를 1:1 환율로 교환해야 했다. 1968년에는 최저 환전 금액을 2배나 인상하여 10마르크로 했다. 최저 환전 제도는 서독인의 동독 방문을 제한하는 효과와 함께 동독의 외화 수입을 증가시켰다.

동독 정부는 통과 협정과 합의서 체결 후 서독과 서베를린 시민들의 동독 및 동베를린 방문이 크게 증가하자 1973년 11월 15일 '최저 환전' 금액을 이전보다 2배나 올렸다. 1일 10마르크에서 20마르크로 인상한 것이다. 또한 그 이전까지 환전 대상에서 제외되었던 연금 수령자도 환전하도록 했다. 최저 환전 금액 인상은 서독인의 동독 방문 기회를 제한했다. 최저 환전 금액 인상으로 당장 서독인의 동독과 동베를린 방문 숫자는 192만 명으로, 서베를린 시민의 동베를린과 동독 방문 숫자는 256만 명으로 감소했다. 이에 서독은 동독에 차관이라는 당근을 제공하며 최저 환전 액수의 인하를 설득했다. 1974년 슈미트 정부가 들어선 후 차관의 효과가 나타나 동독은 최저 환전 금액을 1일 20마르크에서 13마르크로 낮추었다. 또 연금 수령자는 환전 대상에서 과거처럼 제외시켜 주었다. 그러자 1974년에 줄어들었던 동독 방문자가 1975년부터 다시 증가하기 시작했다.

서독인들의 동독 및 동베를린 방문과 달리 동독인들의 서독 및 서베를린 방문은 극히 제한적이었다. 1972년 이전만 하더라도 동독인의 서독 방문은 연금 수령자에 한해서였다. 그러다가 1971년 9월의 베를린 협정과 12월의 통과 협정이 체결된 후 동독인들의 서독 방문이 다소 완화되었다. 연금 생활자들은 1년에 여러 번 전체 30일의 범위 안에서 서독과 서베를린을 방문할 수 있게 했다. 연금 수령자 외에 '긴급한 가사 문제'로 인한 방문도 가능해졌다. '긴급한 가사' 문제란 서독에 살고 있는 가족과 친척들의 출생, 세례, 견진성사, 생일, 결혼, 중병, 또는 사망하는 경우 등을 말한다. 여행 허가 신청 자격이 있는 친척의 범위는 조부모, 부모, 자식, 형제·자매간, 이복형제·자매간이었다. 그러나 '긴급한 가사' 문제로 인한 서독 방문은 1970년대 내내 30~40명대를 넘지 않았다. 전반적으로 동독인들의 서독 방문 숫자는 베를린 협정 체결 이후에도 눈에 띌 만큼 증가하지는 않았다.

서독 연방정부는 동독 지역으로부터 오는 여행·방문자에 대해 재정수단(예산)을 통한 각종 지원 조치를 취함으로써 동독 주민들의 서독 여행을 장려하여 양독 주민들 간의 접촉을 증대시키고 상호 이해를 촉진시켜 분단에도 불구하고 민족의 동질성을 회복시키고자 노력하였다. 연방정부는 이런 지침을 1972년 7월 1일 마련하였고 재정 지원 범위도 점차 확대시켰다. 연방정부가 동독 여행객들에게 제공한 지원 조치로는 환영금(현금), 여행 경비, 의료비, 서독 여행 도중 사망 시 지원금 등이 있었다.[115]

동·서독 간의 인적 교류 중에서 가장 진전된 분야는 전화 통화였다. 서베를린과 동베를린 사이의 직접 통화는 1952년 끊어진 지 19년 만인 1971년 1월 31일 재개되었다. 그 이전 19년 동안에는 교환을 통한 통화가 이루어졌는데, 통화 자체도 어려웠지만 중개 때문에 시간도 많이 소요되어 매우 불편했다. 1971년 9월 '우편과 통신 개선에 관한 의정서'가 체결된 후 전화 통화가 보다 용이해졌다. 서독은 동독에 전화 시설 개선 비용으로 2억 5천만 마르크를 지원했다. 그 결과 동독은 전화선을 46회선 추가 설치하고, 전보의 자동화, 텔렉스 회선 증설, 편지와 소포의 배달 시간 단축 등을 행했다. 1975년 4월에는 240회선의 전화선이 개통되어 서베를린과 동베를린 사이의 전화는 완전 자동화되었다. 교환을 거쳐야만 통화가 가능했던 통화 횟수는 1970년 70만회에서 자동화된 1975년에는 970만회로 증가했다.

서독과 동독 사이의 교역은 동·서독으로 분단된 직후부터 꾸준히 행해졌다. 서독은 동·서독 교역을 외국과의 무역과 구분하여 내독 무역(Innerdeutscher Handel)으로 규정했다. 서독은 동독과 무역을 하면서 수출이나 수입이라는 용어 대신에 '공급(lieferungen)'과 '구입(Bezüge)' 이라는 용어를 사용했다. 이는 동독과의 무역이 외국과의 거래가 아닌 독일 내부 거래임을 강조하기 위한 것이었다. 이는 분단을 공식적으로 인정하지 않고 통일을 지향하는 전체적 흐름과 맥락을 같이하고 있다. 다른 한편으로 동독 상품은 내독 무역의 특수성을 대외적으로 인정받아 다른 동유럽 국가들과는 달리 유럽경제공동체 회원국이나 서방국가에 관세 면제나 관세 완화를 통해 유리한 조건으로 상품을 수출할 수 있게 했다. 이런 관례가 기민/기사당 정부 때부터 시작된 것으로 미루어 기민/기사당 정부도 동독을 국가로 인정하지는 않지만 동·서독 간의 인적·물적 교류의 중요성에 대해서는 부정하지 않았다고 볼 수 있다. 내독 무역의 이런 관례는 1972년의 동·서독 기본 조약에서 다시 확인되었다.[116)]

기욤 사건과 불명예 퇴진

1974년 무렵 브란트의 정치적 입지는 튼튼하지 못했다. 1973년 가을부터 중동전쟁과 오일 쇼크(oil shock)로 경제가 어려움에 처했다. 외적 요인에 의해 야기된 경제적 어려움이었지만 그 최종적인 책임은 총리인 브란트에게로 돌려졌다. 노동계의 파업도 거세었다. 여행 성수기인 7, 8월에 1,600명의 항공 관제사들이 준법투쟁 형태로 파업을 벌여 5백여만 명이 피해를 입었다. 공공부문 노조의 파업이 뒤를 이었고, 전국적으로 확대되었다. 공공부문·운송·교통 노조와의 협상에서 임금 인상이 두 자리 수인 11%로 결정되었는데 이는 정부가 노조의 파업에 굴복한 것이나 다름없었다. 두 자리 수의 임금 인상은 브란트 정부에 대한 신뢰에 크게 손상을 입혔다. 1974년 봄의 여론조사 결과는 이런 제반 사정을 반영했다. 사민당의 지지도는 34%로 떨어졌고, 기민/기사당의 지지도는 52%로 높아졌다. 1974년 3월 4일 사민당의 아성인 함부르크 선거에서 사민당의 득표율은 55.3%에서 44.9%로 떨어졌다. 상황이 브란트에게 불리하게 돌아가자 사민당 내의 경쟁자들이 움직였다. 브란트의 오랜 경쟁자이면서 사민당 권력의 삼각 축을 이루고 있던 원내총무 베너와 경제재정부 장관 슈미트가 브란트에 대한 공격을 노골화했다.

이런 정치적 어려움에 설상가상으로 귄터 기욤(Günter Guillaume) 사건이 터졌다. 기욤은 1956년 그의 아내와 함께 동독 피난민 자격으로 서독에 넘어온 사람이다. 그는 처음에는 서베를린으로 왔고, 다음에는 프랑크푸르트로 와서 살았다. 그는 1957년부터 사민당에 관여했고, 1970년 1월 본으로 이사 온 몇 달 후부터 총리실 직원으로, 그리고 1972년 가을부터는 브란트 총리의 개인 사무실에서 일하게 된다. 기욤은 1972년 가을부터 브란트의 집에도 출입했으며, 1973년 브란트 부부가 노르웨이 별장에 머무를 때 함께 머물렀다. 이런 기욤이 서독 정보기관에 의해 의심을 받기 시작한 것은 1973년 초부터였다. 바르 등 브란트의 측근들은 처음에는 기욤 사건을 단순한 화젯거리나 스캔들로 여겼을 뿐 위협적이거나 위기로 생각하지는 않았다. 그러나 기욤은 1년여의 조사 기간을 거쳐 1974년 정보기관에 의해 동독의 스파이로 확정 발표되었다. 기욤이 동독 스파이로 판명되면서 브란트의 정치 생명이 위협받았다. 브란트의 동방정책으로 큰 혜택을 본 동독이 브란트의 지근거리에 스파이를 파견했다는 사실은 브란트는 물론이요 서독 정계를 떠들썩하게 만들기에 충분했다. 브란트는 기욤이 서독 정부의 주요 문서에 접근하지 않았다고 생각했고 연방의회에서 이 점을 분명히 했다. 그러나 이런 설명만으로는 위기를 극복하기에 역부족이었다. 문제는 기욤 사건 그 자체가 아니라 브란트의 총리직을 둘러싼 정치적 음모가 복잡하게 얽혀 있었기 때문이다.[117]

야당과 보수 언론은 일제히 브란트와 동방정책을 비난하고 조롱했다. 서독 언론 매체들은 총리실 직원의 간첩 혐의 사건을 계기로 마치 서독 전체가 동독 첩보원들에 의해 파괴당하고 있는 것처럼 부풀려 보도했다. 예를 들어 《슈피겔》*Spigel* 지는 정부 관계자의 말을 빌려 11,000명의 동독 간첩이 서독 체제를 전복시키기 위해 활동하고 있는 것처럼 보도했다. 브란트의 반대자들은 이 사건으로 공산주의자들과의 협상과 공존이 얼마나 허망한 것인지 여실히 증명되었다고 주장하며 브란트의 사임을 요구했다.

언론의 주장이 어느 정도 사실인지는 정확히 알 수 없지만 실제로 서독에는 동독에 정보를 제공해 주는 첩보원들이 많이 거주했다. 동독은 많은 동독인들이 서독으로 탈출을 시도하였기 때문에 이를 방지하기 위해 동·서독 간 인적 교류가 활발해진 다음부터 서독에서의 첩보 활동을 강화했다. 동독 첩보기관은 합법 이주를 희망하는 사람들에게 이주를 허용하는 조건으로 서독에서 정보 수집 활동을 강요한 사례가 많았다. 특히 정치적 이유를 내걸며 서독으로 탈출한 사람들 중에도 서독에서 장기간 다른 일에 종사하다가 나중에 대공 당국의 관심이 없어질 즈음 애초에 의도했던 임무를 수행하는, 소위 장기전을 펴는 간첩들이 있었다. 기욤의 경우도 이에 해당되었다. 동독 첩보원 혹은 간첩들 중에는 동독 정치범 석방 기회를 활용하여 서독으로 옮겨 온 사람도 있었다. 서독 정부의 입장에서는 이들 동독 첩보원 혹은 간첩들을 단속하기가 쉽지 않았다. 기본법에 따라 모든 독일인에게 완전 자유왕래를 보장했으며 기본 조약 체결 이후 양독 주민들 간의 인적 교류를 적극 장려했기 때문에 동독 간첩의 침투와 왕래는 어느 정도 각오할 수밖에 없었다.[118]

이런 제반 사정을 감안할 때, 그리고 기욤의 신원을 조사하고, 간첩을 적발할 책임을 가진 부서가 따로 있는 상황에서 이 사건의 책임을 물어 브란트를 실각시키려 한 시도는 정치적 음모의 성격이 강했다. 브란트는 자신이 사임할 만큼 잘못한 일이 없다고 생각했다. 자민당 당수이자 외무장관인 쉘과 자민당은 브란트의 편이었다. 그러나 야당과 보수 언론의 공세가 심했다. 동방정책에 대해 비판적이었던 그들은 이 기회에 브란트를 실각시키고 동방정책에도 상처를 가하려 했다.

이런 상황에서 브란트가 총리직에 그대로 머물러 있으려면 그가 속한 사민당의 절대적인 지지가 필요했다. 그러나 불행히도 1974년 당시 사민당 내에는 원군보다는 적이 더 많았다. 1968년 이래 브란트, 슈미트와 함께 당내에서 트로이카(Troika)를 형성했던[119] 원내총무 베너가 브란트에 대한 공격을 주도했다. 그는 당이 가능한 신속하고 피해 없이 이 사건에서 벗어나 정부를 이끌어야 한다고 생각했다. 그는 이를 위해 현직 사민당 출신 총리가 희생물로서 필요하다면 그렇게 되어야 한다고 생각했다.[120] 당내 경쟁자는 브란트의 여성 중 또 다른 동독 스파이가 있다고 하면서 브란트를 위협했다. 이런 베너를 가리켜 브란트의 측근 바르는 베너가 동독의 호네커와 공모하여 브란트 실각 작전을 펼쳤고, 기욤 사건은 이런 음모의 결과물이라고 보았다.[121]

건강이 좋지 않았던 브란트는 기욤 사건이 터진 후 지친 나머지 5월 6일 총리직을 사임하고 만다. 그는 연방 대통령에게 보낸 사직서에서 그의 퇴임 사유를 '기욤 스파이 사건에 관련된 부주의'에 대한 정치적 책임을 지기 위해서라고 썼다. 그는 부총리 쉘에게 보낸 편지에서 총리직을 사임한 이유 중에는 그의 태만함도 포함된다고 말했다. 여기서 브란트가 밝힌 태만함이란 법적인 개념이 아니라 기욤 사건이 처음 드러난 이후 그의 사임이 결정될 때까지 1년 가까이 그것을 사소한 문제이며 걱정할 것 없다는 주변의 조언만 믿고 너무 간과한 것을 의미했다. 그는 사민당 의원총회에서 행한 발언에서 그의 퇴임 사유 중 하나를 그의 "개인적·정치적 성실함을 손상시키지 않기 위해서"라고 밝혔다.[122]

그러나 그의 퇴임의 변이 무엇이든 간에 브란트의 퇴진은 불명예스러운 것이었다. 노벨평화상을 수상했고, 2년 전 총선에서 큰 승리를 거두었으며, 임기를 아직 2년이나 남겨 둔 상태에서 행해진 그의 퇴진은 그가 누린 영광만큼이나 큰 충격을 대내외에 남겼다. 그는 자신의 퇴임이 결코 강요된 것이 아니라고 말했고, 자신의 책임의식에서 나온, 솔직히 그가 책임져야 했던 것보다 훨씬 많이 책임을 지고 물러났다고 말했지만[123] 마음속으로 큰 충격을 받은 것은 사실이었다. 그는 총리직 사임이라는 불운한 사건에 좌절하여 비록 바로 찢어 버리기는 했지만 가족에게 유서까지 썼다고 한다.[124]

동방정책의 지킴이는 계속

현직 총리의 사퇴라는 엄청난 사건이 발생했음에도 불구하고 사민당 정부는 이 사건으로 인해 동·서독 관계가 손상을 입어서는 안 된다고 생각했다. 야당 역시 이 문제를 더 이상 확대시키려 하지 않았다. 기욤 사건이 정치적 음모의 일환이었음을 추측하게 하는 대목 중 하나이다. 브란트는 총리직에서 물러났지만 사민당 총재 자리는 그 후로도 13년 동안 계속 유지했다. 총리 브란트에게는 오래 전부터 대내외적으로 많은 경쟁자와 적이 있었지만 기욤 사건 이후에도 사민당 총재로서의 위상은 확고부동했다. 새로 총리직을 물려받은 슈미트도 브란트에게 총재 자리에 그대로 있으라고 권유했다.[125] 총리직에서 물러난 1년 후에 개최된 1975년 11월 만하임 전당대회에서 사민당 내 브란트의 위상이 확고함이 다시 확인되었다. 1970~80년대 사민당 내에서 당내 좌·우파 사이의 경쟁과 불화를 아우르며 당을 통합시킬 사람으로는 브란트만한 사람이 없었다.

소련 공산당 서기장 브레즈네프는 호네커가 스파이 사건을 일으켜 브란트를 실각시킨 것을 매우 불쾌하게 생각했다. 그는 호네커가 소련과 본의 관계가 개선된 후에 스파이 문제를 일으킨 것을 개인적으로 거의 모욕으로 받아들였다. 이 때문에 그는 브란트 실각 직후 호네커에게 전화로 심하게 질책했다고 한다. 브레즈네프는 기욤 사건으로 그가 유럽 국가들과 쌓아온 신뢰가 후퇴할까 걱정했던 것이다.[126]

노벨평화상 수상자로서 브란트의 국제적 위상도 전혀 흔들리지 않았다. 브란트는 총리직에서 물러난 이후 오히려 국제적 활동을 더 왕성하게 했다. 그는 1976년부터 1992년 사망 직전까지 세계 최대 규모 정당 연합체인 '사회주의 인터내셔널(Socialist Internationale, SI)'의 장직을 맡았다. 그는 또 1977년 UN과 세계은행(IBRD)의 부탁을 받고 일명 '브란트 위원회'로 불렸던 '국제개발문제독립위원회'(Independent Commission on International Development Issues) 의장을 맡아 빈곤국 문제 해결에 나섰다. 그가 1980년 유엔에 제출한 보고서의 제목은 「남과 북—생존을 위한 전략」이었다. '브란트 보고서'로 더 많이 알려진 이 보고서는 '인류의 연대'에 기초한 새로운 세계질서의 구축을 목표로 했다. 브란트는 SI의장과 '브란트 위원회' 의장으로서 유럽의 범위를 넘어

세계시민으로서 세계 평화와 빈곤 문제의 해결에 적극적으로 나섰다.

당 내외에서 이런 명성과 왕성한 활동은 브란트로 하여금 총리직에서 물러난 이후에도 그의 트레이드마크인 동방정책이 계속 지속되게 하는 데 기여했다. 그는 사민당 총재 자격으로 슈미트 정부가 자신의 동방정책을 계속 지속하도록 영향력을 행사한 것이다.

2. 동방정책의 계승

헬무트 슈미트 정부의 동방정책

브란트와 슈미트의 관계

브란트는 총리직을 사임하기 직전 그의 비서실장 엠케(Horst Ehmke)에게 만일 그가 총리직에서 물러난다면 후임 총리는 슈미트가 맡아야 한다고 말했다.[127] 슈미트는 1974년 5월 16일 브란트의 불명예 퇴진 덕분(?)에 연방정부 총리직에 올랐다. 브란트가 1974년 국내 경제의 어려움과 흔들리는 정치적 리더십 등으로 어려운 처지에 빠진 것은 사실이었지만 그가 기욤 사건을 겪지 않았더라면 슈미트에게 총리의 기회는 주어지지 않았을지도 모른다. 브란트가 총리직에서 물러난 이후에도 13년 동안 사민당 총재 자리를 계속 고수했다는 사실이 이를 유추하게 한다.

슈미트는 브란트, 베너와 함께 1970~80년대에 사민당(SPD)을 이끈 핵심 지도자 중 한 명이었다. 브란트가 대연정하에서 부총리 겸 외무장관을 지낼 때 슈미트는 사민당 원내총무를 역임했다. 브란트 정부에서는 국방장관, 경제장관, 재무장관을 차례로 맡았다. 그는 당내에서 우파의 중심인물이었고, 특히 1972년 재무장관을 맡으면서 내각 내에서 최고 실력자(Superminister)로 통했다.[128]

슈미트가 1974년부터 1982년까지 연방정부 총리를 맡는 동안 브란트는 사민당 총재를 맡았다. 브란트는 총리직에서 물러난 후에도 회의 등을 통해 정부 업무를 자주 보고받았다. 슈미트 총리는 중요한 외교 문서를 브란트에게 빠짐없이 보내주었고, 그중에는 비밀 보고도 있었다.[129] 이렇게 두 사람은 한편으로는 경쟁하면서 다른 한편으로는 역할 분담을 행하며 정부와 당을 이끌었다. 이상주의자인 브란트는 당내 진보적 인사를 대변했고, 실용주의자였던 슈미트는 당내 온건 세력을 대변했다. 사민당 의장은 정권이 바뀌어도 살아남도록 당을 튼튼하게 해야 했고, 총리는 연방정부를 이끄는 책임자이면서 다음 있을 연방의회 선거도 유념해야 했다.

브란트는 총리 퇴임 후 자주 기욤 사건에 대해 언급했고, 총리직 사임 결정을 후회하는 듯한 발언을 하기도 했다. 그는 퇴임은 불필요했으며 객관적으로 피할 수 있었지만 책임감 때문에 그런 것이라고 자위했다.[130] 슈미트도 1982년 총리 자리에서 강제로 물러났을 때 그가 총재직을 맡지 않은 것을 후회하는 듯했다. 만일 그가 총재 자리를 겸했더라면 상황이 달라졌을지 모른다는 생각을 한 것이다. 브란트는 슈미트의 이런 후회에 대해 담대하게 대응했다. 그는 슈미트에게 자신의 도움이 없었다면 오히려 슈미트의 총리 임기가 더 단축되었거나 혹은 임기를 채웠더라도 별 성과 없이 자리나 유지하고 있었을 것이라고 응대한 것이다.[131] 두 사람의 이런 회고들은 곧 양자 사이의 역할 분담과 관계가 최선은 아니었음을 시사해 주는 대목이다.[132]

그렇지만 브란트와 슈미트의 관계는 경쟁자로서보다는 오히려 협력자로서 더 큰 의미를 갖는다. 브란트는 그의 자서전에서 슈미트와 경쟁하려는 생각은 전혀 없었다고 기술했다. 그는 또한 1974년 기욤 사건으로 사직하려고 할 때 슈미트가 그의 사임을 만류했으며 자신이 총리직 사임을 최종 결정했을 때 자신에게 당 총재직은 반드시 계속 맡아야 한다고 말했다고 회고하였다.[133] 두 사람이 경쟁을 하면서도 비교적 원만한 관계를 유지했다는 사실은 브란트와 슈미트 정부에서 장관을 지낸 자민당 총재 겐셔(Hans-Dietrich Genscher)의 발언에서도 확인된다. 겐셔는 브란트가 슈미트를 비판적으로 이야기하는 것을 들어 본 적이 없었다면서, 브란트는 분명하게 그의 후임자인 슈미트가 성공하기를 바랐다고 기술하였다.[134] 브란트의 최측근이면서 슈미트 정부에서 경제협력부 장관을 맡았던 바르는 브란트와 슈미트 사이의 관계를 가장 정확히 알고 있는 사람이다. 바르는 두 사람의 관계가 가끔씩 정책 문제 등을 놓고 견해 차이를 드러내기는 했지만 갈등 관계였다고 평할 수준은 아니었다고 말했다.[135]

동방정책의 계승

브란트 정부에서 국방장관, 경제장관과 재무장관을 맡은 경력이 말해 주듯 슈미트는 안보·통상 전문가였다. 그는 서방과의 관계를 중시했고, 특히 프랑스와의 관계 증진에 최우선적 비중을 두었다. 반면 동방정책에 대해서는 브란트보다 더 신중하게 접근했다. 그러나 슈미트가 연방정부 총리로 재임한 8년 동안 그의 정책이 브란트 시대의 정책으로부터 크게 벗어난 적은 없었다. 슈미트가 1974년 5월 17일 연방의회에서 발표한 취임 연설문의 제목은 '연속성과 집중성'이었다.[136] 연속성의 대표적인 사례는 유럽의 평화와 동·서독 화해 정책이었다. 그것은 브란트나 슈미트의 개성에 관한 것이 아닌, 사민당의 기본 노선이었다. 동방정책은 이미 브란트 한 개인이 아닌 사민당의 상징적 정책(trademark)이 되어 있었다.

슈미트가 총리로 재임하는 동안 연정 파트너인 자민당 지도부도 교체되었다. 쉘이 명예당수로 추대되고 겐셔가 자민당 총재 및 외무장관 자리를 맡았다. 또한 쉘은 슈미트가 연방의회에서 총리로 선출되기 하루 전인 1974년 5월 15일 사민당과 자민당의 지지 아래 경쟁자인 기민당의 바이체커(Richard von Weizsäcker)를 530 대 498로 이기고 대통령으로 선출되었다. 지도부가 교체된 자민당도 동방정책에 충실했다. 외무장관을 맡은 겐셔는 1969년 사민당·자민당 연정 협상 당시 서독의 외교정책이 바뀌어야 한다고 느끼고, 사민당·자민당 연정을 강하게 주장했던 인물이다. 그는 1961년 기민당·자민당 연정 때 기민당에 외무장관을 맡긴 것이 잘못이었다고 생각했다.[137] 그는 브란트 정부에서 내무장관으로 재직하고 있을 때 동방정책의 속도 조절을 주장한 적이 있었지만 외무장관으로서 브란트·쉘 정부가 추진한 동유럽과의 화해·협력 정책 및 유럽 통합 정책을 충실히 계승했다.[138]

슈미트 총리와 겐셔 외무장관의 동방정책은 매우 실용주의적이었다. 두 사람은 동구권 국가와 교섭할 때 경제적 지렛대를 이용해 정치적 양보를 얻어 내는 데 능숙했다. 예를 들어 서독은 1974년 모스크바 정상회담에서 원자력발전소 건설에 관한 합의를 통해 베를린 지위 문제에 대한 타협을 이끌어 냈다. 몇 주 뒤에 슈미트는 동독에게 독일 내

무역과 관련한 스윙(Swing, 무이자 당좌대월)의 공여를 확대하고 그 대가로 동독이 서독 방문객들의 의무 환전액을 대폭 인하하는 양보안을 얻어 냈다.[139]

1972년 브란트 정부 때 체결된 육로 및 수상 운송 협정은 1975년, 1978년, 1980년에 연이어 보완 조치가 취해지면서 더욱 확대되었다. '1976~1979년에는 서독과 서베를린 사이의 동독 도로 이용에 관한 의정서'도 체결되었다. 서독은 동독 도로 이용에 따른 비용으로 1979년까지 동독에 매년 4억 마르크씩을 지불하기로 하였고, 1980년부터 1989년까지 10년 동안은 연 5억 1,500만 마르크로 인상하여 지급하기로 했다.

서독과 서베를린 사이에는 세 갈래로 연결된 고속도로가 있었다. 하나는 베를린에서 니더작센의 경계에 있는 헬름스테트(Helmstedt)를 거쳐 하노버로 연결되었고, 두 번째는 베를린에서 라이프치히를 거쳐 뮌헨으로, 세 번째는 예나(Jena) 부근 헤름스도르프(Hermsdorf)에서 프랑크푸르트 쪽으로 연결되었다. 여기에 더해 1978년에는 함부르크와 서베를린 사이를 연결하는 새로운 고속도로 개설이 합의되었다. 새로운 고속도로의 건설은 1972년 기본 조약 체결 후 동·서독 사이에 이루어진 가장 큰 성과였다. 서독 정부는 이 협정에서 동독 영토 내 고속도로 건설 비용을 자신들이 부담하기로 했다. 이렇게 건설 비용은 서독이 담당하나 고속도로의 건설과 유지는 동독 정부가 맡기로 했다. 고속도로는 1982년 개통되었고, 서독은 기존 고속도로와 새로운 고속도로 보수비용을 모두 떠맡았다.[140]

1976년 10월에 연방의회 선거가 실시되었다. 사민당 총리 후보로는 슈미트가, 기민당 총리 후보로는 헬무트 콜이 나섰다. 선거에서 사민당은 214석, 자민당은 39석, 기민/기사당은 243석을 얻었다. 사민당·자민당 연정이 과반을 차지하기는 했지만 사실상 사민당이 패배하고 기민/기사당이 승리한 선거였다. 1976년 12월 15일 총리 선거가 실시되었는데 슈미트가 획득한 표는 총리가 되기에 필요한 표보다 겨우 1표 더 많았다. 사민당·자민당의 의석수는 과반수보다 3표가 더 많았으나 2명의 의원이 슈미트에게 반란표를 던진 것이다. 비록 총리로 다시 선출되기는 했지만 슈미트의 자존심은 크게 손상되었다.

1976년 12월, 슈미트는 독일 내부 관계의 현황을 연방하원에 보고했다. 그는 이 보고에서 인적 접촉, 여행과 방문, 재산 문제에 대한 정보 교환, 통신 여건 개선 등 나아진 분야를 열거했다. 1976년 동독과의 교역량이 80억 마르크를 넘어섰으며, 이 규모는 1969년의 두 배 이상이었다. 1972년 서독 및 서베를린에 거주하는 약 250만 명의 서독인들이 동독 및 동베를린을 방문했는데 1976년에는 800만 명으로 증가했다. 슈미트는 의원들에게 이 두 가지 현상은 동·서독 간 조약들이 실질적임을 말해 준다고 하면서 동·서독 사이의 물적·인적 교류에 만족함을 표시했다.

슈미트 총리는 연방정부가 여행 조건의 더 많은 개선을 위해 계속 노력하고 있다고 말했다. 서독만이 아니라 동독 주민들도 보다 많은 접촉을 원하고 있으며, 그런 점에서 금년에 동독으로부터의 방문객 숫자가 소폭 증가(100만 명에서 140만 명으로)한 것을 불만족스럽게 여기고 있다고 말했다. 그는 좋은 이웃이란 서로 만나고 싶어 하는 사람들이 방해 없이 만날 수 있는 것을 의미한다고 규정했다.[141]

슈미트 총리는 동·서독 관계에 대해 대체로 만족스러워하면서도 다른 한편으로 독일정책에 환상을 갖고 있지는 않다고 말했다. 서독은 동독 지도부가 장기적 목표로서 서독의 정치적 제도(정부)를 없애고 타파하려고 하는 것을 알고 있지만 그것을 크게 신경 쓰지 않으며 인내를 갖고 상대하고 있다고 말했다. 또 그는 동독 지도부는 우리가 여전히 민족 통일의 의무를 지고 있다는 사실을 내키지 않더라도 인정해야 할 것이라고 주장했다. 슈미트는 이런 상황에 대해 그리고 독일 국민들의 유대를 위해 인내심을 갖고 임할 것이라고 말했다. 그는 서독 정부의 정책 목표는 유럽의 평화를 위해 노력하는 것이며, 유럽의 평화 속에서 자유로운 자기결정권에 의해 통일을 이룩하는 것이라고 말했다.[142]

슈미트 정부의 노력에도 불구하고 동독과의 관계 개선이 꼭 서독이 기대한 대로 진행된 것은 아니었다. 1974년 동독은 개헌을 통해 헌법 제1조에서 '독일 민족'이라는 단어를 삭제했다. "독일민주공화국은 독일 민족의 사회주의국가이다"라고 되어 있던 것을 "독일민주공화국은 노동자 농민의 사회주의국가이다"로 바꾼 것이다. 이렇게 동·서독을 완전히 다른 성격의 국가로 규정한 만큼 이제는 동·서독 분단 현상을 거론할 필요성도 사라졌다. 그래서 헌법 전문에서 분단이 "민족의 중요한 이익에 반하는 것이다"라는 구절을 삭제해 버렸다.

이에 대한 서독의 대응은 담담했다. 슈미트 총리는 "연방정부의 입장에서 독일 민족과 같은 민족은 단순히 (동독)입법의원들의 펜대로 만들어지거나 지워지는 것이 아니다"고 주장했다. 슈미트 총리는 비록 독일이 제2차 세계대전 후 타의에 의해 분할되고 지금도 상이한 사회체제를 가진 두 개의 국가로 존재하고 있긴 하지만 여전히 민족자결의 권리를 가지고 있다고 주장했다. 그는 독일 국민들이 유럽의 평화 속에서 자유와 자결을 통해 다시 통일을 획득할 것이라고 밝혔다.[143]

1978년 7월, 본에서 서방 지도자들의 정상회담이 열렸다. 이때 서독을 방문한 카터(Jimmy Carter) 미국 대통령이 서베를린을 방문했다. 슈미트 총리도 카터 대통령과 함께 서베를린으로 갔다. 이에 대한 동독 정권의 반응은 신경질적이었다. 서베를린은 서독 영토가 아니라 4대 승전국의 관할 지역인데 슈미트가 이곳을 방문한 것은 서베를린을 정치적으로 이용하고자 하는 것이라고 생각했다. 슈미트와 카터가 베를린에 머무는 동안 동독 국경수비대는 서독과 서베를린을 연결하는 동독 도로에서 차량 검문을 일부러 천천히 하면서 교통을 혼잡하게 만들었다. 이런 동독의 조치에 아랑곳하지 않고 슈미트와 카터를 태운 차가 거리에 나와 있는 15만 명의 환호를 받으며 도로를 지나갔다. 이런 행사를 통해 서방세계는 서방의 정치가와 서독 국민의 단결을 과시함과 동시에 적대국에 무언의 경고를 보내는 이중의 효과를 기대했다.

슈미트는 1981년 12월 11~13일 동독을 방문했다. 1980년에 처음 계획되었으나 세 번이나 연기된 끝에 어렵게 성사된 방문이었다. 슈미트와 동독의 호네커 서기장은 동독의 베어벨린 호수(Werbellinsee)에서 제3차 정상회담을 열었다. 1, 2차 정상회담은 1970년 브란트 정부 때 개최되었는데 이때 동독의 파트너는 울브리히트 서기장이 아닌 슈토프 총리였다. 따라서 서독의 총리와 동독의 실질적 지도자인 공산당 서기장이 동독 땅에서 만나는 것은 이번이 처음이었다.

이 회담에서 호네커 서기장은 나토의 핵무기 배치 결정이 동독과 서독 사이의 긴장을 고조시켰다고 비난하면서도 동·서독 관계 개선의 필요성에 공감했다. 또 두 정상은 평화의 필요성, 이산가족 결합과 상호 방문 등 관계 개선에 공감했다. 총 15시간에 걸친 대화 후에 양국은 공동성명을 발표했다. 거기서 양국은 독일 영토에서 다시는 전쟁이 없어야 한다는 점을 강조했으며, 좋은 이웃 관계를 위해 노력하기로 했다.

1단계 – 동방정책: 절반의 통일

경제 및 환경보호 영역에서의 협력에 합의하였고, 독일 내에서의 교역에 대한 무이자 신용대부, 소위 스윙 규정이 1982년 중엽까지 연장되었으며, 동독은 이 회담 후 동독 주민의 서독 방문 기회를 확대했다. 동독 주민은 1982년부터 서독에 거주하는 친척의 생일, 결혼, 병환, 장례식 참석 등의 사유로 서독을 방문할 수 있게 되었다.[144]

그러나 슈미트는 동독 방문 과정에서 씁쓸한 기분도 맛보았다. 동독 방문 마지막 날 그는 귀스트로우(Güstrow)를 방문했다. 일요일인 이날 귀스트로우 시의 모습은 사람이 살지 않는 유령의 도시였다. 거리 양쪽은 긴 녹색외투와 털모자를 쓴 인민경찰의 행렬로 덮여 있으며, 일반 주민들의 모습은 전혀 보이지 않았다. 동독 정부가 주민들에게 집에 머물라고 지시한 때문이었다. 동독 정부는 1970년 브란트가 동독의 에르푸르트 시를 방문했을 때의 모습이 두려웠다. 당시 에르푸르트 시민들은 브란트가 머물던 호텔 주변으로 모여들어 브란트를 환영하여 동독 정부를 당황하게 만들었다. 슈미트는 나중에 회고하기를 "내가 예상했던 것보다 훨씬 더했다"고 표현했다.[145]

인적 교류

1973년 동독의 '최저 환전' 금액 인상으로 동독 및 동베를린 방문자 숫자가 다시 줄어들었다. 이에 서독은 동독에 차관을 제공하여 '최저 환전' 금액을 낮추었고, 그 덕분에 동독 방문자가 1975년부터 다시 늘어났다. 1975년 동독 주민 130만 명이 서독을 방문했다. 거의 대부분 노령연금 해당자들이었다. 이들 중 40,400명은 가족 간의 긴급 사유로 인한 경우였다. 긴급한 가사 사유로 인한 방문은 그 후로도 크게 달라지지 않았다. 그러나 서독과 서베를린 주민들의 동독 방문은 1976년

630만 명에 이르렀고 1975년부터 1979년까지 매년 평균 700만 명 수준을 유지했다.

1970년대 말에서 1980년대 초 소련의 아프가니스탄 침공과 폴란드 자유노조에 대한 폴란드 정부의 탄압 등 대외 여건에 변화가 일어났다. 그 영향으로 동독도 1980년 10월 9일 최저 환전 금액을 다시 1일 여행 시 25마르크로 올려 서독인의 동독 여행에 제동을 걸었다. 이 조치를 시행하면서 환전 대상에서 제외되었던 연금 수령자와 어린이(6~16세)까지도 환전을 의무화하여 노령자와 어린이들도 각각 25마르크와 7.5마르크를 교환하게 했다. 최저 환전 금액이 인상되자 동독을 방문하는 서독인의 숫자가 크게 줄어들었다. 1979년 700만 명 수준이던 방문객 숫자는 1981년 이후 500만 명 수준으로 줄어들었고 1983년에는 다시 370만 명 수준으로 떨어졌다.[146] 반면 동독인의 서독 방문 숫자는 1980년에 오히려 증가세를 보였다. 연금 수혜자의 방문 숫자가 1975~1979년 사이에 130만 명대 수준을 유지했는데 1980년에 150만 명대 수준으로 증가하고 이 숫자는 1986년까지 지속되었다. 동독 정부는 외화 유출을 막기 위하여 동독인의 외국 여행 시 외화 소지를 엄격히 제한했다. 서독 정부는 동독인들의 이런 고충을 완화하기 위해 서독 방문 때 환영비 명목으로 첫 번째와 두 번째 방문 때 30마르크씩 여행 보조금을 지불했다.

서독 정부는 동·서독 청소년들 간의 이해 증진을 위해 청소년 교류를 추진했다. 1981년 10월 슈미트 총리와 호네커 서기장의 회담에서 이 문제를 논의하여 청소년 교류의 확대에 합의를 했고 그 후속 조치가 1982년 마련되었다. 그 결과 교류 첫 해인 1983년에 약 24,000명의 서독 청소년이 동독을 방문했고, 1,250명의 동독 청소년이 서독을 방문했다.

전화선의 증가는 슈미트 정부 시대에 눈에 띄게 개선되었다. 서베를린과 동베를린 사이의 전화가 완전 자동화되었다. 서독(서베를린 포함)인의 동독(동베를린 포함)으로의 전화 통화는 1972년 70만 회에서 1982년에 2,300만 회로 증가했다.[147]

동·서독 간의 교류에 매우 중요한 영향을 미친 것으로 TV 시청을 빼놓을 수 없다. 동독 정부는 1950년대에 동독인의 서독 방송 및 TV 시청을 금지해 왔다. 1953년 6월의 동베를린 인민 봉기가 서독 라디오 방송의 영향을 받았다고 생각했기 때문이다. 그러나 동독 정부가 동독인들의 서독 TV를 전면적으로 금지할 수는 없었다. 서독 방송국들이 베를린이라는 특수 지역과 동독 국경에 위치한 송출 시설을 통해 동독 지역으로 얼마든지 전파를 내보낼 수 있기 때문이었다. 이로 인해 동독 주민들은 서독의 라디오 방송과 TV를 얼마든지 청취, 시청할 수가 있었다. 1961년 베를린 장벽이 건설된 후 방송은 동·서독인들을 연결하는 가장 영향력 있는 수단이었다. 동독 정부는 결국 서독 방송의 수신 억제 정책을 포기하고 공공기관이 아닌 가정 등에서 개별적으로 시청하는 것은 묵인하는 정책으로 전환했다. 1973년 5월에 호네커 서기장이 당 중앙위원회 9차 회의에서 "동독 방송이나 서독 방송을 선택적으로 시청하는 것은 동독 인민의 권리이다"고 천명한 것이 이를 입증해 준다.[148] 1980년대가 되면 동독인들의 서독 방송 청취는 더욱 활성화된다. 1980년대에 동독 정부는 대규모 공동주택을 건설하기 시작하는데, 이때 공동주택에 설치된 공청 안테나를 통해 서독 TV 시청이 더욱 용이해진 때문이다. 동독 정부는 주민들이 공동주택에서 서독 방송을 청취하기 위해 발코니에 개별적으로 가정 안테나를 설치하여 미관을 해친다고 판단하고 공청 안테나를 이용한 서독 방송 청취를 공개적으로 묵인한 것이다. 그 결과 1980년대에 동독 지역의 서독 TV 가시청 권역이 80%대에 이르렀다.[149] 동독 정부가 이렇게 서독 TV 시청에 유연하게 대응한 것은 청취를 막는 것 자체가 기술적으로 불가능하다는 점 외에도 서독 TV 방송이 자본주의사회의 어두운 면을 가감 없이 전달하여 서독 사회의 모순을 알게 만들면 오히려 동독 체제 유지에 도움이 될 것이라는 판단 때문이었다.[150] 동독 정부가 동독 체제의 우월성에 대해 오판한 결과였다.

슈미트 정부 때 무역액의 증가도 두드러졌다. 내독 무역이 시작된지 20년 만인 1970년의 무역액은 45억 5천만 마르크였으며, 1975년 74억 마르크, 1978년 88억 마르크, 1980년 117억 마르크, 1982년 140억 마르크로 증가했다.

1961년 베를린 장벽 설치 후에도 동독에서 서독 및 서베를린으로 탈출한 사람은 많았다. 1961년부터 1988년 사이 동독 탈출에 성공한 사람은 약 20만 명이나 되었다. 같은 기간 동독을 탈출하려다 동독 국경수비대에 의해 사살된 동독인도 175명이나 되었다. 동·서독이 관계 정상화와 접촉 확대에 성과를 낼수록 동독의 서독에 대한 경계심은 커졌다. 동독은 서독과 큰 차이가 있다고 주장하면서 완전히 다른 주권을 가진 2개의 독립국가가 존재하고 있음을 강조했다. 분계(Abgrenzung) 정책이란 말하자면 연방공화국은 제국주의적 서방 진영의 일부로서 동독을 뒤집어엎으려 하고 있기 때문에 동독의 국가이익을 지키기 위해서는 특단의 경계와 보호 방책을 유지해야 한다는 것이었다. 반체제 인사들을 탄압한 것도 같은 맥락에서였다. 불충 혹은 이단적인 행위에 대해서는 해고나 학생 지위 박탈 및 투옥을 포함하여 가혹한 제재를 가했다. 국경 경계를 강화하고, 동독을 탈출하려는 사람들에게 가혹한 처벌을 내렸다. 1973년 동·서독 기본 조약 체결 후 9명이 사살되었다. 동독을 탈출하려다 붙잡힌 사람들, 동독 체제에 불만을 품고 저항하거나 비판 혹은 비판자로 분류되어 정치범 수용소에 수용되어 있는 사람도 많았다. 1975년 당시 동독 인구 1,670만 명 중 정치범의 숫자가 6,500명 정도 되는 것으로 추정되었다.[151]

서독은 이들 정치범들을 서독으로 데려오는 정책을 펼쳤다. 이런 정책은 1963년부터 시작했으며 최초의 입안자는 내독성 장관을 지낸 기민당의 라이너 바르첼이었다. 동·서독 정부 사이에서 동독 정치범 석방의 중재자 역할을 한 대표적인 사람으로는 볼프강 포겔(Wolfgang Vogel) 변호사를 들 수 있다. 그는 동독의 인도주의 사업 담당 특명전권대사라는 직책을 갖고 있었는데 사실상 중개인이었다.

슈미트는 1975년 헬싱키의 유럽안보협력회의에 참석하면서 동독의 호네커와 쌍무회담을 열었다. 슈미트 총리와 동독 호네커 서기장의 회담은 두 차례 있었고, 이 회담에서 경제협력, 상호 방문, 이산가족의 결합과 재회 문제 등에 관해 협의했다. 이 회담 후 동독은 1975년 두 차례에 걸쳐 각각 86명과 200명의 정치범을 석방했다. 이들은 동독을 탈출하다 체포된 자들이었다. 이런 식으로 동독에서 서독으로 이주한 동독의 정치범은 1983년까지 2만여 명에 이르렀다. 이들은 모두 돈을 주고 데려온 사람들로, 이들을 데려오는 데 서독 정부가 부담한 금액은 9억 4천 9백만 달러에 달했다. 1984년 가을에는 1,710명을 추가로 데려왔다. 1985년에도 2,500명 이상을 데려왔다.[152]

동유럽 국가들과의 관계 개선

제2차 세계대전 후 동프로이센, 포메른, 슐레지엔 지역 등 옛 독일 영토 상당 부분이 폴란드 영토로 편입되었다. 이 지역에 사는 많은 독일인들이 전후 독일로 귀환했지만 여전히 독일로 돌아오지 못한 독일인들이 많았다. 이들의 독일로의 귀환 문제는 독일과 폴란드 사이의 오랜숙제로 남아 있었다. 1970년 서독과 폴란드 사이에 바르샤바 조약이체결되고 양국 간의 우호 증진이 이루어졌지만 폴란드 거주 독일인의귀환은 약속대로 이행되지 않았다. 폴란드 정부는 의정서가 모호하고법적 구속력이 없다는 이유 등을 내세워 출국 비자를 제한했고 국제적십자사가 추진한 이주 희망자 수치가 잘못되었다고 비판했다. 1976년슈미트와 폴란드 공산당 지도자 에드바르트 키에레크(Edward Gierek)가 헬싱키에서 정상회담을 열고 이 문제의 해법을 모색했다. 정상회담에서 서독은 폴란드에 10억 마르크 규모의 무역차관을 2.5%의 낮은금리로 제공하기로 했다. 또 나치 강점기에 독일 사회보장세를 내고도연금을 받지 못한 폴란드인들에게 13억 마르크를 보상하기로 했다. 폴란드도 긍정적 답을 내놓았다. 독일인 12만 명의 이주를 허용한 것이다. 이는 슈미트-겐셔의 실용주의 정책이 거둔 큰 성과였다.[153] 그 이후에도 폴란드 거주 독일인 1만 명이 독일로 이주했다.[154]

많은 사람들은 슈미트 집권 기간 슈미트가 브란트의 '유럽의 평화질서'에 대한 기대감을 하향시켰다고 비판했다. 하지만 브란트 정부와슈미트 정부 때의 차이는 본질적인 것에서보다는 오히려 스타일과 기질상의 차이로 이해하는 게 보다 합리적이다. 슈미트도 브란트와 바르가 택한 노선을 계승했지만 거창한 목표를 내걸거나 요란스럽게 일을진행하지 않고 조용하게, 실용적인 방식으로 진행했을 뿐이었다.[155]

1975년 여름 헬싱키에서 유럽안보협력회의(KSZE) 최종회의가 열렸다. 공산권과 자유 진영 국가의 지도자들이 유럽안보협력 최종의정서에 서명하는 자리였다. 최종의정서의 핵심 내용은 양 진영이 기존 국경을 무력으로 바꾸지 않고 경제적으로 협력하며 인적 교류를 허용한다는 것이었다. 헬싱키에서 동·서 양 진영의 지도자들이 이런 최종의정서에 서명한다는 것은 이데올로기적인 대립에도 불구하고 유럽에서의 냉전이 협력적인 공존으로 교체된다는 하나의 신호탄으로 이해되었다. 이는 자연스럽게 동·서 냉전의 틈바구니에서 가장 아픈 고통을 겪고 있는 독일의 국익에도 유리하게 작용했다.

슈미트는 소련과의 접촉 과정에서 소련이 독일의 분단을 진정으로 유감스럽게 생각하지 않는다는 사실을 알았다. 물론 소련만이 아니라 유럽의 거의 모든 국가들, 그리고 미국과 중국도 마찬가지였다. 소련은 독일 민족의 결합은 유럽의 분할을 초래한다고 생각했다. 따라서 서독의 정책은 양독의 통일이 아니라 독일 민족의 동질성을 찾는 방향에서 찾는 것이 현실적이었다. 민족 동질성을 유지하고 그런 방식으로 사회주의국가로 강제 편입된 독일 민족의 운명을 극복하는 것이었다.[156]

전임자 브란트 총리는 1970년 8월에 모스크바를 방문했고, 소련과 모스크바 조약을 체결했다. 모스크바 조약은 소련의 서방세계에 대한 노선 변화를 의미했다. 닉슨 미국 대통령과 브레즈네프 소련 공산당 서기장은 1972년 5월 모스크바에서 그리고 1973년 6월에 워싱턴에서 회담을 하고 전략무기제한 제1단계협정(SALT I)과 요격미사일(ABM) 협정을 체결했고, 마침내 1975년 헬싱키에서 회담을 갖고 성명을 발표했다. 소련의 개방정책 및 동·서 데탕트가 절정에 이르는 순간이었다. 슈미트는 이 일련의 진행 과정에서 소련이 제2차 세계대전과 그 후 25년 동안 자기들이 획득한 통치권과 중동부 유럽에 대한 통솔권을 확고

히 하고, 서방세계로부터 승인을 받으려고 공공연하게 노력하고 있다고 생각했다.[157]

슈미트 총리의 외교정책의 중심적인 주제는 긴장 완화 정책을 계속하고 평화를 유지하며 분단 독일의 국민이 좀 더 편안한 삶을 살게 만들어 주는 것이었다. 슈미트는 "군사적으로 방어 능력을 갖추는 한편 이런 군사적 균형에 의존해 소련과의 협력을 모색하는 것"이 자신의 외교정책의 중심 개념이라고 밝혔다. 슈미트는 이런 관점에서 브란트가 닦아 둔 소련의 지도자 레오니드 브레즈네프와 동독의 호네커 공산당 서기장 등과의 정중한 관계를 그대로 유지했다. 브레즈네프는 슈미트의 재임 기간인 1978년과 1981년 두 차례에 걸쳐 본을 방문했고, 슈미트 또한 1974년과 1980년 모스크바를 방문했다. 브레즈네프가 1978년 5월 초 독일을 방문했을 때 슈미트는 별도 일정을 만들어 그를 함부르크의 자기 고향 집에 초대했다. 슈미트는 집에서 점심식사를 마련하고 브레즈네프와의 인간적 유대를 맺기 위해 노력했다. 브레즈네프는 슈미트의 집에서 보드카를 마셨고, 서재 책장에 있는 칼 마르크스의 저작을 발견할 수 있었다.

슈미트와 브레즈네프는 서독과 소련 사이의 경제협력에 대해 관심을 가졌다. 슈미트는 브레즈네프에게 양국이 경제적 측면에서 상호 도움이 될 가능성에 대해 언급했다. "소련은 우리가 가지고 있지 못한 에너지와 자원을 가지고 있다. 다른 한편으로 우리는 발달한 과학기술과 자본을 가지고 있다." 실제로 서독은 1970년대에 서구 국가 중 소련에 과학기술을 가장 많이 공급한 국가였다. 예를 들어 1977년에 소련이 수입한 고급 과학기술의 34%는 서독에서 도입한 것이었다. 1971년에서 1978년 사이에 양국 사이의 교역은 4배나 증가했다. 그러나 이런 큰 증가에도 불구하고 그것은 1931년 수준에도 미치지 못했다. 소련은 이런 현실에 불만을 가졌고, 서독과의 경제 교류를 더 많이 확대하고 싶어 했다. 소련의 이런 희망은 서독과 소련의 관계 증진에 긍정적 영향을 미쳤다.[158]

브레즈네프가 서독을 방문하는 동안 슈미트와 브레즈네프는 군축 문제에 대해 논의했다. 슈미트는 소련의 최신형 SS-20 중거리 핵미사일의 배치에 대해 우려를 표명했다. 3개의 탄두와 5천km 이상의 사정 거리를 보유한 이 무기는 우랄 산맥 뒤에 배치되어 있으면서도 독일을 공격할 수 있었다. 반면에 브레즈네프는 미국에서 제조되고 있는 중성자탄의 유럽 배치에 대해 우려했다. 이 무기는 무기와 건물에 손상을 입히지 않고 인명만 살상하는 무기였다. 소련은 강력한 전차가 이 중성자탄 때문에 위협을 받을 것이라고 여겼다. 그러나 군축에 관한 양자의 대화는 아무런 성과 없이 끝났다. 실제로 이런 문제는 소련과 서독이 아닌, 소련과 미국이 우선적으로 다루어야 할 주제였다. 독일과 소련은 군비 문제가 아닌 다른 분야에서는 실질적인 협력 방안을 찾았다. 브레즈네프가 서독을 방문했을 때 두 나라는 소련의 천연가스 개발에 독일의 강관을 사용하기로 결정하는 등 경제적인 협력을 강화하는 데 합의했다. 이 프로젝트는 25년이 걸리는 장기 투자였다. 회담에서 양측 모두 안보 문제뿐만 아니라 경제 문제에서 서로를 필요로 한다는 점을 인식하게 되었다.

군축 협상

1979년 1월 프랑스령 카리브 해에 위치한 과들루프(Guadeloupe)에서 미국, 영국, 프랑스, 서독 등 4개국 정상이 만났다. 독일 총리가 제2차 세계대전 승전국이었던 미국, 영국, 프랑스 지도자들과 한 테이블에 동등한 자격으로 앉은 것은 이례적이었다. 이 자리에서 4개국 정상들은 소련의 SS-20 중거리 핵미사일에 대한 서방측의 대응책을 논의했다. 카터는 1983년부터 독일에 현대식 중거리 미사일을 배치하자고 제안했다. 슈미트는 이 신무기를 독일 땅에만 배치할 것이 아니라 다른 유럽 국가에도 배치해 달라고 요청했다. "위험을 분산하자"는 이 제안은 참가 지도자들의 동의를 받았다. 재무장을 동구권과의 협상과 연계시켰기 때문에 이 계획은 이중 결정(Doppelbeschluss)으로 불렸다. 슈미트는 SS-20을 감축하는 협상이 성공하면 재무장을 숙고하거나 제한할 준비가 되어 있음을 소련에 알렸다. 그러나 소련은 서방측이 재무장 계획을 철회해야만 협상하겠다는 주장을 반복했다.

서독에 현대식 중거리 미사일을 배치하기로 결정한 이중 결정은 서독 내에서 큰 비판을 받았다. 특히 사민당 내 좌파의 반발이 가장 컸다. 중거리 미사일 배치 결정은 슈미트의 원자력 발전 옹호론과 겹쳐져 친환경주의자 및 평화주의자들의 집중적인 공격을 받았다. 이 사건으로 사민당을 지지한 좌파 일부가 새로 등장한 녹색당으로 이동했다.[159)]

1979년 12월 27일 소련군이 동·서 양 진영의 어느 쪽에도 속하지 않던 아프가니스탄을 점령했다. 공수부대가 아프가니스탄의 주요 지역에 투하되었고, 전차를 실은 대형 수송기가 비행장에 착륙했다. 5만 명의 소련군이 오합지졸이던 아프가니스탄 군과 교전을 벌였다. 이전 정부는 추방되었고, 소련군은 카불로 새 지도자를 데려와 소련의 꼭두각시 노릇을 하게 만들었다.

슈미트는 브레즈네프가 긴장 완화 정책을 이처럼 산산조각 내리라고는 전혀 예상하지 못했다. 독일 총리의 원대한 계획이던 동·서 간 긴장 완화 정책이 위험에 처한 것처럼 보였다. 카터 대통령은 소련의 아프가니스탄 침공에 대한 보복 조치로 첨단기술 제품을 소련에 수출하는 것을 금지시켰다. 더 나아가 미국은 1980년 여름 개최 예정이던 모스크바 하계 올림픽에 불참하기로 결정했다. 미국은 독일을 비롯한 서방국가들도 소련에 대한 금수 조치와 올림픽 불참 대열에 합류해 주도록 요청했다. 슈미트는 워싱턴으로 가서 미국의 올림픽 불참 결정을 재고해 주기를 요청했으나 동의를 받지 못했다. 프랑스, 영국 등 서유럽 국가들은 거의 대부분 미국의 불참 결정에 동참하지 않았다. 서유럽 국가들 중에서는 노르웨이와 서독 그리고 인접 터키만이 미국의 요구에 응했다.[160] 이 사건은 서독이 동·서 관계에서 프랑스 등 다른 유럽 국가들보다 훨씬 덜 자유로운 상태였음을 말해 준다.[161]

1980년에는 총선이 있는 해였다. 슈미트에 맞설 기민/기사당의 총리 후보는 기사당의 슈트라우스로 결정되었다. 선거 기간에 슈미트는 소련을 방문하여 브레즈네프와 회담을 하고 미국의 중거리 미사일 배치와 소련의 SS-20 감축 문제를 놓고 양측이 협상에 임하자고 설득하여 동의를 받아 냈다. 슈미트는 이 협상 결과를 갖고 돌아와 선거전에 십분 활용했다. 슈미트와 사민당은 '평화 대 전쟁'의 표어를 내걸고 선거에 임했다. 또 인기가 높은 슈미트를 전면에 내세워 '슈미트 대 슈트라우스'라는 표어를 내걸기도 했다. 이에 맞서 기민/기사당과 슈트라우스는 '사민당 국가 반대—사회주의 정지'라는 표어를 내세웠다.[162] 이 선거에서 기민/기사당은 1976년보다 4.1%가 줄어든 44.5%를 얻었고 17석의 의석을 잃었다. 사민당은 0.3%가 증가한 42.9%를 얻고 4석을 추가했다. 자민당은 지난 선거 때보다 2.7% 많은 10.6%를 얻고

14석을 추가로 획득하였다. 연방의회 선거에 처음 참여한 녹색당(Die Grünen)은 1.5%를 획득했다. 선거 결과 사민당·자민당 연립정부가 성공한 선거였다.

슈미트는 총리 재임 중 군비축소와 유럽 평화를 위해 노력했다. 동독과의 관계 설정도 브란트의 정책을 충실히 계승했다. 그럼에도 불구하고 사민당 내 좌파는 슈미트의 대외정책에 대해 못마땅해 했다. 이들은 당 밖의 평화주의자들과 자주 연대했고 슈미트의 재무장론을 비판했다. 이들은 서방측이 재무장을 하면서 소련 측과 협상하는 이중 전력 대신 재무장을 하지 말고 소련 측과 협상하라고 요구했다. 당내에서는 오스카 라퐁텐(Oskar Lafontaine)이 앞장서서 슈미트를 공격했다. 브란트 총재는 젊고 이상주의적인 평화주의자들에 기울어져 있었다. 슈미트는 기민/기사당 및 당 내외의 평화주의자 등 양 세력을 상대해야 하는 어려움을 겪었다. 이 무렵 슈미트는 건강이 안 좋아 심장 박동기를 차고 다녀야 했다.

미·소의 대립과 서독의 선택

동·서독 관계는 미소를 중심으로 한 국제 관계와 불가분의 관계를 갖고 있다. 브란트의 동방정책도 1970년대 초의 미·소 데탕트에 힘입었다. 그런데 미·소 간의 데탕트가 슈미트 정권 후반부인 1970년대 말경 점차 소멸되어 갔다. 그 직접적인 배경 중 하나는 1979년 12월에 소련이 행한 아프가니스탄 침공이었다. 1980년 11월 대통령 선거에서 제40대 미국 대통령으로 당선된 공화당의 레이건 대통령은 데탕트는 소련만 좋게 해 주었고, 지금까지와 같은 방식으로 계속 끌고 나가는 것은 미국과 서방세계에 득이 될 게 없다고 주장했다.

그러나 슈미트는 소련의 아프가니스탄 침공에도 불구하고 유럽에서 화해와 양보 정책 말고는 대안이 없다는 입장이었다. 1981년 5월 슈미트는 워싱턴을 방문하여 레이건 대통령과 회담하는 자리에서 군비 통제와 군축은 억지력 확보 및 국방력 강화와 함께 북대서양동맹 정책에서 동전의 양면을 이룬다고 주장했다. 슈미트는 1981년 11월 서독의 신문발행인들이 모인 자리에서 군사력과 상호 견제력의 균형이 최저 수준에서 이루어지고 중거리 핵무기의 경우는 제로 수준이 되어야 동·서 진영 간의 경제, 정치 및 문화 협력에 힘입어 평화가 유지될 수 있을 것이라고 주장했다.[163]

1981년 11월 20일, 서독의 루르가스는 소련산 천연가스를 25년간 도입하기로 소련과 합의했다고 발표했다. 서독 루르가스와 소련의 이 같은 천연가스 거래 협정은 브레즈네프 소련 공산당 서기장의 서독 방문을 이틀 앞두고 체결되었다. 서방세계가 소련산 천연가스를 도입하기 위해서는 시베리아에서 서유럽까지 파이프라인을 건설해야 했다. 이에 소련은 체코-동독 국경까지 가스관을 끌고 오고, 동독을 가로지르는 파이프라인은 동·서독 양국 정부가 책임지고 건설하기로 했다. 이 과정에서 소련은 시베리아에서 동독까지 3천 마일의 파이프라인을 끌어오기 위해 서구에서 600만 톤에 달하는 대형 강관을 구입해야 했다. 서구는 그 밖에도 별도 협약에 의해 펌프 기지를 비롯한 기타 설비의 건설을 거들기로 했다. 소련은 전체 프로젝트의 비용을 가스로 대납키로 했다.

미국은 이 프로젝트에 대해 경제와 전략 및 윤리적 측면에서 몇 가지 문제를 제기했다. 1981년 7월 오타와(Ottawa)에서 열린 경제 정상 회담에서 레이건은 천연가스 파이프라인 거래가 갖는 문제점에 대해 우려를 표시했다. 미국은 소련에게 지나치게 유리한 조건으로 첨단기술을 제공하는 것은 위험하다고 주장했다. 소련이 아프가니스탄, 아프리카, 중부 유럽 등 사방에서 데탕트의 원칙을 깨뜨리고 있는 판국에 서구만 유독 뭔가 합의를 이루어 보겠다고 저자세를 취할 것이 아니라 모두가 힘을 합쳐서 강하게 나가야 한다고 주장했다. 미국은 파이프라인 거래를 통해 소련이 쉽게 군사적인 이득을 취하게 되는 것을 우려했다.[164] 또 미국은 소련으로부터의 에너지 추가 도입이 서독의 대소 의존도를 한층 높일 것이라고 우려했다. 그러나 서독 정부는 레이건 행정부의 이런 우려에도 불구하고 루르가스의 대소 천연가스 도입 계획에 대한 지지 입장을 천명했다.[165]

1980년 폴란드에서 바웬사(Lech Wałesa)를 지도자로 하는 자유노조가 결성되었다. 이 자유노조에는 1,000만여 명의 노동자가 참여하고 있었다. 1980년 발트 해 연안의 공업도시 그단스크(Gdansk)에서 시작된 파업이 전국으로 확산되었다. 그러자 정부와 노조 사이에 협상이 시작되었고, 이 협상 결과 노동자들이 소련의 절대적인 영향력과 현 집권세력의 권위를 인정하고 바르샤바조약기구 등 기존의 동맹 관계도 인정하는 대신 정부는 자주적인 노조의 존재와 파업권 등 노조의 실력을 인정한다는 내용을 담고 있었다.

그러나 폴란드 정부는 1981년 12월 계엄령을 선포하고 바웬사를 비롯한 자유노조 간부들을 체포했다. 서방측 정보에 의하면 5,000명 이상이 체포되었다. 또 폴란드 당국은 1982년 10월 8일 자유노조를 불법화하였다. 폴란드에 계엄령이 선포된 직후인 1981년 12월 29일 레이건 대통령은 소련에 대한 경제제재 조치를 선언한다. 경제제재 조치 가운데는 미국 회사들이 파이프라인 협정의 일환으로 제공하기로 했던 석유와 가스 시추 설비의 공급 중단도 들어 있었다. 그 협정은 소련과 서구 7개국 간에 체결되었기 때문에 미국은 협정 당사국은 아니었지만 일부 설비 제품은 미국에서만 생산되고 있어 미국 회사가 그것을 공급하기로 되어 있었다.

폴란드 정권이 계엄령을 선포한 지 한 달이 지난 1982년 1월 초에 슈미트는 워싱턴을 방문했다. 미국 측은 유럽 동맹국들이 폴란드 체제에 대해 너무 유화적이라며, 동맹국들이 소련과 폴란드에 대한 무역 금수 조치에 가담할 것을 요구했다. 슈미트가 워싱턴을 방문하기 직전 유럽공동체 외무장관들이 무역 금수 조치를 거부한 것에 대한 사실상의 재고 요청이었다. 그러나 슈미트는 미국 행정부의 그런 의견에 동의하지 않았다. 그는 폴란드와 독일의 화해를 원했다. 과거 독일이 폴란드에 끼친 잘못된 행위에 대한 진심어린 반성이 브란트와 슈미트 자신의 동방정책을 이끌어 낸 결정적 동기였기 때문이다. 서독 정부는 폴란드의 공산정권을 현실로 받아들였다. 서독이 폴란드를 그 인민과 정부로 나눈 다음 인민들과는 우호적으로 지내고 정부에 대해서는 적대적인 입장을 취한다면 그 정책은 실패할 수밖에 없다고 보았다. 그는 서독이 폴란드 정부에 대해 적대적인 입장을 취할 경우 공산주의 선전기구들이 바로 독일의 '실지 탈환 복수 작전'으로 몰아붙일 것으로 예측했다. 결국 미국이 주장하는 경제제재라는 것은 폴란드에서 공산당 고위 간부들이 아닌 오로지 힘없는 사람들만 못살게 만들 것이라는 게 슈미트의 생각이었다. 그는 워싱턴 방문 길에 미국 언론들과의 대담에서 위의 주장을 분명하게 표명했다.[166]

레이건은 베르사유의 경제성장회의에서 유럽의 동맹국들이 천공 설비의 금수 조치에 동참해 줄 것을 제의했으나 전혀 호응을 얻지 못했다. 유럽 동맹국들은 경제적 협약은 정치적 몸짓과 별개 사안으로 다루어야 한다고 생각했다. 1982년 6월 18일 레이건 대통령은 금수 조치의 범위를 확대하여 미국 회사의 자회사와 미국 회사의 라이선스를 받아 해외에서 생산되는 모든 제품도 금수 품목에 포함시켰다. 이에 대해 슈미트는 "그런 결정은 국제법의 원칙에 어긋나는 만큼 유럽공동체로서는 받아들일 수가 없다"고 말했다. 국제 교역을 시대에 역행하여 일방적으로 어떻게 해보려는 것은 시장 개방에 심대한 위해를 가하는 행위로서 서독은 소련과 무역전쟁을 벌이고 싶지 않다"고 말했다. 결국 1982년 11월 13일 미국은 소련에 대한 금수 조치를 철회했다.[167]

사민당·자민당 연정의 붕괴

그러나 슈미트의 이런 노력 및 역량과 상관없이 국내 정치는 슈미트에게 갈수록 불리하게 돌아갔다. 사민당·자민당 간의 견해 차이는 양독 문제나 대외 문제가 아닌 국내 문제에서 야기되었다. 슈미트 총리와 겐셔 자민당 총재 겸 외무장관 사이의 개인적 신뢰에 금이 간 데다가 경제정책을 둘러싼 갈등이 커졌다. 이런 분위기에서 1982년 6월 6일 함부르크 주 선거가 실시되었다. 이 선거에서 사민당의 득표율은 51.5%에서 43.2%로 무려 8.3%나 줄어들었다. 자민당의 득표율은 6.6%에서 4.9%로 떨어지면서 주의회 진출에서 배제되는 수모를 겪었다. 자민당은 함부르크 주 의회 선거 패배 후 연정 파트너를 사민당에서 기민당으로 바꾸는 작업을 구체화했다.[168] 같은 시기에 사민당과 자민당은 1983년 예산안 편성을 놓고 갈등을 벌였다. 노조는 증가하는 실업자 문제를 해결하기 위해 국가의 투자를 확대하라고 요구했다. 사민당은 실업자 문제를 해결하기 위해 부가가치세를 인상하여 재원을 확보하려 했다. 그러나 자민당은 어떤 종류의 세금 인상에도 반대했다. 자민당 소속 경제부장관 람프스도르프(Otto Graf Lambsdorff)는 사회복지를 대폭 축소하고 세금을 내리고 투자 여건을 개선하자는 보고서를 제출했다. 슈미트는 이 제안이 사민당에 대한 경제적·정치적 선전포고라고 생각했다.

이 상황에서 슈미트가 고려할 수 있는 방법 중 하나는 의회를 해산하고 조기 총선을 실시하는 것이었다. 그러나 총선을 실시한다고 해서 사민당이 다수당이 된다는 보장이 없었다. 자민당이 총선 안을 받아들일 리도 없었다. 또 총선이 실시되더라도 자민당을 배신 정당으로 낙인찍어 5% 이하로 패배시킬 방법도 없었다. 무엇보다 총리가 물러나거나 실각되거나 의회의 신임투표에서 과반수를 얻지 못하면 의회가 새로운 과반수를 구성할 능력이 있는 인물을 총리로 선출하는 규정이 있었다. 기민당과 자민당이 새로 연정 구성에 합의할 경우 총선을 실시하지 않고도 기민당의 헬무트 콜을 새로운 총리로 선출할 수 있었다.[169]

헬무트 콜 정부의 동방정책

콜 정부의 등장

1980년 선거를 승리로 이끈 슈미트 총리의 임기는 1984년까지였다. 그러나 1982년 슈미트 총리와 겐셔 외무장관 사이의 갈등이 심화되었고 양자 모두 사민당과 자민당의 사회자유주의적 연정을 끝내기로 마음먹었다. 기민당의 콜 총재와 자민당의 겐셔 총재는 여름에 만나

1982년 9월이나 10월에 새로운 정부를 구성하기로 합의했다. 기민당의 자매 정당인 기사당의 슈트라우스는 처음에는 총선거를 통하지 않은 방식의 정부 교체에 동의하지 않았으나 나중에 생각을 바꾸었다. 1982년 9월 20일 제1야당인 기민당 총재 콜, 자민당 총재 겐셔, 기사당 총재 슈트라우스 등 3당의 총재들이 만났다. 겐셔는 새로운 정부 구성의 조건으로 전반적인 정책 합의 및 1983년 초의 총선 실시를 제시했다.[170] 세 사람은 4시간의 협상 끝에 새로운 정부 구성에 합의했다. 그들은 10월 1일 의회에서 건설적 불신임안을 가결시켜 기민당의 헬무트 콜 당수를 총리로 선출하고 1983년 3월에 총선을 실시하기로 했다.

1982년 10월 1일 의회에서 건설적 불신임안이 찬성 256표, 반대 235표, 기권 4표로 가결되었다. 1980년 총선에 의한 의석수가 기민당 174석, 기사당 52석, 자민당 53석으로서 3당의 총 의석 수가 279석임을 감안할 때 자민당에서 상당 숫자가 이탈했음을 말해 준다. 연정 파트너 교체 여부를 놓고 자민당 내부에서 격렬한 논쟁이 있었고 투표 결과에 그런 모습이 그대로 반영되었다.[171] 그러나 어쨌든 간에 1969년 이래 13년 동안 지속되어 온 기민당·자민당 연정이 깨지고 기민/기사당과 자민당 연정이 새롭게 탄생했다. 기민당은 1972년에도 브란트에 대한 불신임안을 제출했지만 그때는 2표 차이로 뜻을 이루지 못했다. 그로부터 10년이 지난 1982년 기민당은 마침내 선거를 치르지 않고 정권을 잡는 데 성공했다. 자민당은 새 내각에서 외무장관, 경제장관, 농업장관, 법무장관을 배정받았다. 겐셔는 계속 외무장관을 맡았다.

서독 총리를 헬무트 슈미트에서 헬무트 콜로 바꾼 건설적 불신임제도는 내각제에서 야기되는 빈번한 정권 교체와 이로 인한 정치적 혼란을 예방하기 위해서 도입된 제도이다. 바이마르 정부 때 빈번한 정권 교체로 인한 정치적 혼란을 경험한 독일 기본법 제정자들은 야당이 후임 총리에 대한 대안도 없이 사사건건 정부 정책을 반대하여 정부를 혼란 상태로 몰고 가는 것을 예방하기 위해 총리를 해임하기에 앞서 후임 총리를 먼저 선출하도록 만들었다.

서독의 새로운 총리로 선출된 헬무트 콜은 1969년부터 1976년까지 라인란트–팔츠 주지사를 역임했다. 또 그는 1973년부터 기민당 총재를 겸했으며, 1976년부터는 연방의회에 진출하여 기민당의 연방하원 원내대표를 역임했다. 콜 총리는 아데나워와 마찬가지로 서독을 서구와 나토에 편입시키고, 국내적으로는 경제와 정치적 자유를 중하게 여긴다는 입장을 가졌다.

콜이 총리로 선출된 5개월 후인 1983년 3월 6일 조기 총선이 실시되었다. 기민/기사당의 콜 총리에 맞설 상대는 사민당의 포겔(Hans-Jochen Vogel)이었다. 선거에서 가장 중요한 주제는 경제 문제였다. 당시 서독은 실업률 10.4%, 실업인구 250만 명으로 전후 최악이었다. 경제 외에 국방 문제도 뜨거운 이슈가 되었다. 포겔은 미국과 소련이 군비 통제 문제에서 타협점을 찾아야 한다고 주장했다. 전임 총리 슈미트는 유럽에서 중거리 핵미사일의 전면 철수를 의미하는 '제로 옵션'[172]을 지지하고 나섰다. 반면 기민당은 NATO의 이중궤도 결정을 군축을 위한 이정표라고 주장하면서 사민당의 주장은 서독을 NATO에서 이탈시키려는 것이라고 반박했다. 기사당의 슈트라우스는 사민당과 녹색당이 연정을 하게 되면 서독과 미국의 관계 단절은 시간문제가 될 것이라고 비판했다. 기민/기사당과 사민당 모두 비록 선거용이기는 했지만 상대방의 국방·외교정책의 위험성을 과도하게 부풀려 해석했다.

선거 결과 기민/기사당은 48.8%를 획득하였다. 이 결과는 1957년 이래 최고의 성적이었다. 반면 연정 파트너를 사민당에서 기민당으로 바꾼 자민당의 득표율은 1980년의 10.9%에서 6.5%로 크게 떨어졌다. 선거 과정에서 사민당은 줄곧 자민당을 배신 정당이라고 비판하며 자민당의 득표율을 5% 이하로 낮추어 연방의회 진출을 방해하려 했다. 여론도 자민당 특히 자민당 총재인 겐셔에게 비판적이었다. 연정 파트너를 사민당에서 기민당으로 바꾼 그의 정치적 행로에 대하여 정치적 이유뿐만 아니라 도덕적으로 신뢰할 수 없는 인물이라는 여론이 높게 형성되었다.[173] 이를 의식했는지 기민당은 선거 과정에서 두 번째 투표는 자민당에게 해 달라고 호소했다. 기민당은 역사상 처음으로 50% 이상 득표 가능성이 있었지만 이를 포기하면서까지 자민당을 도와주었다. 자민당이 연정 파트너를 바꾸어 기민당의 정권 교체를 가능하게 해준 데 대한 보답으로서였다. 신빙성이 있는 이야기인지는 모르지만 기민/기사당이 50% 이상 득표를 할 경우 기사당의 슈트라우스가 부총리 겸 외무장관을 맡으려 할지도 모른다는 우려에서 기민당이 일부러 50% 이하 득표와 함께 자민당의 겐셔를 부총리 겸 외무장관으로 만들려 했다는 루머도 떠돌았다.[174]

자민당은 기민당과 연정 협상을 벌일 때 기사당의 슈트라우스를 내각에 참여시키지 않는다는 조건을 제시했다. 슈트라우스와는 같은 내각에서 일할 수 없다는 것이었다. 기민당도 기사당과의 관계와 별개로 슈트라우스의 독단적 행동에 대해서는 매우 부담스러워 했다. 콜은 기민당 총리 후보로 나섰던 1976년 총선 때 슈트라우스와 갈등을 빚었고 1980년 총선 때는 슈트라우스에게 기민/기사당 총리 후보 자리를 넘겨주어야 했던 쓰라린 경험을 가지고 있었다. 콜은 협력자이자 경쟁자인 슈트라우스를 그와는 내각을 함께할 수 없다는 자민당의 완강한 주장을 이유로 내각이 아닌 바이에른 주지사로 머물게 했다. 물론 슈트라우스는 주지사로 있을 때도 중앙정치에 적극 개입했다.[175]

동방정책의 실질적 계승

기민/기사당은 야당 시절 브란트의 동방성책을 맹렬하게 반대했다. 콜 총리도 그 시절 동방정책에 대해 비판적이었다. 1970년 모스크바 조약과 바르샤바 조약이 체결될 당시 라인란트-팔츠 주지사로서 연방 상원의원을 겸하고 있던 콜은 연방 상원의원으로서 모스크바 조약과 바르샤바 조약 비준 토론에 참여했다. 그는 사민당-자민당이 처음 기초한 조약들의 내용이 애매모호하다고 말했다. 콜은 1973년 체결된 동·서독 기본 조약에 대해서도 계속 비판적이었다. 기본 조약은 연방정부가 임시적 성격의 정부이며 정식 정부는 통일을 통해 달성된다는 기본적 원칙을 훼손했다고 주장했다.[176]

그러나 콜은 동방정책을 비판하면서도 기민/기사당 내에서 동방정책에 대해 상대적으로 온건한 입장을 취한 개혁파에 속했다. 1973년 6월 기민당 당 대회에서 바르첼의 뒤를 이어 당 대표로 선출된 콜은 실용주의적 입장을 견지했다. 그는 사민-자민당 정책의 실패만 기대할 것이 아니라 이제까지의 수세적 태도를 버리고 새로운 동방정책을 정립해야 한다고 주장했다. 콜은 미래의 연정에서 자민당이 강경 보수주의 기사당을 견제하고 그 결과 기민당이 중도적 위치에 자리매김할 수 있기를 기대했다.[177]

콜의 이러한 태도는 1976년 슈미트 정부가 폴란드와 협상하여 대규모 경제 지원을 해 주는 대신 폴란드 거주 독일인들을 서독으로 데려온 결정에 대한 평가 때 잘 드러났다. 당시 기민/기사당 내에서 서독과 폴란드의 협정을 놓고 논쟁이 벌어졌을 때 동방정책에 부정적인 강경파들은 폴란드의 인도주의적 양보 조치에 대해 서독이 너무 비싼 대가를 지불한다고 비난하면서 슈미트에게 재협상을 요구했다. 반면 바이체커와 슈뢰더 등 당내 개혁파들은 이 협정은 서독과 폴란드 사이의 화해의 상징이며 인도주의적 개선을 보장하는 조치들인 만큼 공개적으로 지지하는 것이 현명하다고 판단했다. 이때 콜은 개혁파의 입장을 지지했다. 겐셔 외무장관이 기민/기사당 강경파의 요구 중 일부를 수용하여 폴란드의 양보를 얻어 낸 것을 근거로 콜은 강경파인 슈트라우스를 설득하여 상원에서 폴란드와의 협정을 만장일치로 통과시켰다.[178]

1980년 이후 콜과 그 추종자들은 근본 원칙을 포기하지 않고 동방정책을 수용하겠다는 기민/기사당의 의지를 신중하지만 분명하게 강조했다. 이는 최소한 부분적으로 상호 모순되는 두 가지를 혼합하려는 노력이었으나 그들은 이것만이 기민/기사당 다수가 용인할 수 있는 유일한 방안이라는 것을 알았다. 콜은 1981년 초 기민당 전당대회를 앞두고 기민/기사당이 집권하면 동독 주민들의 생활 조건을 개선하기 위해 가능한 모든 조치를 취할 것이라고 선언했다. 그는 기민/기사당이 "동독과의 규제된 공존"을 추구할 준비를 해야 한다고 주장했다. 폴란드와의 관계 개선을 위한 겐셔의 노력에 대해서도 제한적이긴 했지만 긍정적 평가를 내렸다. 아프가니스탄 사태와 미사일 논쟁에도 불구하고 독·소 간 대화도 방식이 적절하다면 계속될 수 있을 것이라고 밝혔다. 유럽과 소련 간의 천연가스 파이프라인 계획에도 즉각적인 반대를 제기하지 않았다. 소련에 대한 에너지 의존의 위험성에 대해 경고하면서도 기민/기사당은 조심스럽게 "계약은 계약이다"라고 강조했다.[179]

1981년 5월 바이체커가 서베를린 시장에 당선되었다. 동독과의 특수한 실제적 문제들과 협약들을 감안할 때 서베를린은 서독 독일정책의 중심이었다. 이러한 사실과 서베를린에 부여된 특수한 부분적 자율성 때문에 연방정부는 신임 시장과 긴밀하고 공식적인 협의를 해야 했다. 바이체커가 임명한 대표가 총리실에서 공식적인 협의를 해야 했다. 정부 고위 관계자들도 접근할 수 없는 민감한 사안에 대한 논의가 바이체커에게 보고되었다. 동독에 대한 정책 수립에서 사실상 대연정이 수립된 것이다. 기민/기사당 내에서는 연방 정책을 공동으로 결정하는 것에 대한 이견이 거의 없었다. 사민당의 초기 우려와 달리 기민/기사당은 새로운 역할을 이용해 양독 관계를 가로막으려 하지 않았다.

바이체커는 시장으로서 사실상 독자적인 동베를린 정책을 추진하기 시작했다. 통행, 에너지 공급, 오염 방지 등 베를린과 관련된 수많은 실질적 문제들이 그의 관할권 아래에 있었다. 이렇게 기민당이 베를린에서 핵심적 역할을 맡게 되면서 기민/기사당에게 과거에는 순전히 이론적이었던 문제가 구체적 실제가 되었다. 따라서 기민/기사당은 정부와 마찬가지로 이것들의 실질적인 관리 문제를 고려해야 했다.[180]

콜 총리는 취임 후 독일 통일에 대한 강한 의지를 표명하면서도 민족통일이 내독 정책의 최우선적 목표가 되어야 한다는 기민당의 전통적 노선을 철회했다. 오히려 전체 독일인들이 원하는 종류의 사회와 정치제도를 자유롭게 결정할 수 있는 상태가 되도록 힘쓰는 것으로 목표를 바꾸었다. 이에 따라 콜은 총리로 취임 후 동방정책에 대한 전면적 비판을 삼가고 이산가족 상봉과 양독 국민들 간의 상호 방문 확대에서 나타난 여러 가지 완화 조치에 대해 긍정적 평가를 내렸다.[181]

동방정책을 평가하면서 그것이 동독을 사실상의 국가로 인정함으로써 독일의 통일을 사실상 포기했다는 해석과 다른 한편으로 동·서독 간의 인적 교류를 활발하게 하여 민족 동질성 회복에 기여했다는 해석은 동방정책에 대한 콜의 평가에 이중적 해석이 존재함을 말해 준다. 바로 이런 콜의 인식은 그가 1982년 집권 후 대동독 정책을 펼치는 데 그대로 투영되었다. 콜이 이끈 서독 정부의 동·서독 정책은 전임자의 동·서독 정책과 비교해 볼 때 연속성과 변화 두 가지를 다 지니고 있었다.[182] 콜은 브란트와 슈미트 총리가 연방의회 내 민주 정당들의 전폭적인 지원으로 많은 인도적인 업적을 이룩했다고 평가하고 그 역시 동독 주민들을 위한 그 같은 인간적 고통 완화 정책을 버리지 않았다고 말했다. 그는 이런 인도적 지원은 사실 아데나워, 에르하르트, 키징거로 이어지는 기민당 정권들이 길을 터놓은 것이라고 말하면서 자신의 정부가 그런 정책을 계승하는 것은 자연스러운 일이라고 언급했다. 그는 또 정치범을 돈으로 사서 자유의 몸으로 만들어 준 것, 그리고 양독 국민들 간의 상호 방문 허가를 확대한 것 역시 전임자 정책의 연속성 측면에서 이해할 수 있다고 말했다.[183]

그러나 콜은 사민당 정부와 다른 점에 대해서도 분명하게 언급했다. 그가 강조한 것은 기본법 속에 들어 있는 통일 의지이다. 그는 이 점을 강조하기 위해 총리 취임 후 '민족이 처해 있는 상황 보고'라는 표현 대신 '분단 독일의 민족이 처해 있는 상황 보고'라는 개념을 다시 쓰기 시작했다.[184] 그는 1983년 6월 23일 연례 국정보고에서 자신은 사민당·자민당 연정 시대의 무조건 동독 달래기에서 벗어나 보다 직설적이고, 현실적인 방향으로 민족정책을 펼칠 것이라고 말했다.

"독일에는 두 국가가 있지만, 단 하나의 독일 민족만 존재합니다. 이 민족의 존재는 다른 정부들이 마음대로 그리고 다수결로 결정할 성질의 것이 아닙니다. 이 민족은 오랜 역사를 통해서 발전했고, 유럽 기독교 문명의 일부를 형성했으며, 그 위치상 유럽의 복판에서 형성되었습니다. 독일 민족은 통일 국가 이전에 존재했고 그것이 사라진 후에도 존재했습니다."[185]

콜 정부의 동방정책을 살필 때 주목해야 할 부분은 연정 파트너인 자민당과 겐셔 외무장관의 존재이다. 자민당 소속 정치인 겐셔는 1960년대 중반에 이미 아데나워 시대의 외교정책과 거리를 두고 있었다. 그는 사민당원들처럼 동독 및 독일 정책의 변화를 요구했다. 자민당은 브란트 정권 때부터 사민당의 연정 파트너였고, 사민당과 함께 동방정책을 추진한 정당이다. 자연히 겐셔도 동방정책과 운명을 같이했다. 그는 1974년부터 1982년까지 사민당·자민당 정부에서 외무장관을 맡아 동방정책을 추진했다. 1982년 자민당이 사민당 대신 기민당을 연정 파트너로 택할 때 양자 간에는 정책 공조의 범위에 대한 협의가 있었다. 겐셔는 그의 회고록에서 연정 협상 때 독일 외무장관이자 자민당의 대표로서 독일 외교정책의 연속성을 유지하는 것을 무엇보다 중요시했다고 말했다.[186] 1974년부터 외무장관으로서 얻은 성과를 계속 유지하는 것은 정치인으로서 그의 정치적 입지를 위해서도 필수적이었다.

겐셔는 1982년 콜 정부에서 외무장관을 맡아 동·서 간의 긴장 완화 정책을 계속 추진했다. 그는 긴장 완화 정책에서 시작하여 장기적으로 유럽의 평화 속에서 독일 민족이 자유로운 자결권 아래 통일을 달성하는 것을 목표로 삼고 있었다. 콜이 동방정책에 대해 어떤 생각을 가졌든 간에 정권을 잡기 위해서는 자민당과의 연정이 불가피했고, 자연히 겐셔의 이런 긴장 완화 정책을 일정 부분 존중하지 않을 수 없었다. 결

과적으로 겐셔가 콜 정부의 동독 및 외교정책에서 콜을 기민당내 매파들과 분리시키는 역할을 했다.[187]

1980년대 후반 유럽 사회에 불어닥친 가장 큰 변화는 미하일 고르바초프(Mikhail Gorbachev)가 추진한 소련의 개혁·개방정책이었다. 소련의 개혁·개방정책은 소련의 범주를 넘어서 동유럽 공산국가의 자유화운동의 배경이 되었고, 1989/1990년 사이에 전개된 독일 통일도 그러한 세계사적 흐름 속에서 추진되었다. 겐셔 외무장관은 서방세계에서 소련의 이런 변화를 가장 일찍 간파한 사람이었다. 그는 일찍부터 고르바초프를 믿고 지원해 주어야 한다고 주장했다. 이 때문에 그는 서방세계에서 겐셔주의(Genscherismus)라는 모략도 받았지만 결과적으로 그의 이런 혜안은 1989/1990년 독일 통일 외교에서 소련의 지지라는 큰 성과를 만들어 내는 데 크게 기여했다.[188]

콜 총리는 취임 직후인 1982년 11월 29일 동독 공산당 서기장 호네커에게 보낸 편지에서 "새로운 정부는 독일민주공화국과의 관계에 큰 중요성을 두고 있으며", "양국 사이에 체결된 기본 조약 및 협약, 협정, 규정 등은 관계 발전을 위한 토대"로서 존중하고 계승할 것임을 분명히 했다. 그는 좋은 관계는 인권에 대한 충분한 관심 및 유럽의 평화와 안전에 대한 기여에 달려 있다는 말도 덧붙였다. 콜 총리는 호네커에게 "독일에서 어떠한 전쟁도 다시 일어나지 않을 것이라는 신념을 당신과 같이하고 싶다"고 말했다. 동독은 얼마 전 서독인들이 동독을 방문할 때 필요한 환전 금액을 올려 동·서독 간의 여행 및 방문 숫자를 줄어들게 했다. 콜 총리는 편지에서 이 점도 환기시켰다. 그는 새로운 정부는 여행 및 방문 절차의 개선에 높은 비중을 두고 있다고 말하고, 독일민주공화국의 최소 교환율 상향과 이로 인한 여행 절차 후퇴를 개선하라고 촉구했다. 콜 총리는 그의 전임자 슈미트가 동독을 방문했을 때 호네커 서기장을 초대했다는 사실을 상기시키고, 자신도 이러한 초대를 이행할 것이라고 약속했다. 그의 편지는 "인간의 복지와 평화를 증진시키기 위하여 가능한 모든 것을 개발해 내는 것이 나의 소망"이라는 말로 끝을 맺었다.[189] 콜 총리는 이렇게 총리 취임 직후 동독과의 관계 개선 및 전임자들에 의해 추진된 동방정책을 중단 없이 계속할 것임을 분명히 밝혔다.

콜 총리와 호네커 서기장이 직접 만난 것은 1984년 2월, 모스크바에서 안드로포프(Juri Andropow) 소련 공산당 서기장 장례식 때였다. 두 사람은 전화 등을 통해 이미 대화를 나눈 사이였기 때문에 모스크바에서의 만남이 특별히 어색하지는 않았다. 두 사람은 정치적으로는 매우 날카롭게 대립했지만 인간적으로까지 그렇게 적대적이라는 느낌을 갖지는 않았다. 호네커의 고향은 서독 자르 지역이었고 콜은 자르 지역과 인접한 라인란트-팔츠 주 지사를 역임했다. 두 사람은 이런 공통 관심사를 매개로 인간적으로 가까워지려 노력했다. 콜은 호네커를 서독에 초대하고 싶었고 호네커 역시 그런 방문을 바랐다. 두 사람은 이 만남에서 동·서독 관계 개선에 원칙적인 합의를 보았다. 다시 1985년 3월, 콜 총리와 호네커 서기장은 체르넨코(Konstantin Chernenko) 소련 공산당 서기장 장례식에서 만나 소위 '모스크바 선언'으로 불린 공동성명을 발표했다. 이 공동성명에서 양국은 국경의 신성불가침, 영토의 불가침성, 모든 유럽 국가 주권의 존중이 평화의 기본 조건임을 확인했다.[190]

인적 교류의 활성화

콜은 1983년 6월 23일 의회 연설에서 동독이 동·서독 간의 인적 교류에 소극적인 점을 비판했다. 그는 동베를린 및 동독으로 여행한 사람 숫자가 과거 8백만여 명에서 1982년 5백만여 명으로 감소되었다고 지적하고, 이는 동독이 최소 환전 금액을 인상하고 확대한 때문이라고 주장했다. 이렇게 최소 환전 금액을 인상한 결과 가장 큰 어려움을 겪는 사람들은 낮은 수입의 사람들과 가족이 많은 사람들이었다. 콜은 이를 시정하기 위해 최소 환전 금액 문제에 우선적으로 대처할 것이라고 주장했다.[191)

콜은 인적 교류의 확대 방법으로 동독 정부의 어려운 경제 상황을 활용했다. 서독은 동독에 경제적 지원을 해 주는 대신 인적 교류를 확대하는 반대급부를 챙겼다. 사민당 정권 시절 동방정책에 가장 강한 비판자였던 기사당 총재 슈트라우스도 콜과 같은 생각이었다. 그들은 모든 수단을 다 동원하여 동독 동포들이 서독을 보다 많이 방문하게 하고 싶었다. 서독은 1983년 6월 정부의 보증 아래 동독에 매우 유리한 조건으로 약 11억 마르크의 차관을 주선해 주었다. 슈트라우스가 주선에 앞장섰는데 그가 동독에 차관을 주선한 것은 그 반대급부인 인적 교류의 확대를 기대했기 때문이다. 기민/기사당의 기대대로 동독은 차관 제공의 대가로 이산가족 재회 조건을 완화했다. 동독은 서독인의 동독 방문 때 14세 미만에게는 방문에 따른 강제 환전 의무를 폐지했다. 또 14~15세에게는 강제 환전 금액을 7.5마르크로 인하했다.

서독은 1984년 7월에도 동독에 9억 5천만 마르크의 차관을 제공했다. 그 보답으로 동독은 서독 연금 수혜자의 방문 때 환전 금액을 25마르크에서 15마르크로 내리고 방문 가능 일수를 연간 30일에서 45일로 확대하는 조치를 취했다. 그 결과 1980년대 초까지만 하더라도 정년퇴직자들을 제외하면 수천 명에 불과하던 동독인 방문객 수가 1986년에 이르러서는 50만 명을 넘어서게 되었다. 1984년 말에 하인리히 빈델렌(Heinrich Windelen)이 쓴 보고서는 이 시기 동·서독 간의 교류와 그 필요성을 잘 이해하게 한다. 빈델렌의 글에 따르면 서베를린을 포함하여 서독에 거주하고 있는 14세 이상의 국민 1/3이 동독에 일가친척 및 친지를 두고 있다. 이들 중 약 1/5 정도가 동독에 있는 일가친척 및 친지들에게 정기적으로 편지, 소포 및 수하물을 보내고 있다. 그중 약 1/8 정도는 정기적으로 동독이나 동베를린을 방문하였다. 1983년 통계로 보면 서독에서 동독 지역을 방문한 사람은 약 5백만 명, 동독에서 서독 지역을 방문한 사람은 약 160만 명(이 중 93%가 연금 수혜자)쯤 되었다.

1987년 동독의 호네커 서기장이 서독을 방문했다. '독일-독일의 해'이기도 한 이 해에 동·서독 간의 인적 교류는 더욱 증가했다. 1987년 서독을 찾은 동독 방문객 수는 약 5백만 명에 달했고 그들 중 120만 명이 은퇴하지 않은 사람들이었다. 이들 은퇴하지 않은 사람들의 숫자는 1983년 6만 명, 1986년 60만 명으로 증가했다가 1987년에 전해의 두 배인 120만 명으로 증가한 것이다. 6만 명 이상의 서독 젊은이들이 청소년 교환 여행 및 학급 여행의 형태로 긴 시간에 걸쳐 동독을 방문했다. 그러나 동독에서 서독을 방문한 젊은이의 숫자는 4천여 명에 그쳤다. 체육 선수단들의 교류는 104회에 달했고, 34개 도시가 자매결연하였거나 계획을 세웠다.[192]

이런 기조는 1988년에도 이어졌다. 수백만의 동독인들이 서독을 방문하여 직접 서독의 상황을 알게 되었고 이러한 체험은 그들이 동독 공산정권의 서독 및 자본주의사회에 대한 왜곡된 선전을 극복하게 만들었다. 또한 양독 방문을 통해 동·서독인들 간에 형성 발전된 상호 관계는 독일은 한 민족이라는 의식을 강화했다.

야당 시절 기민/기사당은 동독의 불안을 의도적으로 조장할 의도는 없었지만 그렇다고 서독의 정책이 인적 교류나 인권을 희생하면서까지 동독 정권의 내부적 문제를 해소해 주어서는 안 된다고 주장했다. 그러나 1982년 집권 이후 기민/기사당은 인적 교류와 인권 문제를 위한 자신들의 노력이 동독 공산당에 지나친 위협이 되지 않도록 항상 조심했다. 예를 들어 1984년 동독 사람 몇 명이 프라하 주재 서독 대사관에 망명 신청을 한 적이 있었다. 독일 기본법에 따르면 이들은 독일 국민이므로 서독 영토 내에서는 서독 정부의 보호를 받게 되어 있었다. 그런데 대사관이 동구권 국가에 있었고, 체코나 동독의 감정을 해치고 싶지 않았기 때문에 서독 정부는 서독 대사관에 이들을 동독으로 되돌려 보내라고 지시했다. 이들에게는 서독 정부가 도와줄 입장이 못 되며, 동독을 떠나 서독으로 오려면 동독 당국의 허가를 받아야 한다고 타일렀다.[193] 콜 정부가 동독 망명객을 되돌려 보낸 것은 콜 정부가 동독은 물론이요 체코슬로바키아 등 인접 공산권 국가와의 관계를 중시했기 때문이다. 총리실 장관이던 필립 예닝거(Philipp Jenninger)는 동독의 인구를 줄이는 것은 서독의 정책이 아니라고 선언하면서 동독 탈출을 억제하려 했다.[194]

동독의 정치범을 돈을 주고 서독으로 데려오는 일은 콜 정부 때도 계속되었다. 1984년 가을에 서독 정부가 돈을 주고 동독에서 서독으로 데려온 정치범의 숫자는 1,710명이었다. 1985년에는 지금까지 중 최대 숫자인 2,500명 이상으로 늘어났다. 1988년에는 저명한 작곡가 겸 인권운동가가 석방되었다. 그는 순교한 마르크스주의자인 로자 룩셈부르크(Rosa Luxemburg)를 자신의 운동에 활용해 동독 공산당의 미움을 샀던 인물이었다.[195] 서독이 정치범을 인도받는 장소는 서독의 기센 (Giessen)이었고, 이런 교환이 있기 2주 전에 몸값이 서방에 있는 동독 구좌로 입금되어야 했다. 공식적으로는 비밀이었다.

포겔에 의해 거래 대상이 된 사람은 정치범에 국한하지 않았다. 동독을 떠나고 싶은 사람들은 출국 허가를 신청한 후 동베를린의 포겔 사무소와 접촉을 할 수 있었다. 물론 출국 허가 신청을 한 사람들은 신청과 동시에 직장을 잃었다. 짐작컨대 포겔은 본 정부와의 접촉에 앞서서 서독에 제시할 명단과 가격을 동독 공산당으로부터 미리 지시받은 것 같았다. 의사나 숙련공은 비숙련 노동자보다 가격이 비쌌다. 1980년대 당시 동독으로부터 거주 이전의 기본권을 부여받기 위해 한 사람의 독일인에게 지불한 평균 몸값은 5만 마르크였다. 자금의 출처는 내독관계부가 '전체 독일을 위한 특별 지원 진흥기금' 명목으로 만든 기금이었다. 통일이 될 때까지 33,755명의 정치범, 그리고 부모가 서독에 살고 있는 2천 명의 어린이들에 대한 몸값으로 서독 정부가 지불한 금액은 약 35억 마르크나 되었다. 이 사실은 통일이 된 후에야 공개적으로 알려졌다.[196]

이와는 다른 성격이지만 동독은 1970년대부터 노령연금의 부담을 덜기 위해 은퇴한 노인들의 서독 이주를 허용했다. 1983년 동독에서 서독으로 이주한 사람은 8천 명이었는데, 1984년에는 4만 명으로 증가했다. 1989년 첫 3개월 동안에는 15,300명이나 되었다. 1989년 9월 동·서독 국경이 붕괴된 이후와는 비교가 되지 않지만 동독인들의 서독 이주는 이런 저런 여러 가지 명목으로 이전부터 꾸준히 진행되고 있었다.[197]

서독과 동독은 1976년 우편·통신 협정을 체결했다. 이로 인해 동독일부 지역에 자동전화가 개통되었다. 그러나 동독과의 우편과 통신 교류에는 여전히 문제가 많았다. 서독에서 동독으로 발송한 편지나 소포 배달을 고의로 지연시키는가 하면 아예 배달 자체가 되지 않는 경우가 있었다. 1982년에는 이에 대한 보상으로 서독 정부가 약 300만 마르크를 당사자들에게 배상한 적도 있었다. 이러한 문제를 해결하기 위해 서독은 1983년 11월에 '우편 교류 개선을 위한 합의서'를 체결했다. 서독은 이 합의서의 원만한 이행을 위해 동독에게 1983년부터 1990년까지 매년 2억 마르크를 지불하기로 했고, 동독은 다음 사항을 약속했다.

• 편지, 소포 등 우편물의 배달 시간을 현저히 단축시키고, 우편물 분실 방지를 위해 최선을 다함

• 동독인의 우편물을 통한 선물 수령 횟수를 연간 최고 12건으로 제한하던 것을 철폐하고, 약품 발송 조건을 완화함

• 1984년 2월 말까지 4개의 텔렉스 선과 96개의 전화선을 추가로 설치함

1987년 9월 말 서독의 실링(Schwarz Schilling) 우편·통신 장관은 동독을 방문하여 동독 체신장관과 우편물 분실 및 반송 문제, 전화선 증가 및 자동전화 확대 등에 관해 협의하고, 동독의 우편·전화 시설을 둘러보았다. 이 협의 결과 1987년 12월 15일부터 서독에서 동독의 108개 전화국으로 자동전화가 가능해졌다.

이와 같은 서독의 꾸준한 노력으로 1987년 12월 말 서독과 동독(동베를린 포함) 사이에 860회선, 서베를린과 동독(동베를린 포함) 사이에 669회선 등 모두 1,529회선의 전화선이 개통되었다. 이로 인해 서독에서 동독의 1,221개 전화국(동독 전체 전화국은 1,470개)의 거주자에

게 교환을 거치지 않고 직접 전화를 할 수 있게 되었다. 그리고 동베를린에서 서베를린, 뮌헨, 함부르크와 프랑크푸르트 등 서독의 주요 도시 거주자에게 자동전화가 가능했다

동·서독 간의 무역도 증가했다. 콜 정부가 출범한 1982년 동·서독 간에 거래된 무역액 총액은 140억 미르크였고, 1985년에는 167억 마르크로 증가했다. 다만 1986년부터 증가가 멈추고 약간씩 줄어들어 1989년에는 153억 마르크를 기록했는데 이는 국제 원유가와 원자재 가격이 하락하고, 서방 시장에서 동독 상품의 경쟁력이 약화되어 수출이 줄어들었기 때문이었다.

서독은 무역 거래 과정에서 동독이 자금 부족으로 상품 대금을 지불하지 못하는 사태가 없도록 하기 위해 '스윙(Swing)'이라는 차관도 제공했다. 1985년에는 스윙을 25% 증액하기로 했고 이에 따라 서독은 1985년까지 연간 6억 마르크였던 스윙 규모를 1986년부터 연간 8.5억 마르크로 확대했다. 서독은 유럽공동체와 헝가리 간의 특수한 무역 협정도 추진했다. 1987년에 헝가리에 약 10억 마르크, 그리고 1988년에는 소련에 서독 은행을 통해 25억 달러(약 35억 마르크) 이상의 신용을 제공했다. 이는 1982년 가스 파이프라인 논쟁 이후 가장 큰 규모의 동·서 간 계약이었다.[198]

호네커의 서독 방문

호네커의 서독 방문은 1983년부터 추진되었으나 소련의 반대로 몇 차례 연기되었다. 1984년 호네커의 서독 방문이 추진될 당시 소련은 "본이 동독의 주권을 손상시키려 한다"느니, "서독 고위층들이 노동자 농민의 동독을 무너뜨리기 위해 갖은 짓을 다하고 있다"는 식으로 경고를

보냈다. 8월 2일자 《프라우다》*Pravda*는 사설에서 "에리히 호네커가 과거에 사회주의 동독과 자본주의 서독은 빙탄불상용(氷炭不相容)의 관계라고 지적한 적이 있음을 다시 한 번 상기할 필요가 있다"고 환기시켰다. 결국 호네커는 소련의 이런 견제구에 위축되어 서독 방문을 연기했다.

호네커의 서독 방문은 1983년, 1984년, 1986년 세 차례나 미루어진 끝에 마침내 1987년 9월 이루어졌다. 1970년 동독의 슈토프 총리가 서독을 방문하기는 했지만 1987년 동독 호네커의 서독 방문은 동독 국가 원수가 최초로 서독을 방문했다는 데 의미가 있다.

콜은 회담에 앞서 양국 대표들이 회담의 방식과 주요 논의 사항에 대해 협의했는데 가장 어려운 문제는 양국 정상들이 회담 석상에서 연설하는 것을 텔레비전으로 생중계할 것이냐 여부였다. 콜 총리는 반드시 양국 정상의 연설이 국민들에게 생중계되어야 한다는 입장이었고, 동독 측은 이를 완강하게 거부했다. 그러나 결국 동독이 후퇴했다. 콜은 전 독일에 생중계된 연설에서 독일인들의 단일민족 의식은 예나 지금이나 그대로 살아 있으며, 민족 단일성을 지키기 위한 의지도 꺾이지 않았다고 강조했다.

"서독 정부는 기본적 전문과 관련해 그 어떤 양보도 하지 않을 것이다. 우리는 통일된 유럽을 원하고 있으며, 또 전체 독일인들에게 자유로운 의사 결정을 통해 독일의 통일과 자유를 완성할 것을 촉구하고자 한다. 우리는 기본법에 담긴 그 같은 과제에 의견을 같이하는 입장이며 그것이 독일인들의 소망과 의지, 나아가서는 동경을 나타내는 것이라는 사실에 어떤 의문도 갖고 있지 않다."[199]

서독의 바이체커 대통령은 호네커를 함머슈미트(Hammerschmidt) 대통령궁에서 만나 "독일 양국 인민들은 같은 민족입니다. 이 민족은 비스마르크와 함께 시작한 것도 아니고, 히틀러로 끝난 것도 아닙니다"라고 말했다. 콜은 베를린 장벽을 비판하면서 호네커에게 동독의 국경 수비대에게 하달된 월경을 시도하는 사람에 대한 사살 명령을 철회하라고 호소했다. 그러나 호네커는 "현실, 즉 두 개의 상이한 사회질서와 대립적 동맹 관계를 가진 독립된 주권 독일 국가의 존재"를 지적하는 것으로 응수했다.

이런 설전과는 별개로 1987년 양국 정상회담에서는 여러 가지 주제에 대해 논의가 이루어졌다. 동·서독의 인적 교류 개선, 철도요금 할인, 관광 교류, 청소년 교류, 도시 자매결연, 문화·체육 교류 등이 논의되었다. 무역과 경제 교류 강화 문제, 서베를린을 오가는 교통수단의 개선, 우편과 전화 소통 개선에 관해서 논의가 이루어졌다.

두 사람은 회담에서 전쟁 반대, 평화 정착을 강조했다. 환경보호, 방사선 보호와 과학·기술 협력에 관한 의견 교환과 함께 이에 관한 3개의 협정이 동·서독 장관들에 의해 서명되었다.[200] 호네커 서기장의 본 방문 결과를 보고 크비진스끼(Julij A. Kwizinskij) 소련 대사는 '이제 동독이 더 이상 빠져나올 수 없는 황금 바늘을 삼켜 버렸다'고 언급했다.[201]

역사가들은 콜 정부가 브란트의 동방정책을 슈미트 정부 때보다 사실상 더 적극적으로 계승했다고 평가했다. 서독은 1980년대 후반 들어 공적 및 상업적 거래를 통해 동독 정권의 재정적 수요를 충족시켜 주었다. 1980년대에 서독의 개인 방문객이 의무 환전액, 비자 수수료, 외국인 대상 상점에 대한 특별세, 동독 친지들에게 주는 선물 등으로 동독에 제공한 돈만 연간 15억 마르크에 이르렀다. 거기에 주로 일괄 지급하는 서독인들의 베를린 통행료 사용료(연간 5억 마르크)와 독일 내 우편 및 전화료(연간 2억 마르크로 1982년 이전까지 지불한 액수의 두 배 이상)를 합하면 총지불액은 더 늘어난다.[202]

서독 정부는 특별한 사업을 통해서도 추가 비용을 지불했다. 예를 들면 베를린과 함부르크 사이의 새 고속도로 건설(10억 마르크로 대부분 구간은 이미 슈미트 정부에서 완공되었음), 기존 통행로와 다리의 개량과 확장(7억 마르크), 베를린으로 이어지는 철도의 개선(1억 5천 마르크) 등이 있었다. 대규모 비용이 드는 많은 사업들이 1980년대 말경 종료되었지만 한 관찰자는 "연방정부와 베를린 상원은 많은 새로운 사업을 원했고 이를 위해 기꺼이 경화를 제공할 준비가 되어 있다"고 지적했다.[203]

기민/기사당은 서독의 지불과 교역, 차관이 불가피하게 동독 및 동구 진영 국가들의 경제적 안정은 물론 사회적 안정에도 기여한다는 점을 인정했다. 그럼에도 불구하고 기민/기사당은 돈으로 관계 진전을 사는 데 적극 나섰고, 그 과정에서 엄격한 반대급부도 요구하지 않았다. 동구로부터 구속력 있는 상호성 보장이 없는 경우에도 경제적 혜택을 제공했던 것이다. 더욱이 기민당 지도자들은 미국과의 마찰이 예상되는 상황에서도 새로운 동방정책을 거리낌 없이 밀고 나갔다.[204]

2단계

정치적 통일, 1989~1990

1. 동독혁명
   • 소련과 동유럽의 자유화운동   • 대탈출   • 베를린 장벽의 붕괴

2. 통일 준비
   • 통일 논의의 시작   • 동독의 변신 노력

3. 통일 독일의 탄생
   • 동독의 민주정부 수립   • 통일 조약들   • 2+4 회담   • 통일 독일의 출현

1. 동독혁명

소련과 동유럽의 자유화운동

고르바초프의 페레스트로이카

1985년 미하일 고르바초프가 소련 공산당 서기장에 취임했다. 고르바초프의 등장은 그가 전임 서기장들과는 달리 50년 중반의 젊은 서기장이라는 사실만으로도 국내외적으로 주목을 받기에 충분했다. 1982년 사망한 레오니드 브레즈네프의 뒤를 이어 서기장에 취임한 유리 안드로포프와 콘스탄틴 체르넨코가 모두 70대의 인물들이었기 때문에 50대의 나이가 갖는 이미지 효과가 그만큼 극적이었다. 게다가 안드로포프는 취임한 지 2년 만에, 체르넨코는 취임한 지 1년 만에 사망했다.

　고르바초프가 서기장으로 취임했던 1980년대의 소련은 흔히 동맥경화증에 걸린 중병 환자로 비유되었다. 고르바초프는 소련의 경제, 사회 전반의 상황을 비관적으로 보았다. 그의 분석에 따르면 경제성장률은 급속히 하락하고 상품 품질에 대한 검사 기능도 작동하지 않았다. 과학기술은 정체되었다. 생활수준의 향상은 지연되고 식료, 주택, 소비 물자, 서비스 등의 공급은 원활하지 못했다. 제기된 문제나 새로운 아이디어는 맹렬한 저항에 부딪쳤고 인민들의 의견은 무시되기 일쑤였다. 일이 잘 안 되어도 성공적이었다고 선전되고 그것을 찬양하고 모방하는 분위기였다. 그러나 이렇게 '아무런 문제가 없다'는 발표는 역효과를 가져왔다. 정부 행위에 대한 불신감이 심각한 수준에 도달했다. 대중의 모럴도 쇠퇴하기 시작했다. 알코올 중독, 마약 중독, 범죄가 증가하였고 저급한 취미와 향락 풍조로 인해 이데올로기의 황폐화가 초래되었다.[1]

고르바초프는 이런 소련에 대한 대대적 수술을 가하기 시작했다. 그는 취임하자마자 개혁적인 인사들을 당과 정부의 전면에 배치했다. 집권 첫해 동안에 중앙의 각료 가운데 70%를 퇴진시켰고, 연방공화국 지도자 50%를 새로운 인물로 교체하였다. 그는 1986년에는 시장 사회주의를 들고 나왔다. 소비자 협동조합의 설립을 허용하고, 기업의 자주관리와 독립채산제를 채택했다. 개인기업의 설립을 허용하고 외국 기업과의 합작도 장려했다. 농업 부문에서는 개인이 집단농장이나 국영농장의 토지 일부를 임차하여 경영할 수 있게 했다.

고르바초프는 소련 경제를 활성화시키기 위해서는 국방비 지출을 줄여야 한다고 판단했다. 2억 9천만 명의 소련 국민들이 짧은 시일 내에 물질적 개선을 느끼도록 하려면 국방 분야에서 지출을 줄여 그 돈을 경제 분야로 돌려야 했다. 이것은 서방국가들과의 관계 개선을 통해 동·서 간의 긴장을 완화할 때에만 가능했다. 소련이 군비 제한과 축소를 위해 많은 노력을 기울인 것은 정치·군사적 이유 외에 이런 경제적

이유도 있었다.[2]

페레스트로이카 정책은 정치 분야에서도 일대 혁신을 가져왔다. 작업장에서 종업원들이 경영자들을 직접 선출하도록 했고, 지방 소비에트 선거에서는 복수 후보를 내세워 그중 한 사람을 선택하게 했다. 1989년 3월 실시된 인민대의원 대회 구성을 위한 전국 규모의 선거에서 국민들이 총 2,250명의 대의원 중 1,500명을 직접선거로 뽑았다. 국민들은 대부분 복수 후보 가운데 한 명을 선출했다. 20여 개 이상의 정당이 결성되었고, 공산당 일당독재 체제가 폐기되었다.

과거사에 대한 재평가 작업도 진행되었다. 스탈린 시대의 희생자들을 복권하고 문화, 예술 분야에서 금지 작품들이 해금되었다. 언론의 자유도 크게 개선되었고, 사하로프(Andrei D. Sakharov)가 시베리아 수용소에서 석방되었으며, 솔제니친(Aleksandr Solzhenitsyn)의 작품 출판이 허용되었다.

고르바초프의 페레스트로이카 정책은 전통적인 사회주의 체제에 대한 혁명적 개혁이었다. 국내외적으로 고르바초프와 소련 사회에 비상한 관심이 모아졌다. 페레스트로이카가 지향하는 궁극적 목표점이 어디일지에 대해 궁금해 했다. 많은 사람들은 고르바초프가 지향하는 사회의 성격을 서구식 사회민주주의로 해석했다. 중요 산업은 국유화 등 공유의 형태를 취하지만 시장경제 논리를 대폭 받아들여 자본주의와 사회주의의 혼합을 꾀하고 정치적으로는 개인의 자유를 대폭 허용하고 대의제 민주주의를 수용한 고르바초프 체제는 서구식 사회민주주의나 다름없다는 것이다.

동유럽 국가들의 자유화운동

공산주의 종주국인 소련에서의 변화는 자연스럽게 동유럽 공산주의 국가들의 변화로 이어졌다. 폴란드, 체코슬로바키아, 헝가리 등 거의 모든 공산권 국가에서 정치적, 경제적 변화의 바람이 불었다. 변화의 바람은 동독의 인접국인 폴란드에서 가장 먼저, 가장 강하게 일어났다. 폴란드는 고르바초프가 서기장에 등장하기 전부터 이미 바웬사와 그가 이끄는 자유노조가 자유화운동을 선도하고 있었다. 고르바초프의 페레스트로이카 정책은 폴란드의 이런 변화를 증폭시켰다. 폴란드는 1989년 6월 첫 자유선거를 실시하여 자유노조연합이 승리를 거두었다. 자유노조 출신 마조비에츠키(Tadeusz Mazowiecki)가 공산당과 함께 연립정부를 구성하여 수상이 되었다. 공산당 일당독재가 무너진 것이다.

헝가리의 자유화운동도 빠른 속도로 진행되었다. 헝가리는 1989년 다당제 도입을 결정했으며, '소지주당'과 '사회민주당'이 창립되고 '헝가리 민주포럼', '자유민주당' 등이 등장했다. 과거의 반체제주의자를 중심으로 '자유민주주의자연합', '젊은 민주주의자연합', '민주독립노조연맹' 등도 조직되었다. 1989년 6월 '원탁회의'에서는 9개 야당 조직이 참여하여 선거와 정부 구성 문제에 관한 회의를 개시했다. 원탁회의는 연립정부 구성을 합의했고, 향후 3~4년의 이행기를 거친 후 시장경제 체제로 전환하며 그때까지 과도기로 혼합경제 체제를 유지한다는 원칙에 합의했다.

폴란드와 함께 동독의 또 다른 인접국인 체코슬로바키아에서도 민주화운동이 전개되었다. 체코슬로바키아의 민주화운동은 1968년 프라하의 봄을 주도했던 하벨(Václav Havel)이 다시 이끌었다. 1989년 11월에는 공산 독재 체제에 항거하는 반체제 연합 '시민포럼(Civic Forum)'

을 조직해 50여만 명을 모아 시위와 총파업을 단행했다. 1989년 12월 에는 '시민포럼'의 대표 하벨이 대통령에 선출되었다. 피를 흘리지 않 고 민주화 혁명을 성공시킨 체코슬로바키아의 민주화운동을 일컬어 '벨벳 혁명(Velvet Revolution)'이라고 불렀다.

소련은 과거에 동구 공산국가들에서 자유화운동이나 소련의 영향권 에서 벗어나려는 움직임이 발생하면 지도부 교체나 무력 동원을 통해 이를 저지시켰다. 1953년 동독의 자유화운동, 1956년 헝가리의 자유 화운동, 1968년 체코슬로바키아의 민주화운동 등이 모두 소련군에 의 해 무력 진압되었다. 브레즈네프 공산당 서기장은 1968년 11월 폴란 드 공산당 제5차 대회에서 행한 연설에서 '사회주의 진영에 속한 어느 나라가 그 생존을 위협받을 때는 이를 사회주의 진영 전체에 대한 위협 으로 간주하고 다른 사회주의국가들이 이에 개입할 권리를 가진다'고 주장했다. 이것은 곧 소련이 동유럽 사회주의권의 주권을 제한할 수 있 다는 '제한주권론'을 의미했다.[3] 브레즈네프는 이 연설을 통해 동유럽 공산권 국가들에서 체코의 자유화운동이나 탈(脫) 소련 운동 같은 것 이 발생할 경우 무력 개입할 수 있음을 공개적으로 천명하였다.[4] 이런 맥락에서 1982년 폴란드 자유노조 운동에 대한 탄압이 이루어졌다.

그러나 고르바초프 시대의 소련은 달랐다. 고르바초프는 냉전을 종 식시키고, 동유럽 국가들에 대한 불개입 정책을 통해 동유럽에서 합법 적인 개혁 세력의 등장을 격려하고, 소련을 신뢰받는 파트너로서 국제 사회로 복원시키고자 했다.[5] 고르바초프는 "사회주의국가들의 정치적 관계는 원칙적으로 각 나라의 완전한 자주성을 전제로 삼으며", "각 나 라의 집권당은 독자적으로 자기 나라가 당면한 문제에 책임 있게 대처 할 권리를 갖는다"고 말했다. 고르바초프는 "각 나라에는 고유한 전통과 특징이 있고, 또한 그 정치 구조도 각기 다르다. 원칙적으로 말해서 모든 사회주의국가들은 독자적인 방식으로 자기 변혁과 근본적 전환을 모색하고 있다. 그러한 변혁의 범위와 형태, 속도와 방법은 각국의 지도자와 국민이 결정할 문제이다"고 선언했다. 이렇게 각국의 독자성을 강조한 고르바초프는 동유럽 국가들의 개혁과 자유화운동을 적극 지지했다.[6]

고르바초프가 동유럽 국가들의 자결권을 강조한 배경에는 "공동의 유럽인 집"이라는 그의 비전이 있었다. 그는 자본주의, 사회주의 및 공산주의 국가들이 두 적대적인 진영에 얽매이지 않고 경계선 없이 공존하는 유럽을 꿈꾸었다. 그런 세계에서 유럽 국가들은 그들의 상이한 정부 형태에도 불구하고 함께 교역하고 협력할 것이라고 믿었다. 고르바초프는 1988년 12월 유엔에서 행한 연설에서 "동유럽은 그 자신의 길을 자유롭게 가게 될 것이다. 이제 유럽은 상호 의존과 공통의 가치로 결합되고, 이념적 장벽이 없으며 하나의 탈군사화 된 유럽이 될 것이다"고 선언했다. 고르바초프는 또 사회주의에 이르는 길은 하나만이 아니라고 주장했다.[7]

위기의 동독

1970년대 이후 동·서독 사이의 교류 및 평화 공존 정책과 상관없이 동독 공산정권의 국내 통치 방식은 변하지 않았다. 공산당 일당독재, 비밀경찰 제도를 통한 주민들의 감시와 체포 등 동독은 여전히 공산당과 정치 사찰 국가였다. 공산당 정권은 주민들의 직장 생활이나 사생활 등 일상적 삶에 대한 통제를 통해 권력을 유지했다.

그래도 동독의 경제 사정은 동유럽 공산국가 중에서는 상대적으로 좋은 편이었다. 동독은 우선 서독과의 인적·경제적 교류를 통해 많은 이득을 얻었다. 서독과 서베를린 사이를 왕래하는 도로, 철도, 해운 수송로에서 걷어 들이는 통행세, 서독인들의 동독 방문에 따른 외화 소득, 정치범 석방에 따른 보석금, 서독의 차관 공여, 서독과의 상품 거래, 서독을 통한 유럽공동체시장으로의 보다 용이한 접근 등 서독과의 관계 개선을 통해 동독은 다양한 방식으로 경제적 이득을 취했다.

그러나 동독의 사회주의경제 체제는 소련 경제가 1980년대에 처한 어려움과 유사한 어려움을 겪었다. 동독은 후진적인 소련 모델을 맹목적으로 모방했고, 그로 인해 분단 이전 남아 있던 제조업 부문의 생산력을 떨어뜨렸다. 동독은 1971년 이전까지만 하더라도 일부 중소기업의 민간 소유를 인정했다. 이 회사들은 주로 자동차 수리, 배관, 페인트, 건축 등 숙련을 요하는 분야였다. 소매업 분야에도 민간 소유를 일부 허용했다. 건설회사도 회사 자체는 국가 소유이되 경영은 민간에 맡겨져 있는 경우들이 있었다. 그러나 1972년 호네커는 남아 있던 민간 소유 혹은 반관반민 성격의 회사들을 모조리 국가와 당에 귀속시켰다. 이 집산화 조치의 결과 전체 생산의 99% 이상이 국영기업에서 나왔다. 이 조치는 1980년대에 들어서면서 동독 경제를 결정적으로 무너뜨리는 시작점이 되었다.[8]

집단주의가 사회생활과 직장 생활의 기본 요소였다면, 계획은 경제의 핵심적 특징이었다. 계획은 (1) 향후 30년까지 내다보는 장기 계획, (2) 10년에서 15년의 중기 계획, (3) 5년 단위의 계획, (4) 1년 단위의 세부 집행 계획 등 네 가지 단계로 나누어졌다. 이 시스템은 생산, 분배, 국고 보조와 소비 조정, 대외 교역, 신기술 개발, 근로 의욕 고취, 임금과 가격 결정, 경제활동 조직 등 경제 전 분야에 적용되었다. 그러나 이런 계획경제는 생산, 신기술 개발, 제품 개선, 변화에 대한 의욕을 떨어뜨렸다.

1980년대에 들어서자 동독의 경제 사정은 현격히 약화되었다. 동독이 대외적으로 진 채무는 경화(硬貨)로 100억 달러를 넘어섰고, 이를 1인당으로 계산하면 600달러를 상회했다. 1970년대에 브란트의 동방정책 비판에 앞장섰던 기사당의 슈트라우스는 1983년과 1984년에 동독 원조를 앞장서 주장했다. 그는 동독이 서독 제품을 살 수 있도록 신규 차관과 외상 구매를 위한 신용 대출을 제공하게 했다. 슈트라우스는 차관과 원조 제공을 통해 동독을 서독 경제에 좀 더 가까이 묶어 두고, 동독 경제를 점점 서독에 의존적이 되게 하여 정치적 자유화를 유도하려는 생각을 가졌다.

한편 동독은 1980년대 말에 전체 생산 공장을 거대한 재벌 같은 콤비나테(Kombinate, 합병)로 묶는 사업을 완료했다. 동독 전체에 그런 콤비나테가 120개 생겼는데, 각 콤비나테는 15 내지 30개소의 공장을 담당했다. 이런 결정의 기본 발상은 제품을 영역별로 묶어서 통합 관리하겠다는 것이었다. 이런 조치를 통해 정치적으로는 중앙집권의 이점을, 생산 면에서는 중장기 계획의 용이함을 기대했다. 그러나 결과는 딴판이었다. 해외시장 개척을 선도해 나갈 수 있는 선진기술 제품이 나오지 않았다. 1989년경 동독은 국제시장에 내놓을 물건이 없어졌고, 생산 시설은 낡아빠져 있었다.

1980년대의 동독은 환경 분야에서도 엉망이었다. 동독은 노천탄광, 강과 바다로 흘러들어 가는 걸러지지 않은 하수도 물, 독가스를 뿜어내는 굴뚝들, 위험천만한 구식 소련제 원자력발전소 등 수많은 요소들로 인해 환경이 크게 위협받았다. 자유화의 도시 라이프치히(Leipzig)를 방문한 외부인들은 금방 악취와 매연 덩어리를 감지했다. 1989년 6월 말 서독 정부는 동독에 공기 오염, 수질 오염 및 스모그 감지 장치 등 여섯 가지 환경 프로젝트에 대해 향후 3년 간 2억 마르크를 지원하기로 했다. 당시 시점에서 동독은 환경 문제를 스스로 해결할 능력을 잃어버렸다.[9]

고르바초프는 동유럽 국가들이 자결권에 따라 자신의 길을 걸을 것이라고 말하면서도 그가 소련에서 사회주의를 개혁한 것처럼 동유럽 국가들의 지도자들도 각각의 나라에서 자신의 개혁을 본받기를 원했다. 그는 사회주의가 깊은 뿌리를 내렸으며, 개혁에 따르는 동요를 충분히 견뎌 낼 것으로 믿었다.[10] 그러나 동독을 지배했던 호네커는 고르바초프의 개혁정책을 못마땅해 했다. 그는 폴란드나 헝가리 등에서 진행되고 있는 개혁 작업을 외면하고 전통적인 방식으로 동독을 통치하려 했다. 이런 점에서 개혁파인 고르바초프와 동독의 강경 보수파 호네커는 서로 맞지가 않았다. 고르바초프와 호네커 사이에는 긴장이 흘렀고, 1989년 동독 자유화운동이 본격화되었을 때 파국으로 결말났다.

대탈출

대탈출과 헝가리 국경의 개방

1989년 5월 2일 헝가리 국경 수비대원들이 오스트리아로 넘어가는 국경 통로의 차단 시설을 제거했다. 그리고 6월 28일 줄라 호른(Guyla Horn) 헝가리 외무장관은 알로이스 모크(Alois Mock) 오스트리아 외무장관과 함께 전 세계인들이 TV를 통해 지켜보는 가운데 두 나라 국경에 설치된 철조망을 잘랐다. 이는 제2차 세계대전 말 이래 유럽을 갈라놓았던 철의 장막이 깨뜨려짐을 의미했다.[11] 사람들은 이때만 하더라도 헝가리 정부가 헝가리와 오스트리아를 오고가는 국경선을 개방한 것은 자유화운동에 발맞추어 헝가리인들의 이동의 자유를 허용하기 위한 조치 정도로 해석했다. 그러나 헝가리의 국경 개방 조치는 단순한 이동의 자유를 위한 편의보다 훨씬 큰 의미를 갖는 결과를 초래했음이 몇 개월 뒤 판명되었다. 그것은 동독인들의 서방 탈출을 용이하게 만들고 궁극적으로 동독의 붕괴와 동·서독 통일의 중요한 계기를 제공한 것이다. 헝가리 정부는 같은 시점에 제네바 난민협정에도 가입했다. 이 조치는 곧 헝가리 정부가 자국으로 피신해 온 사람들을 난민으로 인정하고 그들에게 도움을 줄 의무를 자청한 것이었다.

동구 공산권 국가의 자유화 바람은 동독이라고 예외가 될 수 없었다. 동·서독 사이에는 브란트의 동방정책 이후 인적 교류가 활발하게 이루어졌다. 매년 수백만 명의 동독인들이 서독을 방문하여 직접 서독의 상황을 알게 되었다. 동·서독인들은 언제든 직접 통화도 할 수 있었다. 동독 땅에서 서독의 TV도 시청할 수 있었다. 동독 당국은 처음에는 동독인들의 서독 TV 시청이 서독 자본주의사회의 어두운 측면을 가감없이 보여 주어 동독 체제의 상대적 우수성을 확인시키는 계기로 삼으려 했다. 그러나 결과는 정반대였다.[12] 이런 교류는 독일의 문화적 동질성을 유지하는 데 기여했을 뿐만 아니라 동독인들로 하여금 서독 및 자본주의사회에 대한 동독 공산 정권의 왜곡된 선전을 극복하게 만들었다. 동독 공산 정권이 동독인들에게 서독 자본주의사회의 빈부 격차를 부각시키며 동독 체제의 장점을 홍보했지만 동독인들이 느끼기에는 분배가 잘되었다는 동독 주민의 평균 소득과 삶의 수준이 오히려 서독에서 상대적으로 못사는 사람들의 수준보다 낮았다. 또 서독의 자유롭고 개방적인 분위기는 폐쇄적이고 억압적인 동독과 너무나 대조적이었다. 자연히 동독의 통제 체제에 대한 동독 주민들의 불만은 커질 수밖에 없었다. 다만 동독 당국의 억압에 의해 그 표출도가 헝가리나 폴란드보다 덜할 뿐이었다. 동독 당국이 동독의 체제 불만자들, 즉 정치범들을 매년 돈을 받고 서독으로 축출한 것도 동독 내 자유화운동을 지체하게 만들었다.[13]

헝가리가 오스트리아로 통하는 국경을 개방하기 몇 달 전부터 동독 당국은 동독 내부의 개혁 요구를 완화할 안전벨트로 활용할 의도로서 국외 이민에 유연하게 대처했다. 1989년 1/4분기 중 동독이 돈을 받고 서독에 넘긴 난민, 정치범 등의 숫자는 1988년 같은 기간의 3배에 달하는 15,300명이나 되었다. 1989년 5월 한 달 동안은 8,000명, 그리고 7월은 거의 12,000명으로 늘어난다.

동독이 비록 통제 체제이기는 하지만 1989년 당시 동독인들이 같은 공산권 국가인 헝가리나 체코슬로바키아 등으로 여름휴가를 가는 것은 비교적 용이했다. 헝가리 등에서 비자를 쉽게 받을 수 있었다. 1989년 여름 헝가리로 휴가를 나온 일부 동독인들이 오스트리아를 거쳐 서독으로 탈출하였다. 7월에 헝가리 국경을 넘어 오스트리아 당국에 신고를 한 동독인 숫자는 처음엔 1주일에 20~30명 정도였다. 일부 사람들은 국경을 넘기 전에 잡혀 헝가리와 동독 간 양국 협정에 따라 귀국 조치되었다. 그러나 헝가리는 서독 측의 항의를 받고 동독인들의 강제 귀국 조치를 바로 취소하였다. 헝가리는 동독과 서독 사이에서 난감한 처지에 빠졌다. 한편으론 동독과 맺은 협정을 지켜야 했고, 다른 한편으론 유엔 난민 협정을 무시할 수도 없었다. 난처한 입장에 빠진 헝가리 국경수비대는 동독인들의 여권에 언제고 간단히 떼어 버릴 수 있는 임시 출국 허가증을 부착하여 헝가리를 떠날 수 있도록 해 주었다.

1989년 8월 9일, 헝가리는 오스트리아로 탈출하려다가 붙잡힌 동독 주민을 동독으로 강제 소환하지 않을 것이고, 그들의 여권에 스탬프를 찍지도 않을 것이라고 발표했다. 동독 여권에 찍힌 스탬프는 그 여권의 소지자가 헝가리 당국에 의해 돌려보내진 사람임을 나타냈고, 그 전까지는 동독으로만 돌아가도록 하락되었다. 스탬프를 안 찍는다는 말은 앞으로는 반복해서 오스트리아로 탈출을 시도할 수 있고, 혹시 동독으로 돌아가게 되어도 아무런 증거가 없으니 책잡힐 일도 없게 되는 셈이었다.

헝가리의 조치는 동독인들에게 TV 등을 통해 가감 없이 바로 알려졌다. 더 많은 사람들이 헝가리로 몰려왔다. 이들은 학교의 빈 교실이나 노천 등을 임시숙소로 삼았다. 180명이 넘는 동독인들이 서독으로 보내줄 것을 요구하면서 대사관을 점령했다. 8월 14일이 되자 서독 대사관 건물의 수용 능력이 한계에 이르렀고, 부다페스트 대사관 출입을 금지하지 않을 수 없었다.

스탬프를 찍지 않기로 한 법이 발효된 날인 8월 10일 450명의 동독 주민들이 오스트리아 국경을 넘었다. 8월 초부터 20일까지 탈출한 사람들의 숫자가 1,500여 명에 이르렀다. 8월 19일에는 바젤에 본부를 두고 있는 '범 유럽연맹'이라는 단체가 헝가리의 자유민주연합 측과 국경 도시 쇼프론(Sopron)에서 소위 '범 유럽 피크닉(Paneuropäischen Picknick)' 행사를 벌였다. 행사 도중 주최 측은 잠시 국경에 설치된 문을 열어 축제를 갖기로 했다. 이 소식은 요원의 불길처럼 헝가리에 머물고 있는 동독인들에게 퍼져 갔다. 수백 명이 이 기회를 이용해 오스트리아로 넘어갔다. 독일의 일간지 《빌트 자이퉁》Bild-Zeitung은 그다음 날 다음과 같이 보도했다.

"그들은 나무로 된 문을 밀어제쳤다. 그리고는 서로 팔을 끼고 '우리는 이겨낼 것이다'라는 노래를 합창한 후 자유의 세계로 돌진해 갔다. 토요일인 이날 저녁 국경을 넘어 오스트리아로 탈출한 동독인의 수는 약 7백 명에 달했다. 서방세계로의 탈출 가운데 이처럼 극적이고 규모가 큰 것은 처음 있는 일이었다. 탈출에 성공한 동독인들은 서로 부둥켜안고 울음을 터트렸고 어떤 사람들은 엎드려 땅에 입을 맞추기도 했다."[14]

쇼프론의 대규모 탈출은 헝가리에 체류하고 있던 동독인들은 물론이요 동독에서 아직 결단을 내리지 못하고 있던 사람들에게도 신호탄 역할을 했다. 여름휴가가 다 끝나 가는 시점인데도 수만 명의 동독인들이 또다시 헝가리를 향해 남행길을 재촉했다. 부다페스트, 특히 국경 가까운 도시들은 이들이 몰고 온 동독제 승용차로 길이 메워졌다.

8월 하순으로 접어들자 하루 평균 100명이 오스트리아로 넘어왔다. 8월 말경 헝가리로 몰려든 동독 주민들은 수만 명을 헤아리게 되었다. 언론들은 1989년 12월까지 10만~20만 명이 서독으로 오게 될 것 같다고 보도하였다. 8월 24일 부다페스트 주재 서독 대사관에 진을 치고 있던 동독인 117명에 대해 헝가리 정부가 출국을 허용하기도 했다.

8월 25일 헝가리의 네메트(Miklós Németh) 총리가 호른 외무장관, 호르바트(Istvān Horvāth) 대사와 함께 서독을 방문했다. 네메트 총리는 콜 총리와 만난 자리에서 헝가리의 어려움을 이야기했다. 동독과의 상호 협정, 헝가리 난민 처리에 대한 소련과 루마니아의 견제 등을 걱정했다. 그는 불가리아, 루마니아, 체코슬로바키아에도 많은 동독인들이 휴가차 나와 있으면서 사태 진전을 지켜보고 있다는 정보를 알려 주었다. 그들은 헝가리 정부가 어떤 조치를 취하느냐에 따라 그냥 동독으로 귀국할 것인지, 아니면 헝가리를 거쳐 서방세계로 탈출할 것인지를 결정할 것이라고 말했다.

네메트 총리는 이 자리에서 콜 총리에게 다음과 같은 사실을 약속했다.

> "동독 난민들의 강제 귀국은 일어나지 않을 것입니다. 우리는 국경을 개방할 것입니다. 외부로부터 군사적 또는 정치적 힘이 다른 행동을 강요하지 않는 한 우리는 동독 난민들을 위해 계속 국경을 개방해 놓을 것입니다."[15]

그러면서 네메트 총리는 9월 중순까지 모든 동독 난민들의 출국을 허락할 계획이라고 말했다. 겐셔 외무장관과 콜 총리 모두 그들의 회고록에서 헝가리가 동독 난민들을 서독으로 보내 준 데 대해 헝가리 국민과 정부에게 고마움을 표시했다. 특히 콜 총리는 그의 회고록에서 네메트 총리의 말에 "눈물이 나도록 고마웠다"고 말했다. 콜은 네메트 총리에게 여러 번 서독에 바라는 것이 있는지 물었고, 이에 대해 네메트 총리는 "헝가리는 사람을 놓고 장사를 하지 않는다"고 부인했다. 그럼에도 콜 총리는 헝가리에 꼭 보답을 하고 싶었고, 그래서 시간이 조금 지난 다음 헝가리에 5억 마르크의 차관과 비자 면제, 그리고 유럽연합 가입을 위한 독일 정부의 지원을 약속했다.[16] 헝가리와 서독 사이의 차관 문제는 실제로 이 사건 이전부터 논의되고 있었지만 망명 사건이 신속한 타결에 긍정적 영향을 미친 것은 사실이었다. 여하튼 헝가리가 동독 망명객들의 서독 망명을 허용한 것은 동독의 조기 붕괴와 동·서독 통일에 매우 중요한 계기 중 하나로 작용했다.

콜 수상은 네메트 총리로부터 동독 망명객의 서독 이동을 약속받았지만 완전히 안심한 것은 아니었다. 모스크바 지도부가 헝가리의 조치에 어떤 태도로 나올지 궁금했다. 소련이 헝가리의 조치에 제동을 건다면 네메트의 약속도 무산될 수 있기 때문이었다. 콜은 고르바초프에게 전화를 걸어 헝가리 정부와의 회담 내용을 전해 주고 그에 대한 소련 정부의 지원 여부를 물었다. 콜의 질문에 고르바초프는 이렇게 대답했다. "헝가리인들은 좋은 사람들입니다." 콜은 고르바초프의 이 말이 곧 네메트의 조치에 소련이 동의했음을 시사하는 것으로 해석했다.[17]

동독은 헝가리가 동독인들의 서독 망명을 도와주기로 한 결정에 강력히 항의했다. 그러나 헝가리는 흔들리지 않았다. 9월 10일 일요일에 헝가리 외무장관 호른은 헝가리 TV에 나와 "헝가리에 체류하고 있는 동독 시민들은 오늘 밤부터 그들이 가고 싶어 하는 나라로 나가는 것을 허용할 것이다"고 발표했다. 이 발표대로 헝가리는 9월 10일 헝가리에서 오스트리아로 가는 국경을 열었다. 문을 연 후 몇 시간 사이에 자유를 찾아 국경을 넘은 동독인들의 숫자가 8천 명이나 되었고, 그 뒤 이들 숫자는 10만에 이르렀다. 헝가리는 9월 11일에는 동독과의 상호 협정을 폐기했다.[18] 이 사실은 곧 '사회주의 연대'가 루비콘 강을 건넜다는 것을 의미했다.[19]

프라하와 바르샤바를 통한 망명 행렬

동독인들의 탈출 드라마는 시간이 지나면서 더욱 대담해지고 또 광범위해졌다. 프라하 주재 서독 대사관과 폴란드 바르샤바 주재 서독 대사관에도 동독 망명객들이 몰려들었다. 특히 프라하 주재 서독 대사관에 몰려든 망명객들의 숫자가 많았다. 그런데 프라하 주재 서독 대사관의 망명객 처리 문제는 헝가리의 경우와 달랐다. 체코슬로바키아 정부는 헝가리 정부와 달리 동독 망명객들의 서독 이주에 협조적이지 않았다. 동독은 물론이요 서독과도 영토를 접하고 있는 체코슬로바키아가 헝가리처럼 동독 망명객들의 서독 이주에 적극 협력했다면 그 파장은 헝가리 사태보다 훨씬 파괴적이었을 것이다. 프라하 주재 서독 대사관에 망명 신청을 한 동독인들 중 약 300여 명은 9월 12일 동독 협상 대표인 볼프강 포겔 변호사로부터 불이익을 받지 않는다는 약속을 받고 동독으로 돌아갔다. 그러나 9월 말에 이르면서 프라하 대사관의 난민 숫자는 3천 명을 넘어섰다. 바르샤바 대사관에도 600명 이상의 난민들이 모여들었다. 프라하와 바르샤바 대사관 난민들의 숫자는 대사관의 수용 인원을 크게 초과했다. 특히 프라하 대사관의 상황이 심각했다. 대사관의 위생 상태가 엉망이 되었다. 프라하 주재 서독 대사관에서 벌어지고 있는 비인도적인 모습은 TV를 통해 전 세계에 알려졌다. 그러나 동독 정부의 태도는 완강했고 체코슬로바키아 정부 역시 지원은커녕 오히려 동독과 보조를 맞추었다. 이번에도 콜 정부는 소련의 도움을 요청했다. 겐셔 외무장관이 소련의 세바르나제(Eduard Schwardnadse) 외무장관과 만나 프라하 주재 서독 대사관의 동독 난민 문제에 대한 협조를 요청했다. 세바르나제 외무장관은 난민들이 인도주의적 관점에서 떠나는 것을 허용해야 한다고 말했다. 동독 정부도 무작정 강경하게만

나올 수 없는 사정이 있었다. 동독 정권 수립 40주년 기념을 앞두고 이런 상황은 동독 공산 정권의 자존심을 크게 상하게 했다.

9월 30일에 동독 정권이 절충안을 제시했다. 동독은 프라하 및 바르샤바 대사관 난민들을 서독으로 출국시키되 동독 땅을 경유해 나가도록 하자고 제의했다. 동독은 이들의 서독 이주가 망명이 아니라 동독이 자발적으로 동독에서 추방하는 모양새로 만들고 싶었다. 그것이 그것이었지만 동독 정부는 이런 방식으로라도 최소한의 명분을 살리고 싶었다. 서독 정부는 동독의 이런 제의를 수용했다. 대신 서독은 동독 난민들이 동독 땅을 거쳐 서독으로 가는 방식에 불안감을 느낄 수 있다는 점을 고려하여 서독 정부 관리들을 난민들과 동행시키기로 했다.

이 역사적인 사건을 놓고 콜 총리와 겐셔 외무장관이 실랑이를 벌였다. 먼저 콜 총리는 자기가 직접 프라하로 가서 난민들에게 이 기쁜 소식을 전하고 그들과 무조건 동행하고 싶었다. 그러나 당시 콜 총리는 전립선 수술을 받고 막 회복 중에 있었기 때문에 의사가 만류했다. 정부는 대안으로 겐셔 외무장관과 수상청의 자이터스(Rudolf Seiters)를 프라하에 보내기로 했다.[20] 처음에 겐셔는 수상청의 누구와도 함께 가는 것을 거절했다. 그러나 콜은 겐셔의 요구에 동의하지 않았다. 외무성과 수상청 사이에 타협안이 도출되었는데 내용인즉 두 사람의 동행을 언론에 사전 통보를 하지 않는다는 것이었다. 그러나 비행기가 이륙하기 직전에 외무성은 겐셔가 프라하로 가고 있다고 발표했다. 콜은 나중에 그의 회고록에서 이 사건을 회고하면서 겐셔 외무장관이 모든 월계관을 쓰고 싶어 했던 것 같았다고 서술했다.[21] 반면에 겐셔는 그의 회고록에서 프라하에 함께 간 자이터스와 자신은 인간적으로나 업무 면에서 매우 좋았다고 서술했다. 겐셔는 자신의 행동에 대한 뒷말들은 기민/기사당

내에서 자신의 역할을 회의적으로 보고 자신에 대한 불신을 불러일으키려는 사람들이 만들어 낸 것이며, 자신은 역사적으로 중요한 시점에서 연정 내의 불화를 최소화하려 노력했다고 주장했다.[22] 과정이 어떻든 겐셔와 자이터스는 프라하 주재 서독 대사관 발코니에서 협상이 성공했으며 피난민들이 떠나는 것을 허용 받았다고 발표했다. 이 극적인 장면은 미디어를 통해 전 세계에 알려졌다. 겐셔는 이날을 그의 경력에서 가장 감동적인 순간으로 묘사했다.[23] 콜 총리의 경우 직접 프라하에 가지 못했고 겐셔에게 공을 넘긴 데 대해 아쉬움이 많았다. 그의 관심은 온통 프라하에 가 있었고, 텔레비전을 통해서 혹은 겐셔와 함께 간 그의 최측근 자이터스를 통해 시시각각 진행상황을 보고 받았다.

같은 시간에 바르샤바에서는 쥬트호프(Jürgen Sudhoff) 장관이 대사관 피난민들에게 그들의 여행이 안전할 것이라고 통보했다. 다음 날 아침에 프라하와 바르샤바의 특별 열차가 바이에른과 니더작센으로 떠났다. 프라하에서 5,000명 이상의 난민이 그리고 바르샤바에서 800명 이상의 난민이 큰 돌발사고 없이 독일 영토를 경유하여 서독에 도착했다.[24]

동독 정부는 이 조치로 피난 행렬이 마무리되기를 기대했다. 그러나 그런 기대가 무망한 일이라는 것은 6대의 열차가 프라하를 떠난 직후 드러났다. 피난민들이 프라하를 떠나자마자 다시 동독 난민들이 프라하 시내로 몰려들었다. 난민 숫자는 수천 명으로 불어났고 서독 대사관이 수용할 수 있는 선을 넘어섰다. 10월 3일 대사관 안에 약 4,700명의 난민들이 운집해 있었고, 대사관 밖에 모여 있는 사람도 1,000명이 넘었다. 체코 경찰이 대사관 건물을 에워싸고 있었고 결사적으로 대사관에 진입하려는 난민들을 물리적으로 제압했다. 서독 정부는 체코슬로바키아 정부와 협의에 들어갔다. 체코의 아다메치(Ladislav Adamec)

총리는 콜 수상과의 통화에서 서독 대사관에 들어가 있는 동독인은 약 6,000명 정도 되고 대사관 주변에도 약 2천 명 정도가 모여 있으며, 또 다른 3,000~4,000명이 프라하를 향해 몰려오고 있다고 말했다. 그러면서 아다메치 총리는 10월 3일 오후 5시부터 동독과 체코 사이의 국경선을 폐쇄하고 그 시간까지 체코 영내에 머물러 있는 동독인들은 모두 동독을 경유해 서독으로 출국시키도록 동독 정부와 합의했다는 말을 전해 주었다.[25] 아다메치 총리의 말대로 프라하의 동독 망명객들은 앞서의 방식대로 모두 동독 땅을 경유하여 서독으로 이주해 오는 데 성공했다. 같은 시점에 동독은 체코 국경을 봉쇄하고 동베를린 인민 경찰은 미국 대사관 주변에 얼씬거리는 주민들을 쫓아냈다.

대탈출 소동을 바라보는 소련의 입장

헝가리나 체코슬로바키아에서 벌어진 동독인들의 대탈출 사건은 소련의 묵인 없이는 상상하기 어려운 일이었다. 헝가리와 체코에서 난민 소동이 벌어지는 동안 모스크바는 적어도 외형상으로는 조용했다. 모스크바는 동독 주재 소련 대사관에서 오는 전문에 회신도 하지 않았다. 그냥 무관심한 것처럼 보였다. 그러나 관심이 없을 리 없었다. 그냥 어떻게 해야 할지를 몰랐을 따름이다. 일단 고르바초프는 소련만이 아니라 동유럽 전체에서 개혁이 이루어지기를 원했고, 동독도 그 범주에 포함되기를 바랐다. 고르바초프는 1989년 6월에 동독의 호네커에게 그 점을 분명히 밝혔다. 고르바초프는 호네커에게 소련이 변하고 있다는 점을 분명히 하면서 모든 변화가 다 반가운 것은 아니지만 달리 도리가 없다고 말했다.

고르바초프는 1989년 6월 중순 서독을 방문했다. 고르바초프에 대한 서독인들의 환영 열기는 대단했다. 소련과 서독은 고르바초프의 방문 때 국제적 문제의 평화적 해결과 함께 양국 간의 경제적 교류에 대한 많은 합의를 보았다. 한편 고르바초프는 동·서독 문제에 대한 소련의 입장을 콜 총리에게 전했다. 그는 서독 정부가 동방정책의 정신에 따라 동독의 정치적 안정을 위해 노력해 줄 것을 희망했다. 고르바초프는 콜에게 서방이 폴란드나 헝가리의 변화를 이용하여 "상황을 흔들려고" 한다면 큰 실수가 될 것이라고 말했다. 그는 그런 일이 일어난다면 "동·서 관계에서 평화기로의 진전이 전적으로 위협받게 될 것"이라고 말했다. 고르바초프는 동독을 포함한 동유럽 국가들의 개혁·개방 정책을 지지하지만 분명한 선이 있음을 밝혔다.

그러나 고르바초프는 향후 소련 내에서 전개될 상황을 정확히 예측하지 못했던 것처럼 1989년 중반에 동유럽 국가들 및 동·서독 관계와 관련된 급격한 변화도 정확히 예측할 수 없었다. 헝가리와 체코슬로바키아에서 발생한 동독 난민 문제는 고르바초프가 미처 예측하지 못한 일이었다. 동독인들의 대량 탈출 사태는 고르바초프의 입장에서는 분명 너무 많이 나간 사태였다. 그는 동독 스스로 자발적인 개혁을 통해 조용하게 변화하기를 바랐으며, 기존의 동·서독 관계의 큰 변화를 결코 바라지 않았다. 따라서 동독인들의 대량 탈출 사태는 고르바초프에게 매우 난감한 문제였다. 그러나 그 상황을 과거 방식대로 처리하기도 어려웠다. 그것은 고르바초프의 철학과 맞지 않았다. 고르바초프의 입장에서는 동독의 평화로운 변화도 중요했지만 서독과의 협력 역시 마찬가지로 중요했다. 소련과 서독의 협력 프로젝트는 고르바초프와 소련에게 매우 중요한 사안이었다. 고르바초프의 입장에서 동독을 지원해야 했지만 개혁에 부정적인 호네커는 부담이었다. 동독 문제에 개입하지 말라고 서독에 경고를 보내야 했지만 서독과의 우호 관계가 손상되는 것도 피해야 했다.[26] 고르바초프의 이런 진퇴양난의 상황은 소련이 헝가리 및 체코슬로바키아에서 벌어진 동독 난민 문제에 적극적인 개입을 주저하게 만들었다. 하지만 이런 주저함과 어정쩡한 태도는 결과적으로 동독 난민 문제가 서독의 희망대로 진전되게 했다.

동독에서의 자유화운동

1989년 동독에는 체코슬로바키아의 '77헌장'이라든가 폴란드의 '솔리다르노쉬' 혹은 헝가리의 개혁 운동 등과 비견할 만한 것이 없었다. 1983년 이래 매주 월요일 열리는 라이프치히 성 니콜라이 교회의 '평화를 위한 예배' 같은 움직임이 있긴 했지만 조직적이지 않았고 규모도 크지 않았다. 이처럼 동독 내에서 저항운동이 폴란드나 체코 등에 비해 상대적으로 약했던 이유 중 하나는 강제적으로 혹은 자발적으로 이루어졌던 반체제 인사들의 서독 망명이었다. 또 다른 이유는 변화에 대한 동독 공산 정권의 완강한 저항과 탄압이었다. 동독의 공산주의자들은 모스크바, 바르샤바, 부다페스트의 동료들과 달리, 동·서독 간의 첨예한 체제적 상이점이 마모되면 동독이 사회주의국가로서뿐만이 아니라 독일 국가로서의 특별한 존립성마저 상실하게 되리라는 극도의 두려움을 갖고 있었다.[27]

그런데 1989년 초부터 동독에 과거와는 다른 변화가 조금씩 일어나기 시작했다. 그중 하나는 1989년 봄의 지방선거를 둘러싼 불만이었다. 선관위원장인 에곤 크렌츠(Egon Krenz)는 5월 7일 저녁에 정기 지방선거의 공식 결과를 발표하면서 '민족전선'의 후보들이 98.85%의 찬성을 획득했다고 주장했다.

동독에서 정부 여당이 이런 선거 결과를 만들어 내는 것은 일상적인 통과의례였으며, 이번에도 사전에 조작되었다고 해서 특별히 이상할 것은 없었다. 그럼에도 불구하고 이번에는 조금 달랐다. 야당이 공식적으로 선거 조작에 대해서 언급한 것이다. 야당의 문제 제기는 상당한 무게를 지녔다. 야당이 독립적인 참관인으로 하여금 투표소의 투표 집계를 감독하게 하였고, 구체적 증거들을 열거했기 때문이다. 상당수의 사람들이 공산당이 낸 후보에 대한 불만을 백지 투표로 표시했기 때문에 야당의 이런 지적은 상당한 공감을 얻었다. 정치국이 침묵을 지킨 가운데 교회 단체들을 중심으로 선거 조작에 대한 항의 운동이 일어났고, 매달 7일마다 시위 운동이 전개되었다.[28]

1989년 여름에 동독에서 비판 세력들이 점차 조직화되었다. 이 운동에는 신학자와 목사, 문화계 및 지식인 그룹들이 앞장섰다. 이들 비판 세력들 중 가장 비중있는 조직은 1989년 9월 11일에 목사와 재야 민주 운동가들이 만든 '노이에스 포럼(Neues Forum)'이었다. 노이에스 포럼은 정당으로서가 아니라 사회적 주제에 대한 토론을 이끌 정치적 광장으로 출발했다. 이 단체의 기원은 1983년으로 거슬러 올라간다. 라이프치히(Leipzig)에서 1983년 가을 50여 명의 청년들이 반핵 시위를 위해 촛불 집회를 하다가 동독 경찰의 체포를 피해 니콜라이 교회(Nikolei-Kirche)로 피신했다. 이것이 계기가 되어 매주 월요일 오후 6시에 니콜라이 교회에서 '평화를 위한 기도회'가 열렸다. 평화 예배는 크리스티안 퓌러(Christian Führer) 목사가 주도했다. 100여 명이 모여 1989년까지 이어져 온 기도회는 기도회로 끝나지 않고 예배 후 참석자들이 모여 토론을 벌였고, 소규모의 개별 시위 대열에 합류하기 위해 거리로 나가기도 했다. 이들은 때에 따라 여행 규제 완화나 다른 요구 사항들을 외쳤다. 그 연장선상에서 평화와 민주화를 위한 정보를 공유하고 민주화운동 본부처럼 발전하게 되었는데 그것이 1989년의 '노이에스 포럼'이다. 1989년 봄부터는 참석자들의 수가 급격히 늘어났다. 1989년 10월 2일에는 니콜라이 교회 예배에 2,000명 이상이 참석했다.

'노이에스 포럼'과 비슷한 성격의 단체들로는 '지금 민주주의(Demokratie Jetzt)', '민주주의 출발(Demokratische Aufbruch)', 그리고 서독의 사민당 격인 사회민주당(SDP) 등이 있었다. '지금 민주주의'와 '민주주의 출발'은 '노이에스 포럼'보다 정치적 행동에 적극적이었다. 1989년 가을 동독에서 재야운동 세력의 조직화와 정치 세력화가 이루어지는 과정에서 사민당(SPD)이 등장했다. 사민당 창당에 중요한 역할을 했던 마르틴 구차이트(Martin Gutzeit)와 마르쿠스 메켈(Markus Meckel)은 1989년 초부터 정당 창당의 구상을 했으며 8월 말 동독 사민당 창당에 대한 의사를 공개적으로 표명하기 시작했다. 사민당은 처음에는 당명으로 SDP라는 명칭을 사용했으나 1990년 1월에 서독 사민당과 이름이 같은 SPD로 당명을 변경하였다. 사민당은 다른 재야 세력들이 동독의 현실 상황에 대한 공개적인 대화나 특정 분야의 권리를 주장했던 것과 달리 의식적으로 정당의 창당을 이야기했다. 이는 사실상 체제 문제를 제기하는 것이어서 동독 공산당에게 엄청난 도전이나 다름없었다. 왜냐하면 사민당의 출현으로 공산당 주장의 명분이 없어졌고, 이 정당이 사회주의통일당과 경쟁하고자 했기 때문이다.

10월 4일 '노이에스 포럼', '지금 민주주의', '민주주의 출발', 사민당 등 7개 야당 단체들의 대표들이 모였다. 이들 단체들은 참여와 인권, 무엇보다도 표현, 집회, 단결권 그리고 국가와 사회의 민주적·법치국가적 변형을 요구하는 성명서를 발표했다. 1989년 가을, 다양한 성격의 야당 단체들은 비록 구체적 내용에 들어가면 차이를 보였지만 민주적 권리의 요구 등 원칙적인 내용에서는 하나였다.[29]

이런 식으로 1989년 가을 동독에는 동독을 탈출하여 서독행을 택한 사람들과는 다른 방식으로 동독에 남아 동독의 변화를 모색하려는 움직임이 있었다. 동독을 탈출한 사람들과 동독에 남아 민주화운동에 참여한 사람들은 동독의 변화에 대한 관점과 그것을 도모하기 위한 방법에 차이를 보였지만 두 가지 방식은 각각 서로를 강화했다. 우선 탈출 사건은 내적 저항을 촉발시켰다. 언론으로부터 집중적인 조명을 받은 탈출 사건은 동독 체제의 낮은 인기도를 만천하에 보여 주었고, 그 체제의 정통성을 약화시켰으며 동독 정부의 약점을 노출시켰고, 1989년 9월 이후 개혁을 요구하는 동독 내부의 압력을 만들어 내 1989년 라이프치히에서 절정에 달했던 가두시위를 촉발시켰다.[30] 다른 한편 이러한 저항의 성공은 탈출을 용이하게 했다. 10월에 들어서 동독의 주요 도시에서 시위가 전개되는 동안 헝가리에서 오스트리아를 거쳐 서독으로 탈출하는 사람은 계속 증가했다.

1989년 10월 7일은 동베를린에서 동독 수립 40주년 기념식이 개최되는 날이었다. 이 행사에는 소련의 고르바초프도 참석할 예정이었다. 이 행사를 주도하는 공산당도 분주했지만 그에 못지않게 동독의 민주화 세력도 바쁘게 움직였다. 10월 2일 라이프치히에서 1953년 봉기 이래 최대 규모의 시위가 전개되었다. 수천 명이 이날 니콜라이 교회에서 월요기도회를 가진 후 동독의 변화를 요구하는 시위를 한 것이다. 10월 7일 동독 수립 40주년 기념식이 열리는 날 시위는 전국의 주요 도시들에서 발생했다. 드레스덴, 칼 마르크스 슈타트(Karl Marx Stadt),

할레(Halle), 에르푸르트, 포츠담(Potsdam) 등에서 수만 명의 동독 국민들이 거리로 뛰쳐나와 변화를 요구했다. 그들은 "우리는 여기 있겠다"고 외치며 동독의 자유화에 대한 의지를 불태웠다.[31]

동독에 온 고르바초프는 동독 공산당에게 개혁을 촉구했다. "만일 우리가 후퇴한다면 즉시 우리에게 성벌이 내려질 것이다. 만일 당이 대중에게 반응을 보이지 않는다면 당은 비난에 직면할 것이다." 고르바초프는 모스크바로 귀국하기 전 동베를린에서 행한 한 인터뷰에서 "자신이 몸담고 있는 사회가 어떻게 돌아가고 있는지 알고 그에 맞추어 정치적 결정을 하는 사람은 어려움을 두려워할 필요가 없다. 그것은 정상적인 사태 발전이다." 고르바초프는 이런 말을 통해 동독인들의 자유화운동을 지지했고, 자유화운동에 물리력으로 맞서는 동독 공산당 지도부의 반개혁적 행위를 간접적으로 비판했다.[32]

10월 8일 일요일에 동독 주요 도시에서 수천 명이 시위에 나섰다. 동베를린에서는 1,500여 명이 촛불 시위를 했고, 경찰은 곤봉과 물대포로 맞섰다. 경찰이 시위대에 해산을 명령했지만 시위대들은 "우리가 인민이다"고 외치며 물러서지 않았다. 주말 집회에서 수십 명의 시민들이 체포되었다. '노이에스 포럼' 회원들은 시위대의 외침과 요구 사항을 벽에 적어 걸었다.

10월 9일 월요일 라이프치히 시위는 역사적인 날이라는 말이 나올 정도로 거대했다. 시위는 니콜라이 교회와 도시 중심부의 세 곳 교회에서 기도 집회가 끝나고 시작되었다. 약 7만 명의 시민들은 도시 중심부를 행진하면서 "우리는 자유를 원한다!", "민주주의!", "우리는 머무르고 싶다!", "고르비(Gorby)!", "페레스트로이카를 계속!", "우리가 인민이다! 우리가 다수다!" 등의 구호를 외쳤다. 이들은 독일에서 가장 개혁적인 지도자인 드레스덴의 공산당 지도자 "모드로우! 모드로우!(Modrow! Modrow!)"를 외치기도 했다.[33]

동독 당국은 미리 예고되었던 9일의 라이프치히 시위를 무력으로 진압할 계획을 세웠지만 실행에 옮기지는 않았다. 물리력으로 진압하기에는 너무 큰 규모였고 무력을 동원할 경우 걷잡을 수 없는 유혈 사태가 발생할 수 있었다. 유혈 진압은 동독 당국에게 큰 모험이 아닐 수 없었다. 동베를린에서도 약 2천여 명의 시민들이 게트제마네(Gethsemane) 교회 주변에서 시위를 했다. 동베를린에서도 경찰이 물리적으로 대응하지는 않았다. 이날 집회에서 물리적 진압을 포기한 것은 동독 당국이 민주화 세력과 일정한 타협을 하지 않을 수 없는 상황을 공개적으로 인정한 것이나 다름없었다. 드레스덴에서는 시민 대표들이 시 당국과 대화를 가졌으며, 이 자리에서 시 당국은 '노이에스 포럼'의 합법화를 약속했다. 10월 9일 라이프치히와 동베를린 등에서 전개된 일련의 사건은 국가권력의 무력화와 함께 동독 정권이 루비콘 강 너머로 퇴각했음을 의미했다. 동독 정권은 대중들의 시위와 시민운동을 해산할 마지막 가능성을 포기한 것이었다.[34]

10월 7~9일 대규모 시위가 연속 벌어지면서 민주화를 위한 시위에 탄력이 붙었다. 10월 16일 월요기도회에는 무려 12만 명의 시민이 참여했다. 시위가 대규모로 확대되면서 동독에서 가장 규모가 큰 시민단체인 '노이에스 포럼'과 '민주주의 출발' 같은 시민단체들에 대한 관심도가 크게 높아졌다. '노이에스 포럼'과 '민주주의 출발' 모두 설립된 지 얼마 안 되는 조직이었고 폴란드의 '연대(Solidarity)'와 같은 조직과 비교할 때 조직력도 미미했다. 그러나 동독에서의 시위가 확대되고 주민들의 관심도가 높아지면서 '노이에스 포럼' 같은 시민 조직의 회원 숫자가 급속히 늘어났다. 이는 곧 동독 공산당 조직 외에 새로운 대안 조직들이 등장했음을 의미했다.

시위가 동독 전역으로 확대되어 가는 국면에서도 동독의 최고 지도자 호네커는 크게 변화를 보이지 않았다. 그는 중국 공산당 지도자와의 면담에서 동독에서 벌어진 시위를 가리켜 제국주의자들에 의한 반사회주의 운동으로 폄하했다. 그는 동독의 시위를 1989년 6월 중국 베이징에서 발생한 천안문 사태와 비교하면서 결코 양보할 수 없다고 주장했다. 그러나 공산당 지도부는 77세의 노령에 시대적 변화를 간파하지 못하는 호네커로는 시민들의 변화 욕구에 부응할 수 없었다. 결국 공산당 지도부는 10월 18일 당 정치국 회의를 열고 위기 타개의 일환으로 지도부를 교체했다. 호네커를 퇴진시키고 새로운 서기장으로 크렌츠(Egon Krenz)를 선출한 것이다. 인민의회는 10월 24일 크렌츠를 국가위원회 위원장(국가원수)으로 선출했다.

크렌츠는 과거 호네커의 정치노선을 착실하게 지지하고 추종한 인물이다. 크렌츠는 서기장에 선출된 다음 날인 10월 19일 교회 지도자와 공장 근로자들을 만났다. 그는 여행 자유화와 언론의 자유를 약속했다. 그러나 동독 주민들의 민주화에 대한 열기에 비추어 크렌츠의 약속 정도로 사태가 수습되기는 어려웠다. 동독인들은 근본적 개혁을 요구했다. 크렌츠는 11월 1일 모스크바를 방문했는데 고르바초프는 그에게 개혁을 촉구했다.

10월 23일 라이프치히 시위에 20~30만 명의 시민이 참여했다. 그들은 '우리가 인민이다'라는 구호를 외쳤고, 베를린 장벽의 제거와 자유선거를 요구했다. 10월 25일부터는 시위가 하루도 끊이지 않았다. 예나(Jena)에서는 민주주의의 즉각 실시를 요구했고, "크렌츠 물러나라", "자유선거" 같은 구호도 등장했다. 10월 27일 동독 정부는 시위 및 동독 불법 탈출 등과 관련하여 구속되거나 재판에 계류 중인 사람들에 대한 사면을 선언하고 11월 30일까지 석방하겠다고 약속했다. 비슷한 시기에 공산당 정치국원인 귄터 샤보브스키(Günter Schabowski)는 세바스티안 플루크바일(Sebastian Pflugbeil)을 비롯한 '노이에스 포럼' 대표들을 만났다. 공산당 대표급과 '노이에스 포럼' 지도자들의 최초의 만남이었다. 샤보브스키는 이들 대표들에게 정부가 진심을 갖고 대화를 하려고 한다면서 정부의 조치들을 믿어 달라고 말했다. 10월 29일 동베를린 당국자들은 공개 포럼을 열고 동독이 변화를 모색하고 있다고 말하면서 다시 한 번 정부를 믿어 달라고 호소했다. 그러나 이 자리에 참석한 샤보브스키는 공산당의 지도적 역할은 유지되어야 한다고 주장했을 뿐, 시민들이 요구한 자유선거 등 동독의 근본적 변화를 위한 실질적이고 과감한 조치에 대해서는 언급하지 않았다.[35]

시위와는 별개로 동독 탈출 행렬은 계속되었다. 11월 1일에는 체코 국경이 개방되었다. 11월 3일 6천여 명이 프라하 서독 대사관으로 몰려들었다. 11월 5일 저녁, 1만 5천 명 이상이 체코를 거쳐 서독으로 향했다. 서독 정부는 11월 초, 10월 31일까지 1만 2천 명의 동독인이 합법적으로 동독을 출국했고, 약 6만 5천 명이 비합법적으로 동독을 탈출했다고 발표했다.

11월 4일 동베를린의 알렉산더 광장(Alexanderplatz)에서 50만~1백만 명의 군중이 참가한 시위가 벌어졌다. 이 시위에 참여한 사람들은 동베를린과 독일 전역에서 모여든 사람들이었다. 이 집회는 사전 허가 신청을 했고 당국에 의해 허가를 받은 집회였다. 집회는 동베를린 극장의 배우들과 종업원들에 의해 준비되었다. 이들은 당국이 동독 건국

40주년 기념일인 10월 7일 시위를 폭력으로 대처한 데 분개했으며, 조직적인 집회를 계획했다. 11월 4일 집회는 아침부터 오후까지 계속되었다. 이날 집회에서 공개 발언을 한 사람들은 배우, 예술가들, '노이에스 포럼' 등 시민단체 대표들, 야당 대표 등 다양했다. 시위에 참여한 사람들은 표현의 자유, 출판의 자유, 집회의 자유를 요구했다. 이들은 자유선거, '노이에스 포럼'과 다른 야당의 허용을 요구했다. 공산당의 지도적 역할의 종식도 요구했다. 그러나 연설자들은 베를린 장벽의 철폐나 통일 등을 주장하지는 않았다. 이날 집회에는 수천 개의 깃발들도 등장했다. 당국은 집회 허가를 내주기는 했지만 매우 긴장했다. 군대를 브란덴부르크 문 앞에 대기시켜 만에 하나 시위 군중이 장벽을 향해 몰려올 것에 대비했다.

11월 6일 드레스덴에는 비가 오고 있음에도 불구하고 7만 명 이상의 군중이 모여 시위를 했다. 볼프강 베르크호퍼(Wolfgang Berghofer) 시장은 내각의 총사퇴를 촉구했다. 동독 공산당 드레스덴 서기장 모드로우는 동독에서 진행되고 있는 시위들을 가리켜 '동독 역사상 가장 큰 민주화운동'이라고 규정했다. 두 사람 모두 시위 대열에 앞장섰다. 이들 공산당 간부들의 시위 합류는 동독 공산당 정권이 심하게 흔들리고 있음을 상징적으로 보여 준 증거였다. 또 이들의 행위는 동독 인민들로 하여금 민주화운동에 두려움 없이 참여하도록 고무했다.

동독 공산당 지도부는 연이은 대규모 시위에 대한 대안으로 빌리 슈토프 총리(장관 평의회 의장)를 포함한 정부 각료들의 교체를 택했다. 11월 7일 슈토프가 44명의 각료들과 함께 총사퇴를 했다. 슈토프의 후임에는 드레스덴 공산당 서기장 모드로우가 선출되었다. 모드로우는 공산당 간부들 중에서 비교적 개혁적 사고를 가진 사람이었고 동독 국민들도 그렇게 인식하고 있었다. 모드로우의 수상 취임은 동독의 변화를 위한 긍정적 신호였지만 때가 너무 늦은 감이 있었다. 또 공산당이 주도하는 동독의 구조적 특성상 그가 얼마나 재량권을 갖고 국민들의 요구에 대처할지도 의문이었다. 11월 8일에 21명의 정치국 전원이 사퇴하고 신임 정치국원 11명이 선출되었다. 크렌츠 공산당 서기장과 샤보브스키는 그대로 재임했다. 크렌츠는 정치국이 새로 개편된 후 국민들에게 자유롭고 민주적이며 비밀선거를 보장하는 새로운 선거법을 만들겠다고 말했다. 그러나 크렌츠는 사회주의가 자본주의보다 우월하다는 주장은 빠뜨리지 않았다.[36]

베를린 장벽의 붕괴

11월 9일 베를린 장벽의 붕괴

새로 개편된 공산당 정치국과 내각이 가장 심각하게 생각하는 것은 서독으로의 탈출 행렬이었다. 동독인들의 탈출 소식은 서독 TV를 통해 동독인들에게 여과 없이 그대로 전달되었다. 동독으로부터 서독으로의 대량 이주는 심리적으로 대내외 사람들에게 동독 정권의 붕괴를 연상하게 했다. 탈출 행렬은 또한 시위의 농도를 짙게 했고 시위대들의 요구 내용을 더 과감하게 만들었다. 전문 인력의 대량 유출은 동독 경제에도 큰 타격을 입혔다. 새로운 동독 지도부는 대량 탈출을 잠재우기 위한 방안의 하나로 획기적인 여행 자유화 조치를 마련했다. 새로운 여행법을 신속히 제정하기로 했고, 그 이전부터라도 임시 조치로 여행 자유화 조치를 취하기로 했다. 임시 조치의 발효 시기는 11월 10일부터로 했다. 크렌츠 서기장의 지시로 당 대변인 샤보브스키가 11월 9일 오후 7시 경에 기자회견을 갖고 모든 국경과 베를린 장벽의 개방을 포함한 여행 자유화 조치를 발표했다. 그런데 여행 자유화 조치를 결정한 회의에 직접 참석하지 않았던 샤보브스키는 여행 자유화 조치가 언제부터 발효되느냐는 기자의 질문에 '바로 즉시'라고 답해 버렸다. 내각회의가 결정한 발효 시점인 11월 10일이라는 날짜를 까먹어 버린 것이다.[37)

여행 자유화 조치 소식은 즉각 라디오와 TV 등을 통해 동독 국민들에게 전해졌다. 동독인들은 여행 자유화 조치를 환영하면서도 반신반의했다. TV를 통해 혹은 주변 사람으로부터 여행 자유화 조치가 발표되었다는 소식을 들은 수많은 사람들이 거리로 뛰쳐나왔다. 많은 사람들이 반신반의하며 동·서독 분단의 상징적 장소인 브란덴부르크 문 앞으로 몰려들었다. 여행 자유화 조치의 진위를 확인할 수 있는 상징적 장소가 바로 브란덴부르크 문이었기 때문이다. 브란덴부르크 문 앞을 지키던 국경수비대들은 처음에는 영문도 모른 채 몰려드는 군중들을 지켜보고 있었다. 동독 사람들이 동·서베를린을 가로막고 있던 철문을 밀기 시작했고, 통보받지 못했던 국경수비대는 엉겁결에 문을 열어젖혔다.

동독의 여행 자유화 조치는 서독 국민들에게도 즉각 알려졌다. 서독 연방의회는 베를린으로부터 날아온 소식에 8시 20분 경 회의를 중단했다. 총리실의 자이터스(Rudolf Seiters) 실장은 연방의회의 휴회 시간을 이용하여 폴란드를 방문 중인 콜 총리에게 이 소식을 전했다. 서베를린 사람들도 소식을 듣고 기쁨을 함께하기 위해 대거 브란덴부르크 문

앞으로 몰려들었다. 동베를린 사람들은 브란덴부르크 문이 열리자마자 저 너머에 서베를린 사람들이 나와 있는 것을 발견했다. 동·서독에서 온 1만여 명의 사람들이 기쁨에 겨워 너나 할 것 없이 눈물을 흘리며 부둥켜안았다. 샴페인을 터뜨리는 사람들도 있었고 옆 사람들에게 꽃을 선물하는 사람들도 있었다. 일부 사람들이 장벽 위로 올라갔다. 장벽 위에 오른 사람들 중에는 망치로 벽을 쪼아 대기도 했다. 이렇게 장벽이 설치된 지 28년 만에, 그리고 동·서독이 분단된 지 44년 만에 베를린 장벽 붕괴라는 역사적 장면이 연출되었다. 이 역사적 장면은 TV를 통해 독일인만이 아닌, 전 세계인들에게 생생하게 중계되었다.

9일 밤에 거리로 나온 사람들은 밤새 내내 동·서 베를린 시가지를 돌아다녔다. 동독 사람들은 서베를린 시가지를, 서독 사람들은 동베를린 시가지를 휘젓고 다녔다. 서독 내무장관은 장벽이 열리고 만 하루 동안에 서독을 방문한 동독 사람들은 5만 5천 명이었고, 그중 3,250명이 서독에 남았다고 발표했다. 서베를린 사람들은 서베를린을 방문하는 동독 사람들을 환영했고, 일부 식당들은 식당을 찾는 손님들에게 장벽 붕괴 기념으로 식사를 무료 제공했다.[38]

1989년 가을 동독에서, 그리고 1989/90년 독일에서 일어난 사건들은 어떻게 해석해야 하는가? 일단 전환(Wende), 개혁(Umbruch), 붕괴(Zusammenbruch), 혁명(Revolution) 등 다양한 개념들이 등장했다. 전환이란 개념은 에곤 크렌츠가 동독 당국이 명백한 의도를 갖고 각인시킨 개념으로서 동독에서 진행된 전체 진행 과정에 대한 공식적인 개념이었다. 이 개념은 개혁이란 단어처럼 전 과정을 설명하기에는 허약한 개념이었다. 붕괴라는 용어는 시민운동의 충격 아래서 무너져 버린 대처 불능의 동독 공산당을 염두에 두고 있다. 혁명이란 개념에는 보다 넓고 광대한 의미가 담겨 있다. 평화혁명 혹은 시민혁명으로 불릴 수 있는 1989/90년의 역사적 사건에는 인민의 자기해방의 성과가 담겨 있었다.

혁명의 개념은 현존 정치 및 사회 질서의 근본적인 변경 혹은 전복, 즉 헌법과 정치제도, 사회구조의 교체를 의미한다. 여기서 권력의 교체는 혁명의 필수적인 요소는 아니다. 결정적인 기준은 정치·사회적인 전환의 정도이다. 이런 의미에서 동독 공산 정권의 종말은 실제로 동독의 정치제도 및 사회의 근본적인 전복이었다. 동독에서 전개된 전체 과정은 세계적인 차원에서 볼 때 현존 질서의 근본적인 변경이었다. 그것은 독일에서 혁명으로 불려졌던 1848년 및 1918년의 성과 이상이었다. 동독 공산 정권의 붕괴 및 전 동독의 붕괴라는 이후의 과정과 결합되어 마침내 독일의 통일로 이어진 1989/90년의 역사적 사건은 틀림없는 혁명이었다. 이 과정에서 베를린 장벽의 붕괴는 대전환점 역할을 했고, 서독의 적극적인 대응과 국제사회의 지지는 혁명의 완결로 이어졌다.[39] 하르트무트 즈바르(Hartmut Zwahr)의 표현을 빌면 베를린 장벽의 붕괴는 '전환점 중의 전환점'이었으며, '평화로운 혁명', 즉 '민족민주혁명'으로의 이행으로 특징지을 수 있다.[40]

11월 10일 쇠네베르크 시청 앞 집회

11월 9일 밤 베를린 장벽이 무너지는 역사적 순간에 콜 총리는 폴란드의 바르샤바에 머물고 있었다. 그는 바르샤바에서 마조비에츠키 총리와 만나고 겐셔 외무장관은 별도로 스쿠비스체프스키(Krzysztof Skubiszewski) 외무장관과 회담을 갖도록 예정되어 있었다. 회담의 주요 의제는 양국 간 국경 문제를 비롯하여 폴란드 내 독일 소수 민족의 권리, 지난날 강제 노동에 동원되었던 폴란드 노동자들에 대한 보상 등이었다.

콜 총리가 마조비에츠키 총리와의 저녁 만찬을 위해 파르코프카 영빈관을 막 떠나려고 할 때 본으로부터 급한 전화가 걸려 왔다. 총리실의 자이터스 실장은 콜 총리에게 동독 공산당의 샤보브스키가 11월 9일 밤 여행 자유화 조치를 발표했다고 보고했다. 만찬 도중에도 베를린에서 전개되고 있는 사태들이 계속 보고되었다. 저녁 9시 경에는 "베를린 장벽이 무너졌다"는 소식을 전해 왔다. 수많은 동독인들이 장벽을 넘어 서베를린으로 넘어오고 있다는 소식도 전해 왔다. 콜 총리는 만찬이 끝나고 호텔에서 기자들을 만났다.

"이 시간 사실상 세계사가 새롭게 쓰였습니다. 나는 독일 통일이 언젠가는 실현될 것이라는 것을 한 번도 의심해 본 적이 없습니다. 통일은 세월이 흘러 다음 세대들에 의해 달성될 것이라는 것이 우리들의 오랜 생각이었습니다. 그러나 지금 우리는 모든 것이 놀랄 만큼 극적으로 변하고 있는 시대에 살고 있습니다. 역사의 수레바퀴는 더 빨리 돌아가고 있습니다."[41]

콜 총리는 호텔에서 TV를 통해 베를린에서 전개되고 있는 상황을 보다 생생하게 볼 수 있었다. 그는 폴란드 방문도 중요하지만 이 역사적인 순간에 독일 총리가 있어야 할 곳은 사건의 현장인 베를린이라고 생각하고 폴란드 방문을 중단하기로 결정했다. 콜 총리는 이 계획을 폴란드 측에 설명했다. 폴란드 측은 콜 총리의 이런 계획에 불편해 했다. 다음 날 야루젤스키(Wojciech Jaruzelski) 대통령과의 회담을 취소할 경우 그것은 국가원수에 대한 무례이자 모욕이라고 생각했다. 폴란드 측이 착잡한 심정을 갖게 된 것은 단순한 의전상의 문제 때문만은 아니었다. 베를린 장벽의 붕괴는 곧 통일 논의로 이어질 것이 뻔했다. 이 경우 폴란드는 다시 8천만 명이 넘는 인구를 가진 중부 유럽의 강대국 독일과 다시 국경을 맞대며 살아야 한다. 과거 역사를 상기할 때 결코 유쾌해질 수 없는 상황이었다. 그러나 폴란드로서도 이 상황을 마냥 외면하며 폴란드의 주장만 고집할 수는 없었다. 양국의 지도자들은 다음 만남을 약속하고 콜 총리의 방문 일정을 중단하는 데 합의했다.[42]

11월 10일 본에 있는 아커만(Eduard Ackermann)에게서 전화가 왔다. 10일 초저녁에 서베를린의 카이저 빌헬름 성당 옆에서 기민당 집회가 있으며 콜 총리의 연설 일정이 잡혀 있다는 것이었다. 잠시 후에는 또 다른 집회 소식을 알려 왔다. 몸퍼(Walter Momper) 베를린 시장이 그날 오후 5시에 쇠네베르크 시청 앞에서 또 다른 집회를 갖기로 했으며, 거기서도 콜 총리가 연설자로 발표되어 있다는 것이다. 콜 총리의 외교·안보 보좌관인 호르스트 텔칙(Horst Teltschik)에 따르면 콜 총리는 5시 집회 소식에 어찌할 줄 몰라 했다. 5시까지 베를린에 도착하는 것은 물리적으로 불가능하다고 판단했기 때문이다. 콜과 텔칙은 몸퍼 시장이 그렇게 일찍 집회 시간을 잡은 것은 콜 총리의 참석을 어렵게 하기 위해 일부러 그런 것이라고 짐작했다. 사민당 출신 베를린 시장인 몸퍼는 역사적인 행사가 될 쇠네베르크 집회를 콜의 부재 속에 사민당 중심으로 치르려 한다고 보았다. 어찌되었던 그 중요한 행사에 콜 총리가 참석하지 않는 것은 폴란드 방문이라는 피치 못할 사정을 감안해도 콜 총리에게 부정적으로 작용할 것이 확실했다.[43]

콜 총리는 쇠네베르크 집회와 빌헬름 성당 앞의 집회에 모두 참석하기로 했다. 그런데 서독 총리가 서독 공군기를 타고 폴란드에서 직접 베를린으로 갈 수가 없었다. 서독 공군기는 동독 영공 통과는 물론 베를린 착륙도 금지되어 있었다. 장벽은 무너졌지만 베를린의 지위에 관한 점령군 규정은 여전히 유효했다. 콜 총리는 스웨덴을 거쳐 함부르크로 갔고, 거기서 미국 대사의 도움을 받아 비행기를 미국 군용기로 바꾸어 탄 다음 베를린으로 갔다. 콜 총리 일행은 베를린 공항에서 즉시 비상 라이트를 켜고 쇠네베르크 시청 집회 장소로 달려갔다.

콜 총리가 서둘러 쇠네베르크 시청 앞에 도착했을 때 연단 위에는 이미 주요 인사들로 가득 차 있었다. 한스-디트리히 겐셔 외무장관, 빌리 브란트 전 총리, 한스-포겔 사민당 총재, 발터 몸퍼 베를린 시장 등이 자리를 차지하고 있었다. 몸퍼 시장은 연설에서 독일 사람이 이 순간 "세상에서 가장 행복한 국민"이라고 말했다. 그는 동·서독 사람들의 만남을 '통일의 날'로 하지 않고 "다시 만난 날"이라고 했다. 몸퍼의 뒤를 이어 브란트 전 총리가 연설을 했다. 브란트는 베를린 장벽이 설치될 당시 서베를린 시장을 지낸 인연으로 베를린 시민들로부터 큰 인기를 얻고 있었다. 브란트는 "긴 항해 뒤의 아름다운 날이다"고 말하고, "우리는 이제부터 함께 자라서 함께 어우러졌던 위치에 있게 되었다"고 말했다. 그는 베를린 장벽의 붕괴를 가리켜 "반(反)자연적인 독일 분단은 결코 지속되지 못한다"는 사실을 확인시켜 주었다고 말했다. 그는 그렇지만 "우리는 단지 중간역에 와 있을 뿐이다. 우리는 우리가 가야 할 목적지에 아직 다다르지 못했다"고 말했다. 그는 청중의 환호 속에 "베를린이 살아나게 될 것이며 방벽이 허물어질 것이다"고 덧붙였다.[44] 콜 총리와 함께 폴란드에서 막 돌아온 겐셔 외무장관은 연설에서 "우리가 이 시간 베를린 거리에서 목격하고 있는 것은 지난 40년의 분단이 결코 하나의 국가에서 두 개의 국가를 만든 게 아니라는 사실이다. 자본주의국가도, 사회주의국가도 없다. 오로지 통일과 평화 속의 하나의 독일 국가만 있을 뿐이다"고 말했다. 그는 외무장관답게 다음 말을 덧붙였다. "이 지구상의 어떤 국민도, 유럽의 어떤 국민도 동·서독 사이의 장벽이 열리는 것을 두려워할 필요가 없다."[45]

콜 총리가 연설을 할 순서였는데 청중들이 불어 대는 휘파람 소리 때문에 연설을 제대로 할 수가 없었다. 사민당 출신 시장이 주도한 이곳 행사장에는 자연히 좌파 성향의 인사들이 많았고 이들은 콜 총리의 연설에 야유를 보냈다. 그러나 콜 총리는 '절반의 세계인'들이 그를 지켜보고 있다고 생각하고 연설을 중단 없이 계속했다. 그는 연설에서 "독일 문제는 분기점에 서 있다. 이제 통일과 권리, 자유가 가장 중요하다. 자유 독일 만세! 자유 통일 유럽 만세!"라고 말했다. 콜 총리는 동독인들에게 "여러분들은 혼자가 아닙니다. 우리가 여러분들 편에 있습니다. 우리는 하나의 민족입니다"라고 말했다.[46] 콜 총리는 연설에서 미국·영국·프랑스 친구들이 지난 수십 년 동안 자유 베를린을 위해 보여 준 지원과 단결에 대해 감사한다는 뜻을 전했으며, 고르바초프 소련 대통령에게도 경의를 표했다. 쇠네베르크 집회에서 연설을 마친 콜 총리는 기민당이 주재하는 카이저 빌헬름 성당 앞 집회장으로 갔다. 거기에는 10만에서 20만 가까이 추정되는 시민들이 모여 있었다. 쇠네베르크 행사장과는 달리 이곳에서는 콜 총리가 환호를 받았다.[47]

2. 통일 준비

통일 논의의 시작

콜 총리의 10개 항 프로그램

베를린 장벽이 붕괴되고 맞이하는 첫 번째 월요일 시위에서 시민들은 "독일은 유일한 조국이다"라는 구호를 외쳤다.[48] 베를린 장벽 붕괴와 함께 분명해진 것은 동독이 더 이상 예전과 같을 수 없다는 것이었다. 그러나 동독이 갈 길, 즉 근본적인 개혁을 시행하되 여전히 사회주의적인 경제 질서와 정치 질서를 갖춘 독립국가로 머물 것인가, 아니면 어떤 형태로든 서독과 통합하고 동독 자체와 사회주의를 폐기 처분할 것인가 하는 것은 아직 정해지지 않고 있었다. 그 방향은 1989년 11월 10일에서 1990년 3월 18일에 이르는 전환의 제2국면에, 동독 내부적인 것들과 동·서독 관계와 연관되는 것들, 그리고 국제정치적으로 서로 관련되는 요인들과 정책들과 사건들의 복잡한 상호작용 속에서 정

해질 것이다.[49]

2년 전인 1987년 3월에 실시된 연방의회 선거에서 녹색당이 의회에 진출하면서 기민당과 사민당 모두 1983년보다 의석을 잃었다. 사민당은 7석을 잃었고 기민당은 17석을 잃었나. 자민당과의 연정이 계속되었기 때문에 정권은 계속 유지되었으나 불안한 국면이었다. 기민당은 1989년 2월에 실시된 베를린 시 자치정부 선거에서 또 시장직을 잃었다. 사민당과 녹색/대안당(Alternative)이 연정을 구성하고 사민당의 발터 몸퍼를 시장으로 선임했다. 선거에서의 연패에 이어 군 복무 기간을 늘리는 문제 등에서 갈팡질팡하면서 콜 총리의 인기는 최저 수준으로 떨어졌다. 설상가상으로 당 기부금 스캔들이 터졌고, 그는 온갖 조롱의 대상이 되었으며, 시사만평에 아주 좋은 개그 재료로 활용되었다. 경제정책에서도 좋은 점수를 받지 못했다. 1989년 당시 콜 총리가 건설적 불신임이 가능한 시점인 1990년 말에도 수상직을 유지할 거라고 믿는 사람은 거의 없었다.[50]

그러나 콜 총리에게 아무도 예상하지 못한 기회가 생겼다. 1989년 여름부터 불어 닥친 동독인들의 대량 탈출 사태가 그것이다. 11월 9일 베를린 장벽이 붕괴되면서 동독인들의 대량 망명 사건은 절정에 달했다. "전쟁 중에는 장수를 바꾸지 않는다"는 말이 1989년의 콜 총리를 두고 하는 말 같았다. 동독의 자유화·민주화 혁명이 11월 9일 이후 그 성격을 조금씩 바꾸어 갔다. 국내외적으로 조심스럽게 통일 논의가 시작된 것이다. 독일 통일은 서독과 동독 그리고 미·영·프·소 등 4대 강대국들의 이해관계가 얽혀 있고 또 이들 이해 당사국들의 동의를 받아야 하는 문제였다. 4대 강국은 물론이요 동·서독 정치인들 모두 공개적으로 통일을 논의의 주제로 삼는 데 조심스러워 했다. 베를린 장벽 붕괴 후 통일을 현실로 받아들이는 사람들조차 통일을 이루는 데는 적어도 몇 년 정도의 시간이 걸릴 것으로 생각했지 불과 몇 달 후를 상상하기는 어려웠다. 그 무렵 대부분의 서독 사람들은 독일의 분단을 운명으로 받아들이고 그들이 누리고 있는 번영에 만족하고 있었다. 대부분의 동독 사람들은, 공산주의 지배에 저항했던 사람들까지 포함하여 사회주의적 가치를 보존하기를 원했다. 양독의 지식인들은 새로운 독일 민족주의의 등장을 우려하고 있었다.[51]

이런 상황에서 콜 총리는 통일 논의를 공론화하는 데 앞장섰다. 그는 이 좋은 기회를 그가 평소 열망했던 독일 통일로 유도하고 역사적인 과제를 주도하고 싶었다. 그는 구체적인 조치로 1989년 11월 28일 연방 하원에서 "독일과 유럽 정책에서의 새로운 기회와 새로운 도전: 10개 항 프로그램(Neue Chancen und neue Herausforderungen in der Deutschland und Europapolitik: Das Zehn-Punkte-Programm)"을 제시했다. 콜 총리는 10개 항 프로그램에서 독일 통일을 크게 3단계로 설정했다. '조약 공동체'로 시작하여 '국가연합'을 거친 다음 최종적으로 '연방국가'로 넘어가는 안이었다. 콜 총리는 10개 항 프로그램을 발표하면서 통일과 관련한 구체적 일정을 확정하는 것은 의식적으로 피했다. 한편으로는 스스로의 행동반경을 좁히고 싶지 않았고, 다른 한편으로는 베를린 장벽 붕괴 후 흥분해 있는 분위기를 자극하고 싶지 않았기 때문이다. 이런 이유 말고도 일정을 구체적으로 확정하는 것은 불가능하다고 판단했다. 그는 내심으로 독일 통일은 3년이나 4년 후, 그리고 유럽 공동시장이 완성된 후에나 올 것으로 생각했다.[52]

10개 항 프로그램의 내용을 요약하면 다음과 같다.

제1항: 동·서독 간의 여행을 용이하게 하기 위한 제도적 장치를 마련한다.

제2항: 경제, 과학, 기술, 그리고 문화 부문에서의 협력, 특히 환경보호 분야에서 동·서독 간의 협력을 확대한다.

제3항: 동독이 정치, 경제 체제에 대한 근본적인 개혁 결정을 내려 이를 번복하지 않고 실천에 옮길 경우 지원과 협력을 전면 확대한다. 서독 정부는 독립적, 비사회주의 정당들의 참여하에 자유, 평등, 비밀 선거를 원하는 동독 주민들의 요구를 지지한다. 경제원조는 근본적인 경제체제 개혁이 있을 때만이 효과를 거둘 수 있다. 동독 정권이 서방 국가들의 투자에 문호를 개방하고, 시장경제의 조건을 조성하며 민간 경제의 활동을 보장해 줄 경우에만 경제적 발전은 가능하다.

제4항: 다양한 공동의 문제에서 제도적인 협력을 위해 동·서독이 '조약 공동체'를 수립한다.

제5항: 국가연합적 구조는 동독에 민주화된 정부가 들어섰을 때만이 가능하다. 먼저 자유선거가 있은 후에야 서독 정부는 공동정부위원회, 공동전문위원회, 그리고 공동의회 기구 등의 구성을 생각할 수 있다. 만약 자유선거에 의한 정부가 탄생해 서독 정부의 파트너로 등장하면 새로운 형식의 제도적 협력을 단계적으로 이루고 또 확대해 갈 것이다.

제6항: 미래의 독일이라는 건축물은 미래의 전체 유럽이라는 건축물 속에 끼워 맞춰야 한다.

제7항: 서독 정부는 전체 유럽에 대한 유럽공동체의 사명과 의무를 강조하는 바이다. 유럽공동체는 동유럽에 대해서도 문호를 개방해야 한다.

제8항: 유럽안보협력회의는 통합 유럽 건설의 핵심이며 그것은 앞으로도 마찬가지이기 때문에 강력히 추진해 나가야 한다.

제9항: 군축과 무기 통제는 정치적 발전과 보조를 같이해야 하며, 필요할 경우 보다 속도를 높여야 한다.

제10항: 이 같은 포괄적인 정책을 통해 우리들은 유럽에 평화가 이룩되고, 그 속에서 독일 민족이 자유의사에 따라 통일을 성취할 수 있도록 노력할 것이다. 독일의 국가적 단일성 획득을 의미하는 독일 통일은 과거나 지금이나 독일연방공화국의 정치적 목표이다. 우리들은 독일 통일로 이르는 길 위에 지금으로서는 그 누구도 최종적인 답을 줄 수 없는 많은 어려운 문제들이 가로놓여 있다는 점을 잘 알고 있다.[53]

콜은 이 연설을 준비할 때 텔칙 등 최측근 몇 사람하고만 의논했다. 연립정부의 파트너이자 경쟁자인 겐셔 외무장관에게도 비밀로 했다. 콜은 10개 항 프로그램을 통해 11월 이후 급박한 국제 정세 속에서 성공적인 외교정책으로 대중의 찬사를 받고 있는 겐셔를 누르고 싶었다. 소련, 영국, 프랑스 등 유럽 국가들의 정상들에게도 알리지 않았다. 오로지 미국의 부시(George Bush) 대통령에게만 사전 연설문을 보냈다.

정치 지도자는 여론 주도자다. 콜 총리는 이 연설을 통해 그때까지 금기시되었던 통일 논의를 공식화했고, 독일 통일에 이르는 국제적 및 국내적 경로를 분명히 했다. 그것은 아데나워 시절의 "힘을 통한 변화"로 돌아가면서도 '유럽 속의 독일'과 평화 질서 등 기존 동방정책의 용어와 개념을 모두 살렸다. 점진적이고 단계적인 과정인 것처럼 보이면서도 결국 동독의 모드로우가 제안한 '조약 공동체'를 깔아뭉개고 최근 부상하기 시작한 '국가연합'의 발상을 넘어서서 바로 통일로 이르는 길을 지향하고 있었다. 여러 방향에서 제기되는 우려를 완화시키기 위해 통일이라는 목표를 애매한 문구에 가려 놓았지만, 그 궁극적 지향점이 통일이라는 것은 분명했다.

이 연설로 인해 통일이라는 추상적인 목표와 그것을 달성하기 위한 구체적 과제 사이의 관계가 분명해졌다. 이를 통해 농독인들은 통일을 상상 속의 통일로 생각하지 않고 구체적인 것, 그래서 그들이 요구해도 좋을 것으로 그리기 시작했다. 콜의 연설은 막연하나마 뭔가 지향점을 찾던 동독 주민들의 마음속에 방향성을 제시하여 주었다. 콜은 10개 항 프로그램을 통해 통일 지도자로 떠올랐다.[54]

콜 총리의 통일 방안에 대한 대외 반응

연설의 반응은 좋았다. 콜의 연설이 끝나자 기민/기사당 의원들이 기립하여 박수를 쳤다. 사민당 의원들 사이에서도 박수가 나왔다. 사민당 의원 카르스텐 보이크트(Karsten Voigt)는 연단에 올라 총리의 10개 항 프로그램에 동의한다고 밝혔다. 겐셔는 총리가 연설을 마치고 자리로 돌아오자 "헬무트, 대단한 연설이었네"라고 말했다.[55] 겐셔가 10개 항 프로그램을 지지하는 이유는 그것이 서독의 외교·안보 및 독일정책의 연장선 위에 놓여 있기 때문이었다. 그렇지만 겐셔는 콜 총리의 10개 항 프로그램을 정부의 입장이 아닌 콜의 개인적 제안으로 이해했다.[56] 언론의 반응은 뜨거웠다. 《빌트 차이퉁》은 1면 제목을 "재통일, 그것이 시작되었다"로 잡았다. 《프랑크푸르트 알게 마이네 차이퉁》은 다음과 같이 적었다. "콜 연방총리는 동·서독 정책의 이니셔티브를 잡았다. 콜 총리는 자신에게 주어진 기회와 해야 할 일이 무엇인지 알고 있다. 그는 그 기회를 이용하고 그 일을 따랐다."《디 벨트》는 "콜의 10개 항 프

로그램으로 드디어 양 독일의 통일을 위한 길이 구체적으로 나타났다"고 평했다.[57]

그러나 콜 총리의 연설에 대한 주변 국가들의 반응은 호의적이지 않았다. 콜이 발표한 10개 항은 그 내용이 파격적인데다 사전 상의도 없었기 때문에 유럽의 거의 모든 나라에서 부정적인 반응이 나왔다. 고르바초프 소련 대통령은 12월 3일 몰타(Malta)에서 부시 미국 대통령과의 회담 자리에서 콜 총리의 10개 항에 대한 비판적 견해를 밝혔다. 고르바초프는 부시에게 "두 개의 독일 국가가 존재하고 있으며, 그것은 역사적 결정"이라고 말했다. 고르바초프는 동유럽이 이전보다 개방되고 민주적이며 보편적인 가치를 존중하게 됨에 따라 조용하고 평온한 휴지기(休止期)의 가능성이 열리고 있다고 말하고, 서방세계가 이 상황으로부터 이득을 취하려고 하는 것은 위험하다고 말했다. 고르바초프는 무질서한 상황을 피하도록 조심스럽게 관리하면서 점진적으로 역사적 변화를 이루어 간다는 게 자신의 생각이라고 덧붙였다. 고르바초프는 모스크바에서 겐셔 외무장관을 만나 콜의 10개 항 연설을 보다 직설적으로 비판했다. 그는 콜이 동독에 대한 지원의 조건으로 혁명적인 정치 변화를 요구한 것에 특히 화가 난다고 말했다. 콜의 제안은 '명령'이며 '전적인 기습'이라고 비판했다. 고르바초프 대통령은 12월 10일 소련 공산당 중앙위원회에서 독일 문제에 대해 언급하면서 "우리는 동독에 아무런 위해가 가해지지 말아야 한다는 것을 분명하게 천명한다. 동독은 우리의 전략적 동맹국이며 바르샤바조약기구의 일원이다"고 환기시켰다. 그는 소련이 동맹국인 동독을 곤궁에 처하도록 내버려두지 않을 것이라고 말했다.

부시 대통령은 1989년 가을에 독일에서 전개되고 있는 급박한 상황을 주시했고 환영했다. 그러나 그는 독일 문제가 지나치게 빠른 속도로 진행될 경우 발생할 역풍도 우려했다. 그는 특히 독일 문제로 고르바초프가 소련에서 어려움에 처하지 않기를 바랐다. 그래서 그는 고르바초프를 만났을 때 자신이 베를린 장벽을 방문하지 않았다는 사실을 상기시키면서 앞으로도 독일 문제에 대해 신중하게 대처할 것임을 알렸다. 그 연장선상에서 부시는 브뤼셀에서 개최된 유럽 정상회담에서 콜 총리를 만나 고르바초프의 우려를 그대로 전달했다. 콜 총리가 고르바초프의 입장을 고려하면서 신중하게 대처해야 한다고 조언했다.[58]

그러나 부시 대통령은 기본적으로 콜 총리의 통일 방안을 지지했다. 그는 12월 3일 고르바초프와의 회담에서 콜 총리의 10개 항 제안을 변호한 데 이어 12월 4일 브뤼셀에서 개최된 나토 가맹국 16개국 정상회의에서 다시 독일의 통일을 지지했다. 그는 "새로운 유럽의 미래 모습과 신대서양주의"라는 제목의 연설에서 독일 문제와 관련하여 다음 네 가지 내용을 이야기했다.

첫째, 자결은 그 결과와 상관없이 추구해야 한다. 지금 어떠한 형태의 통일은 되고, 어떠한 형태는 안 된다는 선입견을 가질 필요는 없다

둘째, 통일은 독일이 나토 회원국으로 계속 남아 있고 유럽 통합의 진전과 연합국들의 법적 역할과 책임에 대한 인정 위에서 이루어져야 한다.

셋째, 전반적인 유럽의 안정을 위해 통일은 평화적이고 점진적이며, 단계적 과정을 통해 이루어져야 한다.

넷째, 국경 문제에 대해서 우리는 헬싱키 최종의정서의 원칙을 거듭 천명한다.[59]

영국의 대처(Margaret H. Thatcher) 총리와 프랑스의 미테랑(François

Mitterrand) 대통령은 콜의 10개 항 연설에 비판적이었다. 대처 수상과 미테랑 대통령은 12월 8일 스트라스부르크에서 열린 EC 정상회의에서 만났다. 대처 수상은 미테랑 대통령에게 콜의 계획에 반대하는 공동의 노력을 기울이자고 제안했다. 대처가 가장 염려한 것은 독일의 통일로 인한 국제 정세의 불안이었다. 대처는 독일의 통일이 소련에서 고르바초프의 정치적 입지를 불안하게 만들고, 바르샤바 조약을 위태롭게 하며 동유럽의 자유화운동을 좌초시킬지 모른다고 걱정했다. 대처는 독일의 통일을 늦추거나 막고 싶었고, 그것을 가능하게 하는 유일한 대안은 영국과 프랑스의 공동 반대뿐이라고 생각했다.[60] 그는 미테랑과 만난 자리에서 미테랑 역시 자신과 비슷한 생각을 가지고 있음을 확인했다. 미테랑 대통령은 콜이 몇 주 전 파리에서 EC 정상들에게 한 약속보다 훨씬 더 많이 나갔다고 말했다.

그렇지만 두 사람의 회동에서 구체적인 행동 계획은 나오지 않았다. 미테랑은 콜의 10개 항 프로그램에 비판적이었지만 독일 통일이 유럽 통합과 동시에 진행된다면 긍정적으로 고려해 볼 수 있다고 보았다. 완전 반대가 아닌 현실적인 대안을 모색해 보고자 한 것이다. 이것은 동독 자유화운동의 열기, 독일인들의 통일 의지, 전후 프랑스와 서독이 맺어 온 돈독한 우호 관계, 미테랑 대통령이 역점을 두고 추진한 유럽 통합운동 등을 고려한 것이었다. 미테랑은 콜에게 자신의 구상을 설명했고 콜은 이 제안에 전적으로 동의했다. 스트라스부르크 정상회의 의장을 맡고 있던 미테랑은 정상회의에서 1990년 말에 유럽의 경제 및 통화연합체를 건설하는 새로운 조약의 체결에 합의하는 결정을 끌어냈다. 이와 함께 EC는 12월 4일 나토 정상회의에서 부시 대통령이 제시한 가이드라인과 유사한 조건에서 독일의 통일 추진을 지지하기로 했다. "우리는 유럽에서 평화 상태의 강화를 추구한다. 그 속에서 독일인들은 자유로운 자결을 통해 통일을 다시 이룰 것이다. 이 과정은 평화적이고 민주적으로, 관련 협정과 조약 및 대화와 동·서 협력의 맥락 속에서 헬싱키 최종의정서에 규정된 원칙을 전적으로 존중하는 가운데 진행되어야 한다. 그것은 또한 유럽의 통합이라는 틀 안에서 진행되어야 한다."[61]

통일정책에 대한 서독 사민당 내부의 혼선

1989년 가을 동독에서 발생한 시위, 동독 탈출 행렬, 그리고 이에 대한 동독 정권의 대응을 보면서 서독 사민당은 이제까지의 동독정책을 계속 유지할 것인가 하는 고민에 빠졌다. 기존의 사민당 노선은 서독과 동독의 공존과 발전, 그리고 장기적으로는 통합된 유럽을 건설하면서 독일 통일도 모색하는 것이었다. 그러나 동독 정권에 위기가 닥치자 사민당 내에서 동독을 바라보는 시각 및 동·서독 재통일에 대해 다양한 견해가 표출되었다. 먼저 사민당 평의회(Parteirat) 위원장인 노베르트 간젤(Nobert Gansel)은 동독 승인과 공존이라는 기존 정책의 변화를 주장하고 나섰다. 사민당의 외교정책 담당 대변인인 보이크트(Karsten Voigt)는 콜 총리의 10개 항 프로그램에 대한 지지 성명을 발표했다. 그러나 보이크트의 지지는 당 내에서 격렬한 비판에 직면했다. 11월 29일 소집된 특별회의는 콜 총리의 10개 항 프로그램이 사민당의 실질적인 요구 사항, 예를 들면 폴란드 서부 국경선의 승인과 동독인들의 자결권을 거론하지 않은 것을 비판했다. 사민당은 새로운 입장을 발표하여 10개 항 프로그램에 대한 찬성 입장을 취소했다. 자를란트 주지사이면서 차기 사민당 연방정부 수상 후보인 라퐁텐(Oskar

Lafontaine)은 콜 총리의 10개 항에 대한 보이크트의 지지 성명이 자신의 선거 전략에 차질을 초래한다고 비판했다. 그는 콜의 10개 항은 외국과의 관계에서 큰 외교적 실책을 범했다고 비판하면서 독일정책에 대해 사민당과 콜 정부 사이에 차이가 있음을 강조했다. 사민당은 이렇게 통일정책을 놓고 심각한 혼선에 빠졌으며 갈수록 '통일 문제에 대한 불일치'를 드러냈다.[62]

동독과의 공존을 계속 추구해야 한다고 주장하는 측에서는 재통일의 개념을 매우 불신했다. 니더작센의 당 의장이고 나중에 주지사가 된 슈뢰더(Gehard Schörder)는 1989년 9월 말에 재통일의 개념을 반동적이고 고도로 위험한 개념이라고 비판했다. 헤센 주의 당 의장이고 나중에 주 수상이 된 아이쉘(Hans Eichel)은 재통일 논의는 과거 역사로부터 교훈을 얻지 못한 결과라고 비판했다. 서베를린 시장인 몸퍼는 1989년 10월 말에 정부 입장에 선 당내의 재통일 사상을 위험한 허구적 사고로 낙인찍었다. 몸퍼는 사민당 내 독일정책의 주요 결정 선상에 있었던 사람으로서 동독의 개혁 능력을 믿었기 때문에 동독 사민당의 창당에 대해서도 우호적이지 않았다.[63]

재통일에 회의적인 시각을 가장 강하게 드러낸 사람은 라퐁텐이었다. 라퐁텐은 당내 좌파의 젊은 기수이자 68세대의 정치적 중심인물로서 브란트의 총애를 많이 받은 손자뻘 정치인이었다. 1989년 라퐁텐의 정치적 지향점은 국제주의, 산업사회의 생태학적 재건, 노동 시간 단축, 여성의 평등권 보장 등이었다. 헬무트 콜이 민족국가와 유럽을 강조하는 반면에 라퐁텐은 민족에 대한 관심을 전혀 갖지 않았으며, 민족국가와 단호히 단절된 유럽연합을 변호했다. 라퐁텐은 미국이 포함된 서구 동맹에 대한 의무 의식이 없었으며, 완전히 포스트모더니즘

적 사고를 가진 정치인으로서 동독 및 재통일과의 실제적인 관계에 사로잡히지 않았다.[64]

물론 사민당 내에 재통일을 적극 지지한 그룹들도 있었다. 당내 원로 그룹들이 이런 분위기를 주도했다. 에플러(Erhard Eppler)는 1989년 7월 17일 연방의회 연설에서 동독은 개혁 없이는 생존할 수 없다고 주장하고, 동독 공산 정권의 개혁 능력에 의문을 제기하면서 독일 문제에 열린 마음으로 대처할 것을 주장했다.[65] 특히 이 분위기를 이끈 사람은 서독 사민당의 위대한 노(老) 정객 빌리 브란트였다. 동방정책의 주인공인 브란트 전 수상은 1989년 이래 동독에서 일어나고 있는 변화를 긍정적으로 생각했다. 그는 공산주의의 종말을 그 권위주의적인 정당 지배 체제와 계획경제 체제와 함께 돌이킬 수 없는 현상으로 보았다. 그는 동독의 자유화운동을 동독 주민들이 시민으로서 존중받고 국가 혹은 당에 의해 마음대로 조종 받지 않으려는 자아의 발견 운동으로 이해했다. 그들은 우선 현실성 있는 정보와 자유로운 행동, 그리고 자유로운 결산에 대한 권리와 적절한 경제적 이익에 대한 권리를 요구했다. 그의 눈에 동독 주민들은 자기들의 운명을 자기 스스로 책임지겠다고 나선 것처럼 보였다.

브란트는 1970년대에 이미 '보다 큰 유럽'의 비전을 제시했던 사람이다. 그는 미래의 독일과 유럽이 하나의 공동체로 발전할 수 있다고 보고 동·서독만의 미래가 아닌 유럽 속의 독일 통일을 기대했다. 그는 이런 기대와 함께 동·서독이 교류하고 공존하며 민족 동질성을 보존, 유지해 나가면 절반의 통일은 달성된 것이나 마찬가지라고 주장했다. 그는 나머지 절반의 통일은 역사에 맡기자고 했다. 그는 나머지 절반의 통일은 유럽공동체의 창설과 함께 추진해야 한다고 했다. 그는

1989년 베를린 장벽의 붕괴에서 그가 미래의 과제로 꿈꾸었던 독일의 통일, 그리고 유럽 속의 독일 통일의 기회가 왔다고 보았다. 그는 베를린 장벽의 붕괴로 통일이 아래로부터 그 형상을 갖추어 가고 있으며 이제 나머지 절반의 통일을 완성할 시기가 다가오고 있다고 생각했다. 그는 지금 순간은 동방정책의 중요 전략인 '작은 발걸음'이 아니라 큰 보폭의 정치가 필요하다고 생각했다. 그는 11월 10일 쉐네베르크 집회에서 연설하면서 "아무것도 그것이 이전에 그랬던 것처럼 다시 되지는 않으리라"고 말했다.[66] 그는 유럽 위를 지나가고 있는 변화의 바람들이 독일을 그대로 통과해서 지나갈 수는 없다고 했다. 콘크리트로 만들어진 분단과, 가시철망과 사형으로 존속하는 분단은 역사의 흐름에 역행하는 것이라는 게 그의 신념이었다. 이날 그는 내용적으로 그의 당내 동료 몸퍼보다는 오히려 콜과 더 가까운 입장에 있었다.[67]

브란트는 동독에서 일어나고 있는 자유의 물결은 과거처럼 부당한 권력과 무력에 의해 무산되도록 해서는 안 된다고 했다. 베를린 장벽 붕괴로 상징되는 동·서독의 하나 되기 운동이 동독 공산 정권이나 다른 외세에 의해 결코 없었던 일로 되돌아가게 해서는 안 된다고 했다. 그는 보다 확대된 하나의 민족국가를 건설하는 것은 결코 기본법의 규정에서 벗어나는 것이 아니라고 보았다. 독일인들은 헌법 창시자들로부터 자기 결정에 의한 통일을 위임받았다는 게 그의 생각이었다. 그 임무를 수행하는 데는 한 가지 이상의 길이 있으며 그 임무를 게을리한다면 이에 대한 책임자들은 민족의 그리고 유럽의 기대에 미치지 못했다고 책망을 듣게 될 것이라고 했다.[68] 그는 고르바초프가 동베를린에서 행한 말도 상기시켰다. "너무 늦게 오는 사람들은 인생으로부터 징계를 받게 될 것이다."[69]

그러나 정작 고르바초프는 통일에 대한 브란트의 이런 적극적인 태도에 놀랐다.[70] 고르바초프는 변화를 지지했고 독일의 통일을 피할 수 없는 과정으로 이해하면서도 그 통일 과정이 점진적이고 동독 지역에서 소련의 이익을 최대한 유지하면서 이루어지기를 바랐기 때문이다.

콜 총리에 앞서 서독 총리를 지낸 슈미트 전 수상도 베를린 장벽 붕괴 이후 진행된 통일 과정에 대해 지지를 보냈다. 그는 콜 총리의 10개 항에 대해서도 원칙적으로 지지를 보냈다. 다만 그는 브란트와는 달리 독일 통일이 좀 더 점진적인 방식으로 이루어져야 한다고 주장했다. 그는 1990년 3월에 행한 연설에서 자를란트 지역을 서독에 통합시키는 데 4년이 걸렸다는 것을 상기시키면서 동·서독 통일도 최소한 그 정도는 걸릴 것이며, 게다가 국제사회의 테두리 안에서 추진되어야 한다는 점까지 고려할 때 자를란트 지역을 편입시킬 때와는 비교도 안 될 만큼 힘든 과정이 될 것이라고 보았다.[71] 그는 이런 어려움을 고려하여 통일을 점진적으로, 그리고 단계적으로 추진해야 한다고 주장했다. 그는 통일을 추진할 때 주변 국가들 특히 폴란드와 프랑스의 동의를 받는 데 역점을 두어야 한다고 주장했다. 그는 또 독일이 유럽 공동체를 통해 동유럽 국가들에 대한 지원을 아끼지 말아야 하며, 동독에 대해서는 별도로 서독이 직접 경제적 지원을 해야 한다고 주장했다. 그는 동독인들에게 서독이라는 든든한 후원자가 있다는 사실을 잊지 말라고 말하고, 서독에는 피난 온 동독인들을 위한 집도 없고 직장도 없으니, 동독에 남아 동독 지역의 재건에 나서는 것이 가장 현실적이라고 역설했다.[72]

당 의장인 포겔(Hans-Jochen Vogel)은 사민당이 19세기 민족국가 개념으로 회귀하는 것은 있을 수 없다고 주장하면서도 동독의 변화에 능동적으로 대처하기 위해 당을 중간에서 단결시켜 보려 했으나 성과가 없었다. 사민당 내의 통일에 대한 견해 차이 때문에 사민당은 통일 과정에서 어떤 영향력도 행사하지 못했다. 동독과의 화폐동맹은 본래 사민당에서 제기한 것이었으나 정작 중요한 순간에 사민당은 통일에 대한 주도권을 전혀 발휘하지 못했다.[73)]

자민당과 녹색당의 통일관

자민당은 1960년대까지는 독일 정당들 중 민족적 색채가 가장 강했다. 1982년 이후 기민/기사당과 연정을 맺고 있던 자민당의 통일정책은 콜 총리의 통일 방안과 기본적으로 큰 차이가 없었다. 그러나 자민당의 민족정책을 주도했던 겐셔 외무장관은 재통일 문제에 대해 콜 총리보다는 신중했다. 그는 베를린 장벽 붕괴 다음 날인 11월 10일 쇠네베르크 대중 집회에서 독일과 폴란드 국경선의 기존 입장을 재 강조했고 유럽 통합 속의 독일 정책에 대한 신념을 강하게 피력했다.[74)] 그는 콜 총리의 10개 항 프로그램에 대해서도 흔쾌하게 동의하지 않았다. 그가 이런 입장을 취한 데에는 외무장관으로서 다른 국가들과의 원만한 관계를 염두에 둔 직업적 고려도 어느 정도 영향을 끼쳤을 것이다. 그러나 자민당은 이후 통일 과정에서 기민/기사당과 큰 틀에서 보조를 맞추었다.

1980년대에 녹색당 내에는 동독에 대해 다양한 입장을 가진 여러 분파들이 존재했다. 그러나 기본적인 성향은 교조적인 반자본주의적 성향으로서 재통일에 대해 부정적이었다. 그라스(Günter Grass) 등 현실 정치적 정파들은 사민당의 라퐁텐처럼 민족적 통일 대신 유럽 통합 사상을 지녔다. 녹색당은 재통일을 명시한 기본법 전문을 단호히 거부했다. 독일이 통일의 길목에 들어선 1989년 가을에도 녹색당의 태도는 큰 변화가 없었다. 독일정책에 대해 유연한 입장을 가진 그룹의 대변자인 폴러(Antje Voller)조차 11월 8일 연방의회에서 콜의 '서구 가치의 승리'라는 연설 내용을 연방정부의 복지 쇼비니즘이라고 비판했다. 그는 재통일은 시대착오적이며, 오히려 동독에서 처음으로 자신의 동독 아이덴티티가 생겨났다고 보았다. 콜 총리의 10개 항 프로그램에 대한 반응으로서 녹색당은 두 개의 국가 정책에 대한 무조건적인 거부 후 자신의 7개 조항 계획을 제시했는데 그것은 완전히 동독의 야당 운동과 입장을 같이하는 것이었다. 그것은 동독의 독립을 제3의 길에서 찾으려 했다.

1990년 2월 재통일의 불가피함이 드러난 시점에서 비로소 녹색당은 두 개의 국가 요구를 포기하고 전 독일에 걸친 제3의 길 개념을 요구했다. 이러한 태도로 인해 녹색당은 통일 과정에 대해 어떤 영향력도 행사하지 못했다. 녹색당의 이런 태도는 재통일 과정에서 적응 위기를 겪은 사민당의 경우와 비슷했다. 독일 통일에 대한 녹색당의 자세는 1990년 12월의 연방의회 선거에도 부정적으로 작용하여 득표율이 3.8%에 그쳤고, 연방의회 진출을 어렵게 만들었다.[75]

콜 총리의 드레스덴 방문

콜의 10개 항 발표가 있은 지 일주일가량이 지난 12월 3일 크렌츠가 동독 공산당 서기장직을 사임했다. 크렌츠는 국가평의회 의장직도 사임하고 독일 자유민주당(LDPD) 당수 만프레트 게를라흐(Manfred Gerlach)에게 자리를 물려주었다. 자유민주당은 공산당의 들러리 정당이었지만 형식논리상으로는 동독 역사상 처음으로 공산당이 아닌 정당의 사람이 최고 지도부를 차지한 셈이다. 공산당은 12월 9일 특별 전당대회를 열었다. 당 대회는 공산당 내에서 자유주의적 성향으로 명성을 얻은 동베를린의 유대인 변호사 그레고리 기지(Gregor Gysi)를 크렌츠의 후임 당 서기장으로 추대했다. 또 공산당은 변화의 일환으로 당명을 '독일 사회주의 통일당(SED)'에서 '독일 사회주의 통일당-민주사회당(SED-PDS)'으로 바꾸었다.

콜 총리는 12월 19일 동독의 모드로우 총리와 회담하기 위해 드레스덴을 방문했다. 차가운 날씨임에도 불구하고 공항과 거리에 많은 주민들이 나와 콜 일행을 환영했다. 거리에는 콜 총리를 환영하는 현수막도 걸려 있었다. 콜 총리가 머무를 벨레뷔 호텔 앞은 동독 전역에서 모여든 군중들로 가득 메워졌다. 그들은 '헬무트 콜', '도이칠란트, 도이칠란트', '우리는 한 민족이다!' 등의 구호를 외쳤다.[76] 동독 주민들은 동독의 문제를 이제 동독만의 문제가 아닌 전체 독일의 관점에서 바라보고 해결책을 찾으려 하고 있었다.

콜 총리와 모드로우 총리는 벨레뷔 호텔에서 회담을 가졌다. 모드로우와 콜은 '조약 공동체'의 틀 안에서 일련의 위원회를 구성하고 여러 가지 부문에서 협력해 나가기로 약속했다. 조약 공동체는 국가연합적 구조를 거쳐 결국엔 독일인 공동의 연방국가로 가는 길의 첫걸음이라는 것이 콜의 생각이었다. 경제협력을 촉진하기 위해 양자는 상호 협력 조약을 체결하고 투자 보호 협정도 그 안에 담기로 했다. 민간 자본 없이는 동독의 경제 부흥은 불가능하기 때문이었다.

두 사람은 우선 구체적인 지원 조치로 동·서독이 함께 참여하는 20억 마르크의 공동 여행 기금을 창설하고 ERP(Enterprise Resource Planning) 차관을 20억 마르크로 증액하기로 했다. 그 대신 동독은 비자 의무 제도와 강제 환전 제도를 폐지하고 크리스마스 전까지 정치범들을 석방하기로 약속했다. 그 외에 1990년 1월 1일부터는 서독인들이 동독을 방문할 경우 서독 돈 1마르크에 동독 돈 3마르크를 환전해 주도록 했다.

콜 총리는 브란덴부르크 문의 개방을 요구했다. 이에 모드로우는 그 문제와 관련해 동베를린 주재 소련 대사와 이미 협의를 했다면서 그곳에 보행자를 위한 통로를 마련하도록 조치를 취해 놓았다고 말했다. 모드로우는 브란덴부르크 문의 개방이 지니는 상징적 의미를 고려하여 양측이 함께 개방식에 참여하자고 제안했고 콜 총리도 이에 동의했다. 양자는 12월 22일 동·서 베를린 시장이 참석하는 가운데 거의 30년 동안이나 닫혀 있던 이 문을 다시 열기로 합의했다.[77] 콜과 모드로우의 회담은 콜이 그 시점에서 동독 당국에 요구할 수 있는 많은 부분에 합의했다는 점에서 큰 성과였다.

콜 총리가 프라우엔 성당 앞에서 동독 주민들을 상대로 연설하는 일정이 만들어졌다. 프라우엔 성당은 제2차 세계대전 때 폭격을 받아 많은 부분이 부서진 역사적인 교회였다. 연설장에는 수만 명의 동독 주민들이 모였다. 콜 총리는 동독 주민들 앞에서 연설한다는 사실에 벅찬 감정을 억제할 수 없었지만 걱정도 많았다. 제일 큰 걱정은 군중들 사이에서 민족주의적 감정을 드러낼 구호나 노래가 나올지 모른다는 점이었다. 콜의 연설장이 민족주의적 색깔의 집회로 지목될 경우 독일 통일에 대해 부정적 시각을 갖고 있는 주변 국가들을 자극하고 이로 인해 콜의 입장이 매우 난처해질 수 있었다. 콜은 독일의 미래에 대한 비전을 제시하면서도 군중들에게 평정심을 유지하게 할 수 있는 방법에 대해 사전 참모들과 논의한 후 연설에 임했다.

콜 총리는 연설에서 시민들이 "비폭력적으로, 진지하게, 연대감을 갖고 자신들의 미래를 위해 시위"를 하고 있는 데 대해 감사를 표했다. 그는 동독에서 일어나고 있는 시위를 "민주주의와 평화와 자유, 그리고 우리 국민의 자결권을 위한 시위"로 규정하고 서독인들에게 있어서 자결이란 동독인들의 의견을 존중하는 것을 뜻하기도 한다고 말했다. 그는 서독인들이 "그 누구에게도 이래라저래라 간섭할 생각이 없고 또 그렇게 하지도 않을 것입니다. 우리는 여러분들이 이 나라의 미래에 대해 어떤 결정을 내리든 그것을 그대로 존중할 것입니다"라고 말하면서 동독인들의 자결권을 약속했다. 동시에 그는 동독인들의 미래를 향한 어려움이 얼마나 험난할지를 잘 알고 있으며 서독인들은 "어려움에 처해 있는 우리 동독 동포들을 그대로 방치하지는 않을 것"이라고 했다. 콜 총리는 이 자리에서 모드로우 총리와 합의한 내용도 소개했다. 내년 초에 동·서독 사이에 조약 공동체 설립에 관한 협정을 체결하기로 합의했으며, 경제, 교통, 사회, 문화, 환경 등 모든 분야에서 서로 긴밀히 협력하기로 했다고 전했다. 그는 특히 경제적 협력에 관한 내용을 강조해서 말했다. 그는 동독인들이 곧 자유선거를 통해 새로운 정부를 갖게 될 것이라는 말도 덧붙였다. 그는 예나 지금이나 자신의 목표는 통일이라는 말도 했다. 콜은 나중에 그의 회고록에서 이날 연설장에 모인 청중들의 반응을 소개하면서 청중들은 동독 정부와의 협상 결과보다는 손에 잡힐 듯 가까이 다가선 통일 가능성에 대해 더 많은 관심을 가졌다고 회고했다. 그는 이날 집회에서 하나로 단결된 독일이 상상되었다고 말했다.[78]

12월 22일 마침내 독일의 옛 수도 베를린의 브란덴부르크 문이 열렸다. 콜은 모드로우 총리, 몸퍼 서베를린 시장, 에르하르트 크라크

(Erhard Krack) 동베를린 시장과 함께 이 문의 서쪽에서 동쪽으로 걸어 넘어갔다. 추운 날씨에 비가 쏟아지고 있음에도 불구하고 이 자리에는 수천 명의 인파가 몰려들었다. 1989년 10월 9일 베를린 장벽이 사실상 무너졌지만 동·서독 지도자들이 공식적으로 브란덴부르크 문을 개방한 것은 또 다른 역사적 의미를 시녔다. 그것은 동·서독이 함께 통일의 장을 열어 가고 있음을 의미했기 때문이다.

동독의 변신 노력

새로운 정치 세력의 등장

동독 공산당 및 정부의 변화 노력에도 불구하고 동독 주민들의 탈출 행렬은 계속되었다. 1989년과 1990년 1월 사이 하루 평균 2,250명이 동독을 떠났다. 1989년의 전체 탈출 이주민 중에서 1월과 10월 사이에 16만 7천 명이, 11월 1일부터 11월 8일 사이에 6만 명이, 11월 9일부터 12월 말 사이에 11만 6천 명가량이 동독을 떠났다. 탈출자 중에는 숙련 노동자들이 많았는데 이는 동독 경제에 큰 타격이 되었다. 탈출자 중에는 의사와 간호사들도 있었다. 주요 병원의 의사와 간호사들 다수가 서독으로 탈출해 버림으로써 환자들을 제대로 돌볼 수 없는 상황이 초래되었다. 동독 주민들의 탈출 행렬을 멈추게 하는 데는 기존의 단발적인 처방책으로는 불가능하다는 것을 동독 공산당 지도부도 알고 있었다.

베를린 장벽 및 독일 내 경계선이 붕괴된 후 동독 공산당의 지배권은 사실상 붕괴되었다. 동독 정권에게는 이제 국민적 지지도가 상당한 모드로우 총리가 유일한 희망이 되었다. 모드로우 정부의 가장 긴급한 관심사는 경제 개혁이었다. 모드로우 총리가 부임한 지 얼마 후 시민운동 및 야당을 중심으로 동독의 변화를 이끌 중요한 회합들이 있었다. 11월 26일 동독의 5개 정당과 '노이에스 포럼', 그리고 '지금 민주주의' 등 7개 저항 그룹이 동독의 장래를 협의하기 위한 원탁회의(Runde Tisch)를 열기로 합의했다. 그들은 12월 7일 동베를린의 한 교회에서 회합을 갖고 1990년 5월 6일 자유선거를 실시한다고 발표했다. 원탁회의는 슈타지의 해체를 관장하고, 가능한 한 공산당 핵심 분자들이 서류들을 위조, 변조 내지 파손하지 못하게 하는 데 최대한 노력하기로 했다. 1월 28일 동독의 모드로우 총리와 원탁회의 참가자들은 '민족적 책임 정부'를 발족하기로 합의했고 같은 날 인민의회는 당초 5월 6일자로 계획했던 선거 일자를 3월 18일로 앞당기기로 결정했다. 2월 5일 모드로우 총리는 원탁회의에 참가하는 각 그룹 대표 1명씩, 8명을 포함한 '민족적 책임 정부'라는 것을 공식 발족했다. 원탁회의는 3월 12일 인민의회 선거가 열릴 때까지 16번 회의를 열었다. 원탁회의는 헌법상의 기구 밖에 위치했고 공식적인 지위나 정통성을 가진 기구는 아니었지만 동독의 국가적·정치적 붕괴의 중요한 역할을 했다.[79]

1989년 7월 말부터 창당을 준비했던 동독 사민당 창당 발기인들은 권력분립, 복수정당제, 여행의 자유, 사법부의 독립 등에 토대를 둔 민주국가의 건설을 목표로 했다. 또한 긴장 완화, 군축, 환경보호 등에 대한 중시를 선언했다. 동독 사민당이 창당될 때 서독 사민당과 공식적인 협의는 없었다. 서독 사민당 지도부는 대부분 관망적 자세였다. 다만 브란트와 포겔은 동독 사민당 창당에 열린 자세로 임했다. 베를린 장벽 철폐 축하를 위해 베를린을 방문했던 두 사람은 그날 저녁 동독 사민당 당원들을 방문해 그들의 창당 작업을 격려했다. 그러나 서독 사민당은 점차 동독 사민당의 창당을 환영하는 방향으로 나아갔으며, 동독에서 민주주의와 복수정당제의 발달은 강력한 사회민주주의 정당 없이는 불가능하다고 천명했다.[80] 동독 사민당은 처음에는 SDP(Sozialdemokratische partei der DDR)라는 당명을 사용했으나 1990년 1월에 서독 사민당과 이름이 같은 SPD로 당명을 변경하였다. 그들은 제3의 길을 꿈꾸지 않았으며 오히려 서방의 인권, 시민권, 특히 사회민주주의적 전통을 중시했다. 기본적으로 그들은 서독 사민당 출신으로 서독 총리를 지낸 브란트와 슈미트의 사민당을 모델로 삼았다. 정식 창당은 동독 정권 수립 40주년 기념일에 베를린에서 이루어졌다. 사민당에는 동독 시민운동이 추구하는 목표가 불충분하다고 생각해 동독의 근본적인 변혁을 원하는 시민들이 주로 가담했다.[81]

동독 선거를 채 한 달도 남겨 놓지 않은 1990년 2월 22일 동독 사민당은 라이프치히에서 전당대회를 열고 공식 창당되었다. 사민당의 이름은 서독 사민당과 똑같은 SPD로 했다. 당 기본 강령이 채택되었으며 이브라힘 뵈메(Ibrahim Böhme)가 당 총재로 선출되었다. 서독 사민당의 브란트는 명예총재로 추대되었다.

공산당의 들러리로 여겨졌던 연합 정당들도 방향을 바꾸기 시작했다. 이제까지 호네커를 충실히 따랐던 독일자유민주당(LDPD) 총재 만프레트 게를라흐는 고르바초프의 개혁을 따랐다.

모드로우 총리의 통일 방안

동독 정부는 급변하는 통일 환경에 적절한 대처 방안을 찾지 못했다.

통일을 불가피한 대세로 받아들이기는 했지만 그 속도감을 정확히 읽지 못했다. 콜 총리가 10개 항의 통일 방안을 발표한 지 2개월 후인 1990년 2월 1일 동독의 모드로우 총리는 기자회견을 갖고 독일 통일 문제에 대한 자신의 계획을 발표했다. 회견문의 제목은 '하나의 조국, 독일을 위한 4단계 통일 방안'이었다. 모드로우가 제시한 독일 통일은 조약 공동체로부터 시작해 '국가연합의 형태', 그리고 마지막으로 연방 국가에 이르는 단계적 방식이어야 한다고 주장했다. 모드로우는 또 이 과정에서 동독과 서독은 군사적 중립을 유지해야 한다고 주장했다.

모드로우는 통일 방안을 발표하기 이틀 전 소련을 방문하고 귀국했다. 고르바초프는 모드로우 총리와 만난 자리에서 소련이 원칙적으로 독일 통일에 반대하지 않는다는 입장을 피력했다. 이 말은 독일 문제에 대한 고르바초프와 소련의 입장에 상당한 변화가 있음을 보여 준다. 고르바초프는 11월 28일 콜 총리가 발표한 10개 항 독일 통일 방안에 대해 매우 화를 냈다. 그런데 2개월이 지난 시점에서 그는 생각을 바꾸어 독일 통일을 불가피한 현상으로 받아들이고 있음에 틀림없었다. 그는 지난 2개월 동안 동독에서 벌어진 상황과 비관적 현실을 보고받고 독일 통일은 이제 저지할 수 없는 현실이라고 생각했다. 이제 그와 소련이 갖는 관심사는 '독일을 어떻게 통일시킬 것인가'였다. 그 답이 모드로우 총리의 발표 내용에 담긴 통일 독일의 중립화론이었다.

그러나 서독의 입장에서 모드로우 총리가 제시한 통일 독일의 중립화 방안은 결코 받아들일 수 없었다. 콜 총리는 모드로우의 기자회견 직후 성명을 발표했다. 우선 콜 총리는 이 성명에서 모드로우 총리가 자결권을 바탕으로 한 독일의 국가 통일과 전체 유럽 국가들의 이익을 고려하면서 차근차근 그 목표를 향해 앞으로 나아가기로 약속한 것을 긍정적으로 평가했다. 콜 총리는 모드로우 총리가 분명히 독일의 국가 통합을 신봉하고 있다고 확신한다고 말했다. 그러나 콜 총리는 이 성명에서 모드로우의 독일 중립화 방안을 거부했다. 전체 유럽의 통일 과정에서 독일 통일은 그 어떤 특별한 지위도 부여받을 수 없는데 중립화는 바로 그 같은 논리에 위배되는 깃이라고 지적했나. 콜 총리는 독일의 중립화는 유럽에서 독일을 고립시킬지도 모른다고 생각했다. 콜 총리는 2월 3일 다보스에서 개최된 세계경제포럼에서 행한 연설에서 통일 독일의 중립화 방안을 다시 한 번 거부했다.

동독에서의 자유선거

1990년 3월 18일 동독에서 최초로 자유선거가 실시되었다. 당초 5월 6일 계획했던 선거 일정을 동독의 급박한 정치 상황을 고려하여 2개월 가까이 앞당겨 실시했다. 선거를 앞두고 많은 정당들이 결성되었다. 동독 자유화운동의 중심에 섰던 '노이에스 포럼'은 선거 국면에서도 정당이 아닌 시민운동 단체로서 남아 있었다. '노이에스 포럼'은 무엇보다도 대중들의 마음을 사로잡기 시작한 통일이 아니라 동독의 존속과 개혁에 우선적 관심을 보였다. '노이에스 포럼'의 회원들은 서구식 자본주의나 동독의 국가사회주의가 아닌 제3의 길, 즉 개혁적이고 민주적인 사회주의를 추구했다. '노이에스 포럼'의 이런 비전과 목표는 동독의 내부 혁명의 단계를 넘어 독일 통일로 이행하는 길목에서 대중들과 점점 멀어지게 만들었다.[82]

　20여 개가 넘는 정당들 중 가장 규모가 크고 선거 준비가 잘된 정당은 사회민주당(SPD)이었다. 사회민주당은 '노이에스 포럼' 등과 함께 동독의 자유화운동의 중심적 역할을 해 왔다. 서독 사민당과 동독 사민당은 1월 초 인민의회 선거에서 긴밀히 협력하기로 합의를 보았다. 메지에르가 이끄는 동독 기민당도 있었는데 이 당은 과거 사회주의 통일당의 들러리 역할을 했기 때문에 초반에는 별로 주목을 받지 못했다. 공산당은 기존의 명칭으로는 동독 주민들의 지지를 받지 못할 것 같으니까 1989년 12월 당명을 '사회주의 통일-민주 사회주의당'으로 바꾸었다가 1990년 1월에 다시 민주사회주의당(PDS)으로 바꾸었다. 라이프치히에서 발족한 독일사회동맹(DSU)은 에벨링(Hans-Wilhelm Ebeling) 목사와 디스텔(Peter-Michael Diestel) 변호사가 주도한 정당으로서 서독의 기사당(CSU)과 협력 관계를 맺었다. 자유민주연합(DFD)은 서독의 자유민주당과 유사한 성격을 지녔다. 그 외에도 많은 군소 정당들이 선거에 참여했다.

3월 선거에 30여 개 이상의 정당들이 참여했는데 그들의 성패는 자체적인 능력보다는 서독의 거대 정당인 기민/기사당과 사민당, 자민당과의 협력 및 그들의 지원을 얼마나 받을 수 있느냐에 달려 있었다. 이런 점에서 동독 기민당과 서독 기민당의 결합은 선거전의 최대 변수로 작용했다. 두 정당 간의 결합에는 메지에르(Lothar de Maizière) 동독 기민당 대표의 적극적인 구애 작전이 주효했다. 1989년 11월 기민당 신임 총재로 선출된 메지에르는 동독의 모든 정당들이 참여한 모드로우 총리의 연립정부에서 부총리를 맡고 있었다. 그는 총재로 선출될 당시 민주적 사회주의를 표방했다. 그럼에도 불구하고 메지에르는 3월 총선과 관련하여 서독의 기민당을 협력 파트너로 삼고자 했다. 그는 1990년 1월부터 서독 기민당 간부들을 만나 협력하고 싶다는 의사를 전달했다. 그는 콜 총리를 만나 동독 기민당이 사회주의와 완전히 결별했다고 말했다. 사민당과 달리 동독에 마땅한 자매 정당이 없는 서독 기민당은 동독 기민당과 협력하기로 했다. 그러나 서독 기민당은 동독에서 갖는 과거의 부정적 이미지 등을 고려할 때 동독 기민당의 힘만으로 선거에서 좋은 성적을 얻지 못할 것이라고 예상했다. 그래서 서독 기민당은 메지에르에게 동독의 또 다른 정당인 민주주의 궐기(DA), 독일포럼당 그리고 서독 기사당의 자매 정당인 녹일 사회동맹(DSU)까지 포함하여 선거 연합체를 구성하라고 조언했다. 서독 기민당은 다른 정당들에게도 똑같이 조언했다. 이 조언대로 2월 초에 독일포럼당을 제외한 3개 정당이 각 당마다 각자의 독자성을 유지한 가운데 '독일동맹'이라는 선거 연합체를 결성하는 데 합의했다.[83]

그러나 독일동맹은 출발 초기에 별로 주목을 받지 못했다. 각 정당들의 위상이 매우 낮았기 때문에 그들 모두를 합하더라도 유력한 정당인 동독 사민당에 필적하지 못할 것 같다는 게 대다수 정치 관계자들의 견해였다. 3개 정당이 공동 전선을 펼친다고 하더라도 최고 10% 이상을 획득하기가 어려울 것이라고 관계자들은 전망했다. 한편 서독 사민당이 동독 사민당과 선거 동맹을 맺을 당시 동독의 민사당이 강하게 이의를 제기했다. 과거 서독 사민당과 사회주의 통일당의 좋은 관계로 보나 두 당 모두 사회주의 이념을 추구한다는 점에서 서독 사민당은 자신들과 협력하는 게 합리적이라는 것이었다. 그러나 서독 사민당은 민사당의 요구를 뿌리치고 동독 사민당과 제휴를 계속하기로 했다.

선거는 처음부터 서독 거대 정당들의 대리전 양상을 보였다. 동독의 기민당 및 독일동맹은 새로운 헌법을 제정할 필요 없이 서독 기본법 제23조에 의해 동독이 서독에 편입하는 방법으로 조속히 통일하자고 주장했다. 당시 독일 기본법 제23조는 기본법의 효력 범위로 서베를린을 포함한 서독 11개 주를 나열하고, "독일의 다른 부분에는 그들의 편입 후에 효력이 발생한다"라고 명시했다. 서독은 이 기본법에 따라 1957년 1월 자를란트 주를 해당 주의 주민투표를 거쳐 서독에 편입시킨 바 있다.[84] 양독의 기민당은 동독의 주들도 별도의 헌법을 제정하지 말고 자를란트의 경우처럼 기본법 제23조를 적용하여 독일연방공화국에 신속히 편입시키자고 주장했다. 서독 사민당도 같은 의견이었다.

동독 사민당은 처음 창당을 준비할 때만 하더라도 동독의 개혁을 목표로 했다. 그런데 베를린 장벽이 붕괴되고 독일 통일 문제가 당면 현안으로 부상하자 동독 사민당은 통일 문제에 대해 어떻게 대처해야 할지 고민에 빠졌다. 동독 사민당은 통일을 지지했지만 서독과 동독이 대등한 처지에서 통일을 이루기를 원했다. 선거가 시작되자 동독 사민당은 서독 기본법 제146조를 들고 나왔다. 서독 기본법 제146조는 기본법의 효력 정지를 명기하고 있는 조항으로서 "독일 민족의 자유로운 결정에 의해 새로운 헌법이 발생하게 되는 날, 이 기본법은 그 효력을 상실한다"고 되어 있었다. 동독 사민당 총재 뵈메는 기본법 제146조에 따라 동독 의회와 서독 의회가 동등한 자격으로 제헌의회를 구성하고, 제헌의회에서 새로운 헌법을 제정하는 방법에 의한 점진적인 통일 방안을 주장했다. 동독 사민당은 이러한 방식으로 행해야 동독 주민들의 자존심이 존중받고 동독 체제가 갖고 있는 장점을 살리면서 새로운 국가를 건설하여 통일의 효과를 최대화할 수 있다고 주장했다.[85]

선거 한 달 전인 2월 동독에서 실시된 한 여론조사(DDR-Zentral in Stituts für Jugend Forschung)에 의하면 기민당은 11%, 민사당은 13%, '노이에스 포럼'은 4%에 불과했다. 대부분의 사람들은 사민당의 압승을 예상했고 이것은 동독이 사회주의국가였고 노동자들의 성향이 사

회주의적 경향을 띠고 있다는 점에서 자연스러운 현상으로 이해했다.[86]

선거가 있었던 1990년 3월은 동·서독이 여전히 분리되어 있는 시점이었다. 그럼에도 동독에서 치러진 선거운동의 주역들은 동독 정치인들이 아닌 서독 정치인들이었다. 동독 기민당은 서독 자민당 총재이자 현직 서독 총리인 콜과 서독 기민당 당원들이 주도했다. 마찬가지로 동독 사민당 선거는 서베를린 시장과 서독 총리를 역임했고 사민당 명예총재인 빌리 브란트와 현직 사민당 총재인 라퐁텐 등 서독 사민당 지도자들이 주도했다.

아직 동·서독이 분단된 상태에서 현직에 있는 콜 총리와 브란트 전 총리 등이 동독 지역을 돌며 선거 지원 유세를 할 수 있었던 것은 동·서독이 이미 정치적으로 하나가 되어 가고 있음을 보여 주는 또 다른 예였다. 콜 서독 총리는 '우리 모두의 번영을 위해' 기민당을 찍어 달라는 표어가 나붙은 플래카드를 앞세우고 동독의 여러 도시를 누비며 지원 유세를 벌였다. 콜 총리는 동독인들에게 5년 이내에 번영의 시기가 올 것이라고 약속했다. 그는 또 이러한 번영은 세금 인상 없이 달성될 것이라고 주장했다.[87] 동독 사민당의 대표적인 지원 유세자는 브란트 전 서독 총리였다. '빌리![88] 우리는 당신을 환영합니다'라고 적힌 피켓을 흔드는 동독 청중들 앞에서 브란트는 특유의 쉰 듯하면서도 우렁차고 가슴에 와닿은 연설을 하며 사민당에 대한 지지를 호소했다. 그러나 동독 선거 유세장에서 통일에 소극적이었던 라퐁텐의 모습은 별로 보이지 않았다.[89]

동독 기민당은 선거 전 크게 열세 상태였지만 서독 기민당은 동독 기민당과 독일동맹의 승리를 위해 서독의 당력을 집중 투입했다. 오스트(Friedhelm Ost) 전 정부 대변인과 뤼에(Volker Rühe) 사무총장이 각각 동베를린 선거운동본부와 본의 기민당 본부에 자리를 잡고 선거운동 조정 임무를 맡았다. 뤼에 사무총장은 2월 14일 베를린에서 독일동맹 소속 정당 사무총장들과 만나 긴급 프로그램을 협의했다. 긴급 프로그램은 동독에 사회적 시장경제 건설을 위한 정치적 기본 틀을 만들고, 새로운 체제에 적응하는 과정에서 겪게 되는 어려움으로부터 동독 주민들을 보호하는 데 초점을 맞추고 있었다. 이 프로그램은 구체적으로 동독인들의 은행 예금을 1대1로 교환해 주는 것을 핵심 내용으로 하고 있다. 긴급 프로그램 속엔 사유재산제 도입, 영업 자유, 자영업 진흥을 위한 세금 감면, 국영기업의 민영화 방안 등도 포함되었다. 서독과 외국의 투자를 가로막는 각종 제도를 폐지하고, 유럽공동시장의 규정들을 동독에서도 똑같이 적용하자는 내용도 들어 있었다. 사회보장 분야로는 세입자 보호를 비롯해 실업보험제 구축, 재교육, 직장에서의 공동 결정권 보장, 노조 활동의 자유 등이 포함되었다. 동·서독 간의 불균형을 해소하기 위해 서독 정부와의 공동 책임하에 의료보험과 연금 보장 등 사회보장망을 설치해야 한다는 안도 있었다.[90]

선거가 시작되기 전 지지도에서 크게 뒤졌던 동독 기민당과 독일동맹은 조속한 통일을 선거의 중점 공약으로 삼았다. 동독이 서독의 기본법을 수용하면 빠른 시일 내에 통일을 이룰 수 있다고 주장했다. 이런 가운데 콜 총리는 2월 7일 모드로우 동독 정부에게 가치가 떨어진 동독 화폐 대신에 서독 마르크를 받아들이는 협상, 간단히 말하자면 동독 주민들에게 실질적인 경제력을 줄 수 있는 화폐 통합 협상을 권했다. 같은 날 콜 내각은 1990년 3월 18일 선출될 동독 정부가 진정한 개혁 조치를 취한다면 화폐 통합을 실시할 수 있다고 결의했다. 이를 위해 통화 통합의 실무 절차와 통일 관련 이슈들을 다루기 위한 장관급 통일특위가 본에 설치되었다. 연방은행(Bundesbank) 총재 칼 오토 펠(Karl-Otto Poehl)은 동·서독 경제체제가 너무 상이한 상태에서 동독 화폐를 서독 화폐에 귀속시키면 엄청난 재정 부담이 발생할 우려가 있다면서 처음에는 양국 통화의 통합이 시기상조라는 입장을 밝혔다. 그는 재통일 전에 동·서독 마르크의 교환율은 1:5였으며, 심지어 그 비율에서조차 동독은 경쟁력이 없다고 주장했다. 펠 총재는 1:1 교환율은 동독에 광대한 실업을 유발할 것이며, 서독으로서는 통일 비용을 염출하기 위해 세금 인상이 불가피할 것이라고 예견했다. 그러나 펠 연방은행 총재는 정부의 방침이 결정되자 바로 마르크 통합 준비 작업에 착수했다.

콜 총리가 1:1 비율의 교환율을 선택한 것은 전적으로 정치적인 것이었다. 그는 동독인들이 서독으로 이주하는 것을 막기 위하여 통일에 대한 공세적인 전략을 구사했다.[91] 콜 총리는 화폐 통합이라는 폭발성 있는 주제를 제시함과 동시에 동독 선거전에 직접 뛰어들었다. 그는 선거 기간에 6회나 청중 앞에 직접 섰다. 이브라힘 뵈메 동독 사민당 총재는 콜의 유세는 동독 내부 문제에 대한 용납할 수 없는 간섭이라고 맹비난했다. 2월 13일 모드로우 동독 총리가 17명의 각료들과 함께 본을 방문했다. 동독 각료들은 서독 측의 동독 총선 참여를 내정간섭이라고 비판했다. 그들은 서독 기본법 23조에 의한 통일 방안도 거부했다. 서독 정당들의 동독 선거 개입도 비판했다.

서독 사민당은 화폐 통합 및 서두른 정치적 통합은 서독 경제에 너무 큰 부담이 될 것이라고 주장했다. 화폐 통합보다는 먼저 서독이 동독을 떠받쳐 줄 수 있을 신속한 재정 원조를 제공하는 것이 순서라고 주장했다. 동독 사민당도 서독에 흡수 통합되는 식의 통일을 반대했다. 민주사회주의당은 더 나아가 어떤 형태의 통일도 반대했다.

그러나 이런 비난에 아랑곳하지 않고 콜 총리는 자신의 통일정책을 밀어붙였다. 그는 3월 13일 월급과 소액 저축에 한해서이기는 하지만 동독 마르크를 서독 마르크와 1:1로 맞바꾸어 주고, 나머지 큰 금액에 대해서는 환율을 추후 결정한다고 발표했다. 연방은행 간부들이 불과 며칠 전 서독 마르크 대 동독 마르크의 교환 비율을 1:4 운운했던 것과 비교할 때 콜의 제안은 엄청나게 파격적이었다. 통일 총리의 이미지를 가진 그의 존재는 그 어떤 존재보다 큰 영향력을 끼쳤다.[92] 동독 정부는 가능한 조속히 통화 및 경제 통합에 관해 협의회를 구성하자는 콜 총리의 제의를 수락했다. 이와 동시에 동독은 사회적 시장경제 체제 도입에 필요한 조치도 함께 취하기로 했다.

사민당은 콜과 동독 기민당이 동독 유권자들의 환심을 사기 위해서 통화 통합과 정치 통합을 약속하는 무책임한 득표 공작을 벌이고 있다고 비난했다. 라퐁텐으로 대변된 사민당 좌파들은 통일은 동독 사회주의가 갖는 장점도 수용하면서 점진적으로 추진해야 한다고 주장했다. 그들은 과속 통일에는 워낙 비용이 많이 들기 때문에 서독 납세자들에게 너무 큰 부담이 되고 인플레, 실업, 빈곤에다 사회적 불만을 야기할 것이라고 주장했다. 그러나 라퐁텐의 주장은 조속한 통일을 바라는 동독 주민들의 생각과 많은 거리가 있었다. 라퐁텐의 주장은 오랫동안 그의 정치적 후원자 역할을 했던 브란트의 생각과도 거리가 있었다. 브란트는 동독 사회주의 체제는 존속의 가치가 없고 존속의 능력도 없으며 이번 기회에 반드시 독일 통일이 이루어져야 한다는 입장이었다. 그는 콜이 제안한 10개 항 통일 프로그램에 대해서도 원칙적으로 공감했다.[93] 그는 다만 서독의 경제적 사정과 고르바초프의 입장을 고려하면서 점진적인 통일 과정을 선호했을 뿐이다. 브란트는 77세의 나이에도 불구하고 직접 동독 유권자들 앞에 나서서 동독 사민당을 지원했다. 그러나 그는 그가 매우 총애했던 좌파 계열 후계자 라퐁텐을 설득하지 못했다. 그는 선거 기간에 라퐁텐의 통일관에 매우 화가 났지만 어쩔 수 없었다.[94]

사민당 좌파들의 주장에 일리가 없었던 것은 아니었다. 동독은 동유럽 공산권 국가 중에서 경제 수준이 가장 앞서 있었다. 정치적 자유가 없고, 경제의 질적, 양적 수준 모두 서독에 크게 뒤진 것은 사실이었지만 45년 동안 실험된 사회주의의 경험에서 얻을 것이 전혀 없을 리 없었다. 서독의 자본주의국가나 동독의 공산주의국가가 아닌 제3의 길을 걷고자 하는 그들의 열망도 상당한 설득력을 가졌다. 게다가 통일 직후 곧바로 알게 되었지만 통일 비용은 콜 정부가 당초 예상했던 것보다 훨씬 많았다. 통일 후 상당 기간 동독인들이 겪은 2등 국민 의식도 심각한 수준이었다. 사민당의 점진적인 통일 방식도 귀담아들어야 할 내용이었다.

그러나 선거에서는 논리적인 측면만이 아닌 감성적 요소도 큰 영향력을 갖는다. 어쩌면 감성적 측면이 갖는 영향력이 더 클 수도 있다. 콜과 기민당의 통일론과 사민당의 통일론이 모두 나름대로 합리성과 설득력을 가졌지만 감성적 측면에서는 콜 총리와 기민당의 통일론이 더 큰 위력을 발휘했다. 즉, 콜 총리의 신속한 통일과 화폐 통합, 그리고 서독 마르크와 동독 마르크의 1:1 교환은 모든 논쟁을 집어삼킬 만큼 큰 위력을 발휘했다.

그럼에도 불구하고 선거일 직전까지 시사 해설자들은 각종 여론조사를 근거로 동독 사민당의 압승을 예상했다. 3월 12일 서독의 한 여론조사기관(Infratest)에 따르면 동독 기민당은 20%, 동독 사민당은 44%를 획득할 것으로 예견했다.[95] 오로지 만하임(Mannheim)에 있는 발렌(Forschungsgroppe Wahlen)의 여론조사만 동독 기민당의 승리를 예측했다. 그런데 시사 해설자들이나 여론조사 전문가들이 간과한 게 있었다. 그들은 동독 주민들이 여론조사의 문항에, 더군다나 생전 처음 보는 사람에게 자신의 속마음을 솔직하게 털어놓지 않을 가능성을 간과했다. 그들은 수없이 많은 모르는 사람들로부터 온갖 조사와 취조를 40년 이상 받으면서, 묻는 사람이 무슨 답을 원하는지 알아맞히는 데 도사(道士)가 되어 있는 사람들이었다. 안 그러면 직장에서 쫓겨나거나 잡혀가게 되어 있었으니까. 사정이 그러했기 때문에 이 사람들을 대상으로 하는 여론조사의 신빙성에는 문제가 있기 마련이었다.[96]

1990년 3월 18일 드디어 선거가 실시되었다. 총 1,238만 명 유권자 가운데 93.22%가 선거에 참여했다. 투표율은 과거보다 조금 낮았지만 자발적 열기는 그 어느 때보다 높았다. 오후 6시가 조금 지난 시각, 투표가 종료된 지 몇 분 지난 TV화면에 선거 결과 예측 방송이 시작되었다. 모두가 놀랄 만한 결과가 나왔다. 기민당과 독일동맹이 압도적으로 승리한 것이다. 기민당이 얻은 득표율은 경쟁 정당이자 모두가 선거 승리 정당이 될 것으로 예측되었던 사민당을 더블 스코어로 앞섰다. 이날 최종 선거 결과를 보면 기민당(CDU) 득표율 40.82%(163석), 독일사회동맹(DSU) 6.31%(25석), 민주부활당(DA) 0.92%(4석) 등 독일동맹 소속 정당들이 총 48.04%(192석)를 얻었다. 이에 반해 사회민주당(SPD)은 21.88%(88석)의 획득에 그쳤다. 민사당(PDS)은 16.40%(66석)이었다. 그 외에 자유민주연합(DFD) 5.28%(21석), 연합

90(Bündnis 90) 2.91%(12석), 녹색/여성(Grüne/FUFV) 1.97%(8석), 민주농민당(DBD) 2.18%(9석)를 획득했다.

독일 총선 결과는 기민당의 대승, 사민당의 참패, 그리고 민사당의 선전으로 요약할 수 있다. 사민당의 참패는 민사당의 선전과도 관련이 있었다. 민사당은 동독 경제 파탄과 동독 붕괴의 일차적 책임이 있는 정당이었음에도 불구하고 16.4%의 지지를 얻었다. 이는 동독에 여전히 공산주의 체제의 유지를 바라는 세력, 동독의 자존심을 지키고 싶은 세력이 상당수 존재한다는 것을 의미한다. 민사당의 대체 정당으로 지목된 사민당이 통일정책을 놓고 혼선을 일으키면서 몰락한 공산주의를 대체할 비전과 능력을 보여 주지 못한 것도 민사당의 선전을 가능하게 했을 것이다.

동독 기민당의 승리는 곧 서독 콜 총리의 승리였다. 선거 초반 기민당의 절대적 열세를 만회시키고 더 나아가 승리로 이끈 가장 큰 원인은 콜 총리가 선거 전면에 나서서 신속한 통일과 동독인들에게 절대적으로 유리한 조건의 화폐 통합을 내세운 것이었다. 동독인들은 동독 기민당이 아닌 서독의 콜 총리를 보고 기민당에 투표를 했다고 해도 과언이 아니었다.

3. 통일 독일의 탄생

동독의 민주정부 수립

선거가 끝나고 2주일 후인 4월 5일 동베를린 공화국 궁전에서 인민의
회가 개회되었다. 기민당의 베르크만 폴(Sabine Bergmann-Phol)이 인민
의회 의장으로 선출되었다. 베르크만 폴은 동독의 임시 국가원수직도
겸했다. 기민당 총재인 메지에르가 총리로 지명되었다. 기민당과 독일
동맹이 큰 승리를 거두기는 했지만 그들이 획득한 총 의석은 193석으
로서 400석의 과반에 미치지 못했다. 의회에서 과반을 차지하기 위해
서는, 그리고 통일이라는 큰 과업을 원만하게 수행하기 위해서는 안정
적인 정치 지형이 필요했다. 기민당과 사민당은 선거 때 치열하게 경
쟁했고 이 과정에서 상대방을 과도하게 공격하여 서로 간에 감정이 많
이 상해 있었다. 기민당은 사민당이 통일을 반대한다고 비판했고, 사민

당은 기민당과 연합전선을 펼쳤던 정당들을 기민당의 위성 정당으로 몰아붙였다. 그럼에도 불구하고 메지에르는 콜 총리와 상의를 거쳐 사민당을 포함한 대연정을 구성하기로 했다.

그러나 내각 구성 과정은 순탄하지가 않았다. 우선 사민당 내부 사정이 복잡했다. 동독 사민당 의장인 이브라힘 뵈메를 둘러싼 슈타지(Stasi) 스캔들이 터졌다. 정계를 비롯해 사회 각계 인사들이 슈타지와 연루되었다는 소문이 팽배한 가운데 사민당 의장까지 슈타지 연루설로 홍역을 치르게 되었다. 슈타지 문제는 해법을 찾기가 여간 쉽지 않은 주제였다. 40여 년 동안 공산 정권에서 살면서 아무런 흠 없이 세상을 산 사람은 많지 않았다. 특히 정치적으로 영향력을 발휘할 만한 위치에 있는 사람들은 더욱 그러했다. 동독의 해체와 통일 과정은 불과 1년도 채 되지 않은 기간에 속사포처럼 진행되었고 그 기간에 슈타지 같은 복잡한 문제를 이성적이고 합리적으로 처리한다는 것은 쉬운 일이 아니었다. 동독 공산 정권의 독재와 불법에 대해 저항하다 감시당하고 투옥당한 사람들은 당연히 존경받아야 하지만 그렇다고 해서 그렇게 살지 못한 사람들 모두를 처벌할 수는 없었다. 슈타지 스캔들의 주인공 이브라힘 뵈메는 연립정부 구성 기간에 모든 당직을 내놓고 사라졌다.

동독 사민당의 경우 서독 사민당을 이끌고 있는 라퐁텐이 통일 과정에 제동을 걸었기 때문에 그 영향을 받지 않을 수 없었다. 동독 사민당 내에서 연정 참여 여부를 놓고 열띤 논쟁이 벌어졌다. 리하르트 슈뢰더(Richard Schröder)와 마르쿠스 메켈은 연정 참여를 적극 주장했다. 이들 적극 참여론자들의 주장이 관철되어 사민당은 메지에르가 이끄는 연립정부에 참여하기로 했다. 4월 10일 연립정부 구성을 위한 협상이 마무리되었다. 연립정부에는 독일동맹 측과 사민당 외에 자유당이 참여하여 5개 정당으로 구성되었다. 기민당의 메지에르 총재가 새 총리로 선출되었고 신임 각료는 기민당 12명, 사민당 6명, 자유당 3명, 독일사회동맹 2명, 민주부활당 1명, 무소속 2명으로 배분되었다. 사민당의 마르쿠스 메켈은 외무부장관, 발터 롬베르크(Walter Romberg)는 재정부장관, 레기네 힐데브란트(Regine Hildebrandt)는 사회부장관을 맡았다. 민주사회동맹의 페터 미카엘 디스텔(Peter-Michael Diestel)은 내무부를, 그리고 자민당은 주를 새로 만드는 일을 담당하기로 했다.[97]

새로 출범한 메지에르 정부는 새 정부가 해야 할 주요 정책으로 다음 몇 가지를 들었다.

첫째, 동독혁명의 평화성을 지키는 것, 특히 국가 안전 요원의 무혈 무장 해제를 통한 혁명의 평화성을 지키는 일

둘째, 동독 국민의 대량 이주를 중단시키는 일

셋째, 통일을 외교적으로 보장받으며, 특히 고르바초프를 위태롭게 하지 않는 일

넷째, 동독의 재정 파탄을 예방하고 화폐 통합 과정에서 동독 국민의 평생 저축을 안전하게 하는 것

다섯째, 통일이 항복으로 비추어지지 않도록 하는 것

여섯째, 재산권 반환 전에 보상을 관철시키는 것 등이었다.[98]

3월 19일 콜 총리는 서독 기민당 간부회의에서 이번 선거 결과는 국민들의 즉각적인 통일 의사가 반영된 것이라고 해석했다. 그는 며칠 뒤에는 연정 파트너인 자민당과 함께 동독 이주민 문제를 논의하여

1990년 7월 1일부터 동독인들을 받아들이는 수속 절차를 폐지하기로 했다. 그는 동독에서 선거가 끝났고, 통일 일정이 앞당겨질 것이기 때문에 동독을 떠나 서독으로 이주하려는 사람들 숫자가 줄어들 것으로 본다면서 여행 절차를 보다 간소화시키자고 말했다. 그는 동독에서 휴가가 시작되는 7월 1일부터 서독을 찾는 동독인들에게 서독 마르크를 주어 서독 지역에서도 휴가를 보내도록 하겠다고 말했다.

메지에르 동독 총리는 4월 19일 인민의회에서 통일에 관한 신정부의 입장을 밝혔다. 메지에르 총리는 서독 기본법 제23조에 의해 통일을 가능한 빨리 이룩하는 것이 신정부의 입장이라고 천명했다. 그는 국가가 주도하는 계획경제를 사회적 시장경제로 전환하겠다고 밝혔다. 그는 서독과의 화폐, 경제 및 사회 통합 조약을 1990년 7월 1일까지 체결하겠다고 밝히고 서독 마르크와 동독 마르크는 1:1로 교환되어야 한다고 주장했다. 그는 또 임금, 보수, 연금과 개인 저축에 대해서는 1:1 교환을 요구했다. 그는 1952년 폐지된 동독의 주(州) 제도를 부활시키겠다고 밝혔다. 그는 또 수개월 이내에 베를린 장벽의 최종적인 철거도 약속했다. 콜 총리는 메지에르 총리가 독일 통일을 서독 기본법 23조에 따라 추진하겠다고 공언한 것에 만족했다.

메지에르 총리는 외교 부문에 대한 언급에서 통일 독일은 하나로 통합된, 평화적인 유럽 건설에 이바지할 것이라고 밝혔다. 그는 소련에게 독일의 통일 노력을 위한 역사적 과정에서 고르바초프가 해 준 역할에 감사를 표했고, 모스크바에 우호적인 협력, 바르샤바 조약에 대한 신의, 소련의 안보 이익 존중, 그리고 무역과 관련한 의무 사항의 엄격한 이행 등을 약속했다. 대신 그의 연설에는 독일의 나토 회원국 문제에 대해서는 언급이 없었다. 더욱이 독일 통일의 중립화에 대한 분명한 거부를 하지 않았다. 서독의 콜 총리와는 달리 아직 소련과의 관계 설정이 조심스러운 그의 입장에서 나토 문제까지 언급하기는 매우 부담스러웠던 것 같다.[99]

1990년 동독 경제는 붕괴 직전의 위기로 몰렸다. 1990년 3월 총선 후 동독 정부를 떠맡았던 메지에르 총리는 훗날 증언에서 그가 1990년 3월 선거 후 동독 정부를 인계받았을 때 동독 경제는 한 치 앞을 내다볼 수 없을 정도로 위중했다고 말했다. 그에 따르면 당시 동독 정부는 전혀 지불 능력이 없었다. 그해 7월에 75억 마르크의 급료를 지불할 수 없어 150억 마르크의 빚을 얻어야 했다. 메지에르는 동독 경제의 어려움을 모드로우 내각 시절부터 알고 있었다. 그럼에도 불구하고 그가 정부를 맡은 후 사실을 솔직하게 공개하지 않은 것은 그것이 공개될 경우 동독에서 당장 유혈 사태가 발생할지도 모른다는 두려움 때문이었다. 당시 동독 국민의 저축액이 1,600억 마르크 정도 되는데 만약 동독 경제의 실상이 제대로 공개되면 국민들이 저축한 돈을 찾기 위해 은행으로 몰려올 것이고 동독 정부는 그 파장을 감당하기 어려웠다.[100]

동독 경제의 위기는 국가 재정의 지불 불능, 통화 유통의 인플레이션 확산, 그리고 지하경제의 증가 등 화폐 금융 부분에서 두드러지게 나타났다. 메지에르 총리가 밝힌 바에 따르면 1986년부터 1988년까지 동독의 국내총생산 성장률은 3.4%, 총통화 증가율은 10.1%였다. 동독의 부채는 5천억 마르크를 초과했는데 구체적 내역으로는 기업 부문에 2,300억 마르크, 주택 분야에 1,100억 마르크, 서방국가에 1,650억 마르크, 그 이외에 동구권 국가들과의 상호 구상 관계로 인한 부채가 있었다. 동독 국민의 저축액 1,600억 마르크도 국가가 책임져야 할 부채였다. 수입은 증가하는데 수출은 정체되어 1988년 한 해에 채무 이자로 부담해야 할 금액이 220억 마르크나 되었다. 수출의 수익성이 악화된 탓에 서독 마르크 대 동독 마르크 사이의 환전 비율이 1975년 1:2.2에서 1988년 1:4.4로 나빠졌다. 이런 현상은 다시 수입 가격을 크게 올렸다.[101]

통일 조약들

국가 조약: 화폐, 경제 및 사회 통합을 위한 조약

독일 통일을 위한 전제는 두 개의 국가 조약에 의해 만들어졌다. 첫 번째 국가 조약은 화폐, 경제 및 사회 통합 조약이고 두 번째 국가 조약은 통일 조약이었다. 그 외에 선거 조약 및 2+4 조약이 있다.[102]

경제 통합은 동독 경제를 서독의 사회적 시장경제로 구조적 전환을 시키는 것이었다. 좀 더 구체적으로 말하면 동독에 사유화, 경제활동의 자유, 자유로운 시장가격제, 개방경제, 은행과 조세제도의 개혁 등을 도입하는 것이었다. 사유화의 방식으로서 콤비나트처럼 규모가 큰 국가 소유의 기업은 여러 개로 분리하고 탈(脫)집중화하는 방식을 취했다. 경제활동의 자유는 노동, 자본, 상품 및 서비스의 자유로운 이동을 의미했다. 자유로운 시장가격제란 통제경제하에서 기본 상품에 대해 전반적으로 적용되었던 가격통제와 큰 규모의 보조금제의 폐지, 그리고 큰 왜곡이 없는 시장과 가격 메커니즘의 구축을 의미했다. 개방경제란 화폐의 태환 불능과 무역의 국가 독점을 폐지하고 교역과 자본

이동의 자유화를 허용하는 것이었다. 즉, 동독의 경제를 외국 생산자들과의 경쟁에 그대로 노출시키는 것이었다. 그 외에 동독의 은행 제도를 서독 은행 제도에 맞추고, 동독의 조세체계를 서독에 맞추어 개혁하는 것 등도 포함되었다. 이는 곧 분단 이래 40여 년 간 별개로 유지되어 오던 동·서독 경제가 사실상 하나로 통합되게 됨을 의미했다.[103]

화폐 통합 과정은 보다 복잡한 과정을 거쳐야 했다. 이미 앞 장에서 설명한 것처럼 1990년 3월 동독 인민의회 선거에서 콜 총리는 서독 마르크 대 동독 마르크의 교환 비율을 1:1로 하겠다고 약속했다. 그러나 갈수록 악화되는 동독 경제의 노동생산성 저하 및 약화는 연방은행 및 연방 재무부로 하여금 1:1 화폐 교환에 대한 재고에 들어가게 했다. 1990년 3월 29일 중앙은행위원회는 동독 마르크화에 대한 서독 마르크화의 교환 비율을 2:1로 해야 한다는 결정을 내렸다. 당시 동·서독의 경제 여건에 비추어 보면 4.1:1의 비율이 적당하다는 의견이었지만 정치적 상황을 고려하여 2:1의 비율을 선택한 것이었다.

그러나 2:1 교환 비율은 인민의회 선거 때 1:1 교환을 약속한 콜 총리와 해당 정당들의 공약에 어긋나는 것이었다. 동베를린 및 다수의 동독 도시에서 발생했던 시위의 구호는 "1:1, 그렇지 않으면 우리는 절대 하나가 되지 않는다"이었다. 이러한 상황에서 1:1 화폐 교환을 지지하는 중요한 지지자는 노르베르트 블룀(Norbert Blüm) 연방 노동부장관으로, 그는 3월 27일 이미 콜 총리에게 서신을 보내 "화폐 교환 비율이 1:1 이하로 놓이게 될 경우, 심각한 사회적 거부 반응과 불안정한 정치적 반응을 몰고 오게 될 것"이라고 경고했다.[104]

동독의 정치 지도자들은 시종일관 1:1 교환 비율을 요구했다. 마르쿠스 메켈(Markus Meckel) 동독 사민당 당수는 이러한 1:1 교환 비율을 사민당의 정치 참여 조건으로 내걸었으며, 메지에르 총리도 그러한 입장을 지지하면서 1990년 4월 19일 정부성명에서 밝힌 1:1 화폐 교환 비율을 기본 조건으로 내세웠다. 그러나 약 1,900억 마르크에 달하는 개인 예금 총액을 1:1 비율로 교환하게 될 때 서독 측은 통화 과잉에 따른 인플레이션을 우려했으며, 다른 한편으로는 1:1 교환 비율을 바탕으로 기업 부채를 평가할 경우 채무 원리금 상환 때 일반적 자본시장 금리를 예상해야 하는 수많은 기업의 재정적 파산을 두려워했다.

동독의 메지에르 총리가 4월 19일 정부 공식 입장으로 화폐 통합 문제를 제의했기 때문에 서독 정부는 동독 정부와 이 문제에 대한 구체적 협의에 들어갔다. 협의 결과 서독 정부는 동독 정부의 제안 내용을 거의 대부분 수용했다. 4월 23일 서독 정부는 동독인들의 임금과 연금은 1:1로 교환해 주고, 은행 예금에 대해서도 4천 마르크까지는 동일한 교환 비율을 적용하기로 했다. 그 이외의 현금, 그리고 회사 빚과 같은 채무에 대해서는 2:1로 교환해 주기로 했다. 동독의 연금 체제도 점차적으로 서독 체제에 맞춰 나가기로 했다.

콜 총리와 메지에르 총리는 하루 뒤인 4월 24일 본에서 만나 1990년 7월 1일을 기해 화폐, 경제 및 사회 통합 조약을 체결하기로 합의했다. 서독 정부는 1990년 5월 2일 최종적인 방안으로 현재 소득 및 연금 지급은 1:1 교환 비율을 적용하고 은행 예치금 및 채무는 2:1 비율을 적용하기로 했다. 개인 예금액의 경우는 연령에 따라 차등을 두어 각각 일정한 액수까지는 1:1을 적용하고 나머지 금액은 2:1 적용이라는 절충안을 도입하였다. 이런 결정은 콜 총리의 최종 결단에 의해 확정되었다. 콜 총리의 입장에서는 오래 전에 천명한 것이었고, 또 그의 신념 자체가 동독인의 이익을 최대한 보장하여 통일을 신속히 이룩해

내겠다는 것이었기 때문에 그대로 강행하기로 했다.[105] 이미 올라탄 말 등에서 내려오는 것은, 그리고 서독 정부가 동독 주민에게 불어넣은 큰 기대감을 저버리는 것은 콜 총리에게 매우 어려운 일이었다.[106]

드디어 5월 18일 동·서독 대표들은 '화폐, 경제 및 사회 통합에 관한 국가 조약(Vertrag über die Schaffung einer Währung, Wirtschafts und Sozialunion)'에 서명했다. 이 서명에는 서독 측에서 바이겔(Theodor Waigel) 재무장관이, 동독 측에서는 롬베르크(Walter Romberg) 재무장관이 참여했다. 이 조약은 전문 6장과 7개의 부속 문서와 공동의정서로 구성되었으며, '국가 조약'의 성격을 띠었다.

조약은 동·서독이 서독 마르크화를 유일한 공식 화폐로 정하고, 모든 통화 관리는 서독 연방은행이 맡도록 했다. 동독 마르크가 서독 마르크로 교환되면 동·서독은 일시에 단일 경제권으로 들어간다. 양독이 화폐 통합을 가장 먼저 단행한 이유는 동독 주민들에게 독일 국민으로서의 일체감을 심어 주고, 동독 주민들의 어려운 경제 사정을 고려하며, 동독의 사회주의경제를 조속히 사회적 시장경제 구조로 전환시켜 경제 발전을 앞당기고, 동독 주민들의 서독 이주를 최소화하기 위해서였다.

동독 마르크와 서독 마르크의 교환 비율은 이미 여러 차례 예고된 대로 1:1로 확정되었다. 월급, 연금, 집세, 장학금 등은 1:1로 교환해 주고, 개인 저축은 나이 14세까지 현금 2,000마르크, 15세~59세까지는 4,000마르크, 60세 이상은 6,000마르크까지 1:1로 바꿔 주기로 했다. 그 밖의 경우와 대외적인 공식 환율은 2:1로 교환해 주기로 했다. 이것은 당시 암시장에서 6:1로 교환되던 것과 비교하면 6배나 높은 것일 뿐만 아니라 국제 금융시장에서 일반적으로 인정되던 교환 비율인 4:1과 비교해도 매우 높은 것이었다.

교환 비율을 1:1로 한 이유는 동독 주민들에게 경제활동에 있어서 전보다 더 적극적인 동기를 부여하고, 근로자의 근무 의욕을 고취함으로써 생산성 향상을 기대했기 때문이었다. 그러나 1:1의 화폐 교환은 타 재화의 생산가격 상승에 따른 인플레이션을 유발하고, 동독 지역에 수요 초과 현상을 일으키고 그 영향이 서독으로까지 미쳐 물가 인상 요인이 될 수 있었으며, 임금 인상으로 인한 동독 재화의 가격 경쟁력 상실 등의 문제점을 초래할 수 있었다.[107]

경제, 화폐 통합에 이은 사회 동맹은 경제와 화폐 통합에 따른 사회 경제적 후유증을 완화하기 위한 사회적 보완책이었다. 사회 동맹이 없다면 경제 및 화폐 동맹에 수반되는 적응의 고통은 사회·정치적 불안 뿐만 아니라 동독에서 서독 지역으로의 새로운 이주를 불러일으킬 수 있었다. 사회 동맹은 이런 부작용을 예방하기 위해 서독의 복지제도를 동독 지역으로 확대시키기 위한 장치였다. 그 주요 내용은 연금을 인상하고 실업수당을 지급하는 조치 등이었다. 과도기 동안에 많은 기본적 항목들, 무엇보다도 주거비 인상이 강하게 통제된 것도 사회적 이유 때문이었다.[108]

콜 총리와 메지에르 총리가 4월 24일 화폐, 경제와 사회 동맹을 실시하기로 합의하고 20여 일이 지난 5월 중순 서독의 니더작센 주와 노르트라인-베스트팔렌 주 자치정부 선거가 있었다. 이 선거에서 화폐·경제 및 사회 통합을 위한 조약의 합리성 문제가 큰 쟁점이 되었다. 사민당 수상 후보로 지명되고 또 실제로 지명되었던 라퐁텐은 1990년 내내 통일 과정에 대한 회의적인 입장을 바꾸지 않았다. 노조 지도부도 사민당과 유사한 주장을 펼쳤다. 사민당은 통일이 가져다줄 경제적 충격을 집중 거론했다. 서독이 통일로 인해 지나치게 경제적 부담을 짊어져서는 안 된다면서 콜 총리의 통일 방식을 공격했다. 결국 두 개 주 선거에서 기민당은 패배했다. 노르트라인-베스트팔렌 주에서 사민당은 과반 이상의 지지를 얻었다. 사민당은 니더작센 주 선거에서도 44.2%의 지지를 얻었다. 기민당 출신 에른스트 알브레히트(Ernst Albrecht)는 15년 동안 차지했던 주지사 자리를 사민당에 내주었다.

기민당의 아성인 니더작센 주 선거에서의 패배는 콜 총리와 기민당에 큰 충격을 주었다. 니더작센 주에서의 패배로 기민/기사당은 연방상원에서 다수 정당의 자리를 상실했다. 라퐁텐은 1990년 통일 과정에 대해 시종일관 회의적 입장을 견지하고 있었으나 이미 추진되고 있는 화폐 통합을 저지할 수 없다는 것을 알았다. 달리 행동할 경우 동독에서 큰 혼란이 야기될 것이기 때문이었다. 그러나 그는 연방하원에서 사민당이 화폐·경제 및 사회 통합을 위한 조약 비준에 반대표를 던지도록 종용했다. 화폐 통합 후 예상되는 재앙적 결과의 책임을 모두 연방정부에 돌리기 위해서였다. 6월 21일 서독 연방의회에서 조약은 444 대 60으로 통과되었다. 사민당 의원 25명과 녹색당 의원 34명 그리고 다른 1명이 반대했다. 동독 인민의회에서는 302 대 82로 조약이 통과되었다.[109] 그러자 라퐁텐은 연방상원 투표에서 사민당에 속한 주 대표들이 반대표를 던지게 하고 단 한 개 주, 즉 함부르크 주의 대표만 찬성하여 간신히 통과할 수 있게 했다.[110] 조약은 1990년 7월 1일 발효되었다.

좌파 진영의 일원인 소설가 귄터 그라스(Günter Grass)는 통일을 자본주의자들의 흉계요 "마르크와 페니히의 문제"라고 비하했다. 그는 화폐, 경제 및 사회 통합 조약을 가리켜 "그저 시장을 키우겠다는 일념에만 급급하여 독일 민족의 점진적 동질성 회복 따위는 안중에도 없이, 몰지각하게 모든 것을 몽땅 시장 논리에만 맡겨 버렸다"고 비판했다. 그는 동독에서 3월 18일 인민의회 및 5월 6일 지방의회 선거 결과에 대해서는 "폭력을 쓰지 않고 국가와 당 사이의 권력 유착의 고리를 끊어 낸 (1989년) 10월의 진정한 혁명 용사들을 '구석진 데'로 밀어냈다"고 한탄했다.[111]

화폐, 경제 및 사회 통합 조약 내용에 대한 불만은 서독 쪽에서만 나온 것이 아니었다. 동독에서 공산당, 민사당, 사민당 그리고 노조가 중심이 되어 경고 파업과 항의 시위를 벌이고 나왔다. 이 시위에는 자신들의 사회보장을 걱정하는 수천 명의 시민들이 합류했다. 이들은 동독 정부가 동독 경제를 서독에 팔아넘긴다고 비난했다. 메지에르 연립정부의 파트너인 동독 사민당은 독일동맹과의 연정 파기를 위협했고 8월에 마침내 연정에서 철수했다. 바로 직전에는 자유민주당이 연정에서 탈퇴했다.

화폐, 경제 및 사회 통합 조약이 시행된 이후 동독 주민들의 삶은 개선되었지만 동독 경제 자체는 붕괴 직전의 상황으로 몰렸다. 동독 주민들이 서독의 물건들을 구매함으로써 동독의 공장은 문을 닫아야 했다. 전에는 소련에 팔 수 있었지만 소련은 동독으로부터의 수입을 경화(硬貨)로 결제할 수가 없었다.

그러자 보다 신속한 통일을 요구하는 목소리가 동·서독 양쪽에서 나왔다. 동독 사민당은 9월 중순까지는 서독과 통일을 해야 한다고 압박했다. 겐셔 외무장관을 포함하여 서독의 지도부는 통일이 되려면 적어도 두 번째 국가 조약의 확정과 비준을 기다려야 하며, 5개 동독 주들의 재가입을 위한 시간이 필요하고, 2+4 합의문이 조인되어야 한다는 점을 분명히 했다. 독일인들은 이 모든 것들이 9월 중 이루어지고 다음 달인 10월에 통일되기를 희망했다. 동·서독 전체를 대상으로 하는 총선거는 여전히 12월로 예정돼 있었다.[112)

선거 조약(Wahlvertrag)

이 조약의 명칭은 '첫 번째 전체 독일 연방의회 총선 준비와 실시를 위한 조약'이다. 이른바 선거 조약이라고 부르는 조약을 동·서독은 1990년 8월 3일에 체결하였다. 독일은 1990년 통일 2개월 후인 12월 2일에 통일 독일의 첫 총선을 실시하였는데 이때 적용된 총선 방법은 바로 이 선거 조약에 따라 결정된 것이다.

이 선거 조약은 전문과 8개 조항으로 구성되어 있다. 1조 1항은 연방 선거법과 선거감시법의 적용 영역을 동독까지 확대한다는 내용을 담고 있다. 3항에서는 1990년 2월 20일의 동독 인민의회 선거법을 통해 인정된 정치 결사체를 정당과 동등하게 취급하였다. 제3조는 독일 통일 이전이라도 선거 준비 차원에서 베를린을 독립한 하나의 연방주로 취급한다고 규정했다. 제5조에는 기회 균등을 보장하기 위하여 각 정당들에게 활동의 자유를 보장하고, 위헌 정당들에게는 선거에 참여할 수 없다는 내용이 포함되었다.[113)

이 선거 조약은 서독 기본법 제23조에 의거하여 서독으로 편입되는 동독의 5개 주와 동베를린을 포함한 독일의 전 지역을 공동의 선거구로 하며 과거 256개의 선거구를 328개의 선거구로 확대하였다. 이로써 통일 전의 서독 연방의회가 518명으로 구성되어 있었는데 통일 후에는 동독 5개 주 의원들이 포함되어 656명이 되었다. 그러나 통일 후 실제로는 일부 주에서 직접 선출된 정원 외의 후보자들이 초과 의석의 형태로 의회에 진출하여 숫자가 일부 증가했다.

통일 조약

1990년 5월, '화폐, 경제 및 사회 통합을 위한 국가 조약'의 체결로 독일 통일이 문 앞에 다가왔다. 다음으로는 통일 이후 이행해야 할 내용을 준비하고, 통일 후 발생할 문제들을 예방하기 위한 제2의 국가조약인 통일 조약 체결에 매진했다. 메지에르 동독 총리의 제안에 따라 7월 6일 동베를린에서 제1차 통일 조약 회담이 열렸다. 회담에는 동독 측에서 귄터 크라우제(Günter Krause), 서독 측에서 볼프강 쇼이블레(Wolfgang Schäuble) 연방 내무장관이 나왔다. 메지에르는 조약의 신속한 체결을 촉구했다. 그 이유는 동독의 경제적 상황이 너무 위급하여 조약 체결 전에 완전히 붕괴되어 버릴 것 같았기 때문이다. 반면 서독 정부에는 다른 중요 고려 사항이 있었다. 두 번째 국가 조약을 위해서는 제도 변경에 필수적인 2/3 이상 다수의 지지가 필요했다.[114] 그런데 5월 13일 니더작센의 자치정부 선거에서 기민/기사당이 패배하면서 연방상원에서 집권 여당이 과반을 상실했다. 야당인 사민당은 두 번째 국가 조약인 통일 조약에 대해서는 집권 여당과 대등한 입장에서 발언권을 행사하려 했다.[115]

분단 이후 40여 년 동안 전혀 상이한 체제로 존재했던 국가들을 하나로 통합시킨다는 것은 결코 쉬운 일이 아니었다. 통일 독일의 수도 문제, 재산권 문제, 낙태 문제 등 여러 가지 어려운 과제들이 협상팀 앞에 놓여 있었다. 먼저 동독은 통일 독일의 수도로 베를린을 주장했다. 베를린이 분단 전 독일의 수도였다는 점에서 동독의 주장은 설득력을 가졌다. 또 사실상 동독이 서독에 흡수 통합되는 점을 고려할 때 베를린을 수도로 하는 것은 동독인들의 심리적 허탈감과 통일에 대한 두려움을 완화시키는 데 긍정적으로 작용할 것이 틀림없었다. 그러나 서독은 베를린이 행정부와 의회 모두의 소재지가 되어야 한다는 주장을 100% 수용하기가 어려웠다. 서독의 입장에서는 지방 분권 및 주들 사이의 균형 발전을 생각하지 않을 수 없었다. 실제로 사민당이 지배하는 주들(베를린 제외) 및 바이에른 주는 국가 균형의 문제를 제기하며 베를린을 행정부와 의회 모두의 소재지로 삼는 데 반대했다. 서독 주들이 반대하면 연방상원에서 통일 조약의 통과가 불투명해진다. 서독 측은 원만한 해결을 위해서 수도는 베를린으로 정하되 의회와 행정부의 소재지는 통일 후 새로 구성될 의회에서 결정하자고 제안하였다. 동독 측이 이 타협안을 수용했고 이로써 수도 문제는 해결되었다.[116]

재산권 문제는 또 다른 쟁점 사항이었다. 국가에 의해 몰수된 재산권 문제는 동·서독인 모두에게 매우 예민한 문제였다. 특히 1945년부터 1949년 사이 동독 지역에서 소련군에 의해 몰수된 서독인들의 재산권 문제는 서독인과 동독인 외에 소련까지 결부된 매우 복잡한 문제였다. 동독 정부와 소련은 1945년부터 1949년까지 탈나치화 및 토지 개혁의 과정에서 행해진 재산권 변동을 그대로 인정해야 한다고 주장했다. 소련은 이러한 조치들을 인정하지 않을 경우 독일 통일이 위기에 빠질 수 있다고 경고했다. 이 주장에 대해서는 서독 측도 이해했다. 그러나 1949년 이후 몰수된 재산에 대해 원래 소유자에게 보상의 방식을 취할 것인지 반환의 방식을 취해야 하는지 문제는 서독 정부 내에서도 의견이 갈렸다. 연정 내 자민당은 원 소유자에게 반환을 해야 한다고 주장했다.

수차례의 협상 끝에 동·서독 정부는 1945~1949년 소련 점령 기간에 몰수된 재산에 대해서는 반환하지 않기로 했다. 보상의 방식은 통일 의회가 결정하기로 했다. 1949년 이후 압류된 재산에 대해서는 보상에 앞서서 반환의 기본 원칙을 적용하기로 했다. 그러나 회담 막판에 사민당이 예외적인 경우에만 반환의 원칙을 적용해야 한다고 주장했다. 논의 끝에 요구가 일부 수용되어 투자의 경우에는 배상의 원칙이 가능하도록 했다.[117]

낙태 관련 규정을 둘러싸고도 논란이 많았다. 서독 형법 제218조는 특별한 경우 이외에는 낙태를 처벌하도록 규정하였다. 반면에 동독에서는 임신 3개월 이내에는 자유롭게 낙태를 할 수 있도록 했다. 서독 측에서는 특히 기사련(CSU)이 서독 형법의 동독 지역으로 확대 적용을 강하게 주장했다. 동독 측은 서독에 강력히 맞섰다. 논쟁의 초점은 '거주지 원칙'이냐 '행위지 원칙'이냐로 모아졌다. 이 문제도 통일 전에 완전 해결점을 찾기는 불가능했다. 통일 조약은 이 문제에 대해 과도기 기한을 설정했다. 새로운 법을 제정할 때까지 '거주지 원칙'에 따라 서독 지역 거주자에게는 서독법을, 동독 지역 거주자에게는 동독법을 적용하기로 했다. 그러나 통일 조약을 가조인하기 직전 서독의 자민당이 이미 합의한 거주지 원칙을 반대하고 나섰다. 사민당에 이어 자민당까지 '행위지 원칙'을 주장하고 나서자 기민/기사당도 후퇴했다. 결국 서독 측과 동독 측은 통일 후 2년 내에 낙태에 관한 적절한 단일 규정을 마련하기로 합의하면서 이 논란을 일단락지었다.[118]

이렇게 동·서독은 협상 과정에서 당장 합의를 볼 수 있는 부분과 그렇지 못한 부분으로 나누어 합의를 이루기 어려운 사항들에 대해서는 통일 이후로 미루는 방식을 선택했다. 같은 차원에서 폭발성이 강한 슈타지 문서에 관해서도 그것을 동독에 두기로 하는 선에서 문제점을 봉합했다. 언제 합의될지도 모르는 지루한 논쟁으로 통일 일정에 차질이 생겨서는 안 된다는 점 때문이었다. 서독 측 협상 책임자였던 쇼이블레 장관은 협상 후일담을 이야기하면서 "동독과의 협상보다도 소속 정당인 기민당이나 야당 그리고 이익집단을 이해시키고 이들의 지지를 얻는 서독 내의 협상이 더 어려웠다"고 회고했다.[119]

8월 31일 볼프강 쇼이블레 서독 내무장관과 동독의 귄터 크라우제 총리실 정무차관이 동베를린에서 메지에르 총리가 지켜보는 가운데 통일 조약에 서명했다. 통일 조약의 정식 명칭은 '독일 통일 완수에 관한 독일연방공화국과 독일민주공화국 간의 조약'이며, 일반적으로 '통일 조약'으로 불리고 있다. 통일 조약의 출현으로 10월 3일 이후 하나가 될 통일 독일에 대한 법적 근거가 마련되었고, 10월 3일과 12월 2일에 있을 전 독일 총선거 사이의 과정을 이어 주는 바탕이 마련되었다. 바이체커 대통령은 통일 조약의 체결 과정에서 가장 크게 공헌한 인물로 서독 내무장관 볼프강 쇼이블레를 꼽았다.[120]

서독 사민당의 수상 후보 라퐁텐은 1990년 통일 과정에 부정적이었지만 당의 전직 지도자들인 브란트, 라우, 포겔 등은 통일 과정에 적극 참여했다. 그러나 사민당 지도자들은 콜 총리의 통일 방식에 우려도 표명했다. 이들은 특히 동독의 사회복지 문제에 주목했다. 그들은 부동산 소유권 분쟁에서 보상보다 반환에 우선을 두는 기본 방침을 비판했을 뿐만 아니라 통일 비용 조달에 대해서도 경고했다.[121]

통일 조약은 전문과 9장 45조의 본문, 그리고 1개의 의정서와 3개의 부록으로 구성되었다. 전문에서 서독과 동독은 평화스럽고 자유스러운 가운데 자결권에 의해 통일을 이룩한다고 밝혔다. 또한 서독과 동독은 동·서독 국민들이 연방국가에서 함께 살고, 독일 역사를 지키며, 독일 통일을 통해 유럽의 통합과 평화 질서에 기여하고자 노력할 것임을 명시했다. 또한 유럽 모든 국가의 국경선의 불가침과 영토의 신성함과 주권의 불가침이 평화를 위한 기본 조건임을 인식하여 이 조약을 체결한다고 밝혔다.

조약 제1조에서 브란덴부르크, 메클렌부르크-포아포메른, 작센-안할트, 작센, 그리고 튀링겐 주는 기본법 제23조에 따라 1990년 10월 3일자로 독일연방공화국에 추가된다고 했다. 제2조에서 독일의 수도는 베를린이며, 의회와 정부의 소재지는 통일 후에 결정하기로 했다. 그리고 10월 3일을 독일 통일의 날로 정했다.

서독과 동독은 통일 조약의 기본법 전문 일부를 개정하여 기본법이 전 독일 국민에게 적용된다고 했다. 그리고 기본법 23조를 삭제하고 동독의 채무와 재산과 관련한 새로운 규정을 두고, 146조를 개정하여 기본법은 전 독일 국민의 자결권에 의한 헌법이 제정되면 효력을 잃는다고 했다. 동독 지역에 서독의 연방법을 적용하기로 하고 서독의 국제법상의 조약과 합의 사항은 계속 유효하나 동독이 체결한 국제법상의 조약의 이행 문제는 각 당사자 및 유럽경제공동체와 협의하여 결정하기로 했다. 이 외에도 노동, 사회보장, 가족과 여성, 보건, 환경보호, 문화, 방송, 교육, 과학, 그리고 체육에 관한 합의가 이루어졌다.[122]

2+4 조약

유럽 평화 속의 통일정책

베를린 장벽 붕괴와 함께 동독 공산 정권의 붕괴가 초읽기에 들어갔다는 사실이 전 세계에 알려졌다. 1990년 3월 18일 선거를 통해 동독인들은 자존심을 버리고 서독 기본법 23조에 의한 흡수 통일을 추진한 콜 총리의 통일 방식을 택했다. 화폐, 경제 및 사회 통합을 위한 조약, 선거 조약, 통일 조약을 통해 통일을 위한 독일 내부의 준비는 완료되었다.

그러나 독일 통일은 동·서독인들만의 결정으로 완성될 수 없었다. 베를린은 여전히 제2차 세계대전 승전국인 미국, 영국, 프랑스, 소련 등 4대 강국에 의해 관리되고 있었다. 서독에는 미군을 비롯한 나토군이, 동독에는 소련군이 진주해 있었다. 동독 정부는 여전히 소련의 영향권하에 있었다. 독일의 통일은 4대 강국과 폴란드 등 주변 국가들의 동의와 협력 없이는 어려웠다.

서독의 초대 총리 아데나워와 기민당 정권은 패전 후 서독의 국제적 위상을 강화하기 위해 미국, 영국, 프랑스 등 서방국가들과의 유대에 진력했다. 미·소 냉전체제는 아데나워 정부의 이런 친서방 정책에 유리하게 작용했다. 냉전체제하에서 미국은 소련의 팽창정책을 저지하기 위해 서독을 미국의 주요 동맹국으로 간주했고, 서독 재건에 전폭적인 지원을 해 주었다. 프랑스와 서독 사이에도 긴밀한 관계가 형성되었다. 역사적으로 많은 전쟁을 치르며 치열하게 대결했던 두 나라가 전후 관계 증진에 신속하게 나서고 통상적인 외교를 뛰어넘어 유럽경제공동체 건설이라는 원대하고 구체적인 목표를 위해 노력했다. 독일 통일에서 서독이 프랑스의 지지를 받게 된 것은 이런 오랜 시간에 걸친 관계 증진의 반영이었다.

1969년 집권과 동시에 동방정책을 펼친 빌리 브란트는 '서유럽 속의 독일'을 확대해 '유럽 속의 독일'이라는 구호를 내걸었다. 구체적으로 그는 미국 등 서방국가와의 기존 관계를 계속 이어 감과 동시에 새롭게 동유럽 공산국가와의 관계 증진에 적극 나섰다. 소련과의 우호관계를 강화하고 폴란드, 헝가리, 체코슬로바키아 등 인접 국가들과 외교관계를 수립했다. 그는 더 나아가 동서 유럽을 포괄하는 유럽공동체의 건설을 제창했다. EEC를 확대하고 동·서 유럽을 한 묶음으로 결합할 수 있는 실제적인 프로젝트, 즉 유럽연방공화국을 건설하자고 주장했다.[123] 그는 독일의 번영과 통일은 유럽의 평화 속에서 그리고 유럽의 통합과 동시에 추진해야 한다고 주장했다.

브란트의 '유럽 속의 독일' 정책은 그의 계승자인 헬무트 슈미트 정권 시기에는 물론이요 야당 시절 그의 동방정책을 비판했던 기민당의 콜 정권에 의해서도 계승되었다. 콜 총리의 동방정책은 특히 소련 지도자 고르바초프의 페레스트로이카 정책과 어울려 시너지 효과를 냈다. 콜 총리는 고르바초프의 협조를 받아 독일 통일 작업을 추진할 수 있었고 속도를 낼 수 있었다.

콜 총리가 보는 독일 문제는 독일인들에 국한된 것이 아니었다. 그것은 유럽 대륙 한복판에 위치해 그 어떤 나라들보다 많은 국경을 접하고 있는 독일이 어떻게 하면 유럽 전체의 정치 구조에 잘 통합될 수 있을 것인가 하는 과제까지 포함하는 것이었다. 그는 독일 통일은 국내적인 측면과 국제적 측면을 함께 지니고 있다고 보았다. 그는 다른 국가들이 독일 국민의 자결권 행사에 반대하는 것을 원치 않았지만 다른 한편으로 독일이 평화로운 선린 관계의 미래를 바란다면 통일을 위해 이웃 나라들의 지지와 동의가 필요하다는 사실을 잘 알고 있었다.[124]

1990년 고르바초프의 어려운 입지

고르바초프는 1990년대에 들어서 여러 가지로 어려움에 처해 있었다. 국내적으로는 경제가 어려웠다. 사회주의경제 체제에 시장경제 체제를 도입하는 과정에서 사회주의경제의 장점과 시장경제의 장점이 만나 시너지 효과를 낼 것이라는 기대와 달리 오히려 반대 결과가 나타났다. 시장경제의 도입에 따른 긍정적 효과는 미미했고 사회주의경제의 와해에 따른 부작용이 커 전체적으로 경제가 과거보다 더 나빠지고 있었다.

이런 경제적 어려움에 덧붙여 민족 분규가 발생했다. 자유화·민주화 분위기를 타고 소수 민족들이 곳곳에서 독립운동을 펼친 것이다. 이들 소수 민족들의 독립운동 중에서도 고르바초프를 가장 어렵게 만든 것은 발틱 3국의 독립운동이었다. 리투아니아(Lithuania), 에스토니아(Estonia), 라트비아(Latvia) 등 발틱 3국은 18세기에 제정 러시아에 강제로 편입되었던 지역들로서 1918년 제1차 세계대전이 끝나면서 독립했다. 그러나 1939년 제2차 세계대전 발발을 1주일 앞두고 소련의 스탈린은 독일의 히틀러가 전쟁을 일으키는 것을 묵인하는 대신 발틱 3국을 비롯하여 폴란드 동쪽 지역 등을 소련에 병합하는 것을 용인하는 소위 '독·소 불가침조약'을 체결했다. 소련은 이 조약에 따라 1940년 발틱 3국을 소련에 병합했다. 발틱 3국과 서방국가들은 스탈린의 발틱 3국 병합을 무효라고 선언했고 이런 가운데 1980년대를 맞이했다. 1989년 리투아니아가 맨 먼저 소련이 리투아니아를 병합한 것은 무효라고 주장하면서 독립운동에 나섰다. 리투아니아공화국 의회는 1990년 3월 1일 독립을 공식 선언하고 국명을 '소비에트사회주의 리투아니아공화국'에서 '리투아니아공화국'으로 개칭했다. 리투아니아공화국의 독립운동은 인접 국가인 에스토니아와 라트비아에 바로 옮겨졌다. 발틱 3국이 모두 소련으로부터 독립을 선언하고 나선 것이다.

고르바초프는 1989년 발틱 3국에서 독립운동이 일어났을 때 두 가지 입장을 발표했다. 그는 먼저 1939년 스탈린에 의한 발틱 3국 병합의 부당성을 인정했다. 하지만 그는 또한 이들 국가들을 독립시키기에는 역사가 너무 많이 흘렀다고 말했다. 페레스트로이카 정신에 입각한다면 이들의 독립을 허용하는 게 마땅하나 그렇게 할 경우 소련 내에 존재하는 반개혁파들이 이 사건을 빌미로 페레스트로이카 정책에 강력한 반기를 들 것이 예상되었다. 결과적으로 고르바초프는 발틱 3국의 독립 문제 때문에 진퇴양난의 어려움에 놓이게 되었다.

이렇게 대내외적으로 어려움에 처해 있는 고르바초프에게 동독 문제는 또 하나의 고민거리였다. 동독은 동·서 냉전체제하에서 소련과 바르샤바군이 미국 및 나토와 대결하는 최전선이다. 동독에는 소련군 수십만 명이 주둔하고 있기 때문에 동독이 서독에 일방적으로 흡수 통일될 경우 고르바초프의 소련 내 입지는 더욱 좁아질 것이 분명했다. 그러나 이런 어려운 입장에도 불구하고 고르바초프는 독일의 통일을 무작정 반대하는 것 역시 현실적 대안이 되지 못한다는 것을 알고 있었다. 그는 동독의 경제 사정이 너무 좋지 못하고, 동독인들의 탈출 소동에 비추어 볼 때 동독의 존속이 불가능하다는 판단을 하고 있었다. 과거처럼 소련군을 동원하여 동독의 자유화 및 통일 운동을 진압할 생각도 없었다.

고르바초프의 입장에서 소련과 서독의 경제적 협력 관계는 매우 중요했다. 고르바초프는 1989년 6월 서독을 방문했을 때 콜 총리에게 소련의 경제적 어려움을 솔직히 토로하며 서독의 지원을 요청한 바 있었다. 이때 콜은 소련을 경제적으로 적극 도와주겠다고 약속했다. 1990년 1월 초 고르바초프는 1989년 6월의 약속을 지켜 소련에게 식량, 특히 육류를 긴급 지원해 달라고 요청했고, 서독은 2주 만에 16만 톤이 넘는 육류를 포함하여 1억 달러 상당의 식량 지원 계획을 승인했다.

이런 제반 사정들을 종합적으로 판단한 고르바초프는 결국 독일의 통일을 대세로 인식했다. 그는 다만 독일 통일이 점진적인 방식으로, 그리고 서독에 일방적으로 흡수되는 방식이 아니라 동독의 체면을 어느 정도 세워 주는 방식으로 이루어지기를 바랐다. 그는 또한 통일 후 독일이 나토에 소속되지 않고 중립적인 위치에 남기를 바랐다.

미국과의 협력

미국과 부시 대통령은 독일 통일 과정에서 콜 총리의 가장 든든한 후원자였다. 부시 대통령은 고르바초프 및 주변 국가들에서 얻은 중요 정보를 콜 총리에게 알려 주며 독일 통일 문제에 대해 수시로 조언을 했다. 콜 총리가 부시 대통령을 가리켜 "독일인들에게 큰 행운이었다"[125]고 말한 것은 결코 과장이 아니었다. 콜 총리 역시 동독 및 소련 등 동유럽 국가들과의 협의 과정에서 중요한 사항들은 꼭 부시 대통령과 협의했다. 그는 12월 10일 '독일 통일을 위한 10개 항 프로그램'을 발표할 때에 겐셔 외무장관에게도 사전에 알리지 않았지만 부시 대통령에게는 사전에 알릴 정도였다.

미국은 독일 통일과 콜 총리의 통일 스케줄에 전반적으로 동의했지만 통일 독일이 나토에 잔류할지에 대해 촉각을 곤두세웠다. 통일 독일이 혹시라도 중립적 지위를 주장할 경우 나토 문제는 매우 심각한 상황을 맞이할 수 있기 때문이었다. 당시 유럽 전체에 주둔하고 있는 미군 병력이 30여만 명 정도 되었는데 그중 서독에 주둔하고 있는 미군 병력이 80%에 해당하는 25만 명 정도였다. 미국은 서독이 통일 문제를 주로 소련과 협의하고 있는 데 대해 불안해 했다. 미국은 콜 총리가 통일을 서두르면서 소련에 지나치게 많은 것을 양보한다고 판단했고 그 연장선상에서 통일 독일이 중립화를 선택하고 나토를 탈퇴할지 모른다고 걱정했다. 미국은 고르바초프의 개혁정책이 성공하도록 서방측이 적극 도와야 한다고 생각하면서도 동시에 독일 통일 과정에서 미국과 서방측의 이익이 침해받지 않도록 하는 이중 전략을 구사할 수밖에 없었다.

미국은 독일 통일을 도와주면서 동시에 통일 논의에 주도적으로 참여하기 위해 2+4 정책을 고안해 냈다. 이 정책은 서독과 소련은 물론이요 영국과 프랑스 등을 함께 고려한 정책이었다. 서독은 독일 통일 과정에 4대 강국이 직접 개입하는 것에 반대했다. 미국은 이런 독일을 설득하여 독일도 참여하고 미국도 참여할 제도적 장치를 찾았다. 미국은 또한 독일 통일 논의에 소련의 참여도 보장하여 독일 통일에 대한 소련의 우려 혹은 반대를 불식시킬 방법을 찾았다. 이 제반 사항을 고려하여 고안된 것이 2+4 정책이었다.

2+4 정책을 계획하면서 미국 국무부는 세 가지 원칙을 정했다. 첫째, 동독 대표단은 자유선거를 통해 구성된 정부를 대표해야 한다. 둘째, 두 개의 독일 국가는 통일에 대하여 4대 강국과의 협의에 완전히 동등하게 참여해야 한다. 셋째, 가장 중요한 것으로서 모든 참여국은

회담의 주제가 독일 통일이며, 두 개의 독일이 통일을 달성하도록 권한을 부여하기 위한 것임을 공개적으로 인정해야 한다.[126]

베이커(James Baker) 미 국무장관은 더글러스 허드(Douglas Hurd) 영국 외무장관과 만나 자신의 구상을 밝혔고 동의를 얻었다. 허드는 독일의 통일이 불가피하다는 데 동의했고 대처 수상의 경우 독일 통일을 지지할지 여부에 대해 망설이고 있기는 하지만 반대하는 것은 아니라고 전해 주었다.[127]

베이커 국무장관은 2월 2일 워싱턴을 방문한 겐셔 외무장관과 만났다. 겐셔는 4+2가 아니라 2+4가 되어야 한다는 전제하에 미국의 제안을 환영했다. 그는 소련이 통일 독일의 나토 잔류에 동의할 것 같으냐는 베이커의 질문에 동의할 것이라고 대답했다. 대신 겐셔는 소련 지도부 내에 통일 독일의 나토 잔류에 반대하는 세력들이 있고, 이로 인해 고르바초프와 세바르나제 외무장관이 난처해질 수 있다는 점을 고려해야 한다고 말했다. 겐셔는 독일 민족의 자결권 행사에 4강 구조가 어떤 형태로든 개입되는 것을 반대했다. 그는 기존 국경은 존중되고 독일은 미래에도 서방세계와 나토의 일원으로 남아 있을 것이라고 말했다. 그는 통일 독일이 중립국이 되는 것을 원치 않는다고 말했다.[128]

통일 독일의 나토 잔류 문제는 2+4 회담에 앞서 독일 정부 내에서도 뜨거운 논쟁을 거쳤다. 연정 내에서 스톨렌베르크(Stolenberg) 국방장관은 통일 독일 전체가 나토 관할권에 포함되어야 하고 군대도 주둔할 수 있어야 한다고 주장했다. 반면에 겐셔 외무장관은 통일 독일이 나토 회원국이 됨은 당연하지만 관할권과 군대 주둔은 제외해야 한다고 주장했다. 겐셔의 주장은 통일 독일의 동독 지역은 사실상 중립 지역으로 남아 있어야 한다는 의미였다. 콜 총리는 이 논쟁에서 일단 겐셔의 주장에 무게를 실어 주었다. 통일 독일의 일부에는 나토군이 주둔하고 일부에는 주둔할 수 없다는 겐셔의 주장은 논리적으로 모순된 점이 있었지만 그럼에도 불구하고 미국과 소련 사이에서 양쪽 모두를 만족시켜야 하는, 달리 표현하면 양쪽 모두로부터 극단적인 거부를 피해야 하는 현실 정치적 입장이 반영된 결과였다.[129]

베이커 미 국무장관은 독일이 나토의 일원으로 남되 나토의 영역이 옛 동독 지역에 확대되지 않는다는 것으로 소련을 안심시킬 필요가 있다는 겐셔의 주장을 이해한다고 말했다. 베이커는 나토의 방위 공약이 옛 동독에는 적용되지 않을 것이라고 말했고, 겐셔는 2+4 조약에 찬성했다. 다만 겐셔는 2+4 구상이 3월 18일 동독 선거 이전까지 비밀에 붙여지기를 원했다. 소련이 그것을 서방이 동독 선거에 영향을 미치고자 하는 공작의 일환이라고 여길지 모른다는 생각에서였다.

베이커 장관은 프랑스 외무장관 롤랑 뒤마(Roland Dumas)를 만나서 내부 문제는 독일인들에게 맡겨 두고 대외 문제는 2+4 회담에서 다루자고 제안했다. 뒤마도 소련의 불만이 크기 때문에 출구가 필요하다는 데 동의했다. 그렇지만 그는 출구가 필요한 것은 소련만이 아니라 영국, 네덜란드, 폴란드 등도 모두 신경을 곤두세우고 있다고 말했다.

베이커는 최종적으로 셰바르나제 소련 외무장관과 만났다. 셰바르나제는 독일 통일의 속도가 너무 빠르다고 했다. 유럽 전체가 그 통일을 가능케 하도록 변해야 하는데 그 변화가 통일의 속도를 따라잡지 못하고 있다는 것이다. 소련은 독일 통일을 지지하지만 그것은 중립적인 통일 독일을 전제로 한다고 했다. 셰바르나제는 점진적인 통일 방안을 제시한 모드로우 동독 총리의 방식을 지지한다고 했다. 베이커는 이에 대해 통일 독일의 중립화 방안은 받아들일 수 없다고 했다. 소련은 막강한 육군력을 가지고 있는데 통일 독일이 무장 해제되는 중립화 안은 어렵다고 했다. 이후 베이커는 모스크바에서 고르바초프를 만났다. 그런데 고르바초프는 놀랍게도 세바르드나제만큼 완고하지 않았다. 그는 독일이 통일된다고 해서 굳이 두려워할 것은 없다고 말하고 2+4 정책도 수용할 뜻을 드러냈다. 그는 나토 영역이 동쪽으로 확대되는 것은 절대 허용할 수 없다고 밝혔지만 다른 부분들에 대해서는 유연한 입장을 보였다. 그는 고르바초프를 만난 결과를 2월 10일 모스크바를 방문 예정인 콜 총리에게 브리핑해 주었다.[130]

프랑스와의 협력

프랑스의 미테랑 대통령은 귀족풍의 사회주의자였다. 그럼에도 불구하고 그와 보수주의자인 콜 총리의 관계는 좋은 편이었다. 사실 서독과 프랑스의 관계는 어떤 정당의 어떤 사람이 나라를 이끄느냐에 크게 좌우되지 않을 만큼 이미 돈독한 관계를 형성하고 있었다. 프랑스와 서독은 제2차 세계대전이 종료된 후 유럽의 협력과 통합이라는 공통의 목표 아래 긴밀하게 움직였다. 게다가 콜 총리와 미테랑의 개인적 관계도 나쁘지 않았다. 1989~1990년에 독일 통일이 현실적인 주제로 부상하자 미테랑 대통령은 두 가지 문제로 고민하지 않을 수 없었다. 하나는 동독인들의 혁명적 열기와 독일인들의 재통일 의지였다. 민주주의와 자유, 정의를 사랑하는 미테랑의 입장에서 독일인들의 자결권은 외면하기 어려운 문제였다. 다른 하나는 독일이 통일되었을 때 이웃과 유럽에 강력한 국가로 부상할 독일에 대한 프랑스의 곤혹스러운 처지였다.

미테랑이 주목한 또 하나의 문제는 고르바초프가 주도한 소련 및 동유럽의 개혁 및 자유화운동이었다. 미테랑은 고르바초프의 개혁정책을 적극 지지했다. 그는 고르바초프의 개혁이 성공하기를 바랐고 그런 의미에서 1990년 고르바초프가 소련 내에서 직면한 어려움을 걱정했다. 그는 고르바초프의 개혁이 실패할 경우 소련에 공산주의의 강화 여부와 상관없이 가혹한 군사독재가 도래할 것으로 예측했다. 그는 독일 통일 문제도 고르바초프의 미래와 밀접하게 관련되어 있다고 보았다. 그는 독일 통일이 너무 빨리, 그리고 고르바초프의 주장과 다른 방향에서 전개될 경우 고르바초프의 어려움을 가중시킬 것으로 예측했다. 그는 이런 관점에서 콜 총리가 추진하는 통일의 속도가 너무 빠른 것이 아닌지 우려했다.

콜 총리도 소련 상황에 대한 미테랑 대통령의 우려에 공감했다. 그래서 미테랑 대통령과 콜 총리는 4월 말 만난 자리에서 리투아니아의 의회 지도자 란트스베르기스(Vytautas Landsbergis)에게 공동으로 편지를 보내 리투아니아가 독립 주장에 앞서 고르바초프와 대화를 하도록 권유했다. 콜 총리는 고르바초프가 위기에 처할 경우 소련에 군부 세력이 집권함은 물론이요 독일 통일에도 부정적 영향을 미칠 것으로 내다보았다.

콜 총리는 미테랑 대통령을 만난 자리에서 독일이 통일될 경우 서독에 주둔하고 있는 프랑스군 철수 문제에 대해서도 논의했다. 콜 총리는 독일이 프랑스군을 반대하는 분위기가 아니며, 오히려 그들이 주둔해 있는 도시 주민들은 불만이 없으니 걱정하지 말라고 말했다. 미테랑은 독일이 중립화되거나 비무장 지역이 되는 일은 없어야 한다고 주장했다. 미테랑과 콜이 독일의 군사적 지위나 나토 잔류 문제 등에 의견 일치를 본 것이다.

미테랑과 콜 총리는 독일 통일과 유럽 통합은 동전의 양면과도 같은 것이라는 점에 의견 일치를 보았다. 두 사람은 독일 통일의 속도가 예상보다 빠른 만큼 유럽 통합도 같은 속도로 밀고 나가기로 했다. 두 사람은 1990년 12월 중으로 유럽 경제 및 통화 동맹과 관련한 회원국 정부 회의와 함께 정치 동맹을 위한 또 하나의 정부 회의를 갖기로 했다. 미테랑은 독일 통일을 반대할 수 없는 일로 받아들이고 대신 유럽 통합이라는 건설적인 대안을 제시하여 독일과 프랑스를 포함한 전 유럽이 윈윈할 수 있는 방법을 찾고자 했다. 미테랑은 유럽 통합을 추진하면서 특히 유럽 통화의 창설에 비중을 두었다. 그는 유럽 통화의 창설을 통해 독일 통일 후 유럽에서 독일 마르크의 지배권을 무력화시키고자 했다.[131]

4월 28일 유럽공동체 특별 정상회담에 참석한 유럽 정상들은 폐막 성명에서 독일 통일이 전체적으로 유럽 발전을 위해, 그 가운데서도 특히 유럽공동체 발전을 위해 긍정적인 역할을 할 것으로 기대한다고 말했다. 유럽공동체의 이런 입장은 기본법 23조에 따른 동독의 독일연방공화국 편입을 전제로 하는 것이었는데, 그렇게 해야만 유럽경제공동체 조약을 개정하지 않고도 동독이 별 문제 없이 유럽공동체에 들어올 수 있기 때문이었다. 유럽공동체는 동독에 차관과 재정 지원을 받을 수 있는 길도 열어 주었다. 이렇게 유럽공동체와 나토는 연대감을 갖고 독일의 통일을 지지하기 시작했다. 유럽공동체가 이처럼 독일의 통일을 지지하게 된 배경에는 프랑스와 서독이 오랫동안 쌓아 온 신뢰와 독일 통일이 두 나라가 공동으로 추진하는 유럽공동체 건설에 긍정적으로 작용할 것이라는 판단이 있었다.

독일 통일이 막바지에 접어든 9월 17일 미테랑 대통령과 콜 총리가 뮌헨에서 만났다. 미테랑은 저녁 만찬 석상에서 프랑스 국민들은 독일 친구들, 그리고 그 이웃들과 통일에의 길을 함께 걸어 왔다고 말했다. 그는 프랑스가 우리의 미래상인 통일 유럽 건설에 동참할 것을 맹세한 다면서 독일과 프랑스 두 나라는 앞으로도 계속 유럽 통합 작업을 위한 기관차 역할을 수행해야 한다고 강조했다.[132]

소련의 긍정적 신호

소련 공산당은 1990년 2월 첫 주에 당 중앙위원회 전원회의를 열어 공산당의 새로운 강령 초안을 제시했다. 이 초안은 "우리들의 이상은 인간적인 민주주의적 사회주의이다"라고 천명했고, 공산당이 국가를 지도한다는 소련 헌법 제6조의 포기, 당과 국가의 관계의 근본적인 변화, 즉 당과 국가기관의 분리, 민주집중제의 완화를 제시했다. 이 초안은 소련 사회의 광범위한 민주화와 정치적 다원주의의 강화, 이에 따른 복수정당제의 도입도 제시했다. 사유재산을 인정하는 소유권법의 채택도 제안되었다. 권력 구조의 개편과 관련해서는 대통령제의 도입을 제안했다. 이 초안대로라면 앞으로 소련에서 정치권력의 중심은 공산당이 아니라 대통령이 이끄는 정부 기관이 될 것이다. 중앙위원회 전원회의는 이 문서의 내용을 놓고 격론을 벌였으나 최종 결과는 압도적인 지지였다. 고르바초프의 권력이 지금보다 더욱 강화될 것임을 예고한 회의였다.

　고르바초프가 소련에서 중요한 정치적 승리를 획득한 다음 주인 1990년 2월 10일 콜 총리가 모스크바를 방문했다. 겐셔 외무장관도 함께 갔다. 콜 총리는 고르바초프에게 동독의 상황을 자세히 설명해 주고 모드로우와의 회담 내용을 전해 주었다. 콜 총리는 고르바초프가 관심을 갖는 폴란드 국경 문제에 대해서도 설명했다. 서독 정부는 폴란드에게 오데르–나이세 강(Oder-Neisse-Linie)을 경계로 하는 기존 국경을 더 이상 변경하지 않을 것이라고 약속했다. 동시에 그는 통일 독일의 중립화는 불가능한 것이며, 서독의 입장에서 받아들이기 어렵다는 점을 분명히 했다. 고르바초프는 콜의 설명을 들은 후 "소비에트연방, 독일연방공화국, 그리고 독일민주공화국 사이에는 통일에 대해서, 그리고 통일을 추구하는 인간의 권리에 대해서 하등 의견의 차이가 존재하지 않는다"고 말했다. 독일인들이 그들의 선택을 스스로 알아서 결정하는 문제에서 그와 콜 총리 사이에 아무런 견해 차이도 존재하지 않는다고 했다.[133]

고르바초프의 이 같은 발언은 통일의 한쪽 당사자이자 소련의 경계 대상인 서독 총리에게 분명하게 독일 통일을 지지한다고 말한 것이었다. 콜 총리의 입장에서 매우 성공적인 대화가 아닐 수 없었다. 그런데 고르바초프의 선물은 이것으로 끝나지 않았다. 고르바초프는 통일 독일의 중립화에 대해서도 유연한 태도를 보였다. 그는 서독이 통일 독일의 중립화를 받아들이지 않으려는 감정을 이해하고 있다고 말했다. 독일의 군사적 위상이 어떻게 되어야 할 것인지 자기는 알지 못하며, 이에 대해서는 앞으로 계속 숙고해야 하고 여러 가지 가능성들을 모색해야 한다고 말했다. 고르바초프는 콜 총리와 만나 나눈 대화 내용을 소련 외무장관 세바르나제와 서독 외무장관 겐셔 등으로 확대된 4자 회담에서 다시 언급했다. 독일의 통일 지지, 통일 독일의 군사적 위상 계속 논의 등 중요 사안에 관한 자신의 생각이 확고하게 정립되었음을 분명하게 밝힌 셈이다. 그는 네 사람이 모인 자리에서 독일 통일의 과정이 어떻게 흘러가든 상관없이 상호 협력은 확대되어야 한다는 점도 강조했다. 다음 날인 2월 11일 소련의 타스 통신은 전날 고르바초프와 콜의 회담 내용을 이렇게 보도했다.

"독일인들은 스스로 독일 민족의 통일 문제를 해결하고, 동시에 어떠한 국가 형태를, 어느 시점에서, 어떤 템포로, 어떤 조건으로 이 통일을 성취할 것인지 스스로 선택을 해야만 한다는 점에 대해서 현재 소비에트사회주의연방공화국, 독일연방공화국, 그리고 독일민주공화국 간에 하등의 의견의 차이가 존재하지 않음을 고르바초프가 확정하고 콜 총리가 그에 동의하였다."[134]

콜 총리의 소련 방문은 대성공이었다. 베를린 장벽이 붕괴된 지 불과 3개월 만에 이루어진 고르바초프의 동의는 이후 통일 과정에 큰 활력을 불어넣어 주었다. 소련은 독일 통일의 과정에 장애가 되지 않았고, 이를 가능하게 만든 고르바초프는 기대했던 것보다 더 빨리 제반 현실에 적응하였다.

동·서독의 통일 문제에는 대내적인 것과 대외적인 것이 있었다. 대외적인 문제를 풀기 위해 1990년 초부터 미국이 중심이 되어 2+4 회담이 준비되었다. 2+4 회담은 미, 영, 프, 소 등 4대 전승국들이 제2차 세계대전 후 양독과 베를린에서 갖고 있는 권리를 해제시키고 통일 독일에 모든 자결권을 넘겨 주기 위한 회담이었다. 1990년 5월에 1차, 6월에 2차, 그리고 7월에 3차 회담이 열렸다. 그런데 2+4 회담이 타결되고 통일이 순조롭게 이루어지기 위해서는 소련의 지지와 협조가 절대적으로 필요했다. 콜 총리와 고르바초프는 2월 중순 모스크바에서 만나 독일 통일에 대한 원칙적인 공감을 이루었지만 통일 독일의 나토 잔류 문제는 여전히 미해결로 남아 있었다.

5월 초 콜 총리와 베이커 미 국무장관이 만났다. 두 사람은 소련의 상황과 고르바초프가 처한 어려움에 대해 집중적으로 논의했다. 두 사람은 고르바초프가 대통령으로 취임하면서 이전보다 더 강력한 권력을 갖게 되었지만, 다른 한편으로는 리투아니아 사태 등으로 매우 어려운 상황에 처해 있다는 사실에 의견을 같이했다. 두 사람은 또한 고르바초프의 개혁정책이 위태로워지지 않도록 미국과 서독이 함께 도와주어야 한다는 데 공감했다. 그 구체적인 작은 조치 중 하나로 콜은 이미 미테랑 프랑스 대통령과 함께 리투아니아 의회 지도자 란트스베르기스에게 리투아니아의 독립선언을 중지하고 모스크바와 대화를 할 것을 권유한 바 있었다. 콜은 베이커와의 대화에서도 리투아니아인들이 '전부 아니면 전무'(all or nothings)'의 태도에서 벗어나 신중하게 행동하면 반드시 독립을 쟁취할 것이라는 이야기를 주고받았다. 두 사람은 특히 고르바초프를 도와줄 수 있는 가장 좋은 방안은 경제적 지원이라는 점에 대해서 공감했다.[135]

콜 총리는 베이커를 만난 직후 세바르나제 소련 외무장관을 만났다. 베이커와 세바르나제 모두 2+4 회담에 참석하기 위해 서독을 방문하고 있는 중이었다. 콜은 세바르나제와의 대화에서도 리투아니아 문제를 화두로 꺼냈다. 그는 서독도 리투아니아 문제가 소련이 원하는 방향에서 원만하게 해결되기를 바라며 서독이 가능한 한 적극 돕도록 노력하겠다고 약속했다. 콜은 통일 독일과 소련이 경제적 관계에서도 긍정적으로 발전될 것임을 약속했다. 여기까지의 대화는 매우 우호적이었다. 그러나 2+4 회담의 중요 쟁점 사항인 통일 독일의 나토 잔류 문제를 놓고 두 사람은 다시 한 번 양국 사이의 간격을 확인했다. 세바르나제는 통일 독일이 나토에 계속 잔류하는 것을 수용할 수 없다고 말했다. 그러나 콜은 이날 세바르나제와의 대화에서 소련의 태도가 '예스와 노' 사이에서 상대적일 수 있으며, 그런 의미에서 향후 낙관적 결과를 이끌어 낼 수 있다는 기대감을 갖게 되었다.[136)

2+4 회담의 진행

2+4 정책을 논의하기 위한 제1차 공식회의는 1990년 5월 5일 서독 본에서 열렸다. 동독 측에서는 3월 13일 인민의회 선거 후 외무장관을 맡은 메켈(Markus Meckel)이 참석했다. 회담에서는 먼저 향후 회담 일정, 장소와 의제에 대해 논의했다. 1차 회담에서는 앞으로 논의할 4개의 의제로 독일과 폴란드 사이의 국경선 문제, 유럽의 안보 구조를 고려한 정치·군사적인 문제, 베를린 문제, 그리고 4국의 권리와 책임의 해제 등을 정했다. 회담 일정과 관련하여 미국 및 서독 측은 회담의 신속한 진행을 원했고, 소련은 2+4 회담의 성격 논의 및 회담 일정의 속도 조절을 원했다. 1차 회담에서 세바르나제는 통일 독일의 나토 회원국 지위를 수용할 수 없다고 주장했다.

제2차 회담은 6월 22일 동베를린에서 열렸다. 이 회담에서 소련 세바르나제 장관은 다시 한 번 통일 독일은 나토 회원국에 소속되어서는 안 된다고 주장했다. 그는 독일이 통일된 후에도 5년의 과도기 동안에 4국의 권한이 유지되고, 베를린에서 4국 군대가 철수하며, 나토와 바르샤바조약기구는 상대방의 영역에서 활동하지 않을 것을 제의했다. 그러나 서방측은 세바르나제의 제안을 거부했다. 특히 동독 외무장관 메켈은 동·서독과 서방측을 대표하여 독일이 통일되면 독일이나 유럽과 관련하여 어떠한 미결 문제도 남아서는 안 된다며 소련의 주장에 반대했다. 겐셔 외무장관은 서독과 동독은 자결권과 동등권을 바탕으로 통일을 이룩할 것이며, 독일 통일이 이웃 나라에 전혀 위협이 되지 않을 것이라고 주장했다. 이 회담에서 6개국 외무장관은 통일에 관하여 스스로 결정할 수 있는 독일인들의 권리가 존중되어야 하고, 통일된 독일의 동부 국경선이 국제법적으로 구속력 있는 형태로 확정되어야 한다는 데 의견을 모았다.[137]

6개국 외무장관들은 1990년 가을까지 대외 문제를 해결하기로 합의했다. 6월 22일에는 6개국 외무장관이 참석한 가운데 찰리 검문소가 철거되었다. 서베를린과 동베를린 경계선에 세워진 찰리 검문소는 분단 기간에 많은 외국인들이 이곳을 통해 동독을 오고갔던 검문소였다.

코카서스에서 고르바초프와의 담판

콜 총리는 겐셔 외무장관, 바이겔 재무장관과 함께 7월 15일 소련을 방문하여 고르바초프와 만났다. 양국 지도부가 만나 논의할 주요 의제는 독일 병력의 숫자(35~40만 명 사이), 독일의 재정 지원의 규모, 소련 군대가 독일 영토에 임시로 머무를 경우의 법적 토대, 소련 군대의 최종적인 철수 시점, 소련군이 동독 영토에서 최종 철수할 때까지 동독 영역에서의 독일 병력의 주둔 및 위상 문제 등이었다.[138]

모스크바에서 개최된 양측 회담에서 콜 총리와 겐셔 외무장관은 통일 독일 전체가 나토에 가입해야 한다고 주장했다. 고르바초프와 세바르나제는 통일 독일은 법적으로 나토 회원국일지 모르지만 동독 지역은 소련군이 주둔해 있기 때문에 실제로는 나토의 활동 범위에 들어갈수 없다고 했다. 고르바초프의 이 말은 곧 전체로서의 통일 독일은 형식적으론 나토에 속하지만 실제로는 서독 지역만 나토에 속하는 것이고 장차 언젠가 소련군 철수 협상이 성공적으로 이루어지면 그때 가서 해결할 수 있다는 것이다. 콜 총리는 당연히 소련 측의 주장을 수용할 수 없다고 말했다.

고르바초프와 콜은 통일 후 독일군의 규모에 대해서도 논의했다. 고르바초프는 병력 수를 30만 명 이하로 하자고 제의했다. 콜은 독일에 왜 의무병 제도가 필요한지를 설명하고 이 제도에 근거하여 병력이 37만 명은 유지되어야 한다고 주장했다.

고르바초프는 회담 도중 독일 연방정부가 보증한 50억 마르크 차관에 대해 감사를 표시했다. 그는 마무리 짓지 못한 문제들을 그의 고향인 코카서스로 가서 이야기하자고 제안했다. 고르바초프가 콜을 코카서스로 초대한 것은 그가 무엇인가 해법을 마련해 놓고 있음을 시사하는 것이었다. 콜도 1989년 6월 고르바초프가 서독을 방문했을 때 그를 총리 관저로 초대하여 정원에서 회담을 갖고 개인적 이야기를 많이 나눈 바 있다. 그때 두 사람은 어린 시절의 이야기부터 부모 이야기까지 개인적 삶의 스토리를 솔직하게 털어놓았고 그러면서 인간적으로 많이 가까워졌다.[139] 고르바초프가 콜을 그의 고향 코카서스의 별장으로 초대했을 때 콜은 고르바초프가 그를 빈손으로 독일에 돌아가게 하지는 않을 것이라는 예감을 가졌다. 코카서스에서 7월 16일 회담이 열렸다. 겐셔와 세바르나제도 함께했다.

코카서스 회담에서 고르바초프는 다시 나토의 군사적 지위가 동독 영토로까지 확대되지 않는다는 조건하에 독일의 나토 잔류가 이루어져야 한다고 주장했다. 이에 대해 콜 총리는 2+4 회담의 중점 목표는 통일 독일에 어떤 제한도 없는 완전한 주권의 인정이라고 말했다. 겐셔는 콜의 말에 덧붙여 통일 독일은 동맹체에 대한 가입의 권리를 가져야 한다고 말했다. 물론 여기서 동맹체란 나토를 의미했다. 고르바초프도 이에 동의하면서 다만 나토라는 표현은 직접 언급하지 말아 달라고 요구했다. 나토의 활동 범위와 관련하여 세바르나제는 소련군 철수 후에도 나토는 결코 동독 지역으로 그 활동 범위를 확대해서는 안된다고 말했다. 물론 통일 후 독일 연방군 중 나토 지휘 체계에 들어가 있지 않은 군대는 동독 지역에 배치해도 괜찮다고 말했다. 그러나 겐셔는 통일 독일의 완전한 주권을 인정하면서 그 같은 제한을 두는 것은 모순이라고 말했고, 고르바초프는 결국 양보하여 서독 측의 요구를 수용하고 말았다. 이로서 서독과 소련 사이에 가장 큰 현안으로 존재했던 나토 문제가 해결되었다.[140]

겐셔는 통일 독일의 주권에 대해 차후 아무런 이의가 없도록 하기 위해서는 양독과 미, 영, 불, 소가 참가하는 2+4 회담에서 문서를 통해 확실히 보장돼야 한다고 주장했다. 이에 대해 고르바초프는 그러기 위해서는 몇 가지 전제 조건이 충족돼야 한다고 했다. 그것은 동독 주둔 소련군 문제 해결로서 이에 대해선 별도의 협정이 체결돼야 한다고 했다. 콜은 철수 시한도 담아야 하기 때문에 소련군 문제는 2+4 회담이 끝나기 전에 완결하자고 제안했다. 고르바초프는 이에 묵시적으로 동의했다. 이로써 동독 주둔 소련군의 철수 문제도 해법을 찾았다. 고르바초프는 5~6년 안에 철수를 끝내자는 주장이었고, 협의 끝에 3~4년 안으로 합의를 보았다. 대신 서독은 동독에서 철수하는 소련군 주택 문제 해결에 적극 협조하겠다고 약속했다. 통일 독일군의 숫자에 대해서도 합의가 이루어졌다. 고르바초프는 서독 측의 안인 37만 명으로 하자는 데 동의해 주었다.[141]

코카서스로부터 전해진 소식은 전 세계가 놀랄 만큼 파격적이었다.

서독과 서방측이 전부터 주장해 온 내용이기는 했지만 소련이 그렇게 순순히 동의해 주리라고는 예상하지 못했기 때문이었다. 미국의 관리들은 제때 연락받지 못하고 언론을 통해 소식을 들은 데 대해 적잖이 분개히였다. 그러나 모스크바의 일정이 끝난 바로 그날 오후에 코카서스로 이동했고 이동 중에는, 또 코카서스에서는 보안된 통신 방법이 없었다는 사실을 알게 되면서 오해가 풀렸다. 서방 동맹국 지도자들은 모두 환영의 뜻을 표명했다. 하지만 동독 정부는 다른 이유로 분개했다. 회담 직후 파리에서 열린 2+4 회담에 참석했던 동독 대표는 "독자적인 동독 외교정책 수행의 목표가 코카서스의 합의와 함께 사라졌다"고 한탄했다.[142] 본에 돌아온 날 콜은 내각을 소집해 회담 결과를 설명하고 부시에게는 직접 전화로, 미테랑, 안드레티(Giulio Andreotti) 등에게는 편지로 회담 결과를 설명했다.

코카서스의 담판이 큰 성공으로 끝나 모든 것이 해결되었다고 생각하고 있던 서독 정부는 7월 하순 소련 측으로부터 반갑지 않은 이야기를 전달받았다. 8월 27일 세바르나제 외무장관이 겐셔 외무장관에게 보낸 편지에서 소련 군부가 고르바초프가 약속한 기한인 3~4년 안에 소련군의 동독 지역 철수를 완료하기가 불가능하다는 결론을 내렸다는 것이다. 세바르나제는 고르바초프와 콜이 7월 회담에서 3~4년 안에 철수하기로 했다는 사실을 인정하면서도 그 일정은 소련군에 대한 서독의 물질적, 재정적 지원이 충분했을 때 가능한 것인데 서독의 안대로라면 5~7년의 시간을 필요로 할 것 같다는 것이다. 결국 소련군의 철수 시한 문제는 돈 문제로 귀착되었다. 고르바초프는 소련의 경제 위기와 민족 분규 때문에 소련 군부로부터 강한 압박을 받고 있었고 독일 문제마저 서독의 요구대로 따라갈 경우 더 큰 위기에 봉착할 것 같다는 생각에 7월의 약속을 바꾼 것이 틀림없었다. 세바르나제의 편지를 받고 난 후 서독 정부 내에서는 대책 수습에 나섰다. 9월 12일로 예정된 2+4 회담까지는 2주일 밖에 남지 않았기 때문에 시간에 쫓겼다. 소련 측과 다시 협의를 시작했다.

9월 7일 콜 총리가 고르바초프에게 직접 전화를 했다. 고르바초프는 이 전화 통화에서 소련군의 동독 지역 주둔 비용 문제를 꺼냈다. 콜 총리가 귀환병들의 주거 비용에 초점을 맞추어 총 80억 마르크를 제안했다. 그러나 고르바초프는 주거 시설 건축비만 110억 마르크가 소요되며 거기에 이동 비용과 유지 비용도 추가되어야 한다고 주장했다. 그는 콜 총리와의 대화에서 재정 문제에 대한 합의가 이루어지지 않을 경우 2+4의 최종 합의는 어렵다고 단호하게 말했다. 이날 두 사람의 대화에서 이 문제에 대한 입장 차이는 끝내 좁혀지지 않았다.

그런데 며칠 후 소련은 다른 루트를 통해 고르바초프가 처음 제시한 110억 마르크에서 한 걸음 더 나아가 160~180억 마르크를 제시했다. 서독의 입장에서는 불쾌했지만 무작정 거부할 수만은 없는 형편이었다. 동독 지역에 40만 가까운 소련군이 진주해 있으며, 소련이 통일을 방해할 경우 독일 통일은 중대한 위기에 처한다는 사실을 잘 알고 있기 때문이었다. 게다가 서독 정부는 소련 내에서 고르바초프의 입장도 고려해야 했다. 소련에서 독일 통일에 가장 협조적인 고르바초프가 독일 문제로 인해 소련 내에서 매우 곤혹스러운 입장에 처할 수 있다는 점을 우려했다. 콜 총리는 고르바초프에게 120억 마르크로 수정 제안했다. 그러나 고르바초프는 이 문제에서만큼은 양보하지 않았다. 고르바초프는 콜에게 자신은 정부 내부의 많은 세력들, 군부, 재무부 관리들과 싸우고 있는 중이라고 했다. 그는 최종 합의 액수로 150억 마르크를 제시했다. 콜 총리는 더 오래 실랑이를 할 경우 협상이 결렬될지도 모른다고 판단했다. 콜 총리는 고르바초프에게 120억 마르크에 덧붙여 30억 마르크를 무이자 차관 형태로 제공하겠다고 했다. 고르바초프가 흔쾌히 수용했다. 드디어 소련군 철군에 따른 재정 문제가 완전히 타결되었다. 2+4 회담의 마무리 회담은 그로부터 이틀 후인 9월 12일 모스크바에서 열렸다.[143)

2+4 조약 체결

제3차 2+4 회담은 콜 총리와 겐셔 외무장관이 모스크바 방문을 마치고 돌아온 다음 날인 7월 17일 파리에서 열렸다. 이 회담에서는 독일과 폴란드의 국경선 문제가 주로 다루어졌다. 3차 회담에는 스쿠비체프스키(Krysztof Skubiszewski) 폴란드 외무장관이 초대되었다. 서독 의회와 동독 의회는 6월 21일 공동으로 오데르-나이세 강을 통일 독일과 폴란드의 국경선으로 승인하는 결의안을 통과시켰는데 3차 회담은 동·서독 의회가 결의한 내용을 토대로 국경선 문제를 논의했다. 겐셔와 스쿠비체프스키가 직접 만나 이 문제 해결의 큰 골격에 합의했다. 이와는 별도로 겐셔 외무장관과 콜 총리는 폴란드 외무장관과 총리에게 독일 정부는 통일의회 개회 후 3개월 안에 지난 6월의 공동결의안을 기초로 한 협정 초안을 폴란드 정부에 전달할 계획이며, 또 그러한 내용을 2+4 회담에 반영할 것이라고 약속했다. 이를 토대로 3차 회담에서는 통일 후 독일 정부가 가능한 빠른 시일 내에 폴란드와 국경 조약을 체결하기로 했다. 또 통일된 독일의 영토는 현재의 서독과 동독, 그리고 베를린으로 하며 독일은 통일 후 어떠한 영토의 요구도 하지 않기로 하는 등 독일 국경에 관한 5대 원칙을 채택했다. 스쿠비체프스

키 폴란드 외무장관은 파리회의의 합의 사항을 7월 27일 폴란드 의회에 보고하고 동의를 받았다.[144]

마지막 4차 회담은 9월 12일 모스크바에서 열렸다. 그동안 세 차례의 회담, 콜 총리와 고르바초프의 코카서스 회담 등을 통해 대외적인 문제가 모두 해결되었기 때문에 4차 회담에서는 '독일에 관한 최종 정리 조약(2+4 조약)(Vertrag über die abschliessende Regelung in bezug auf Deutschland)'을 확정짓고 6개 국가가 서명하는 절차가 진행되었다. 이날 조약 서명식은 크렘플린궁이 아닌 옥자브르스카야(Oktyabrskaya) 호텔 로비에서[145] 고르바초프 대통령이 지켜보는 가운데 미국 베이커 장관, 영국 허드 장관, 프랑스 듀마 장관, 서독 겐셔 장관, 외무장관을 겸직한 동독의 메지에르 총리,[146] 소련의 세바르나제 장관이 참석하여 행해졌다.

'독일에 관한 최종 정리 조약(2+4 조약)'은 전문과 10개 조항으로 구성되어 있다. 조약의 전문 중 일부를 소개하면 다음과 같다.

> "최종적인 국경을 갖는 국가로서 독일의 통일은 유럽의 평화와 안정에 커다란 기여가 될 것이라고 확신하면서, 독일에 관한 최종 정리에 합의한다는 목표 아래, 민주적이고 평화적인 국가로서 독일의 통일과 함께 베를린 및 독일 전체에 관한 4개 전승국의 권리와 책임이 그 효력을 상실함을 인정한다."[147]

조약 제1조는 통일 독일의 영토를 서독, 동독 그리고 전체 베를린으로 한다고 규정했다. 통일 독일과 폴란드 공화국의 국경선은 그들의 현재 국경선으로 하며 통일 독일은 다른 국가들에 대하여 어떤 영토 주장도 하지 않을 것이며, 미래에도 그럴 것이라고 선언했다.

제2조는 통일 독일이 유럽 및 인접 국가들과의 협력 및 평화를 위해 어떻게 해야 하는지에 대해 규정했다.

제3조는 국방력에 대한 조항으로서 통일 독일의 병력을 3~4년 내에 37만 명 이내로 감축한다고 명기했다. 그 가운데서도 육군과 공군 병력이 34만 5천명 이상이어서는 안 된다고 규정했다.

제4조는 동독 주둔 소련군의 철수 문제에 관한 것으로서, 소련군의 철수를 1994년 말까지 완료하기로 규정했다.

제5조는 2+4 조약에서 가장 큰 쟁점이 되었던 동독 지역의 군사적 지위 문제를 다루었다. 조약은 소련군이 현 동독 영토 및 베를린으로부터 철수를 완료할 때까지 이 지역에는 영토 방위 목적의 독일 군대만 주둔하고, 이 부대는 독일군이 소속된 다른 동맹 기구에는 소속되지 않는다고 규정했다. 또 이 기간에 다른 국가의 군대는 동 지역에 배치되지 않고 또 그곳에서 군사적 활동도 하지 않는다고 규정했다. 동독 지역과 베를린에 소련군이 주둔하는 동안 프랑스, 영국, 미국 군대의 베를린 주둔은 독일의 희망에 따라 가능하도록 했다. 현 동독 영토 및 베를린에서 소련군의 철수가 완료된 후에는 이 지역에도 군사동맹 기구에 속해 있는 독일 병력을 배치할 수 있다고 했다. 그러나 외국 군대, 핵무기, 핵무기 운반 수단은 이 지역에 배치할 수 없고 또 그곳으로 이동할 수도 없다고 규정했다.

제6조는 통일 독일의 동맹 가담 권리는 이 조약에 의해 영향을 받지 않는다고 규정했다.

제7조는 프랑스, 영국, 소련 및 미국은 베를린 및 전체 독일에 대한

그들의 권리와 책임을 종료한다고 명기했다.[148]

제8, 9, 10조는 향후 조약의 비준과 후속 절차 등에 대해 규정했다.

이 내용 중에서 특별히 통일 독일의 나토 잔류 및 가입의 허용 부분은 주목할 만하다. 동독 지역의 군사적 지위는 소련군이 철수한 이전과 이후로 구분하여 철수 이전에는 나토군의 주둔이 허용되지 않지만 철수 후에는 가능한 것으로 규정했다. 이 문제를 둘러싼 소련·미국 그리고 서독의 줄다리기에서 미국과 서독의 입장이 반영된 것이다.

2+4 조약의 체결과 함께 제2차 세계대전 패배 이후 독일이 겪었던 굴욕적인 역사도 종료되었다. 오데르-나이세 강 동쪽 땅을 폴란드의 영토로 한다는 점 외에는 모두 원상으로 되돌아간 것이다. 동·서독인들의 내적 통일에 이은 주권상의 완전한 독립을 이룬 것으로서 2+4 조약은 독일인들에게 매우 역사적이고 감격적인 조약이 아닐 수 없었다.

2+4 조약은 9월 4일 6개국 외무장관에 의해 서명되었지만 독일 통일에 대한 4대 전승국들의 비준 절차 때문에 통일 예정일인 1990년 10월 3일까지 발효될 수 없었다. 그러나 4대 전승국은 10월 1일 뉴욕에서 만나 그날부터 2+4 조약이 발효될 때까지 임시로 동·서독 및 베를린에 대한 전승국의 잔여 권리를 포기한다고 선언했다. 소련은 1991년 3월 15일 마지막으로 비준서를 통일 독일 정부에 전달하였고, 이로써 1991년 3월 15일 2+4 조약의 정식 발효가 이루어졌으며, 이와 함께 독일은 국내외적으로 완전한 주권을 회복하고 독일 분단 문제에 공식으로 종지부를 찍었다.[149]

슈미트 전 총리는 1987년 쓴 그의 회고록 『인간과 권력』에서 그가 총리로 재임 중 여러 나라 정상들과 많은 대화를 나누었는데 독일의 분단을 진정으로 유감스럽게 생각하는 유럽 국가는 거의 없었다고 말했다. 유럽 밖의 국가인 미국이나 중국도 마찬가지였다고 말했다. 그가 보기에 세계는 독일의 분단에 대해 전적으로 만족하고 있는 것처럼 보였다.[150] 주변 국가들의 이런 시각을 상기할 때 1990년 2+4 회담의 성공과 독일 통일은 거의 기적적인 사건이었다고 볼 수 있다.

겐셔는 1974년부터 1992년까지 18년 동안 독일연방공화국의 외무장관직을 수행했다. 그는 독일 정치사에서 가장 오랫동안 외무장관직을 수행했을 뿐만 아니라 자신의 자유주의적 외교 철학을 관철시키려 노력했다. 겐셔리즘(Genscherismus)이라는 말이 유행할 정도로 그는 독일 외교정책에서 큰 비중을 갖는 인물이었다.[151] 그는 브란트의 동방정책의 지지자이자 실행자로서 슈미트 정부가 브란트의 동방정책을 계승하도록 하는 데, 그리고 콜 정부가 사실상 동방정책의 계승 정부가 되도록 하는 데 큰 영향을 끼쳤다.

겐셔 외무장관은 서독의 베테랑 외무장관이자 자민당을 대표하는 정치인이었다. 콜 총리가 1986년 미 시사주간지 뉴스위크와의 인터뷰에서 고르바초프를 나치 선전장관 괴벨스(Joseph Goebbels)와 비교한 것과는 대조적으로, 겐셔는 일찍부터 고르바초프를 믿고 지원해 주어야 한다는 견해를 표명하는 등 소련과 동유럽의 변화와 이것이 독일문제에 가져올 영향을 독일 및 서방세계에서 가장 일찍 간파한 인물이었다.[152] 바이체커 대통령의 평가처럼 그는 2+4 조약을 체결하는 과정에서 가장 큰 공헌을 했다.[153] 그는 외무장관으로서 독일 통일 문제에 적극 개입하면서 여러 면에서 콜 총리와 경쟁의식을 가졌다. 겐셔는 1월 31일 투칭(Tuching) 선언을 발표할 때 사전에 총리실이나 각료회의를 따돌리고 발표했다. 그는 통일 관련 외교 현안을 리드하여 콜에게 빼앗긴 주도권을 되찾으려 했다.[154]

콜 총리도 지지 않았다. 그는 통일 문제를 철저히 자기 중심으로 이끌어 가려 했다. 그는 총리실 내에 루돌프 자이츠(Rudolf Seitz)를 위원장으로 하는 실무 그룹을 두었다. 콜 총리는 12월 10일 '독일 통일 10개 항'을 발표할 때 사전에 겐셔 외무장관에게 일체 언급하지 않았다. 겐셔는 고르바초프가 콜 총리를 모스크바로 초청했다는 사실을 베이커 미 국무장관을 통해 들어야 할 정도였다. 1990년 7월 콜 총리와 겐셔 외무장관이 소련을 방문하여 독일 통일에 대한 최종적인 합의를 이끄는 과정에서도 콜과 겐셔 사이에 눈에 보이지 않는 치열한 경쟁이 있었다. 콜 총리는 고르바초프 대통령과의 협상을 그의 보좌관인 텔칙과 고르바초프의 보좌관인 체르나에프(Anatoly Chernyaevy)에게 맡기자고 제안했다. 체르나에프는 콜 총리의 이런 모습을 보면서 콜이 '겐셔 콤플렉스'를 갖고 있는 것이 아닌가? 라고 생각했다고 한다. 결국 체르나에프가 그 문제를 세바르나제 외무장관과 그의 보좌관인 크비친스키(Julij Kwizinskij)에게 넘김으로써 자동적으로 서독 측에서도 외무부가 관여하게 되어 카스트루프가 협상 대표가 되었다.[155]

콜 총리는 그의 회고록에서 겐셔와의 관계에 대해서 이렇게 설명했다. "나와 겐셔 사이엔 계속해서 긴장이 있었던 것도 사실이지만 독자적인 성격을 지닌 파트너 간의 연립정부에서 그 같은 현상은 하나도 이상할 것이 없습니다. 결정적인 순간을 맞이할 때마다 나는 늘 독일 통일 문제에 관한 한 우리 두 사람이 똑같은 목표를 추구하고 있다는 사실에 의지할 수 있었습니다."[156] 겐셔 외무장관도 그의 회고록에서 2+4 회담 과정을 설명하면서 콜 총리와 자신은 큰 문제들에서 의견이 일치했다고 말했다. 베이커 미 국무장관이 자신과 대화할 때 중요하고 미묘한 문제들이 등장하면 콜 총리의 견해도 같으냐고 물었고 그럴 때면 자신이 직접 콜 총리와 베이커 장관 사이에 전화를 연결해 주었고 그때마다 콜 총리는 자신의 견해에 동의해 주었다고 말했다.[157]

통일 독일의 출현

통일의 완성

2+4 회담에서 독일 통일을 위한 대외 문제가 해결됨에 따라 남은 과제는 대내 과제의 완성이었다. 동·서독이 8월 31일 체결한 '통일 조약'을 서독과 동독 의회에서 비준하는 절차와 서독 기본법 23조에 의한 통일을 위해 동독의 행정구역을 서독과 같이 주로 변경하는 절차가 남은 것이다.

동독 의회는 1990년 7월 22일 14개 행정구역을 주로 변경하기 위한 '주 도입법'을 제정했다. 이 법에 의해 동독의 14개 행정구역은 10월 14일을 기준으로 메클렌부르크-포아포메른, 브란덴부르크, 작센-안할트, 작센, 그리고 튀링겐 등 5개 주로 바뀌게 된다. 동독에서 주 제도는 1952년에 폐지되었으니 38년 만에 부활되는 셈이다. 위 내용은 이미 8월 31일 체결된 통일 조약에 반영되었다. 10월 14일 동독 지방선거 실시와 지방정부 구성만 되면 작동하게 되었다. 1952년 폐지 때와 비교하면 메클렌부르크 주만 1990년 메클렌부르크-포아포메른으로 그 명칭이 바뀌고 나머지 주들은 명칭까지 그대로 부활되었다.

통일 조약은 9월 20일에 서독 연방의회에서 90% 이상 다수의 지지를 받았다. 반대표는 녹색당과 기민/기사당 소속 13명으로부터 나왔다. 같은 날 동독 인민의회에서 찬성 299표로 약 80%가 찬성했다, 반 대표는 민사당과 90/녹색동맹에서 나왔다. 이렇게 통일 조약이 동·서 독 의회 양쪽에서 재적 의원 2/3 이상의 지지로 통과됨으로써[158] 통일 을 위한 내부적인 조치는 모두 끝났다.[159]

이제 통일 일자를 언제로 정할 것인지만 남았다. 통일 일자는 동독 에서 정하는 게 순리였다. 동독 인민의회는 통일 일자와 관련하여 8월 8일 회의에서 동독 주의회 선거가 실시되는 10월 14일로 정했다. 그 러나 동독의 어려운 사정을 고려할 때 통일을 하루라도 앞당기는 게 더 낫겠다는 판단과 함께 2+4 회담의 결과가 10월 1~2일 뉴욕에서 개최되는 유럽안보협력회의(CSCE)에서 발표된다는 점을 감안하여 통 일 일자를 10월 3일로 수정하였다.

동독은 9월 24일 바르샤바조약기구를 탈퇴했다. 동독은 제2차 세 계대전 후 수립된 냉전체제하에서 40여 년에 걸쳐 동유럽 공산 진영 및 그들의 군사적 동맹체인 바르샤바조약기구의 핵심 기능을 담당했 다. 그런 동독이 바르샤바조약기구를 탈퇴했다는 것은 곧 독일의 통일 과 함께 동·서 냉전체제의 대전환점이 도래했다는 것을 의미했다. 9월 25일에는 동독 인민의회 의장이며 국가원수인 베르크만-폴이 동독 주 재 외교단을 마지막으로 접견했다. 9월 26일에는 마지막 각료회의가 열렸다. 10월 2일 인민의회는 마지막 회의를 열어 동독 정부를 해산하 고 동독의 소멸을 공식 선언했다. 메지에르 총리는 고별 연설에서 "우 리는 하나의 민족이며, 이제 하나의 국가가 된다. 이는 큰 기쁨의 시간 이며, 눈물 없는 이별"이라고 했다. 비록 동독이 사라지지만 동독 주민 들은 기쁨 속에 동독과 작별했다.[160]

통일 기념식은 1990년 10월 2일 밤 11시 55분 제국의회 의사당 앞에서 바이체커 대통령, 콜 총리, 메지에르 동독 총리 등을 비롯하여 약 100만 명의 시민이 참석한 가운데 열렸다. 독일 국가가 울려 퍼지고, 검정·빨강·노랑의 독일 국기도 올라갔다. 바이체커 대통령은 "오늘 우리는 하나의 독일을 이룩했다"며 독일이 통일되었음을 선포했다.

1990년 10월 3일 0시를 기해 통일 독일이 탄생했다. 콜 총리는 "10월 3일은 감사와 희망의 날입니다. 지금 독일의 젊은 세대들은 앞의 세대와는 달리 평화와 자유 속에서 생활할 것입니다. 독일은 우리의 조국이며 우리 미래의 통일된 유럽입니다"[161]라고 말했다. 바이체커 대통령은 "독일 통일은 모든 세계 민족의 자유와 이 대륙의 새로운 평화 질서를 지향하는 유럽 역사 발전 과정의 한 부분입니다. 우리 독일인들은 앞으로 이러한 목표 가치에 도달하는 데 기여할 것입니다. 독일 통일은 유럽의 역사에 기여할 것입니다"라고 말하면서 통일 독일이 유럽 속의 독일이 될 것이라고 약속했다.[162]

10월 4일 제국의회 의사당에서는 인민의회 의원 144명을 포함한 통일된 독일의 첫 연방하원 회의가 열렸다. 콜 총리는 이 회의에서 미국, 영국, 프랑스, 소련 4국의 협력으로 통일을 할 수 있었다며 특히 소련 고르바초프 대통령에게 고마움을 표시했다. 그는 또한 지난 20세기에 독일인들이 저지른 죄를 잊지 않으며 과거를 인정함으로써 자유와 통일을 얻을 수 있었다고 말했다. 그는 독일의 어두운 역사 때문에 고통을 받았던 여러 국가의 국민, 특히 유대인에게 사죄했다.

독일 통일의 배경과 힘

1969년 동방정책을 기치로 내걸고 서독 총리로 부임한 사민당 출신 브란트는 동독을 사실상의 국가로 인정하고 동·서독 간의 인적·물적 교류와 평화 공존을 당면한 과제로 설정했다. 그는 동·서독인들이 민족 동질성을 유지하고 문화적 통일을 이룬다면 그것은 사실상 절반의 통일을 달성한 것이나 마찬가지라고 주장했다. 브란트의 동방정책은 같은 사민당 출신 슈미트 정부와 기민당 출신 콜 정부에 의해 계승되어 20년 동안 중단 없이 추진되었다. 그 결과 1970년대 말 서독인의 동베를린 및 동독 방문객 숫자가 많을 때는 한 해 동안 800만 명을 넘어선 적도 있었고, 콜 정부 때인 1988년에는 동독인의 서독 및 서베를린 방문객 숫자도 500만 명을 넘어섰다. 베를린 장벽이 무너지기 전 동·서독인들은 거의 아무런 제약 없이 자동전화로 대화를 나눌 수 있었고 동독 주민들은 서독 TV를 거의 마음대로 시청할 수 있었다. 1989/90년의 독일 통일은 바로 이런 동방정책을 주요 배경으로 하고 있다.

동·서독인들의 인적 교류가 활발해지면서 동독인들은 서독의 우월한 사회적 시장경제 체제에 대해 충분히 살필 기회를 가졌다. 동독인들은 동독의 독재 및 감시 체제와 너무 대조적인 서독의 자유와 민주주의 체제를 부러워했다. 그들은 동독이 동유럽 공산국가에서 가장 높은 경제력을 유지하고 있는 데 대해 자부심을 느끼면서도 다른 한편으로 서독의 경제력이 동독보다 월등히 앞서고 서독의 복지제도가 동독의 평등한 분배 체제보다 더 질 높은 삶을 보장하고 있는 현상을 예사롭게 보지 않았다. 1989년 말까지만 하더라도 동독 체제의 자유화·민주화 운동을 특징으로 했던 동독혁명이 1990년 봄부터 통일운동으로 전환된 데는 서독 체제에 대한 동경이 그 주요 배경으로 자리 잡고 있었다.

서독의 경제력은 동독인만이 아니라 헝가리와 소련을 움직이는 데도 큰 위력을 발휘했다. 헝가리 정부가 오스트리아로 통하는 국경을 개방하여 동독인들의 서독행을 가능하게 만든 데는 서독의 경제력이 직·

간접적으로 작용했다. 고르바초프가 독일 통일에 동의한 데에도 서독의 경제력이 큰 역할을 했다. 페레스트로이카 정책이 국내적으로 어려움에 처한 상태에서 고르바초프는 서독의 경제적 지원이 절실히 필요했고 이 현실적 힘이 그의 신사고 정책과 결합하여 그로 하여금 독일 통일에 보다 유연하게 임하게 만들었다. 통일 당시 서독이 소련에 제공한 155억 마르크의 돈은 대부분 소련과 동독의 경제적 관계, 소련군의 철수에 소요된 비용 등을 고려한 정당한 대가성 비용이었지만 그것도 서독 경제력이 튼튼하지 못했더라면 감당하기 어려웠을 것이다.[163]

서독의 뛰어난 외교력도 통일 배경으로서 빠질 수 없는 중요한 요소였다. 1949년부터 1969년까지 20년 동안 서독을 통치한 기민/기사당은 미국 및 서유럽 국가들과의 긴밀한 관계 형성을 통해 패전 국가로서 실추된 독일의 위상을 만회하고자 했다. 특히 서독은 프랑스와의 협력에 큰 비중을 두었고 유럽경제공동체(EEC)의 창설은 그러한 노력의 결과물이었다. 1969년 집권한 사민당과 브란트 정부는 독일의 통일은 유럽의 통일 속에서가 가능하다는 모토 아래 서유럽을 넘어서 동유럽 국가들과의 관계 개선에 적극 나섰고 유럽 전체의 평화와 공존 그리고 유럽합중국 건설이라는 큰 비전을 제시했다.[164] 브란트가 내건 유럽 통일 속의 독일 정책은 슈미트와 콜 정부 때에도 그대로 계승되어[165] 서독과 서유럽 국가는 물론이요 소련 등 동유럽 국가와의 관계 개선에 기여했다. 고르바초프의 페레스트로이카 정책도 동독혁명의 주요 배경이었다. 고르바초프가 독일 통일에 대해 유연하고 긍정적으로 임한 것은 독일인들에게 큰 행운이었다. 동방정책 덕분에 독일에 대한 소련 및 동유럽 국가들의 불신이 완화되면서 1989/90년의 평화적인 혁명이 가능했던 것이다.[166]

유럽 속의 독일 정책은 통일 후에도 계속되고 있다. 바이체커 대통령은 1990년 통일을 기념한 연설에서 통일된 독일은 유럽의 발전과 유럽 통합을 위해 노력해야 하며, 유럽공동체 속에서 독일과 유럽 전체의 이익과 미래를 개척해 나가야 한다고 주장했다.[167] 또 통일 조약은 전문에서 독일 통일이 유럽 통합 그리고 국경으로 구분되지 않고 모든 유럽 국가들이 신뢰하며 공존할 수 있는 유럽의 평화적 질서 구축에 기여할 수 있도록 노력한다고 명기했다. 독일은 이런 약속을 지키기 위해 통일 후에도 프랑스와 더불어 유럽 통합운동에 앞장서고 있다.

서독 정치 지도자들이 보인 뛰어난 정치력 역시 독일 통일을 가능하게 만들었다. 우선 콜 총리의 역할이 돋보였다. 그는 야당 시절의 반대와는 달리 집권 후 사민당이 시작한 동방정책을 계승하여 통일의 초석을 다졌다. 그는 1989/90년 정치적 통일 국면에서 초기에 4대 강국과 주변 국가들의 반대가 예상되었음에도 불구하고 통일정책을 흔들림 없이 밀어붙였다. 그는 1989년 11월 말 '10개 항 프로그램'과 함께 통일의 이정표를 제시했고 눈부신 외교 능력을 발휘하여 미국, 프랑스, 영국, 소련 등 4대 강국의 동의를 얻어 냈다. 동·서독과 미·영·프·소 등 6개국이 참여하는 '2+4 회담'을 잘 마무리 짓는 등 통일 외교를 성공적으로 이끈 겐셔 외무장관의 역할도 눈여겨봐야 할 대목이다. 브란트와 슈미트 등 사민당 출신 전직 수상들도 큰 틀에서 콜 총리가 추진한 통일정책을 지지하면서 독일인들에게 다가온 행운을 놓치지 않게 했다.[168] 동방정책을 통해 절반의 통일을 추진한 브란트와 나머지 절반, 즉 정치적 통일을 달성한 콜은 경쟁과 협력의 좋은 모델을 보여 주었다.

3단계

내적 통합

1. 통일국가 체제의 수립

정치·군사적 통합

정치적 통합

독일 기본법은 국가 질서의 근간으로 공화주의, 민주주의, 연방국가, 법치국가, 사회국가라는 5가지 원칙을 명시하고 있다.[1] 동독 인민의회는 1990년 7월 22일 '주(Land, 州) 도입법'을 제정하여 14개 행정구역을 5개 주로 재편하기로 결의했고 다시 8월 23일 회의에서 새로 신설될 5개 주는 기본법 제23조에 의해 독일연방공화국에 편입된다고 의결했다. 개별적인 문제들, 특히 법의 동등화에 대한 문제는 1990년 8월 31일 통일 조약에서 확정되었다. 1990년 9월 23일 기본법 개정을 통해 통일 조약에 대한 연방공화국의 동의도 부여되었다.[2] 이러한 결의들은 모두 기본법 제23조 제2항에 의해 허용된 권한의 행사였다.

통일로 인하여 불필요해진 조항을 삭제하고 추가로 필요한 사항을 신설하기 위해 기본법의 개정과 보완이 이루어졌다. 우선 기본법 전문에 명시된 재통일 의무를 삭제하고, 통일 때까지 적용이 유보되었던 동독 지역의 주들이 기본법 적용 지역으로 추가되었다. 통일이 되어 필요 없어진 기본법 제23조는 그 역사적 역할을 다하고 삭제되었다. 통일된 독일의 헌법 제정에 대하여 대안적 방법을 가능하게 했던 기본법 제146조는 "독일의 통일과 자유가 성취된 이후 전 독일 국민에게 적용되는 이 기본법은 독일 국민의 자유로운 결정으로 제정한 헌법이 효력을 발휘하는 날 그 효력을 상실한다"로 개정되었다.[3]

동독 지역 5개 주가 연방에 가입하면서 연방상원에서 주가 행사하는 투표권 수를 규정한 기본법 제51조 2항이 개정되었다. 200만~400만 명의 인구를 가진 동독 지역 5개 주는 각각 4표를 부여받았다. 인구 700만 명 이상을 가진 4개 큰 주들의 투표권은 각 5표에서 6표로 늘어났다. 이 숫자는 4개의 큰 주들이 기본법 개정에 대한 거부권을 행사할 수 있도록 하기 위해서였다. 이에 따라 연방상원의 각 주당 의원 숫자는 3~5명에서 3~6명으로 변경되었다.[4]

통일 조약은 독일의 입법기관이 통일 이후 제기될 기본법 개정과 보완을 위한 준비 작업을 2년 안에 완료하도록 권고했다. 이에 따라 연방하원과 연방상원의 결의로 구성된 합동헌법위원회는 1994년 10월 27일 기본법 개정을 완료했다. 그 내용에는 남녀평등권의 실현, 장애자 차별 금지, 환경보호, 지방자치 기관의 자치권 보장 등이 들어 있었다.[5]

동·서독이 통일되면서 독일의 면적은 357,000km^2으로 늘어났고, 인구는 약 7,900만 명으로 증가했다. 헬무트 콜 서독 총리는 10월 3일 통일 정부의 총리로 승격되었고 메지에르 동독 전 총리, 베르크만-폴 전 인민의회 의장 등 동독 정치인 5명은 연방정부 무임소장관으로 입각했다.[6] 10월 3일 이후 콜 정부는 2개월 후 실시되는 독일 연방의회 선거 때까지 임시정부 성격을 띠었다.

내각제를 채택하고 있는 독일에서 정당과 의회는 정치적 의사 결정의 중심 기관이다. 통일 전 서독의 정치를 주도한 정당은 기민/기사당(CDU/CSU), 사민당(SPD), 자민당(FDP)이었다. 동독에도 1989년 이래 여러 정당들이 창당 내지 활성화되었다. 대표적인 정당은 동독 기민당(CDU), 동독 사민당(SPD), 동독 자민당(FDP), 공산당의 후속 정당인 민사당(PDS), 그리고 동독 녹색당과 시민운동 단체들의 집합체인 '동맹90' 등이었으며, 이들 모두 1990년 3월 18일 실시된 인민의회 선거에 참여했다. 통일 후 동·서독의 기민당이 독일 기민당으로 통합됐고, 서독 사민당과 동독 사민당도 독일 사민당으로 통합했다. 동·서독의 자민당도 통합했다.

12월 2일 통일 독일의 연방의회를 구성하는 총선거가 실시되었다. 연방의회 선거는 1989~1990년의 드라마틱한 사건들 이후 새로운 통일 연방공화국 수립 과정의 최종적인 단계였다. 통일 연방의회 의원의 숫자는 동독 지역이 추가되면서 497석에서 662석으로 늘어났다. 기민/기사당 총리 후보로는 콜 총리가 나섰고, 사민당 총리 후보로는 자를란트 주지사 겸 사민당 부총재인 오스카 라퐁텐이 나왔다. 예상했던 대로 연방의회 선거의 주요 주제는 독일 통일이었다. 콜 후보는 통일의 달성을 자신과 기민/기사당의 공적으로 내세우며 통일 총리로서의 이미지와 직책을 최대한 활용했다. 그는 통일이 콜 정부의 흔들리지 않는 결단에 의해서 가능했다고 역설했으며 재집권을 할 경우 경제적 번영과 높은 수준의 사회적·환경적 보호를 약속했다. 그는 특히 가정에 대한 재정적 지원, 사회적 약자에 대한 보호, 주거 환경의 개선도 약속했는데 이런 공약은 주로 동독 지역 주민들을 염두에 둔 것이었다.

　사민당 총리 후보인 라퐁텐은 콜 정부의 통일정책과 독일의 미래에 대한 최근 정책들에 대해 격렬하게 그리고 반복적으로 비난을 쏟아 냈다. 그는 지나치게 서두른 통일의 후유증, 특히 경제적 후유증을 부각시키면서 전통적인 사회민주당 지지층 외에 콜 총리의 통일 방식에 불만을 품은 세력들을 끌어모았다. 그러나 통일에 대한 라퐁텐의 지나치게 부정적인 태도는 오히려 역효과를 냈다. 사민당의 전직 총리였던 브란트와 슈미트 등은 통일의 역사적 의미를 높이 평가하고, 라퐁텐에게 통일에 대한 부정적인 태도를 수정하도록 조언했지만 라퐁텐의 반통일적 언행은 바뀌지 않았다.

　선거에서 기민당은 36.7%(268석), 기사당이 7.1%(51석)를 얻어 양자매 정당이 획득한 총 득표율은 43.8%(319석)이었다. 이에 비해 사민당은 33.5%(239석)를 얻는 데 그쳤다. 기민/기사당의 연정 파트너인 자민당은 11.0%(79석)를 얻어 역대 선거에서 가장 큰 득표율을 기록했다. 이는 외무장관을 맡아 통일 외교에 지대한 공을 세운 겐셔 총재의 개인적 인기 덕분이었다. 반면 서독의 녹색당은 3.8%에 머물러 의회 진출에 실패했다.[7]

　동·서독이 선거 조약을 체결할 당시 부각된 큰 쟁점 중 하나는 동독 정당들에게도 5% 조항을 적용할 것인지 여부였다. 동독 정당들은 서독 지역에서 득표를 하기가 어렵기 때문에 5% 조항의 예외 적용을 주장했으나 뜻을 관철시키지 못했다. 그러자 그들은 연방 헌법재판소에 제소하였고, 헌법재판소는 선거 조약이 기본법에 위배된다 판단하여 동·서독을 분리해 동독 정당들의 경우 동독 지역에서 5% 이상을 득표하면 의회 진출이 가능하도록 판결했다. 덕분에 동독 정당들 중에서 민사당은 동독 지역에서 11.1%(동·서독 전체로는 2.4%)를, 동맹90/녹색당은 6.1%(동·서독 전체로는 1.2%)를 얻어 각각 17석과 8석을 배정받았다.[8] 선거에서 승리한 기민/기사당은 자민당과 다시 연정을 구성하였고, 콜 총리는 통일 총리로 선출되었다.

1990년 연방의회 진출에 실패한 서독 녹색당은 동독의 동맹90과 연합하여 그 후 치러진 주의회 선거에 참여했다. 1993년 양당은 정식으로 통합 조약에 서명했고, 1994년 동맹90/녹색당의 이름으로 연방의회 선거에 참여하여 7.3%의 득표율과 함께 49석을 배정받았다. 이렇게 통일 후 새로 출범·통합한 기민/기사당, 사민당, 자민당, 동맹90/녹색당, 민사당 등 5개 정당들은 2000년대에도 여전히 독일의 주요 정당으로서 위상을 구축하였다.[9]

베를린을 통일 수도로

통일 조약은 통일 독일의 수도를 베를린으로 규정하면서도 의회와 정부의 소재지는 지역 균형 발전에 대한 서독 지역의 우려를 고려하여 통일 후 결정하기로 했다. 1991년 6월 20일 연방의회는 의회와 정부의 소재지를 놓고 치열한 논쟁을 벌였다. 토론에 참여한 의원은 120여 명에 이르렀다. 바이체커 대통령, 콜 총리, 겐셔 외무장관, 브란트 사민당 명예 총재, 포겔 사민당 원내총무 등은 통일 수도로 베를린을 지지했다. 그들은 옛 연방공화국의 종료와 함께 과도기의 수도인 본의 역할도 끝나야 한다고 주장했다. 그들은 또한 베를린을 수도로 정하여 동독인들에게 동독이 사라진 것이 아니라 새로운 공화국을 가졌다는 생각을 갖게 해야 한다고 주장했다.

바이체커 대통령은 의회에서 공식적인 발언권은 갖고 있지 않았지만 공개적으로 그의 생각을 밝혔다. 그의 다음 발언은 베를린이 왜 통일 독일의 수도가 되어야 하는지를 명쾌하게 설명하고 있다.

"우리는 동·서 양쪽으로 갈라져 있었으면서도 베를린에서는 하나였다. ……우리는 그 어느 곳에서보다도 베를린에서 분단이 어떤 의미인지 통감하게 되었다. 우리는 그 어느 곳에서보다도 베를린에서 통일이 우리에게 무엇을 요구하는지 알게 되었다. 이곳이야말로 정치적으로 독일의 책임 있는 지도부가 있을 자리이고, 지금 다가오는 미래 앞에서 특히 더욱 그러하다."[10]

반면 리타 쉬스무트(Rita Süssmuth) 연방의회 의장, 노르베르트 블림 (Norbert Blüm) 노동부장관, 요하네스 라우 라인란트-베스트팔렌 주지사 겸 사민당 부총재, 한스 다니엘스(Hans Daniels) 본 시장 등은 통일 수도로 본을 지지했다. 이들은 본을 민주적, 연방적, 서구 통합적인 연방공화국의 상징으로 생각했다. 또 이들은 의회와 정부 이전에 소요되는 비용을 동독 재건에 투자하면 통일 비용 절약과 함께 서독 쪽에는 두 기관을 그대로 둠으로써 균형 발전을 이루는 일석이조의 효과를 거둘 수 있다고 주장했다.

연방의회는 12시간 가까운 토론 끝에 찬성 337, 반대 320으로 베를린을 통일 수도로 결정했다. 표결은 의원 개인별 의사에 따라 행해졌다. 연방의회는 1994년 3월 10일 두 기관의 베를린 이전을 결정하면서 이전에 따른 비용을 줄이고 본에도 적절한 기능을 부여하기 위해 '베를린·본 법'을 제정하였다. 이 법에 의해 연방하원과 연방정부의 7개 부서는 2000년까지 베를린으로 이전하고 국방부, 교육연구부, 노동부, 교통부 등 7개 부서는 본에 잔류하기로 했다. 처음에 본에 잔류하기로 했던 연방상원은 1996년 9월 27일 베를린으로의 이전을 결정했다. 연방의회는 1999년 7월 1일 베를린 시대를 시작했고, 연방정부 총리실은 2001년 초에 이전을 완료했다.[11]

외국군의 철수와 군사적 통합

'2+4 조약' 제4조는 동독 주둔 소련군의 철수 문제를 다루었다. 이 조약에서 소련군은 3~4년 안에 전부 철수하기로 했고 소련 철수 비용 150억 마르크는 전부 통일 독일이 부담하기로 했다. 소련군 병력 34만 명은 통일 이후 4년간에 걸쳐 점진적으로 철수하여 1994년 8월 31일까지 철수를 완료했다. 독일이 소련에 철군 비용으로 지원한 돈은 이미 약속한 150억 마르크 외에 5억 5천 마르크가 추가되었다. 소련에 넘겨진 돈은 철수 군인들이 사용할 주택 건설비, 조약 체결 이후 철군 때까지 한시적 주둔비 및 철군 비용, 직업 전환 교육 등에 사용되었다. 독일이 소련에 지급한 돈은 철군 비용 125억 5천 마르크와 철군의 대가 성격인 30억 마르크의 차관으로 구성되었다. 철군 과정은 기대 이상으로 순조로웠다. 역사상 이처럼 많은 외국 병력이 전쟁이 아닌 평화 시에 남의 나라에 반세기 동안이나 주둔한 적도 거의 없었고 또 이들 군대 전부가 한꺼번에 철수한 적도 거의 없었다.

소련군 철수와 함께 미국, 영국, 프랑스 군도 1994년 9월까지 철수를 완료했다. 그러나 3개국 군대의 철수는 완전 철수가 아니었다. 2+4 조약에 따라 나토군에 소속한 군인들은 계속 독일에 주둔했다. 이들은 승전국의 자격이 아닌 상호방위조약에 의한 것이기 때문에 과거의 주둔군과는 성격이 달랐다. 승전국 자격으로 주둔한 4대 국가 소속 군대

의 철수로 독일인들의 자결권은 완전히 회복되었다.[12)

동독 인민군은 사회주의 군대로서 공산당의 도구였다. 동독에서 징집 대상 청년들은 청소년기에 군사훈련을 받은 다음 18개월간 육·해·공군에 의무적으로 복무하였다. 1990년 초까지 동독 인민군은 약 168,000명의 군인과 56,000명의 군속으로 구성되었다. 이 외에 인민군과 유사한 조직으로 국경수비대 40,000명, 국가보위부 소속 20,000명이 있었다. 1990년 1월 동독은 의무 복무 기간을 단축하는 등 일련의 군 개혁 조치를 단행하여 통일 직전 인민군의 숫자를 10만여 명으로 감축했다.

통일 직전인 1990년 9월 24일 동독은 바르샤바조약기구에서 탈퇴했다. 같은 날 동독 국방장관 에펠만은 동독의 장군과 제독들에게 10월 2일자로 모두 전역하도록 명령했다. 통일의 날인 10월 3일 0시 동독 국방장관은 일일 명령을 통해 103,000명 군인들의 동독에 대한 국방의무를 해제시켰다. 이로써 통일 독일에는 이제 연방군만이 남았다. 동독 인민군 중에서 통일 후에도 군에 남아 있기를 원하는 사람들은 엄격한 심사와 적응 과정을 거쳤고 이를 통해 최종적으로 남은 사람은 11,000여 명뿐이었다. 남은 숫자가 통일 전의 1/20 밖에 안 된다는 점을 고려할 때 동독 인민군은 엄밀한 의미에서 서독 방위군과 통합된 것이 아니라 사실상 해체되었다고 볼 수 있다.[13)

통일 전 서독 연방군의 숫자는 49만 5천 명이었다. 2+4조약은 독일군의 병력을 통일 후 3~4년 내에 37만 명으로 감축하도록 했다. 통일 독일군의 병력 숫자를 이토록 크게 줄이게 한 것은 주변국들이 독일의 군사 대국화를 원하지 않았기 때문이다. 독일은 군 복무 기간을 15개월에서 12개월로 단축하여 병력 숫자를 1994년 말까지 37만 명으로 줄였다. 독일은 그 후 병역의무 기간을 다시 12개월에서 10개월로 단축하면서 1995년 초까지 군 병력을 자발적으로 34만 명으로 축소시켰다.

1992년 7월 1일부터 동독의 징집 대상자들과 서독의 징집 대상자들은 서독 지역과 동독 지역에서 혼합하여 근무했다. 1993년부터는 동독 출신 장교와 하사관들도 서독 지역으로 발령을 받아 근무하고 있다. 이들은 군의 내적 통합을 위해 민주주의 체제하의 지휘 통솔, 연방군의 전술과 무기 체계 등 다양한 유형의 교육을 받았다.[14]

행정·교육기관의 통합

연방 및 주 행정기관의 구축

서독의 연방 부처 중 통일 업무를 맡았던 내독관계부는 통일과 함께 그 역할을 마감하고 폐지되었다. 새로 신설된 부서인 연방재산관리사무소는 신연방주(이하 동독 지역 5개 주를 신연방주로 칭함)에서 동독 인민군 부동산의 관리 및 매각, 소련군 철수 후 부동산의 관리 및 매각, 동독의 국유재산 처리 시 연방정부의 권익 수행, 연방재산의 관리 및 매각, 소련군 주둔으로 인한 피해자들에 대한 보상, 연방 행정기관 근무자용 주택 마련, 기타 연방 부처 소유 부동산의 인수 및 매각 등을 담당했다.

동독 지역은 5개 주로 재정비되었다. 5개 주는 각각 메클렌부르크-포아포메른(Mecklenburg-Vorpommern), 브란덴부르크(Brandenburg), 작센-안할트(Sachsen-Anhalt), 튀링겐(Thüringen), 작센(Sachsen) 등이었다.

동베를린은 서베를린과 합쳐 하나의 주가 되었다. 베를린과 브란덴부르크 주를 통합하려는 시도가 있었지만 브란덴부르크 주민들이 1996년 5월 주민투표에서 이를 거부하였다. 신연방주들은 1990년 10월 14일 주의회 선거를 통해 독자적인 의회를 구성하였다. 신연방주의 선거 결과 사민당은 브란덴부르크 주에서, 기민/기사당은 나머지 4개 주에서 승리했다. 독일은 연방국가이기 때문에 통일 독일에 합류한 신연방주들도 서독의 11개 주들처럼 각 주마다 국가의 특징을 가지면서 동시에 연방정부와 업무 및 역할을 분담했다. 동독 지역의 주들도 서독 지역의 주들과 마찬가지로 중앙정부로부터의 재정 지원뿐만 아니라 주들 사이의 재정조정제도의 혜택을 받아 열악한 재정 상황을 개선할 수 있게 되었다. 주 설치법은 신연방주 의회로 하여금 주헌법을 제정하도록 했다. 이에 따라 동독 지역의 각 주 의회는 임시 규정을 통해 주 정부기관의 활동 근거를 마련하였고, 1994년 주헌법을 제정하여 주정부의 기본 틀을 갖추었다. 신연방주들은 서독 지역의 주정부를 모델로 삼아 각 부처 장관을 비롯하여 특수 행정기관을 설치하고 필요한 인력을 배치하였다.[15] 연방국가로서 각 주가 가지고 있는 준독립 국가적 성격은 서독에 일방적으로 흡수된 동독 주민들에게 많은 위안이 되었다.

행정 통합에서 핵심은 동독 지역에 서독식의 행정 체계를 구축하고 직업 공무원 제도를 확립하는 것이었다. 이 과정에서 가장 문제가 되었던 것은 동독의 방만한 행정 인력이었다. 통일 조약 체결 무렵 동독 공직자의 수는 약 225만 내지 230만 명쯤 되었다. 이는 당시 동독 인구의 14.5%로서 서독의 7.9%보다 크게 높았다. 계획경제라는 동독 체제의 특수성에다 비능률적인 인력 운영의 반증이었다. 통일 조약에서는 행정의 지속성과 기존 공직자들의 신분 안정을 고려하여 고용 관계가 당분간 유효하도록 규정했지만 공직자 숫자를 감축하는 것은 불가피한 일이었다. 신연방주 공직자 중에서 기존의 간부는 대부분 교체되었으며, 이와 별개로 공산당과 직접적 관계가 있는 관료나 군인, 경찰, 법관, 대학교수들도 우선적으로 해고되었다. 재임용된 공무원에 대해서는 민주적 법치국가에 맞게 대대적인 교육이 실시되었다.

1990년 3월 출범한 동독의 메지에르 정부는 통일 정부 출범 때까지 몇 달 동안 후진적인 동독의 법체계를 서독의 법체계에 맞추는 작업을 진행했다. 통일 후 독일은 동독 지역의 법체계를 본격적으로 서독처럼 기본법과 유럽공동체법, 연방법, 주(州)법의 순서로 재편하고, 갑작스러운 재편에 따른 부작용을 최소화하기 위해 경과 규정 및 예외 규정을 두었다.

동독의 사법 분야 종사자들은 동독 공산국가 내에서 특권적 지위를 누렸다. 당연히 동독 지역의 판사, 검사, 변호사, 공증인 등 법조인들은 자유민주주의적 질서에 가장 어울리기 어려운 직종들이었다. 이들 법조인들은 모두 통일 후 엄격한 재임용 과정을 거쳤고 소수의 판사와 검사들만이 새로 재임용의 대상이 되었다. 다른 한편 동독 사회의 시장경제화 및 체제 변화에 따른 소송의 급증으로 동독 지역에서 활동하는 변호사 및 공증인 숫자는 크게 증가했다.[16]

교육제도의 통합

동독 지역에서 초·중등학교부터 고등교육기관에 이르기까지 모든 교육 내용은 이념 지향적이었다. 통일 후 동독 지역 학교들에는 서독식 교육제도와 이념이 도입되었다. 새로운 교육의 목표는 동독의 학생들이 자유롭고 민주적이며 다원주의적 사고를 가진 인간으로 성장하고, 다른 한편으로는 학생들이 새로 편입된 서독 체제에 잘 적응하여 건전한 생활인으로 살아가게 하는 것이었다.

동·서독 모두 통일 전에 초등학교에서부터 대학까지 국가가 교육을 지원하는 무상교육이었던 점은 교육 통합이 보다 용이하게 이루어지도록 하는 데 기여했다. 그러나 교육제도의 통합도 결코 쉬운 일이 아니었다. 교육제도의 통합을 위해서는 교육의 주체인 교사들의 재편 및 재교육 과정 그리고 가르치는 내용의 변화가 필수적이었다. 동독 출신 교사들 중 공산당 간부였거나 공산당 산하 조직에 근무한 경력을 가진 사람들은 해고되었다. 동독 정권에서 전공 지식 없이 교직을 받은 자, 러시아어 교사와 동독 어린이 단체인 개척자 조직 지도교사, 이념 담당 교사 및 교수들도 해고 대상이었다. 독일에서 교육정책은 주정부가 주도하고 있는데, 작센 주의 경우 통일 후 전체 6만여 명의 교사 가운데 약 2만 명이 해고되었다. 서독의 교사자격증을 갖고 있던 교사는 동독 지역에서도 교사가 될 수 있었으나 동독 교사자격증을 갖고 있던 사람들은 새로 자격증을 따거나 재교육 과정을 밟아 정부로부터 인정을 받지 않고서는 서독 지역에서 교사로 임용될 수 없었다.

통일 후 중·고등학교에서 마르크스-레닌주의와 관련된 이념 교육이 사라지고 대신 건강교육, 환경교육, 정치교육 등이 중시되었다. 유럽 통합 정신에 따라 유럽 국가들의 정치, 경제, 사회 등에 대한 교육 및 외국어 교육도 강조되었다. 그러나 동독 체제에서 제1외국어였던 러시아어는 그 지위를 상실했고 대신 영어, 불어 등의 비중은 높아졌다.

과거 동독의 학제는 단선제였는데 통일 후 서독의 다원제 학제로 바뀌었다. 서독처럼 학교 종류는 초등학교, 종합학교, 실과학교, 김나지

움, 직업훈련학교 등으로 구분되었다. 교육 연한은 초등과정은 1~6학년, 중등과정은 7~10학년, 고등과정은 11학년 이상으로 하였다.

대학에서는 비밀경찰 등에 관련된 교수 대부분이 해임되었다. 예를 들어 베를린 소재 홈볼트(Humboldt) 대학에서 슈타지(Stasi) 연루자로 분류, 추방된 교수는 130명이었다. 신규로 임명된 교수는 116명이었는데 이들 가운데 서독 출신 교수가 약 50%를 차지했다. 총장, 학장 등 동독 대학의 상층부도 대부분 서독 출신들에 의해 채워졌다. 이 때문에 대학에서도 서독에 의한 '식민지화'가 진행되었다는 비판이 제기되었다.

교육 재편 과정에서 동독 교육제도의 장점들을 전혀 살리지 못했다는 비판이 제기되었다. 동독 교육제도는 학교가 해당 학생들의 거주지와 매우 가까운 거리에 있었고, 또 여러 가지 교육을 한 장소에서 받을 수 있는 종합 체제였다. 또 유치원 교육은 어디에 내놓아도 손색이 없을 만큼 훌륭하다는 평가를 받았다. 그런데 이런 장점들이 전혀 살려지지 못한 채 서독 교육체계가 일방적으로 강요되면서 동독 교육제도의 장점이 모두 사라져 버린 것은 아쉬운 부분이었다.[17]

과거 청산

동독 공산당 정권의 통치는 통제와 감시 체제에 기초했으며 그 핵심 기구는 흔히 슈타지로 불린 국가안전보위부(Miniterium für Staatssicherheit)

였다. 슈타지는 1989년까지 동독 시민 600여만 명의 자료를 보유하고 있으면서 그들의 일거수일투족을 감시했다. 통일 후 공개된 슈타지 문서에 따르면 동독 독재 정권은 비밀경찰을 통해 동독의 주요 인사와 반체제 인사에 대한 감시는 물론이요 이웃이 이웃을, 교사가 학생과 학부모를, 성직자가 신도들을 감시하게 했으며, 그 감시망은 나라 전체에 걸쳐 거미줄처럼 연결되어 있었다. 동독 정권의 이런 불법적 감시체계는 통일 후 동·서독 주민 대부분의 분노를 불러일으켰다. 장벽을 넘어 서독으로 넘어오려는 동독 시민들에 대한 무자비한 총격과 사살 행위도 광범위한 분노를 자아냈다.

동독 공산당(SED) 정권이 집권 기간에 저지른 불법행위의 청산은 통일 독일이 해결해야 할 우선적인 과제 중 하나였다. 이미 통일 조약은 통일 후 이런 불법적 행위에 대한 적절한 조치를 규정해 놓았다. 통일 조약과 국민적 감정에 호응하여 연방의회는 1991년 말에 소위 '슈타지법'을 제정했다. 법의 목적은 슈타지 종사자들의 행위에 대한 정치적, 역사적, 사법적 처리였다.[18] 연방의회는 1993년 1월에는 '공산당 정권하의 불법행위에 대한 시효 정지에 관한 법'을 제정했고 1993년 9월에는 '형사시효 연장에 관한 법'을 제정하여 과거 공산독재 정권하에서 저질러진 불법행위가 시효 때문에 유야무야 되는 일이 없도록 했다.

동독의 집권층에 대한 수사는 호네커부터 시작되었으며 그 수사 시점은 이미 통일 전 동독의 모드로우 정부 때였다. 베를린 장벽이 붕괴되기 직전에 모든 공직으로부터 축출당한 호네커는 1990년 1월 29일 동독 검찰청에 의해 국경 살해 사건 혐의로 구속 수감되었다. 호네커는 변호인들의 구속 취소 신청에 의해 체포 다음 날 석방된 후 소련 병원으로 옮겨졌고 통일 후에는 소련으로 도망갔으나 1992년 7월 다시 독일로 송환, 수감되었다. 그는 재판 중인 1993년 1월에 간암을 이유로 석방되었고 그 후 칠레에서 살다가 1994년 5월 사망했다. 케슬러(Heinz Kessler), 슈트레렛츠(Fritz Streletz), 알브레히트(Ahans Albrecht), 슈토프(Willi Stoph), 밀케(Erich Mielke) 등 5명의 국방위원들은 1991년에 구속 수감되었다. 공산당 정치국원을 역임한 사람들 대부분은 사망, 고령, 질병 등으로 인해 구속을 면했고, 국경 살해 사건으로 기소되어 재판을 받은 정치국원들 가운데서도 크렌츠(Egon Krenz), 샤보브스키(Günter Schabowski), 클라이버(Günter Kleiber) 등만 재판을 받았다. 이들에 대한 처벌의 적법성 문제가 뜨거운 논쟁의 주제가 되었으나 법원은 이들 모두에게 자유형을 선고했다. 국경을 탈출하는 주민을 향해 실제로 사격을 가한 국경수비대원과 명령을 내린 장교 및 장성들에 대해서는 일부에게만 실형이 선고되었다.

1996년 9월까지 동독의 판·검사 및 수사 요원들 91명이 기소되었으며, 이들 중 2명은 자유형을 선고받았다. 국가보위부의 폭력 행위에 대한 처벌도 논의되었다. 국가보위부에 의해 자행된 불법행위는 크게 체제 유지를 위해 감행한 살인·살인교사, 불법 감금·고문 등 인류에 반하는 범죄행위와, 대외적으로 서독의 안전을 해치기 위해 시도한 간첩 행위로 나뉘어졌다. 국가보위부의 불법행위들 중 실제로 기소된 것은 유괴나 촉탁살인 등과 관련된 극소수의 사안에 그쳤다. 간첩 행위의 경우도 동독인이 동독 내에서 서독 또는 서독의 우방국에 대해 행한 행위는 처벌하지 않았으며, 동독인이 서독에서 행한 간첩 행위에 대해서도 거의 문제 삼지 않았다. 그러나 서독인이 동독을 위해 간첩 행위를 한 경우는 처벌받았다.

체제 범죄에 대한 사면 여부가 정치권을 비롯하여 독일 사회에서 큰 논란의 대상이 되었다. 1996년을 전후로 논쟁이 벌어졌는데, 로만 헤어촉(Roman Herzog) 연방대통령과 콜 총리 등 연방정부를 책임지고 있는 사람들은 동독 공산 정권의 인권 유린 행위에 대해서는 엄격한 조사와 청산이 필요하다는 주장을 펼쳤다. 반면에 사민당과 기민당의 일부 의원들은 살인, 고문 등 중범죄자를 제외한 일반 범죄는 모두 사면할 것을 주장했다. 사면 문제는 결국 일반 국민, 특히 동독 주민들의 정서를 감안하면서 정치적 해결의 방향을 찾았고, 결과적으로 대부분 처벌을 면죄 받음으로써 사실상 사면의 효과를 거두었다.[19]

과거사 청산은 불법행위에 대한 처벌만을 목표로 하지 않았다. '통일 조약'은 공산 정권에서 희생된 자들이 복권될 수 있는 법적 기초를 마련하고 적절한 보상 조치를 취하도록 했다. 이런 취지에 맞추어 인민의회는 1989년 9월 6일 복권 대상자를 위해 복권법을 제정했다. 복권법은 형사법적 복권뿐만 아니라 직업적, 행정법적 복권에 관한 규정도 포함하였다. 통일 후인 1992년 9월에는 '동독 공산당 불법 청산을 위한 제1차 법률'이 제정되어 복권법을 보완하였다. 이 법은 공산 정권에서 법치국가의 원칙에 위반하여 형사처벌을 받은 자들에게 복권과 보상을 실시하도록 했다. 동독에서 정치적 박해를 당한 희생자들을 위한 제2차 복권 개선법은 2000년 1월 1일 발효되었다. 이 법에 의해 정치적 희생자들을 위한 보상 재원이 마련되고, 직업적 복권과 관련하여 피해자들이 연금법상 불이익을 받지 않도록 했다.[20]

동독 출신 엘리트의 변화

지난 70여 년 동안 동독 지역의 엘리트들은 두 번의 큰 변혁을 맞이했다. 첫 번째 변혁은 소련의 동독 점령 및 공산당 정권의 등장과 함께 이루어졌다. 산업, 정치, 행정, 군대, 농업 분야 등 전 분야에서 구 엘리트가 완전히 해체되고 공산당 계열의 인사들이 그 자리를 차지했다. 두 번째 변화는 1989년 평화 혁명 이후의 변혁이었다. 이 혁명과 함께 공산당의 지도적 인사들은 물론이요 기능적 엘리트였던 법관, 인문사회과학자, 외교관, 장교, 공장장 등이 대대적으로 교체되었다.[21]

통일 독일은 체제 이행을 신속히 달성하기 위해 기존 동독 엘리트층의 역량을 개발하기보다는 서독 출신 엘리트들을 광범위하게 활용하는 방식을 택했다. 그 결과 통일 후 동독 지역 상층부 인사의 약 40%는 서독인들로 채워졌다.[22] 이와 별개로 1989년 동독혁명 후 동독 지역에서는 이데올로기적 엘리트들이 몰락하고 다원주의적인 전문 엘리트들이 부상했다.[23] 동독 지역에 새로 들어선 엘리트들은 크게 두 계통의 사람들이었다. 첫 번째 집단은 공산당 후속 세대 엘리트이었다. 통일 전 공산당 당원은 230만 명이었고, 그들 중에서 34만 명이 지도 엘리트 집단을 형성하였다. 이들 공산당 출신 엘리트 집단은 통일 후 정치 분야에서 여전히 상당한 영향력을 행사하였다. 우선 정치 분야에서는 공산당의 후신인 민사당이 상당한 정치적 영향력을 보유했다. 민사당은 작센, 브란덴부르크, 작센-안할트, 튀링겐, 메클렌부르크-포아포메른 주 의회에서 강력한 야당의 위상을 확보했다. 작센과 튀링겐에서는 민사당이 사민당보다 주의회 의원을 더 많이 확보했다. 민사당은 베를린과 메클렌부르크-포아포메른에서 연정의 파트너로 참여하면서 큰 영향력을 발휘하고 있다. 이에 따라 주 장관, 자문위원, 보좌관, 대변인 등의 자리에 구 공산당 출신들이 많이 진출했다. 공산당 후속 엘리트들 중에는 동독 지역의 기민당, 사민당, 자민당에서 활동하는 인사들도 있다.[24] 공산당 소속 엘리트들이 정치 영역에서 영향력을 갖고 있었던 데 반해 동독혁명 때 주도적 역할을 한 시민운동권 출신들은 통일 후 별로 영향력을 발휘하지 못했다.

통일 이후 동독 지역에서 두드러지게 활약하고 있는 엘리트들 중에는 의사, 자연과학자, 엔지니어 등 공학 및 자연과학계 출신들이 많았다. 이들은 음악가, 목사, 의사 등의 부모를 가진 사람들로서 비교적 자유로운 가정환경에서 성장했기 때문에 그들의 가치관도 동독의 주민들과 차이를 보였다. 이러한 주변 엘리트들은 통일 후 공산당 출신 엘리트들이 대거 퇴진한 상태에서 가장 활발하게 지도층에 진출했으며, 가장 막강한 영향력을 행사하고 있다. 2005년 무렵을 기준으로 하면 동독 지역의 주지사 5명 중에서 4명이 이러한 주변 엘리트 출신들이었다. 링스토르프(Harald Ringstorff)는 동독 시절 조선소에서 배의 페인팅을 연구하는 화학자였지만 통일 후 메클렌부르크-포아포메른 주지사로 활약하였다. 뵈머(Wolfgang Böhmer)는 동독 시절 여성 전문가였지만 통일 후 작센-안할트의 주지사를 역임했다. 알트하우스(Dieter Althaus)는 동독 시절 수학 및 물리 교사였는데 통일 후 튀링겐 주지사를 역임했다. 플라첵(Matthias Platzeck)은 동독 시절 포츠담 위생보건연구소 기술연구위원과 병원장을 역임한 다음 통일 후 브란덴부르크 주지사직을 맡은바 있다.[25] 동독의 주변 엘리트는 정치 분야뿐만 아니라 경제 분야에서도 활발하게 활동하고 있다. 예를 들면 작센에 투자한 미국계 컴퓨터 칩 생산업체인 AMD의 공장장 데페(Hans Deppe), 아들러스호프에서 갈레누스 연구소 및 기업을 만들어 세계적 수준의 화장품을 개발한 그로트(Norbert Groth), 정보처리 기술자로서 카메라에 들어가는 정보처리 기술을 개발하여 중견 기업으로 키운 GFal의 티트케(Hagen Tiedtke) 소장, 레이저 기술을 응용하여 성공한 무차메토프(Jörg Muchametow) 등은 동독의 주변 엘리트 출신 자연과학자들이다.[26]

주변 엘리트로서 성공한 대표적인 인물로는 앙겔라 메르켈(Angela Merkel)을 들 수 있다. 메르켈은 동독에서 목사의 딸로 태어났고, 라이프치히 대학에서 물리학을 전공했다. 동독 국가보위부가 대학을 수석 졸업한 그녀에게 일자리를 제의했지만 그녀는 그 제안을 거절하고 대학원에 진학하여 박사학위를 받았으며, 동베를린 물리화학연구소 연구원으로 근무했다. 그녀는 1989년 동독혁명 때는 '민주약진'의 대변인을 맡았으며 1990년 3월 선거와 함께 출범한 기민당 주도의 동독 정부 대변인도 맡았다. 그녀는 통일 후 콜 총리의 총애를 받으며 여성청소년부 장관, 환경·자연보호·핵안전부 장관을 역임하는 등 통일 정부의 중심인물로 부상했다. 그녀의 성공사는 계속 이어져 1998년에는 기민당 사무총장, 2000년에는 기민당 대표를 맡았고, 마침내 2005년에는 독일 총리로 취임했다.

2. 경제 통합과 통일 후유증

경제 통합

동독 경제의 시장경제로의 편입

경제 통합은 지극히 어려우면서도 가장 중요한 작업이었다. 동독이 붕괴된 가장 큰 배경은 경제 문제였고 서독에서 통일 논쟁이 벌어진 가장 큰 배경도 통일 비용을 비롯한 경제 문제였다. 통일을 추진했던 콜 정부에게도 경제 통합의 성공 여부는 곧 통일에 대한 평가의 바로미터가 될 수밖에 없었다.

경제 통합에 큰 도움이 된 것은 동·서독이 분단 이후 계속 내독 간 교역을 실시한 경험이었다. 서독은 1952년 '관세와 무역에 관한 일반 협정(GATT)' 회원국으로 가입할 때 동·서독의 교역을 내독 거래로 인정받았다. 1957년 유럽경제공동체(EEC) 창설을 위한 로마 조약 체결 때도 내독 교역과 관련된 부속 합의서를 체결하여 동·서독 교역의 면세를 보장받았다. 당시 서독은 유럽공동시장 가맹국들에게 양독 간의 교역은 외국 간의 교역이 아니라 독일 내부의 교역이며 가맹국들은 동독을 제3국으로 간주하지 않는다는 조항을 삽입하도록 요구하였다. 이런 경험들은 1990년 통일 후 경제 통합에 순기능적 역할을 하였다.

경제 통합의 첫 단계는 동독의 사회주의경제 체제를 서독의 사회적 시장경제 질서로 전환시키는 것이었다. 두 번째 단계는 붕괴된 동쪽 지역의 경제를 재건하고 동독인들의 경제적 삶을 최대한 서독인들의 수준까지 끌어올리는 것이었다. 셋째는 통일 비용의 원만한 조달과 동시에 통일 비용으로 인한 서독 지역 경제의 어려움을 최소화하는 것이었다.

먼저 경제 통합의 첫 번째 단계에서 시행해야 할 조치들로는 가격 자율화, 재산권 반환, 산업구조 조정, 국영기업의 민영화, 시장경제를 위한 법적·제도적 보완 등이 있었다.[27) 그런데 이런 조치들은 두 번째 단계인 동독의 재건과 불가분의 관계를 가졌다. 왜냐하면 경제 통합의 과정에서 역점을 두었던 창업, 재사유화, 그리고 신탁관리청에 의한 인민 공유기업 사유화 등 세 가지 내용들은 모두 사회주의경제의 시장경제로의 전환 과정이면서 동시에 동독 경제의 재건 과정이었기 때문이다. 여기에서 재사유화는 동독 공산화 과정에서 소유권을 타의에 의해 박탈당한 원소유자에게 그 기업을 되돌려주는 것이고, 사유화는 국영기업을 민간에 매각하는 것을 뜻한다.

동독에서 정부, 지방자치단체, 공동체 등이 공동 소유한 재산의 대부분은 1945년 이후 소련과 동독 정부에 의해 강제로 몰수된 것들이었다. 따라서 동독 경제의 시장경제로의 편입 과정에서 필수적으로 선결 처리해야 할 단계는 몰수된 재산의 반환 혹은 보상이었다.

동독의 기업은 대부분 국유화되었지만 토지의 경우는 국유화 정도가 상대적으로 낮았다. 동독 공산 정권은 토지 소유권을 굳이 박탈하지 않고서도 집단농장을 통해 토지 국유화와 동일한 효과를 거둘 수 있었기 때문이다. 그래서 농지의 70%는 통일 당시까지 법적으로는 개인 소유 형태로 남아 있었다. 주택의 경우 통일 당시 국유주택 및 조합주택이 60% 정도에 이르렀는데 그중에는 보상 없이 몰수되거나 상속 포기 등을 통해 국유화된 주택도 포함되어 있다.

이같이 몰수된 재산은 통일 이후 신탁관리청, 연방정부, 주정부, 지방자치단체 등 해당 기관에 일단 귀속된 후 관련법에 따라 반환, 보상, 매각을 통해 사유화되었다.[28] 몰수 재산의 처리에 관한 기본 원칙은 1990년 6월 15일자로 발표된 동·서독 정부의 공동성명에 기초했다. 이 성명에서는 소련 점령당국의 몰수 재산은 원상회복되지 않으며, 동독 정부 수립 이후 보상 없이 몰수된 재산은 원칙적으로 원소유자 또는 그 상속인에게 반환한다고 했다. 공동성명의 내용은 통일 조약에 반영되었고 그 후 제정된 법률 속에서 보다 구체화되었다.

권리자가 반환 신청을 하면 처분권자는 원칙적으로 권리자의 동의 없이 그 재산을 처분할 수 없도록 했다. 그러나 권리자가 반환 신청 기한을 넘긴 경우 처분권자는 그 재산을 처분할 수 있었다. 다만 재산이 최종적으로 처분되지 않았으면 권리자는 계속 반환 신청을 할 수 있었으며, 이미 처분되었으면 그 재산의 매각 대금을 청구할 수 있었다. 처분권자는 몰수 재산을 처분하기 전에 권리자가 반환 신청을 했는지 여부를 확인하도록 했다.

그런데 통일 조약은 특정한 토지나 건물이 특별한 투자의 대상일 경우에는 반환하지 않고 보상할 수 있도록 했다. 이 정신을 구체화하기 위해 제정된 것이 동독 내 투자에 관한 법률이다. 반환 대상이 되는 토

지나 건물이 특수한 투자 목적, 즉 기업 설립을 통한 고용 창출, 주거지 조성, 산업 기반 구축 등에 이용될 경우 소유권 반환이 이루어지지 않도록 했다. 이는 신연방주의 신속한 경제 재건이라는 공공의 이해관계가 반환보다 우선되었기 때문이다. 이때 권리자는 최소한 시가에 해당하는 매각 대금을 보상금으로 받을 수 있었다. 투자 우선법에는 이러한 투자의 기준, 투자 우선 결정과 투자 계획, 권리자를 위한 조정 등에 관한 사항이 규정되어 있다.[29]

몰수 재산의 반환 원칙은 신연방주 경제 재건에 큰 지장을 초래하였다. 각종 투자자 우선 법률을 마련하여 반환에 따른 여러 가지 문제를 해결하려고 했지만, 얽히고설킨 소유권 문제를 빠른 시일 내에 해결하기란 불가능한 일이었다. 소유권 문제의 불확실성은 투자를 머뭇거리게 만들었고, 이는 동독 경제의 재건에 불리하게 작용했다.[30] 몰수 재산 문제에서 금전적 보상 이전에 반환을 우선시한 탓으로 동독 경제가 큰 혼란에 빠졌으며, 이 때문에 반환 우선 원칙은 연방정부의 실책이었다는 비판이 제기되었다.[31]

신탁관리청의 운영과 공과

동독 기업의 사유화 작업은 신탁관리청에 의해 추진되었다. 동독의 개혁이 한창이던 1990년 2월 12일 동독 원탁회의가 인민 공유의 재산을 보호하기 위해 신탁관리청(Treuhandanstalt, THA) 설립을 제의하자 동독 정부는 3월 1일 신탁관리청 설립을 결정했다. 신탁관리청은 동독 정부가 행한 마지막 중요 조치였다. 뒤늦은 개혁의 시도였던 신탁관리청은 본래 국가 재산의 관리를 위한 기구로 구상되었다. 설립 구상 당시 그것은 사유화를 주 목표로 한 것이 아니라 기업들에게 보다 큰 독립성을 부여함으로써 경제의 탈집중화를 도모하자는 것이었다.[32] 그러나 3월 18일 인민의회 선거를 통해 등장한 메지에르 정부는 신탁관리청의 성격을 기업의 사유화와 경제 재건을 맡는 기구로 탈바꿈시켰다. 이를 위한 구체적 조치로서 6월 17일 '국유재산의 사유화 및 재편성을 위한 법'(이하 신탁법)을 제정하였고, 이 법에 근거하여 신탁관리청이 1990년 7월 1일 설립되었다.

1988년에 국가 소유 기업은 동독 순 생산의 88%를 차지했다. 신탁관리청의 설립에 앞서 모드로우 정부는 소매업체 약 3만 개를 사유화했다. 그럼에도 불구하고 신탁관리청은 동독 생산력의 거의 90%, 토지의 57%를 떠맡았다. 신탁관리청이 관리하는 기업에 소속된 노동자는 동독 전체 취업자의 약 절반에 해당되었다. 한마디로 신탁관리청은 동독 경제구조의 전환 과정에서 핵심 기구였다.[33]

사유화 과정의 초기 그리고 쉬운 단계는 주로 1990년 말까지 완료되었다. 이때 사유화된 기업들은 대부분 국제적 경쟁을 피하면서 이익을 기대할 수 있는 회사들인 저축은행, 보험회사, 에너지 및 호텔 등이었다. 이들 기업들은 대부분 서독 회사에 의해 인수되었다.

신탁관리청의 가장 어려운 과제는 국가 소유의 큰 기업, 즉 '콤비나트(Kombinat)' 같은 기업을 국제 경쟁 속에서 제값을 받고 파는 것이었다. 그런데 콤비나트는 불충분한 국가 독점기업이었으며, 대부분 바로 사유화시키기가 어려웠다. 사유화에 앞서 그들은 먼저 서독 기업에 어울리는 규모와 구조를 가진, 법적으로 독립된 기업들로 분할되었다. 초기의 평가 결과에 따르면 기업의 70% 정도는 살릴 가능성이 있고, 나머지 30%는 폐쇄되어야 할 기업이었다.

기업의 사유화는 기업이 과거 국유화된 방법에 따라 두 가지로 구분할 수 있다. 개인 재산을 불법적으로 몰수하여 국유화된 기업은 원소유자에게 다시 돌려주었는데, 이를 재사유화라고 규정하였다. 소련 점령 당국이 몰수한 재산이나 동독 정부가 정당하게 취득한 재산은 일반인에게 매각하는 방식을 취했는데, 이를 일반적으로 사유화라고 불렀다. 원소유자에게 돌려주기로 한 재산도 그가 반환 대신 보상을 선택하면 그 재산도 매각을 통해 사유화되었다.

사유화 과정에서 가장 중요시한 것은 높은 가격을 주고 살 구매자를 찾는 것이 아니라 높은 임금을 주면서 동시에 기업을 국제적으로 경쟁력 있는 기업으로 만들 능력을 가진 투자자를 찾는 것이었다. 그래야만 일자리도 유지되고 동독 경제 재건에도 기여하기 때문이다. 이런 매각 방식은 엄밀히 말해 선진 시장경제의 관행에 따른 것이 아니었다. 구매자들은 대부분의 기업에 대해, 심지어 조건이 좋다고 판단되는 기업조차 보조금을 요구했다.[34]

앞에서 언급한 것처럼 동독은 토지의 집단화 과정에서 개인의 토지 소유권을 완전히 박탈한 것이 아니라 소유권은 그대로 둔 채 토지의 출자 형식을 통하여 집단화하였다. 그러나 동독의 계획경제하에서 토지를 이용하거나 처분하는 것은 불가능했기 때문에 형식상의 개인 소유는 의미가 없었다. 동독의 농업구조를 시장경제체제로 전환하려면 우선 국유농장, 협동농장 등 집단농장을 해체하고 조합원들의 토지 소유권을 실질적으로 회복시키는 작업이 선행되어야 했다. 이를 위해 동독 정부는 통일 이전에 이미 농업구조 조정법을 제정한 바 있으며, 통일 후 연방정부는 이 법을 인수·보완하였다. 이 법에 따라 동독의 집단농장은 해체되었고, 토지 소유자들의 권한은 완전히 회복되었다.

토지 소유자가 쉽게 확인되지 않은 토지는 일단 신탁관리청에 귀속되었다. 신탁관리청이 보유하고 있는 농경지는 총 190만ha이며 그중 60만ha는 원소유자에게 반환될 토지이고, 130만ha는 사유화될 토지였다. 신탁관리청은 광산, 산업용지 및 기타 대지 면적 250만ha를 보유하였으며, 이것도 사유화의 대상이었다. 농경지와 임야를 제외한 토지는 모두 신탁부동산회사(TLG)가 처리하였는데 그 처리 절차나 방법은 기업의 사유화 방식과 큰 차이가 없었다.

통일 당시 동독의 주택은 약 700여만 동으로 그중 59%는 국영 또는 주택조합 소유였으며, 41%는 개인 또는 기타 소유였다. 동독의 주택 경제를 시장경제체제에 적응시키려면 주택의 소유권 관계부터 명확히 정리해야 했다. 그리하여 통일 전에 동독 정부는 이미 지방자치단체 재산법을 제정하여 국영주택 중 지방자치단체가 권리행사를 하는 주택은 지방자치단체로 넘겼다. 이에 따라 주택의 사유화는 대부분 신연방주의 지방자치단체에 의해서 이루어지고 신탁관리청의 자회사인 부동산신탁회사는 기업과 관련된 주택의 사유화를 떠맡았다. 그 규모는 지방자치단체 소유보다 훨씬 적었다. 부동산신탁회사나 연방정부는 주택의 사유화를 촉진하기 위해 세입자가 주택을 살 경우 보조금 지급이나 융자 보증 등 다양한 지원책을 제공했다. 그러나 구입자의 재정 능력 때문에 주택 사유화는 더디게 진행되었다.[35]

신탁관리청은 1994년 12월 31일 해체될 때까지 4년 동안 중앙집권적 계획경제체제를 시장경제체제로 바꾸는 데 결정적인 역할을 했다. 1994년 4월 독일연방은행은 "신탁관리청은 효율적인 체제 전환 장치였다"고 결론내리면서 "사유화의 속도가 부진했다든가 아직도 정상화해야 할 기업이 많았다고 한다면 결과적으로 더 많은 재정적·국민경제적 비용을 감수하지 않을 수 없었을 것이다"라고 평가하였다.

통일 직후 동독의 기업들은 기존의 시장을 상실했을 뿐만 아니라 서독 마르크로 평가한 자산까지도 대단히 나쁘게 나타났기 때문에 이를 매각하는 것도, 정상화하거나 청산하는 것도 모두 어려울 수밖에 없었다. 더구나 이러한 체제 전환 작업은 역사상 처음 있는 일이기 때문에 마땅히 참고할 만한 사례도 없었다. 신탁관리청 관리자 로베더(Detlev Rohwedder)는 회사들을 인위적으로 부양할 경우 단기적으로는 존속할 수 있겠지만 장기적으로는 동독의 경제에 큰 출혈이 될 것이기 때문에 경제성이 없는 기업들은 청산하고 경제적으로 건전한 것들만 남겨야 한다고 주장하였다. 관리자의 이런 철학에 따라 신탁관리청은 4년 만에 14,000여개의 사업체를 사유화했고, 190개의 거대 국영 기업들을 폐쇄했으며, 3,500개를 해산시켰다.[36] 몇 년 전까지만 하더라도 중앙정부의 명령에 따라 움직이던 기업들은 모두 사라지고, 자신의 판단과 책임 아래 운영되는 기업들이 등장하여 신연방주의 경제를 이끌어 가게 되었다.

신탁관리청 책임자 로베더는 1991년 동독 경제의 붕괴에 분노한 좌파 테러집단에 의해 암살되었다. 로베더가 암살된 후 신탁관리청을 책임진 사람은 브로이엘(Birgit Breuel)이었다. 그녀는 로베더의 친구로서 로베더의 암살에 큰 충격을 받긴 했지만 신탁관리청은 꼭 필요한 기구라고 확신했다. 그녀는 자신이 "독일에서 가장 미움을 많이 받는 사람"이 될 것이라고 생각했다. 그러나 브로이엘의 신념에도 불구하고 많은 관찰자들은 로베더의 암살 이후 신탁관리청이 초기에 표방한 자유시장 철학의 원리를 다소 완화시켰다고 평가했다. 가격을 가장 높이 부른 경매자에게 기업을 팔지 않고 가장 많은 사람을 고용하거나, 혹은 이윤이 나는 기업에 덜 매력적인 자산을 함께 떠맡겠다고 약속하는 사람에

게 기업을 팔았다.[37)]

신탁관리청이 이룩한 업적 중 특기할 만한 것으로는 소속 기업의 80%를 중소기업가들에게 매각함으로써 중산층의 저변을 확대한 점이다. 특히 3,000여 개에 달하는 기업과 영업소를 해당 기업의 피고용주들에게 매각하고 4,360개를 원소유자에게 돌려줌으로써 동독 주민에게 더 많은 혜택이 돌아가도록 했다.

그러나 신탁관리청의 역할에서 몇 가지 문제점도 드러났다. 첫째, 사유화 과정에서 너무 많은 비용이 들었다. 신탁관리청이 사유화를 통해 벌어들인 수입은 666억 마르크였고 지출은 2,720억 마르크로 적자가 2,054억 마르크를 기록하였다. 1995년부터 신탁관리청 후속 기관들이 행한 지출액까지 합하면 손실액은 더욱 늘어나 2,560억 마르크에 달했다. 신탁관리청과 후속 기관들의 총 지출액 3,320억 마르크의 세부 지출을 보면 투자 보조금, 기업 자본금, 손실 보전금, 은행 대부 보조금 등 사유화 관련 지출액이 1,530억 마르크로 가장 많았다.

신탁관리청이 사유화 작업을 신속하고 과감하게 추진할 수 있었던 것은 연방정부의 지원, 좀 더 구체적으로 말하면 서독의 재정적·행정적 지원이 있었기 때문이었다. 이 점에서도 동독은 다른 동구권의 사유화 과정에 비하여 좋은 조건을 갖추고 있었다. 신탁관리청 및 후속 기관의 재정은 모두 연방정부가 보증하는 공채를 발행하여 충당했다. 그중에서 990억 마르크는 기존 부채를 인수한 것이기 때문에 별개의 문제로 치더라도 1,064억 마르크는 신탁관리청에 의하여 신규로 발생된 채무였다. 1994년 12월 31일까지 신탁관리청이 남긴 적자 2,054억 마르크는 변제기금에 흡수되었으며, 연방정부가 매년 원리금을 상환하고 있다. 1995년부터 신탁관리청 후속 기관들이 지출하는 비용도 모두 연방정부 예산으로 충당되고 있다.

신탁관리청의 사유화에서 두 번째 문제점은 몰수 재산의 반환 원칙이었다. 반환 원칙은 나중에 투자 우선 원칙으로 대체되었지만 반환 원칙과 투자 우선 원칙 사이에서 그 처리 절차가 복잡하게 얽혀 사유화에 시간이 많이 걸렸다는 점이다.[38]

세 번째 문제점은 신탁관리청이 동독의 중소기업가들에게 가능한한 많은 기업을 매각하려고 노력했지만, 결과적으로 동독인들에게 실제 매각된 것은 초기에 행해진 소규모 기업 및 매점 정도였다는 점이다. 동독인들은 경영 능력, 서구 시장에의 접근, 기술, 자본 등에서 열세였기 때문에 전기·가스·항공 등 대규모 국유기업은 동독인들이 아예 접근하기 어려웠다. 독일 외의 사람들에게 매각되는 비율도 극히 낮았다. 비독일 회사의 경우 주로 유럽연합 소속 회사들로 전부 합해도 약 10%에 머물렀다. 결과적으로 신탁관리청이 매각한 회사들의 대부분은 서독인의 몫으로 돌아갔다.[39]

경제 통합의 후유증

동독 경제의 붕괴

동독의 계획경제체제에서는 가격 기능이나 경쟁이 존재하지 않았고, 경제시스템은 곳곳에 낭비와 비능률을 낳았다. 적합하지 않은 상품이 적절하지 않은 규모로 적합하지 않은 장소에서 생산되고 있었다. 생산 설비는 노후했고, 관료주의가 만연했으며 그 결과 경제적인 경쟁력을 갖춘 상품은 거의 전무했다. 계획경제체제하에서는 개개인이 창의성과 책임감을 갖고 기업 활동을 하기가 어려웠으며 자연히 근로자의 능률과 생산성은 떨어질 수밖에 없었다. 동독 근로자의 생산성은 1970년에 서독 근로자의 46%였으나, 1980년대 말에는 30% 수준으로 떨어졌다. 동독 근로자의 낮은 생산성은 사회주의 계획경제가 갖고 있는 근본적인 문제에서 비롯되었다. 동독 경제의 이런 낙후성은 결과적으로 동독 사회주의 정권의 정통성 약화와 서독 중심의 독일 통일 달성의 주요 배경으로 작용했지만 다른 한편으로 통일 비용을 증대시켜 통일 독일에 큰 부담으로 작용했다.[40]

통일 독일의 경제 통합은 그 선행 단계로 취해진 화폐 통합을 근간으로 하였다. 화폐 통합은 7월 1일 발효된 '화폐·경제 및 사회 통합을 위한 조약'에서 출발하였다. 조약이 발효되면서 서독의 마르크는 동독에서 유일한 법적 화폐가 되었으며, 동독의 통제경제는 독일연방공화국의 사회적 시장경제의 법적·제도적 틀로 대체되었다.[41]

서독 마르크와 동독 마르크의 교환 비율을 정할 때 동독 정부가 최우선적으로 여긴 것은 동독 국민들의 저축액이었다. 서독 주민의 연간 저축액은 1,200억 마르크였지만 동독 주민은 평생 모은 저축액이 1,600억 마르크에 불과했기 때문에 동독인의 저축을 당시의 실질 가치인 1:4의 비율로 교환할 경우 동독인들의 손실은 막대할 수밖에 없었다. 1:1의 교환 비율은 순전히 정치적 논리로써 그 경제적 후유증을 충분히 예견할 수 있었지만 서독의 콜 총리나 동독 정부 모두 당시 상황에서는 정치적 결정을 우선할 수밖에 없었다는 것이 메지에르 전 동독 총리의 해명이었다.[42]

동독 지역의 경제는 1990년 화폐·경제 통합 이후 더욱 침체에 빠졌다. 경제성장률이 1986~88년에는 연 3~4%였으나, 1989년에 2%로 떨어졌고, 1991년에는 -31.4%로 떨어졌다. 가장 먼저 드러난 것은 대(對)코메콘(COMECON) 교역의 붕괴였다. 동독에서 국민총생산 대비 수출 비중은 약 40%에 이르렀고 그중 절반 이상은 코메콘 국가들로 수출되고 있었다. 그런데 1:1 교환 비율로 동독 지역 상품의 경쟁력이 떨어졌고, 그 결과 동독 제품에 대한 코메콘 국가들로부터의 수입은 이전의 30% 미만 수준으로 줄어들었다. 소위 콤비나트(기업결합)라고 불리는 대기업은 동구권에서 해외시장을 상실했고, 서방국가로부터의 투자는 충분하지 못했다. 동독 제품은 심지어 독일 내에서도 팔리지 않았다. 상품 진열장에는 서독이나 서방국가들의 제품만 넘쳐났다. 낮은 품질의 제품이 갖는 저가의 이점이 사라졌기 때문이었다. 동독 지역의 산업 생산은 역사적 전환 이전 규모의 1/3에 불과했다. 화학 산업은 전체 동독 지역 산업의 약 1/5에 해당하였는데 4년 후쯤 되니까 절반가량이 가동을 멈춰 버렸다. 결국 1990년 동독 경제는 엄청난 경쟁 압박에 직면하게 된다. 얼마 지나지 않아 산업 생산의 70%가 축소되었고, 많은 기업이 영업을 중단하고 큰 규모의 구조 조정을 단행하지 않을 수 없었다.[43]

화폐 통합 당시 동독 사민당 간부였던 리하르트 슈뢰더(Richard Schröder)는 화폐 통합은 동독 국민들에게 그들이 열망하는 서독의 마르크를 가져다주었고 통일로 가는 길을 확실하게 해 주었지만, 동시에 지금까지의 동독 경제의 기초를 모두 말살해 버렸다고 말했다.[44] 슈미트 전 서독 수상은 동독 마르크와 서독 마르크를 1:1로 교환한 것은 콜 총리가 반년 후에 실시될 통일 후 첫 연방의회 선거에서 동독 지역민들의 지지를 얻기 위한 정치적 계산 때문이었으며, 그 대가를 통일 후 톡

톡히 치르게 되었다고 혹평했다.[45)]

　독일 정부는 침체에 빠진 동독 지역의 경제를 시급히 회복시켜 이 지역을 경제적으로나 사회적으로 안정시켜야 했다. 동독 지역의 경제 재건을 위해서는 기존의 일자리를 유지하면서 새로운 일자리 마련과 주택 건설, 통신 시설, 도로 및 철도망 등 사회간접자본 시설의 확충을 서둘러야 했다. 독일 정부는 동독 지역의 경제 재건을 촉진하기 위해 1991년 3월 8일 '동독 부흥 계획안'을 마련했다. 동독 부흥 계획의 목표는 신속하고 효과적인 투자 지원과 고용 창출 조치의 마련이었다. 이 계획에는 광범위한 투자 지원과 재원 지원을 통해 민간 투자 활동과 민간 창업 활동의 장려, 소유권과 행정 분야에서 투자 장애 요인의 제거, 사회간접자본 시설의 확충, 동독 기업 제품의 판매 조건 개선, 동독 국유기업의 사유화와 재사유화, 그리고 적극적인 고용정책 추진 등이 포함되었다.

　동독 부흥 계획에서는 민간투자를 장려하고 투자 장애 요인을 제거하는 것이 무엇보다 중요했다. 민간투자를 장려하기 위해 융자 지원과 세제 혜택, 투자 보조금 지원 등의 조치가 취해졌다. 투자 장애 요인을 제거하기 위해서 불명확한 소유권을 분명하게 정리하고, 행정 체계 개선 등의 조치를 취했다. 특히 재산권과 관련하여 통일 조약에 규정된 '보상 이전의 반환' 원칙이 소유권 정리를 지체시켜 투자에 장애가 되자 '반환 이전 투자' 원칙을 도입했다. 이로 인해 연방정부, 주정부, 지방자치단체 또는 신탁관리청은 반환 청구에 대한 결정을 기다리지 않고 소속 재산을 투자자에게 매각할 수 있었다. 동독 지역의 경제 재건을 위한 '동독 부흥 계획'에 따라 1991년부터 2001년까지 11년 동안 총 9,563억 유로가 투자되었다. 그런데 총투자액 중 66.8%인 6,392억

유로가 제조업이 아닌 건설 분야에 투자되었다.[46]

이러한 제반 조치에도 불구하고 1994년 말까지 동독 지역의 산업구조는 대량 파괴 혹은 산업 공동화로 특징지어질 정도로 후퇴했다. 경제활동인구는 1989년 대비 약 30%가 감소하여 서독 지역 수준의 2배에 달하는 19.5%의 만성적 고실업률을 기록하였다. 여기에 은폐실업을 포함하면 실제 실업률은 41.8%에 이를 것으로 추정되었다. 1991~1992년의 극심한 후퇴를 벗어나 1992년부터 성장의 징후가 나타나기 시작했지만 그것은 지속적인 성장의 징후가 아니라 단지 급격히 하락하기 전 단계로의 복귀 수준이었다. 게다가 새로 시작된 성장은 제조업 부문의 회복이 아니라 주로 인프라 구축을 위해 투자된 건설 부문의 급팽창에 기인한 것이었다.[47] 건설 부문은 1992~1994년 사이 평균 25%가 상승하고 있었다. 그러나 급격히 팽창한 건설 부문은 얼마후 정상화되었으며, 이에 따라 총 가치 생산도 급감했다. 건설 부문은 1997년 1.7%, 1998년 2%로 떨어져 오히려 서독의 성장률에 미치지 못하는 수준에 머물었고, 그 결과 1997~1998년 동독 지역과 서독 지역 사이의 경제적 격차는 다시 벌어졌다. 1998년 기준으로 제조업 분야 창출 가치 중 동독 기업이 차지하는 비중은 약 7%에 불과했고, 독일의 전체 수출에서 동독 지역 기업이 차지하는 비중은 겨우 3.8%에 지나지 않았다. 동독 지역은 자립적 회생 능력을 갖추지 못한 채 재정 및 자본 양면에서 완전히 서독에 의존적인 경제구조가 되었다.

한편으로 동독 지역의 경제는 지역에 뿌리내린 대기업과 잠재력 있는 하청기업 혹은 중소기업 사이에 경제적 연계가 부족했고, 다른 한편 지역경제를 자립적으로 추동할 지역별 핵심 산업의 붕괴와 지역경제에 확고히 뿌리내린 대기업의 현저한 부족으로 특징지어졌다. 뿐만 아니라 동독 경제는 연구개발 시설 및 혁신적 기업 간 연결망도 턱없이 부족한 상태였으며 이로 인해 선순환보다는 누적적 악순환에 빠지게 되어, 이후 동독 지역 경제 회생을 위해 극복돼야 할 결정적 장애로 남았다.

동독 경제 재편 정책의 결과 동독 지역 경제는 '자생력 없는 경제' 단위로 변화했다. 2000년 독일 연방정부[48]가 발간한 『통일백서』에서는 신연방주 지역에 해결되지 않은 채로 남겨져 있는 주요 문제들을 다음과 같이 지적하고 있다. "수많은 과오를 지닌 경제 재건 정책은 산업 생산의 대량 파괴를 초래했고, 그 결과 연구 부문의 대량 위축을 가져왔다. 지금까지도 동독 지역의 경제는—서독에 의존적이지 않은—자립적인 대기업의 현격한 부족으로 특징지을 수 있다. 산업구조, 지역경제의 핵심 기반 및 전후방 연관 산업의 연결망은 이제야 갓 형성되기 시작했다."[49]

실업자 문제

사회주의 계획경제하에서 동독 시절에 동독의 노동자들은 실업 걱정이 없었다. 그 시절에 노동은 권리이면서 의무였으며 회사는 신체적·정신적 장애자라고 하더라도 파면할 수가 없었다. 동독에서 노동을 거부하게 되면 형사처벌을 받거나 당국의 감시를 받았으며 주위 사람들로부터도 특이한 사람으로 낙인찍혔다. 따라서 동독에서는 실업자가 없었고, 따라서 실업 걱정도 없었다. 일거리가 없더라도 공장 문을 닫는 일은 거의 없었으며 공장이 문을 닫으면 정부는 다른 직장을 마련해 주었다.

완전고용이라는 동독 노동정책의 특성상 기업에는 생산에 필요한 인원보다 더 많은 노동력이 배정된 경우가 많았다. 거기다 합리적으로 노동력이 배정되지 않은 경우도 많았다. 뮌헨대학의 경제연구소 IFO에 따르면 1980년대 말 동독의 사업장에는 15~30% 가량의 노동자가 과잉 고용되었다. 동독 노동자들은 근무 시간에 물건을 사러 바깥에 나가 있는 경우가 있을 정도의 노동윤리하에서도 실업 걱정 없이 살았다.[50]

그런데 통일 이후 노동자들의 경제 조건과 취업 문제에 중대한 변화가 초래되었다. 이 변화의 출발점은 1990년 7월 1일 화폐 통합이었다. 동·서독 마르크화의 1:1 교환 정책은 통일 후 1년 이내에 동독 지역의 평균임금을 약 50% 인상시켰다. 이것은 동독 기업의 생산성에 기초하지 않은 '정치적 임금 협상(political wage rounds)'의 결과였다.[51] 임금 인상의 결과 1992년에 동독 지역의 임금은 서독 지역의 62%에 달했지만 생산성은 단지 38%에 머물렀다. 그것은 동독 지역이 서독 지역보다 임금 관계 비용이 170% 더 높다는 것을 의미한다. 1994년에 동독 지역의 임금은 이미 서독 지역의 85%에 육박했는데 생산성은 서독 지역 수준의 절반에 그쳤다.[52] 이처럼 동독 지역 노동자들의 갑작스러운 임금 상승은 곧바로 동독 기업들의 생산성을 떨어뜨렸고, 이는 다시 공장 폐쇄나 가동 중단을 초래하여 근로자의 해직으로 이어졌다.

동독 경제의 붕괴에 따른 가장 큰 후유증은 대량 실업이었다. 1991년 초에 동독 지역에서 실업자로 공식 등록된 사람은 90만여 명이었다. 1992년에 동독 지역의 평균 실업률은 14.8%였는데 이는 서독 지역의 평균 실업률 6.6%보다 두 배 이상 높았다. 1994년 초에는 실업률이 18.3%로 올라갔다. 1995년부터 실업률이 조금 낮아지기는 했지만 평균 16% 수준을 기록했다. 실업률은 남성들보다 여성들이 더 높았는데 1994년 여성 실업률은 평균 21.5%로 남성의 실업률 10.9%보다 두 배나 높았다. 남성의 실업률이 상대적으로 낮은 것은 취업 전선에서 남성이 갖는 상대적 유리함 때문이기도 하지만 통일 후 동독 지역에서 몇 년 동안 진행된 건설 붐과도 관련이 있었다.[53]

동독의 취업자를 살펴보면 실제 실업률은 훨씬 심각했다. 실업자로 분류되지 않은 사람들 중에 사실상 실업자라고 느끼거나 노동 능력을 갖추고 있지만 취업을 포기한 사람들이 많았기 때문이다. 예를 들면 1991년 통계에서 시간제로 일하면서 정부 보조금을 받는 사람(short-time working) 90만 명, 직업교육을 받고 있는 사람 17만 명 등은 엄밀히 말하여 완전 취업자라고 볼 수 없었다.[54]

동독 경제의 붕괴와 높은 실업률은 일부 동독인들을 거리로 뛰쳐나오게 했다. 1991년 신탁관리청의 책임자 로베더의 암살사건이나 같은 해 콜 총리가 동독의 할레(Halle) 방문 길에 좌파 시위자들에 의해 달걀 및 토마토 세례를 받은 것은 당시 동독의 뒤숭숭한 분위기의 일단을 보여 주고 있다.[55]

1990년대 중반 이후 동독 지역의 실업률은 조금 낮아졌고, 1994년부터 2000년 초까지 평균 실업률은 15% 내외였다. 그렇지만 동독 지역의 실업률은 서독 지역보다는 여전히 높았다. 특히 주목할 부분은 경제 재건 작업의 성과가 나타났던 2000년대에도 실업률은 개선되지 않았다는 점이다.[56] 2000년대에 서독 지역 실업률을 100으로 한 상태에서 동독 지역 실업률을 환산해 보면 2000년에 220.2%, 2005년에 187.2%, 2009년에 188.0%로 나타났다. 위 사례는 동독 지역의 높은 실업률 상태가 고착되고 있음을 말해 준다.[57]

동독 지역의 높은 실업률은 심각한 사회문제를 야기하였다. 폭력이 난무하고 타인에 대한 적개심이 커져서 망명자 숙소가 습격당하는 등의 사건이 발생했다. 결국 지연된 경제 재건에 의한 이러한 사회 불안 정은 동독 지역의 중요한 사회문제가 되었고, 비관주의자들은 이 문제가 독일의 민주주의를 위협한다고 생각했다.

오씨와 베씨 문제

독일은 1950~1960년대 제2차 세계대전의 폐허로부터 매우 신속하게 회복되었다. 그런데 왜 1990년 통일 이후 동독 지역을 재건하는 데는 그렇게 많은 시간이 소요되었을까? 제2차 세계대전 후와 1990년 독일의 상황에서 가장 근본적인 차이는 제2차 세계대전 후에는 독일인들이 모두 똑같은 보트를 탔다는 점이었다. 신탁관리청 관리자 브로이엘의 말을 빌리면 에르하르트(Ludwig Erhard)의 시대에는 모든 독일인들이 같은 목표를 가졌다. 즉, 그들은 식량을 필요로 했고, 집을 필요로 했으며, 직업을 필요로 했다. 그런데 통일 후 독일인들은 경제적, 사회적으로 크게 갈라져 있었다. 제2차 세계대전 후 서독인들은 낯선 외국인들의 도움을 받으며 어려움을 극복했으나 1990년 통일 후 동독인들은 그들 자신의 민족과 친척들에 의존하여 살아야 했다. 같은 민족과 친척으로부터 도움을 받는 것은 낯선 외국인들로부터 도움을 받는 것보다 정신적으로 훨씬 힘들었다. 가까운 사람들로부터의 도움은 더 많은 서운함과 언쟁을 유발했다. 게다가 동독인들은 제2차 세계대전 전후 세대와는 달리 새로운 기회를 찾아 동독 지역으로부터 서독 지역으로 이동할 수 있는 대안을 가졌다. 이것은 동독인들에게 그들 자신의 공동체를 재건하는 일에 덜 전념하게 만들었다.[58]

통일 1주년이 되는 1991년 가을에 나온 중간 결산표는 매우 우울했다. 볼프강 티어제(Wolfgang Thierse)는 서독의 상황을 설명하면서 "자신들의 물질적, 사회적, 문명적, 문화적 수준의 손실 앞에서 우려가 커지고 있다"고 평가했다. 그는 동독의 경우를 설명하면서는 "새로운 체제의 과도한 요구에 대한 불편한 감정이 확산되고 있고 있다"고 평했다. 그는 동독인들에게서 불투명한 미래에 대한 두려움, 생존에 대한 불안감이 확산되고 있음을 발견했다. 이런 감정의 결과로서 동독 사람들은 자기들만이 도덕적으로 깨끗하다고 거들먹거리는 서독 사람들을 '잘난 척하는 베씨(Wessi)'라고 불렀다. 반면 서독 사람들은 호네커 시절이 지금보다 더 좋았다고 강조하는 동독 지역 사람들을 가리켜 '유감천만의 오씨(Ossi)'라고 불렀다. 라이히트(Robert Leicht)와 볼프(Christa Wolf)에 따르면 동·서독인들 사이에는 서로에게 다가가고 서로 자신들의 살아온 이야기를 나누는 게 아니라 오히려 정신적 거리감이 다시 커져 가는 현상이 나타나고 있었다. 서독 사람들의 아주 사소하고 경솔한 언행도 동독 주민들에게는 자존심과 긍지에 상처를 주는 요인이 되었다. 통일과 함께 독일인들에게 주어졌던 행운과 기쁨이 통일 후 얼마 되지 않아 무거운 근심으로 뒤섞여 버린 것이다.[59]

동독인들이 경험한 불확실성의 트라우마에 따라 1992년의 한 여론조사는 생활 조건이 개선되고 있음에도 불구하고 시장경제에 대한 신뢰가 하락하고 있음을 보여 주고 있다. 동독 인구의 절반 이상이 보다 많은 것을 살 여유가 생겼다고 말하면서도 자본주의 제도에 대한 지지는 1990년의 77%에서 1992년에 44%로 하락했다. 알펜스바흐 연구소에 의해 행해진 여론조사에서 동독인들은 가격이 국가에 의해 고정되기를 바라는지, 혹은 상품의 선택 기회와 보다 좋은 질의 상품을 갖기 위해 가격을 시장에 맡겨야 하는지에 대한 질문을 받고 55%가 통제가격을 원한다고 답했다.[60]

화폐 통합과 함께 동독 지역의 임금 인상률은 생산성 신장률보다 훨씬 높았다. 그럼에도 불구하고 동독 지역 근로자들은 통일도 되었으니 우리도 서쪽 사람들과 똑같은 임금을 받아야 한다고 주장하였다. 동독 사람들이 조기 통일을 요구하였던 것도 따지고 보면 이러한 기대가 깔려 있었기 때문이었다. 동독 지역 근로자들은 똑같이 일하는데 왜 우리는 2등 국민 대우를 받느냐고 항의했다. 임금을 받는 동독 근로자들과 이들에게 임금을 주는 기업가들 사이에 큰 간격이 존재했다.

통일 후 동독의 많은 공직자들이 해고되었다. 재임용된 사람들도 서독 공무원 채용 법규에 규정된 개인 적성·자격·교육 등의 평가 기준에 합격해야 했다. 또 직제 조정 과정에서 실장급 고급 관리가 같은 부서의 말단 직원으로 추락하는 사례도 있었고, 시보 기간을 거쳐 재임용되는 경우도 있었다. 1992년 말에는 모두 35,000명의 서독측 지원 인력이 신연방주에 파견되었는데[61] 이렇게 파견된 서독의 공무원들에게는 별거 수당, 오지 근무수당, 각종 경비 공제의 특전이 주어졌다. 뿐만 아니라 동독 지역 주정부의 고위 관리는 물론 대학의 총장, 공장 지배인, 연구소 소장 등 사회 각계각층의 상층부는 대부분 서독 출신 인사들이 장악하였다. 이런 것 모두 동독 사람들의 열등감 혹은 2등 국민 의식을 가중시켰다.

이런 분위기를 타고 오스탈기(Ostalgie)라는 신조어가 등장했다. 오스탈기는 동쪽을 의미하는 '오스트'(Ost)와 '향수'를 의미하는 노스탈기(Nostalgie)의 합성어로서, 동독에 대한 향수를 의미한다. 오스탈기는 독일 통일 후 사라져 버린 동독 시절의 문화와 유행 등에 대한 동경 및 이것을 통해 동독 사람의 정체성을 다시 찾아보겠다는 심리 상태를 지칭한다. 또 오스탈기는 서독의 시장경제, 소유 개념, 업적주의, 개인주의

적 분위기와 다른 동독의 사회주의적 성향 및 공동체 의식에 대한 향수
를 의미한다. 동독 사람들이 이렇게 '사라져 버린 것'에 대한 아쉬움을
갖는 것은 인간사에서 어쩌면 자연스러운 현상일 수도 있다. 그런데 문
제는 그 정도가 매우 심하며, 그러한 감정에 빠진 이유 중 상당 부분은
통일 과정에서 발생한 예기치 않은 어려움에 대한 반항적 반응이고 자
아발견의 결과였다는 점이다.[62]

　통일 전 동독에서 민주화운동을 전개한 사람들 중에는 동독을 서독
의 자본주의에 흡수시키지 않고 동독 체제를 이상적인 사회주의로 변
모시키고자 했던 사람들이 있었다. 진보적 지식인들과 상당수의 시민
들이 그러한 생각을 가졌다. 일부 사람들은 이것이 바로 동독 사람들의
자부심이며 정체성이고, 따라서 오스탈기는 동독 시절의 삶을 동경하
는 단순한 노스탈기가 아니라 그들이 희망하였던 이상적 사회에 대한
동경을 의미한다고 해석한다. 오스탈기는 현실을 지배하는 서독의 제
도와 관행을 폄하하고 과거 동독의 제도와 관행을 이상화한 저항적 정
체성을 포함하고 있다는 것이다.[63] 이것은 '시장경제, 휴머니즘, 사회주
의를 결합한 국가 형태'를 선호하는 동독인의 비율이 1990년 39%에
서 2004년 50%로 상승한 것이라든가 혹은 동독인의 서독식 민주주의
에 대한 만족도가 1990년 40%에서 2004년에는 28%로 감소한 현상
과 맥락을 같이하고 있다.[64]

　동독인들의 불편한 심리 혹은 동독 사회에 대한 애착은 통일 후 실
시된 각종 선거에서 공산당의 후신인 민사당(PDS)에 대한 지지로 연결
되는 경향도 보였다. 예를 들면 민사당이 1990년부터 2005년까지 연
방의회 선거에서 얻은 동독 지역의 득표율은 1990년 11.1%, 1994년
19.8%, 1998년 21.6%, 2002년 16.9%, 2005년 25.3%였다. 같은 기간

민사당이 서독 지역에서 얻은 득표율이 0.3~4.8%에 불과한 것과 크게 대조적인 모습이다. 민사당이 통일 직후인 1990년 12월에 실시한 연방의회 선거에서 11.1%의 득표율을 기록했는데 그 이후 선거에서 큰 폭으로 신장된 것은 통일 후 동독 지역의 상대적으로 열악한 위상과 이에 대한 불편한 심리를 반영한 것이라고 해석할 수 있다.[65]

통일 비용과 통일 방식의 적절성 논쟁

천문학적인 통일 비용

통일 비용이란 통일 이후 동독 지역의 경제와 사회 체제의 전환을 지원하기 위해 투입된 모든 종류의 공공 재원을 말한다. 통일 비용에는 연방정부의 재정 지원, 통일 기금, 유럽연합의 구조 조정 기금, 사회보장비 지원 등 모든 비용이 포함된다. 통일 당시 서독 정부는 통일 비용에 대해 큰 걱정을 하지 않았다. 서독의 건실한 공공 재정, 동독 국유재산의 매각 대금, 통일이 되어 필요 없게 된 분단 유지 비용 등을 활용하면 통일 비용은 거뜬히 해결될 것이라고 생각했다.

콜 총리는 독일 통일 다음 날인 1990년 10월 4일 연방의회에서 행한 연설에서 동독 재건을 위해 500억 마르크를 투자하겠다고 밝혔다. 통일을 추진하던 당시 서독 정부가 국가 통일을 위해 1994년까지 필요하다고 계산한 액수는 1,150억 마르크였다. 이 돈은 연방정부가 주정부를 비롯해 지방정부와 공동으로 부담한다는 방침이었다. 그 가운데 200억 마르크는 소위 분단 비용의 절약을 통해서, 그리고 나머지

950억 마르크 중 절반은 연방정부가, 나머지 절반은 주정부 및 지방정부가 차관으로 조달할 계획이었다.[66]

그러나 실제로 통일 비용은 예상보다 훨씬 많이 들어갔다. 화폐, 경제 및 사회 통합 조약의 발효 이후 1990년 말까지 불과 몇 달 사이에 동독 지역으로 흘러 들어간 액수만도 1,000억 마르크에 달했다. 이것은 서독 연방정부 예산의 1/4에 해당하는 액수였다. 이런 규모의 통일 비용은 그 후에도 계속 필요했다. 1990년부터 1996년 말까지 연방 예산에서 지출되어 동독 지역으로 흘러 들어간 액수는 7,200억 마르크에 달했다.[67] 기간을 확대하여 통일된 지 20여 년이 지난 2009년에 독일 일간지 《디 벨트》는 베를린 자유대학과 드레스덴 Ifo 연구소의 연구를 인용하여 2009년까지 20년 동안 통일 비용으로 들어간 액수는 순 이전 금액(Netto)으로만 1조 6천억 유로(총 이전 금액(Brutto)으로는 2조 유로)였으며, 향후에도 상당 기간 동독 지역에 매년 1,000억 유로의 재정 지원이 필요할 것이라고 보도했다.[68] 슈뢰더(Klaus Schröder)의 연구는 이런 주장을 뒷받침했다. 즉, 1990년부터 2014년까지 25년 동안 통일 비용으로 소요된 예산은 순 이전 금액만으로 2조 유로나 되었다.[69] 2010년부터 2014년까지 5년 동안 통일 비용이 4,000억 유로 추가된 것이다. 한마디로 통일 비용은 천문학적 액수였다.[70] 독일 정부가 이렇게 매년 동독 지역에 지원한 돈은 제2차 세계대전 후 미국이 마샬플랜을 세워 유럽 전체에 지원한 액수보다 더 많았다.[71]

통일 이전 서독의 공공 재정은 정부의 긴축재정 노력으로 1989년에 0.2%의 흑자를 이룰 정도로 양호했다. 그러나 통일 이후 동독 지역 경제 재건 투자비 증가, 서독 지역의 경기 침체로 인한 조세 수입 감소, 사회보장비 증가 등으로 공공 재정은 연속 적자였다. 이로 인해 1989

년 말에 9,290억 마르크(GNP 대비 41%)였던 전체 공공 부문 부채 총액은 1991년 말에 약 1조 4,580억 마르크, 1995년 말에 약 2조 2,550억 마르크(GNP 대비 60.3%)로 늘어났다. 독일 재정지출 가운데 이자 지불액이 차지하는 비중은 1989년에는 총지출의 12% 정도에 불과하였으나 1995년에는 18% 이상을 차지하게 되었고, 매년 독일 재정지출의 1/4을 차지하고 있다. 이자 부담의 증가는 다른 공공 부문의 지출을 감소시키며 공공자본 투자에 장애가 될 뿐 아니라 경기 침체기에 재정지출 확대 여력을 소진하게 만든다.[72]

통일 이전 콜 총리는 통일로 인한 조세 인상은 없을 것이라고 약속했지만 늘어나는 통일 비용을 조달하기 위해 조세를 인상하지 않을 수 없었다. 유류세가 인상되고, 1991년 4월 실업 보험료는 2.5%에서 6.5%로, 연금보험료는 17.7%에서 19.2%로 인상되었다. 또한 부가가치세도 1993년 1월부터 14%에서 15%로 인상되었다. 이 외에도 보험세가 3%에서 15%로 인상되었고 담배세도 인상되었다.

통일 후유증을 완화시키기 위해 연대 협약이 마련되었다. 연대 협약의 기본 원칙은 연방정부, 주정부 및 지방자치단체는 지출을 줄이고, 기업가는 동독 지역에 투자를 확대하며, 노동자들은 임금 인상을 자제하는 것이었다. 연대 협약 부과금으로 1991년 7월 1일부터 1년 동안 임금, 소득세 및 법인세에 7.5%를 부과하여 219억 마르크를 조성했다. 통일 비용이 계속 소요되자 이 제도는 1995년 1월 1일부터 다시 도입되었다.[73]

통일 방식의 적절성 논쟁

1990년 봄에서 여름까지, 심지어 통일국가의 수립을 목전에 둔 가을까지도 통일에 따른 소요 재정이 얼마나 될지, 어디서 그 돈을 조달할지, 그리고 통일 비용의 조달을 위해 새로운 항목의 세금을 신설해야 할지 등에 대해 대강이나마 가늠해 볼 수 있는 사람은 독일에 아무도 없었다. 독일 통일은 그런 것을 검토하고 계산하기에는 너무 빨리 진행되었다. 동독이 붕괴될 경우 그 체제를 자본주의체제로 전환하는 데 어떤 경제적 조치들이 따르게 되고 거기에 소요되는 비용이 어느 정도 될 것인지에 대한 검토는 학자들 사이에서도 거의 전무했다. 한 가지 분명한 사실이 있다면 통일은 기정사실화된 일이었으며, 그것의 진행 여부는 재정 문제와는 별개였다는 점이다.

통일 과정에서 통일 비용의 문제점을 가장 먼저 제기한 쪽은 야당인 사민당이었다. 특히 사민당 내에서 통일에 소극적이었던 라퐁텐은 콜 총리가 추진하는 방식으로 통일이 진행될 경우 통일 비용이 너무 많이 들며 이로 인해 서독 경제가 큰 어려움에 봉착할 것이라고 반복해서 비판하며 속도 조절을 요구했다. 라퐁텐의 이런 비판은 일부는 진실에 가까운 것이었고, 일부는 선거 전술의 일환이었다. 사민당 수상 후보였던 라퐁텐은 다가오는 통일 독일의 총선에서 통일에 따른 재정적 어려움을 국민들에게 주지시켜 콜 총리가 획득한 통일 총리의 이점을 최대한 깎아내리려 했다.

콜 총리는 통일 비용에 대한 예상이 틀렸다는 것을 인정하였으나 설사 1990년 초에 통일 비용이 그처럼 많이 들어간다는 것을 미리 알았다 하더라도 기본적인 사항에선 결코 달리 행동하지 않았을 것이라고 말했다. 그는 통일을 뒤로 미뤘을 경우 그로 인해 발생하는 정치적 대가는 통일을 서두름으로써 지게 될 재정적 부담보다 훨씬 컸을 것이라고 주장했다. 한 가지 사례로서 그는 통일을 미뤄 동독인들이 서독으로 대규모 이주해 올 경우 동독은 물론 서독에도 큰 부담이 되었을 것이며, 정치·사회적 균형을 깨는 불안 요소로 작용했을 것이라고 주장했다. 동·서독 국경을 다시 봉쇄하면 되지 않느냐고 말하는 사람이 있을지 모르지만, 그것은 사실상 불가능했으며. 또 설령 가능하다고 하더라도 그것은 부도덕한 짓이고 또 헌법이나 인권, 그리고 민족적 연대감에 위배된다는 것이 콜 총리의 생각이었다.

콜 총리는 통일 비용의 잘못된 예측 이유 중 하나로서 당시 서독 정부가 동독의 인민 소유 재산 가치를 잘못 평가했다는 점을 들었다. 당시 서독 정부는 동독이 세계 제10위 공업국이라는 전제하에 동독의 총재산 가치를 1조 2천억 마르크 규모로 평가했다. 그래서 서독 정부는 통화 통합 조약을 협상하면서 신탁관리청을 통해 인민 소유 재산을 모두 팔면 동독이 진 빚을 전액 갚을 수 있을 것으로 믿었다. 빚을 갚는 것으로 끝나는 것이 아니라 더 나아가 동독 주민들에게 재산에 대한 지분권을 나눠 줄 수 있을 것으로 믿었다. 통화 통합 조약 제2장 10조는 바로 그 문제를 다루고 있다. "독일민주공화국(동독)은 인민 소유 재산 및 그 재산의 수익을 파악하고 그렇게 파악된 재산과 수익을 경제구조 조정과 국가재정 회생에 우선적으로 사용한 후 가능하다면 2 대 1 교환 결과 감소된 동독 국민들의 저축액에 대한 보상으로 인민 소유 재산에 대한 지분권 부여를 고려한다."[74]

신탁관리청 초대청장으로 있다가 암살당한 로베더 역시 1990년 취임 초기만 해도 동독의 산업 순자산액을 6천억 마르크로 평가했다. 그러나 신탁관리청이 1994년 동독 재산에 대한 청산 작업을 모두 끝내고 계산해 본 결과는 오히려 2,500억 마르크 적자였다. 그것은 로베더나 그 후임자인 브로이엘이 일을 제대로 처리하지 못한 결과라기보다는 오히려 동독의 경제력을 완전히 잘못 평가한 데서 나온 결과였다. 동독의 '인민 소유 기업'은 공산권 내에선 질적으로 일류 역할을 한 것이 사실이었지만 그 상품들이 세계시장 경쟁에 내맡겨지는 순간 경쟁력을 전혀 갖지 못했다. 동유럽과 소련 시장이 허물어지지 않고 그대로 살아 있었다면 문제는 훨씬 쉽게 해결될 수도 있었으나 유감스럽게도 사정은 그렇지가 못했다.

콜 총리는 왜 자신과 서독 정부가 1990년에 동독 경제력을 그렇게 오판하게 되었는지에 대해 자문하면서 그 일차적 책임을 동독 정부에 돌렸다. 그는 자신들이 동독 경제 사정에 대해 듣고 안 것은 동독의 슈타지와 공산당 내 정보 조작 전문가들이 교묘하게 퍼트린 거짓 선전물들이었다고 말했다. 그는 동독 정권이 자신들과 세계를 향해 이제까지 볼 수 없었던 최대의 사기극을 펼쳤다고 분개했다.[75] 이 점은 통일 직전 동독 총리를 지냈던 메지에르의 증언에서도 드러난다. 그는 동독 정부가 동독 경제의 실상을 서독을 포함한 서방세계에 제대로 알리지 않았음을 솔직히 시인했다.[76]

콜 총리의 이런 분개에는 일리가 있었다. 서독 정부는 1980년대 내내 동독 정부의 거짓 선전에 놀아났다. 동독 정부는 아주 치밀하게 조작된 방식으로 동독의 실상을 숨겼다. 동독 지도부는 동독을 방문하는 사람들에게 그들이 미리 선정한 지역만을 보여 주었다. 그들은 동독을 방문한 사업가들에게 공장 자체를 조사할 기회를 주지 않고 호텔에서 머물며 상담을 하게 했다. 콜 총리의 최측근인 텔칙은 1982년 콜 정부가 들어선 후 냉전주의자라는 비난이 두려워 동독 문제에 대해 객관적 분석을 소홀히 했다고 고백했다. 동독 경제에 대한 잘못된 평가는 통일 직전과 직후에도 계속되었다. 앞에서 언급한 것처럼 상당수의 사람들은 동독 경제를 사유화하고 국영재산을 팔 경우 그 액수가 채무보다 많을 것이며 따라서 이 잉여 재산을 동독 주민들에게 배분할 수 있다고 낙관적 기대를 했다.[77]

통일이 한참 지난 후에도 많은 사람들은 콜 총리가 독일 통일 과정을 너무 빨리 서둘렀다고 비판했다. 이에 대해 콜 총리는 다음과 같이 변호했다.

"모든 것이 완전히 마무리된 상황이 아니었던 그때 나는 (소련 내) 개혁 반대자들이 고르바초프에게 독일정책을 바꾸도록 강요하고 나오지 않을까 겁이 났다. 고르바초프의 권력을 강화시켜 준 7월의 소련 공산당대회가 끝난 후에도 그의 지위는 그렇게 공고하지 못했다. 그는 여전히 수많은 문제들에 직면에 있었고, 사람들은 그 같은 문제에 대한 모든 책임을 소련 최고 권력자인 그에게 돌렸다."[78]

고르바초프의 지위에 대한 콜 총리의 우려는 미국의 부시 대통령, 프랑스의 미테랑 대통령, 영국의 대처 수상을 비롯하여 거의 모든 서방 국가 지도자들이 공통으로 느끼는 것이었다. 당시 고르바초프는 계속 악화되고 있는 경제 사정 때문에 큰 어려움을 겪고 있는데다가 설상가상으로 민족 문제까지 복잡하게 얽혀 가고 있었다. 예를 들어 리투아니아는 당시 모스크바의 반대에도 불구하고 독립을 선포했으며 이를 둘러싼 양국 간 갈등이 계속 확산되고 있었다.[79]

콜 총리는 1990년 12월 3일 연방의회 선거에서 통일 비용과 관련하여 세금을 인상하지 않고 해결하겠다고 말했다. 그러나 이런 약속은 그가 1991년 1월 30일 정부의 새로운 정책으로 독일 전역에 걸친 동등한 생활수준의 달성을 선언한 것과 모순되었다. 동독인들의 생활수준을 서독인들과 동등한 수준으로 끌어올리기 위해서는 막대한 재정이 필요하고 이 문제는 세금을 인상하지 않고는 해결할 수 없었기 때문이다.

대부분의 국민들이 예상한 대로 콜 정부는 선거가 끝난 지 얼마 안된 1991년에 세금을 7.5% 인상했다. 콜 정부는 세금 인상이 한시적이라고 말했지만 7.5% 인상률은 1997년까지 계속 시행되었고 1998년 이후에도 인상률만 5%로 낮추어 계속 시행했다. 콜 총리는 세금 인상을 발표할 당시 그것은 통일 비용 때문이 아니라 걸프전(Gulf War) 때문이라고 변명했지만 그것을 믿는 국민은 거의 없었다.[80)

사민당의 포겔(Hans-Jochen Vogel) 총재는 콜 총리의 약속 위반을 신랄하게 비판했다. 그의 비판은 단순히 세금 인상에만 맞추어진 게 아니었다. 그는 콜 총리와 정부가 동독 신연방주들에서의 과제에 대해 얼렁뚱땅 넘어가고 있는 등 통일 후 동·서독의 사회적 통합에 대한 일관된 비전을 결여하고 있다고 비판했다. 포겔은 콜 총리가 국민들에게 통일 비용에 대해 솔직하게 토로하고 국민들의 연대책임을 호소해야 하는데 그렇게 하지 않고 있다고 비판했다. 그는 콜 정부가 사회적 보험의 확대에 따른 재정 부담을 고용주와 종업원의 실업연금 기여금 인상으로 해결하면서 자영업자, 공무원, 부유층 등에 대해서 부담을 부과하지 않는 것은 잘못된 것이라고 비판했다.[81)

사민당 출신 전직 총리였던 슈미트는 1990년 큰 틀에서 콜 총리의 통일정책을 지지했다. 그러나 그는 콜 총리의 통일 방식에 대해서는 매우 비판적이었다. 그는 1990년 3월 동독 선거가 끝난 직후 서독 정부가 통일에 필요한 비용을 통상적인 조세 인상으로 메우겠다고 발표한 것은 비현실적이라고 비판했다. 슈미트는 통일에 따른 비용은 정부가 예상하고 있는 것보다 훨씬 많이 소요될 것이며, 이 사실을 서독인들에게 솔직히 밝히고 통일과 동시에 서독인들에게 향후 상당한 희생을 요구하게 될 것이라고 말했어야 옳았다고 주장했다. 자기희생이 없는 연대의식은 진정한 연대의식이 아니라는 것이 그의 주장이었다.[82]

슈미트의 이런 주장은 그 후에도 계속 이어졌다. 그는 1990년 12월 3일 연방의회 선거를 앞두고 과거 메지에르 동독 총리와 롬베르크(Walter Romberg) 동독 재무장관이 통일 후 동독에 투입해야 할 공공 재정 규모를 터무니없이 과소평가한 것을 비판하면서도, 그렇다고 해서 서독의 재무장관이나 콜 총리의 책임이 면제되는 것은 아니라고 주장했다. 슈미트는 서독 정부 지도자들은 동독 지도자들보다 동독 경제의 추이를 더 잘 예측할 수 있었을 것이라고 말했다. 또 하나 슈미트는 콜 정부가 동독에 들어갈 재정을 서독 자본시장의 금융 차입으로만 메우려 했을 뿐 세금을 인상하거나 재산세를 부과할 생각을 하지 않는 실수를 저질렀다고 지적했다. 슈미트의 고언은 사민당 수상 후보 라퐁텐에게도 적용되었다. 슈미트는 콜 총리와 정부의 실수가 있었다고 하더라도 라퐁텐이 그것을 비난하는 것으로 끝나서는 안 된다고 말했다. 라퐁텐도 통일 비용을 조달하기 위해 서독인들의 희생이 필요하다는 이야기를 하지 않은 것은 잘못이며, 따라서 그가 세금 문제나 서독 주민들의 과중한 부담을 이유로 콜 총리의 통일정책에 딴죽을 거는 것은 잘못이라고 지적했다. 슈미트는 서독 국민들은 통일을 위해, 그리고 동독의 동포들을 위해 연대의식을 가지고 있는데 유감스럽게도 콜 총리나 라퐁텐은 통일이라는 대의를 위해 서독이 한동안 큰 희생을 감수해야 한다는 사실을 외면하고 있고, 또 국민들에게 희생과 연대를 호소해야 하는데 그렇게 하지 않고 있다고 비판하였다.[83]

통일 비용의 급증과 후유증은 1991년 실시된 지방자치정부 선거에서 기민당에 불리하게 작용했다. 1991년 1월, 4월, 6월에 차례로 헤센, 라인란트-팔츠, 함부르크 지방자치정부 선거가 실시되었다. 야당인 사민당은 1991년 1월 헤센 주에서 한스 아이헬(Hans Eichel)을 주지사 후보로 내세우고 녹색당과의 연합을 통해 다시 집권했다. 사민당은 4월에 실시된 라인란트-팔츠 주 선거에서 루돌프 샤르핑(Rudolf Scharping)을 주지사 후보로 내세워 승리했다. 사민당은 또 6월에 실시된 함부르크 시 선거에서도 승리했다. 그리하여 사민당은 총 16개 주 중 9개 주의 주지사직을 보유하여 연방상원에서 과반수를 차지했다.[84] 연방의회는 기민/기사당과 자민당이 이끄는 집권 여당이, 연방상원은 야당인 사민당에 의해 지배된 것이다.

통일 후에 놓인 많은 어려운 과제들을 해결하기 위해서는 서독인들의 희생과 동·서독인 모두의 연대의식이 필요하며 독일 정치인들은 이러한 분위기 조성을 위해 보다 많은 노력을 기울여야 했다는 생각은 기민당 출신의 바이체커 대통령도 공유하고 있었다. 그는 2009년에 쓴 회고록에서 통일 당시를 회고하면서 슈미트 전 총리의 주장에 높은 점수를 주었다. 바이체커는 슈미트가 콜 정부의 통일정책 전반에 대해 강력한 지지를 표명했고 콜 총리가 1989년 말에 발표한 10대 통일 강령도 지지했다고 상기시켰다. 또 그는 슈미트가 제2차 세계대전 때 영국 총리 윈스턴 처칠(Winston Churchill)이 국민들에게 행했던 것처럼 콜 총리도 독일 국민들에게 통일을 위해, 그리고 수십 년 동안 공산 치하에서 고생한 동독 주민들을 위해 서독인들의 헌신이 필요하다고 호소해야 했으나 그렇지 않았으며, 오히려 국민들에게 통일로 말미암아 개인적 희생이 뒤따르거나 조세가 인상되는 일이 없을 것이라고 약속한

것에 크게 실망했다고 회고했다. 바이체커 대통령은 통일이라는 대의
를 위해서 서독인들의 헌신과 굳건한 연대가 필요하다는 주장을 슈미
트의 말을 빌려 더욱 강조한 것이다.[85]

3. 내적 통합의 진전과 과제

내적 통합의 진전

경제 재건

동독 지역은 통일 후에도 여전히 취약한 산업 기반, 산업 연구 분야에서의 상대적 열세, 부족한 인프라 등 어려운 조건에 처해 있었다. 연방 정부는 동독 지역이 가지고 있는 이런 취약점을 개선하기 위해 다양한 정책을 시행했다. 콜 정부는 자본 유입을 촉진하기 위해 세제 혜택 등과 같은 제도적 개입을 모색했다. 1998년 말 집권한 슈뢰더(Gerhard Schröder) 정부는 투자 장려, 혁신 장려, 인프라 구축, 노동시장 정책 등을 통해 동독 지역의 재건을 모색했다.

이런 각종 지원 및 재건책의 효과가 2000년대 들어서 서서히 나타나기 시작했다. 노동생산성은 1989년 서독 평균의 45%, 1991년 41.4%에서 2009년에는 79.7%로 증가했다. 통일 후 초기 건설업에 의

존해 상승하던 전체 GDP 중 건설 부문의 비중은 1994~1995년을 정점으로 급격히 내려간 반면에 제조업 비중은 꾸준히 증가했다. 1998년 제조업은 전체 경제(총부가가치 기준)의 13.6%를 차지, 12.1%를 기록한 건설업을 통일 이후 처음으로 앞섰다. 1998년부터는 취업자 숫자에서도 제조업 분야가 건설업 분야를 앞서기 시작했다. 구연방주에 대한 신연방주의 취업 인구 1인당 GDP는 1991년 45%에서 2005년에는 79%로 상승했다.[86] 건설업을 제외한 제조업의 생산성 역시 2000년 서독 평균의 78%에서 2005년에는 85.5%로 증가했다. 신·구 연방주 간의 생산성 격차는 매년 약 1.5%씩 감소했다. 이는 제조 부문의 성장에 의해 뒷받침되고 있기 때문에 가능했다. 2008년 동독 지역의 GDP 중 제조업의 비중은 19.6%로 1992~1993년 11%에 머물던 것에 비해 2배 가까이 커졌으며, 전 독일 23.5%와 비교해 많이 좁혀졌다. 동독 지역 경제의 대외 경제력 신장도 있었다. 2004년 동독 지역 산업 부문의 생산액 중 수출이 차지하는 비율은 25.5%로 증가했다.[87] 이는 1990년대 중반 시작된 동독 지역의 재산업화가 활기차게 추진되었으며, 해외 시장에서의 경쟁력이 계속 상승하였음을 의미한다.

동독 지역 기업들의 경쟁력이 크게 강해진 것은 다양한 측면에서 확인된다. 앞서도 언급했듯이 노동자 20명 이상 제조업의 수익률이 과거 수년 동안 뚜렷이 개선되었다. 매출 대비 수익률은 처음으로 1.5%를 기록, 1.3%를 기록한 서독 지역보다 높아졌고, 이후에도 이 추세는 지속되고 있다. 2007년 기준으로 동독 지역 기업들의 수익률은 5.1%로 서독 지역 기업의 수익률 3.7%보다 1.4% 높다.

동독 지역 기업들이 서독 지역 기업에 비해 수익률이 높아진 원인으로는 통일의 격변기 동안 발생된 문제점들이 점차 극복되었기 때문이다. 좀 더 구체적으로 살펴보면 첫째, 화폐 통합에 따라 급격하게 경쟁력을 잃고 무너졌던 제조업이 서서히 성장하였다. 신탁관리청에 의한 사유화 종료 이후 1995년부터 2002년까지 동독 제조업은 56%가 성장하여 11.6%의 성장세를 나타낸 서독 지역을 훨씬 앞질렀다. 물론 이런 성장에도 불구하고 동독 지역의 자본 집적도, 투자율 등은 서독 지역에 비해 뒤처져 있었다.[88]

둘째, 서독 지역보다 저렴한 평균 단위임금 비용 및 장시간 노동 등이 생산성을 높였다. 화폐 통합에 따라 동독 지역 기업의 단위임금 비용은 급격하게 높아져서 1991년 당시 서독 지역의 141%나 되었다. 1990년대 중반에 이르면 동독 지역의 임금은 이미 발달된 산업국가의 수준에 도달했었다. 따라서 동독 지역의 경제 발전을 끌어올리기 위해서는 더 이상의 임금 인상을 억제하는 것이 필수적이었다.[89] 다행히 1997년 이후 동독 지역의 단위임금 비용은 서독 지역에 비해서 지속적으로 떨어져 2007년에는 서독 지역의 62.6%에 머물렀다. 다른 한편으로 동독 지역의 노동시간은 서독 지역보다 많았다. 2007년까지는 평균 주당 노동시간에서 남성 2시간, 여성 2.5시간 차이를 보이다가 2008년부터 1~1.5시간으로 격차가 줄어들기는 했지만 노동생산성 신장에 여전히 플러스 요인으로 작용했다. 2007년에 동독 지역의 피고용인 1인당 노동생산성은 74.8%였지만 단위노동비용 역시 낮아서 전체적으로 서독 지역의 83.7%에 이르고 있다. 이러한 기업 경쟁력 향상을 발판으로 지난 수년간 동독 지역은 유럽 내 유수의 투자 지역들을 제치고 BMW, Lufthansa 등 대기업의 투자를 유치하는 데 성공했다.

동독 지역의 국내총생산(GDP)은 1990~2008년 동안 약 1.5배로 늘어났다. 이에 따라 동독 지역 GDP가 전 독일 GDP에서 차지하는 비중은 1991년 약 7%에서 2009년에 11.7%로 올라갔다. 전체적으로 1인당 GDP는 1991년 서독 지역 평균의 42.9%에서 2009년 70.95%로 높아졌다.[90] 노동자 1인당 자본금도 크게 늘어 1991년 서독의 46%에서 2008년 85%로 늘었다. 이러한 성장은 1992년 11.38%, 1993년 12.60%, 1994년 12.10% 성장률 등 통일 후 약 4~5년 동안 동독 지역의 두 자리 수치의 성장을 배경으로 하고 있다. 그러나 성장세는 그 후 둔화하여 2005년 6.18%, 2006년 2.84%로 급격히 떨어진다.[91]

동독 지역 GDP의 가파른 성장세와 그 후 성장세의 급격한 둔화는 주로 통일 직후 집중적으로 이루어진 동독 지역 인프라 확충 및 현대화를 위한 건설 부문의 급성장과 둔화에서 원인을 찾을 수 있다. 동독 지역 건설 부문의 초기 성장률은 1992년 52.5%, 1993년 25.4%, 1994년 28.4%를 보인 후 1995년 5.3%로 한 자리 성장을 보이다가 1996년부터는 마이너스 성장(-3.1%, -6.5%, -13.7% 등)을 보였다. 건설 부문의 급성장과 이후 급속한 하락은 전반적으로 동독 지역 경기에 부정적인 영향을 미치기 때문에 정부는 주택 개조 및 도시 정비 등의 다양한 건설 부양책을 통해서 지역 건설업의 위축을 막으려 했다. 이에 반해서 제조 부문에서의 성장은 코메콘 체제의 붕괴에 따른 급격한 하락 (1992년 -5.7%) 이후, 더디지만 꾸준히 성장하는 추세를 유지하고 있어서 서독 지역의 마이너스 성장에도 불구하고 지속적인 성장을 보이고 있다.[92]

환경 개선

서독 경제가 지식 집중적인 특징을 갖고 있는 반면 동독 경제는 자원 집중적인 특징을 갖고 있었다. 서독에서는 1973년 석유파동을 계기로 산업 생산의 증대와 에너지 소비 사이의 상관관계가 끊어졌지만 동독에서는 그렇지 않았다. 동독 자치단체의 70%가 정수 설비를 갖추지 못했다. 1906년에 설치된 드레스덴의 정수 설비는 1987년쯤에는 완전히 망가져 버린 채 방치되었다. 그 결과 1,300만 동독인들이 흘려보낸 오물과 화학 산업의 폐수가 바로 엘베 강으로 흘러내려 갔다. 무엇보다 심각한 것은 마실 물의 오염이었다. 수로의 42%와 정제된 물의 24%는 가장 정교한 기술로도 더 이상 식수로 사용될 수 없었다.

대기오염도 심각하기는 마찬가지였다. 산성비의 원인인 유황이 연간 600만 톤씩 하늘로 뿜어내지고 있었다. 아이스레벤(Eisleben) 지역에서는 고갈된 구리탄광이 중금속으로 가득 찬 채 화산처럼 무방비 상태였다. 브란덴부르크와 작센 지방 사이에 위치한 라우지츠 지방에서는 수천 km^2의 갈탄 채굴장이 거대한 동굴로 변하여 매일 펌프질을 해야만 했다. 그렇지 않으면 슈프레(Spree) 강이 역행하여 그곳으로 오염수가 흘러들어 가기 때문이었다. 에르츠(Erz) 산맥에는 우라늄 채굴의 잔해가 가득했다. 동독의 전 총리 메지에르의 표현을 빌리면, 한마디로 동독의 도시들은 사람들의 거주에 적합하지 않았다.[93]

통일 독일은 이렇게 파괴된 동독 지역의 환경을 복원시키는 임무도 떠맡았다. 통일 독일은 늦어도 2,000년까지는 양독 사이의 환경 수준을 동등화한다는 목표를 세웠다. 이를 위해 화폐, 경제 및 사회 통합 조약 16번째 조항에서는 1995년 1월 1일부터 동독 지역에 있는 기업들도 독일연방공화국의 환경법을 따라야 한다고 규정했다. 동독 경제의 붕괴 과정에서 경제성이 없는 기업들이 대개는 환경오염 물질을 가장 많이 배출했다는 게 입증되었다.[94]

동독 지역 환경보호 인프라 건설을 위해 연방정부는 1990년과

1992년 사이 비상 대책의 일환으로 총 1,785개의 환경보호 프로젝트를 마련하였다. 환경보호 작업에는 산에 나무를 심는 것도 들어 있었다. 통일 이후 심한 환경오염 물질 배출 공장의 생산 중단, 에너지 경제의 근대화, 그리고 식수의 확보에 우선순위를 부여하는 환경사회설비의 구축은 신연방주에서 환경 조건의 현저한 개선을 가져왔다. 먼지 방출은 77%, 이산화황 수치는 52%가 감소했다. 중금속의 배출량도 급격히 감소하였다. 1991년부터 1997년까지 산업 분야에서 정수 설비들을 도입한 결과 식수는 더 이상 심각한 위험에 처하지 않았다. 전반적으로 신연방주의 물은 1~2등급으로 향상되었다.

통일 후 동독 지역의 파괴된 환경을 복원하는 작업에는 많은 재정이 필요했고 유해 물질을 많이 배출하는 공장의 가동 중단에 따른 실업자 문제가 발생했지만 환경보호 프로젝트의 수행은 환경보호 그 자체만이 아니라 경제적으로 새로운 환경산업의 발달을 촉진하는 효과도 가져왔다. 환경 분야에서 새로 채용하는 노동자의 숫자는 유해 물질 공장을 폐쇄시킨 과정에서 발생한 실업자를 충분히 상쇄하고도 남았다.[95]

복지국가가 갖는 통합적 기능

복지국가적 성격의 확대

반세기 가까이 사회주의체제를 유지해 온 동독을 단시일 내에 서독의 자본주의체제에 동화시킨다는 것은 매우 어려운 일이다. 완전 고용을 특징으로 하는 동독 주민들이 통일 후 대량 실업에 직면했고 이들을 위한 구제 정책이 없을 경우 사회적 불안이 증폭될 것은 불을 보듯 뻔한 일이었다. 그런데 다행히도 서독에는 이 불안 요소를 완화시킬 완충장치가 있었는데 그게 바로 잘 갖추어진 복지제도였다.

독일의 복지국가적 성격은 비스마르크(Otto von Bismarck)가 창건한 독일제국 시대까지 거슬러 올라간다. 비스마르크는 1883년에 질병보호법을, 1884년에 노동재해 보험법을, 1889년에는 폐질·노년 보험법을 제정하여 독일 복지제도의 초석을 놓았다.[96] 제2차 세계대전 후동·서독 국가들 모두 바이마르 공화국 실패의 경험을 통해 사회적 안정은 정치적 안정의 전제 조건이라는 것을 깨달았다. 동독은 사회주의 국가였기 때문에 사회보장제도에 기본적으로 충실할 수밖에 없었지만 서독도 사회보장제도를 강화한 점에서는 동독과 크게 다르지 않았다. 게다가 1950~1960년대 서독이 이룩한 높은 경제성장률과 경제 발전은 사회보장의 수준을 크게 높여 서독인들의 삶은 양적·질적 양면에서 오히려 사회주의국가인 동독인들보다 나은 편이었다.

1989년 동독혁명의 배경에는 서독 체제에 대한 동경이 자리 잡고 있었다. 여기서 동독인들이 부러워했던 서독 체제는 민주주의, 개인적 자유의 보장 그리고 높은 삶의 질이었다. 서독의 높은 삶의 질은 무엇보다 우월한 경제력과 체계적인 사회보장제도에 의해 뒷받침되었다. 동독 공산 정권은 동독 주민들에게 서독은 소수의 자본가 계급만 잘사는 나라라고 비판했지만 동독인들은 동방정책이 진행된 20여 년 동안 서독인들과 빈번하게 접촉하면서 일반 서독인들의 삶의 질이 분배가 잘 되었다는 동독인들의 삶의 질보다 훨씬 우수하다는 것을 발견했다.

서독의 사회보장제도는 크게 연금보험, 의료보험, 실업보험, 상해보험 등으로 나뉘고, 각각 상이한 보험기관에 의해 운영되었다. 보험료는 산재보험만 고용주가 100% 납부하고 나머지는 고용주와 가입자가 각각 절반씩 부담했다. 서독과 달리 동독의 사회보장제도는 의료보험, 연금보험, 상해보험 등 3대 보험을 하나로 통합하여 단일한 사회보험체계를 갖추었다. 사회보험 재원은 가입자가 50%를 납부하고 기업은 모두 국영 혹은 공동소유였기 때문에 나머지 50%는 국가가 세금으로 충당하였다. 동독은 형식상 완전고용을 추구했기 때문에 실업보험제도는 없었다.

기민/기사당과 콜 총리는 통일 독일의 사회정책과 관련된 핵심 방향으로서 서독과 동독 사이의 차이를 없애고 단일화된 복지국가의 창설을 기획했다.[97] 이 방침에 따라 국가 조약과 통일 조약은 서독의 사회보험제도를 동독 지역으로 확대하기로 했고, 실제로 동독 지역에 서독의 연금보험, 의료보험 및 실업보험 제도를 확대 구축해 서독의 방식대로 각각의 보험기구를 설립했다. 보험료는 서독의 보험료와 같게 하고 보험료 갹출 방식도 서독처럼 근로자와 사업주가 반반씩 부담하도록 했다.

1990년 12월 연방의회 선거에서 승리한 기민/기사당과 자민당은 선거 승리 후 새로운 연정을 구성하기 위한 협상에서 사회보장정책과 관련하여 대부분 의견이 일치했으나 사회간병제도의 도입 문제에서 달랐다. 기민/기사당은 가족정책에 대한 중시의 반영으로 사회간병보험의 도입을 주장했다. 이 제도의 도입을 주도한 것은 연방 노동장관 블림(Norbert Blüm)이었으며 콜 총리가 적극 지원했다. 그러나 자민당은 사적 보험제도를 선호했다. 이 때문에 양당 사이에 이 문제를 놓고 긴 논쟁을 벌였으며 연정 구성 때까지 마무리를 짓지 못하고 그 결정을 다음 기회로 넘겼다. 간병보험은 그 후에도 많은 우여곡절을 겪다가

1995년에 도입되었다.[98] 결과적으로 사회간병제도의 도입은 독일 복지국가 건설을 위한 매우 중요한 진전이었으며, 콜 정부의 큰 업적 중 하나로 평가받고 있다.[99]

서독의 실업보험은 직업 상담, 소개, 훈련, 고용 창출 등 적극적인 고용 촉진 기능과 더불어 실업수당, 실업보조금 지급을 통한 실업자 생활 보장 기능을 가지고 있다. 실업보험의 재원은 근로자와 고용주가 각각 절반씩 부담하고 나머지는 보험료 수입과 연방정부의 보조금으로 충당되었다. 동독에는 실업보험제도가 없었기 때문에 서독의 실업보험제도도 동독 지역으로 확대하여 적용하였다. 국가 조약과 통일 조약에 따라 동독 지역에 서독의 고용촉진법이 확대 적용되었으며, 실업보험과 실업보조금제도가 도입되었다. 이 결과 근로자는 최근 3년 동안 최소 1년 간 실업보험에 가입되어 있는 경우에 순 소득액의 63~68%를 최소한 6개월 동안 보험금으로 받을 수 있게 되었다.

국가조약의 체결과 더불어 동독은 연금보험제도를 서독의 모델에 따라 재정비했다. 그 핵심은 임금 및 보험료를 연금과 연계시키는 것이었다. 1990년 6월 30일까지 지급되는 연금, 즉 기존의 연금은 1990년 7월 1일 화폐 교환과 동시에 서독의 연금 수준으로 평준화하였다. 연금 가입자의 연금이 동독 지역 평균 순임금의 70%가 되도록 하되, 연금 가입자의 근로 기간 또는 보험료 납부 기간이 이보다 길거나 짧은 경우에는 조정되도록 했다. 그 결과 연금 수령자의 80% 이상이 인상된 연금을 받게 되었다.

연금보험 재정은 기본적으로 보험료 수입을 통해 조달되었다. 보험료는 고용주와 근로자가 각각 절반씩 부담하며 보험료율은 서독과 동일하게 월 소득의 18.7%로 하였다. 연금 재정으로는 보험료 수입 외에 국가보조금이 투입되었다. 연방정부는 1990년 동독 지역 연금 기금의 수입과 지출 간의 차액을 떠맡았으며, 1991년부터는 서독처럼 연금 지급액의 19.8%를 보조하고 있다.

동일 조약에 따라 1992년 1월 1일자로 서독 연금법을 동독 지역에까지 확대 적용함으로써 독일 연금제도의 최종적인 통합이 이루어졌다. 연금제도를 통합하고 동독 지역의 연금을 임금 및 보험료 납부금에 연계시킨 결과 동독 지역의 표준연금은 꾸준히 상승하여 1995년 7월 1일에는 서독의 79%에 도달했다. 연금 액수는 당시 동·서독의 소득차를 감안해 서독의 연금과 같은 수준으로 인상되었다. 이렇게 하여 동·서독 지역 간 격차가 좁혀졌고, 평균 40년 혹은 45년 불입한 경우의 연금액은 2009년 기준으로 서독 지역이 동독 지역보다 약 10% 정도만 높을 뿐이었다. 이것은 1990/1991년 동독 지역 연금 수준이 서독 지역의 약 50%에 머물던 것과 비교할 때 그 격차가 크게 줄어들었음을 말해 준다. 단, 여기서 고려해야 할 점은 동독인의 경우 법정 연금보험제도의 수입이 유일한 소득원인 경우가 대부분이며, 서독인처럼 생명보험, 개인적 노후대책(예를 들어 부동산 수입원), 혹은 기업노후보장책등 기타 수입원을 갖지 못했다는 점이다. 이는 곧 동·서독 연금 수령자들의 총소득을 단순히 연금 수령 액수만 가지고 비교해서는 안 된다는 것을 의미한다.[100)]

1991년 1월 1일자로 동독 지역에 서독의 부문별 의료보험제도가 구축되었다. 동독 지역의 보험 가입자들은 원칙적으로 서독 지역에서와 같은 수준의 의료서비스를 요구할 수 있다. 보험 가입자가 지불해야 할 자기부담금은 단계적으로 도입되었으며, 1993년 1월 1일부터 동독 지역 모두 동일하게 적용되고 있다. 다만 자기부담금을 완전히 면제받을 수 있는 월 소득의 한계점은 서독보다 낮게 책정했다.

연방은행이 분석한 바에 따르면 1991~1995년 사이에 신연방주로 이전된 총 공공 재원 8,120억 마르크 가운데 약 44%에 달하는 3,550억 마르크가 고용 촉진, 실업보험, 연금보험 등 사회보장 관련 분야에 지출되었다. 게다가 이 통계에는 신탁관리청과 일반 재정 부문에서 지출된 사회보장성 금액은 제외되었다는 점을 감안할 때 실제로 이루어진 사회보장성 분야의 지출은 더 많았을 것이다.[101] 슈뢰더(Klaus Schröder)는 조사 기간을 더 넓혀 1990년부터 2014년까지 25년 동안의 통일 비용 2조 유로 중에서 사회보장비가 60~65%를 차지했다고 추정했다.[102]

서독의 사회보장정책을 동독에 확대 적용하는 과정은 필수적으로 재정 수요의 증대를 수반했다. 이를 충당하기 위해 실업보험 부담률이 1991년 4월 1일부터 2.5% 인상되었는데, 이는 종업원의 임금과 봉급의 6.8%에 해당하는 것으로서 고용주와 종업원이 공동으로 부담해야 했다. 1994년에는 고용주와 종업원이 공동으로 부담하는 연금보험 부담률도 임금의 17.5%에서 19.2%로 인상되었다. 이렇게 콜 정부는 연금 및 실업수당의 재원을 충당하고 새로운 노동시장정책에 의해 발생할 대량 실업을 피하기 위해서 동독으로의 이전 비용을 크게 증액시키면서 재정적 비용을 납세자에 의해서가 아니라 오로지 연금 기여자에 의해 해결하려 했다. 독일노동조합연맹과 야당이 불평한 것처럼 그 결과는 추가 임금 비용에 따른 고용주들의 부담과 종업원들의 간접세 증가로 이어졌다.[103]

사민당 총재 포겔은 실업보험 기여금의 대폭 증가를 신랄하게 비판했다. 그는 동독 지역의 실업을 줄이거나 단절시키는 일에 필요한 재정을 실업보험 기여금의 인상으로 해결하려는 것은 고용주와 종업원들에게만 부담을 지우고, 자영업자나 공무원, 혹은 부유층은 그 부담으로부터 자유롭게 하는 조치로서 매우 잘못된 것이라고 주장했다. 결론적으로 포겔은 통일 비용은 공동체 전체가 책임져야 한다고 주장했다.[104]

통일 20년 후 동독 주민의 삶과 지위

독일 통일 20년이 지난 시점에서 동독 주민들의 평균 경제력은 통일 전 동독 시절과 비교할 때 크게 신장되었다. 그 결과는 주거, 여행, 여가 시간의 활용, 그리고 생활필수품, 승용차와 컬러 TV와 같은 가전제품의 보급 등에서 뚜렷하게 드러난다. 그러나 주관적 측면의 평가는 크게 다르다. 그들은 삶의 질과 급여 부분에서 기대에 못 미친다고 느끼고 있다. 그들은 사회적 정의, 연대감, 사회적 안전의 성취 등에서 아쉬움을 표하고 있다. 동독인들이 무엇보다 불만스러워 하는 것은 동독 주민들의 경제력이 평균적으로 서독 주민들의 2/3 수준에 머물고 있는 점이다. 동독인들의 평균 소득은 1991년 서독인들의 46.7%에서 1997년 74.3%로 올라갔는데 이것은 주로 동독 지역의 인프라 구축을 위한 투자와 사회보장비 덕분이었다.[105] 동독인들의 삶의 수준이 그 이상 진전되려면 동독 지역의 경제구조의 질적 전환과 동독인들의 사회적 시장경제에 대한 적응력 향상이 전제되어야 한다. 한 조사 결과에 의하면 동독인들의 경제력은 2005년 이래 10여 년 동안 정체 상태에 있으며 이런 점들이 동독인들의 심리를 불편하게 만들고 있다.[106]

통일된 지 20년이 지난 시점에서 동독 주민의 소득수준이 서독 주민의 2/3 수준에 머무른 것을 어떻게 평가할 것인가의 문제는 상당히 주관적인 문제이다. 드레스덴 Ifo 연구소 라크니츠(Joachim Ragnitz)의 주장처럼 동독이 가까운 시일 내에 서독의 수준에 도달하기가 어려울 것이라고 가정할 때[107] 이 문제는 계속 논란의 대상이 될 가능성이 많다. 동독 주민의 생활수준을 서독과 계속 비교할 경우 비판적 견해가 더 많을 것이고, 반대로 동독의 인접 국가이자 같은 사회주의국가였던 폴란드나 헝가리, 체코슬로바키아 등의 국민들과 비교하면 통일로 인해 생활수준이 급속히 향상되었다는 평가가 나올 것이다.

통일 후 동독 엘리트들의 사회 진출 현황은 경제적 상황에 대한 평가만큼 양면성을 띠고 있다. 동독 출신 메르켈 총리는 2017년 총선에서 기민/기사당이 승리하면서 콜 총리에 이어 4선 총리의 기록을 세웠다. 그의 성공 신화는 통일 독일이 동·서독 간의 상이한 역사와 지역적 격차를 뛰어넘을 수 있음을 보여 준 좋은 사례이다. 그러나 메르켈 총리처럼 극히 일부 인사들의 성공담을 전체로 보편화시키는 것은 위험하다. 왜냐하면 통일 후 동·서독 엘리트 진출의 성적표는 동독인들의 엘리트 진출로가 여전히 좁다는 것을 말해 주기 때문이다. 1995년을 기준으로 볼 때 동독 주민은 전 독일 인구의 20%를 차지하고 있었다. 그런데 사법 및 국방 영역에서 지도부에 있는 엘리트는 거의 없었다. 동독 출신의 엘리트는 경제 영역에서 0.4%, 학문 영역에서 7.3%, 언론 및 문화 영역에서 12~13%에 불과했다.[108] 통일 후 20년이 지난 2010년 기준으로 동독 지역 거주 인구의 95%가 동독 지역 출신이지만 동독 지역 엘리트 중 30%만이 동독 지역 출신이다. 여전히 연방헌법재판관, 국방부 소속 장성, DAX 상장기업 중의 CEO 중에서 동독 출신을 발견하기는 쉽지 않으며, 이러한 엘리트 분포 경향은 동독 주민으로 하여금 자신들이 차별받고 있다는 감정을 갖도록 만들었다. 인사 차별의 시정은 동독 지역의 통일 세대들이 지도층으로 성장한 이후에나 가능할 것이라는 점에서 인사 문제 영역에서의 내적 통합은 향후에도 상당한 시간을 필요로 할 것이다.

인구와 그 지역적 분포는 국토 환경을 지배하는 핵심 인자이다. 독일 인구는 1990년 통일 당시 약 7,975만 명에서 20여 년이 지난 2009년 8,200만 명으로서 약 230여만 명 증가했다.[109] 그런데 동독 지역의 인구는 통일 후 오히려 줄었다. 동독이 붕괴되기 시작한 1989년부터 1991년 사이에는 동독 지역 인구가 91만 명이나 줄었다. 1992년부터는 조금씩 안정 국면에 접어들었지만 매년 수만 명씩 줄어드는 추세는 계속되었다. 2015년 기준으로 동독 지역 인구는 1,260만 명으로 1990년에 비해 215만 명이 줄었다. 동독 인구의 감소는 양적 측면만 아닌 질적 측면에서도 문제점을 드러냈다. 1989년부터 1995년까지 동·서독 사이의 인구 이동을 보면 동독 지역에서 서독 지역으로의 이동이 약 342만 명이고 서독 지역에서 동독 지역으로의 이주는 약 180만 명이었다. 그런데 동독 지역에서 서독 지역으로 이동한 사람들 중에는 젊은 층과 숙련 노동자들이 상대적으로 많았다.[110] 주로 일자리와 보다 좋은 임금 조건을 찾아 떠난 사람들이었다. 반면에 서독 지역에서 동독 지역으로 이주한 사람들은 기업 경영인과 간부, 고위 공무원, 교사 등 주로 동독 지역에서 지배적 역할 내지 좋은 직장을 기대한 사람들이었다. 동·서독 사이의 활발한 인구 이동은 내적 통합을 위한 긍정적 측면을 가지고 있지만 다른 한편에서 동독 지역의 상대적 열악함과 쇠퇴의 징표라는 점에서 우려할 만한 현상이다.

2017년 9월 25일 실시된 독일 연방의회 선거에서 극우 성향의 '독일을 위한 대안 정당(AfD)'이 제2차 세계대전 이후 최초로 연방의회에 진출하였다. '독일을 위한 대안 정당'이 획득한 득표율은 의회 진출을 위한 최소한의 여건인 5% 득표율의 무려 2배 이상인 12.6%로서, 득표율로 독일 정당들 중 세 번째 순위를 차지했다. 특히 동독 지역에서 얻은 득표율은 평균 득표율보다 훨씬 높은 21.6%로서 기민당 다음의 두 번째 순위였다. 신연방주의 하나인 작센 지역에서는 무려 27%를 얻어 전체 1위를 기록했다.[111] 극우정당이 이렇게 높은 득표율을 기록한 것은 경제적 불평등과 중동 지역 등에서 들어오는 난민들에 대한 적개심 등이 작용한 결과에 덧붙여 통일 후 동독 지역의 실업률과 사회경제적 상황이 서독 지역보다 상대적으로 열악한 데 대한 불만 때문이었다. 통일 후 동·서독 사이의 격차가 많이 줄어들었지만 통일 후 전개되고 있는 내적 통합 과정에 아직도 많은 과제가 남겨져 있음을 시사해 주는 대목이다.

머리말

1) Andreas Rödder, *Deutschland einig Vaterland: Die Geschichte der Wiedervereinigung* (München, 2009), pp. 205~206.

2) Willy Brandt, *Friedenspolitik in Europa* (Frankfurt am Main, 1968), p. 74; United States Department of State, *Documents on Germany 1944-1985* (1985), p. 1059.

3) 《국민일보》(2014. 9. 17).

4) Helmut Kohl, *Ich wollte Deutschlands Einheit* (Berlin, 1996), p. 167. 번역서로 김주일 역, 『나는 조국의 통일을 원했다』(해냄, 1998)가 있다.

5) Werner Weidenfeld & Karl-Rudolf Korte(ed.), *Handbuch zur deutschen Einheit 1949-1989-1999* (Frankfurt am Main, 1999), p. 824.

6) Gerhard A. Ritter, *The Price of German Unity: Reunification and the Crisis of the Welfare State*, Richard Deveson trans. (Oxford, 2011), p. 39.

7) Henrik Bering, *Helmut Kohl* (Washington, DC, 1999). p. 96.

8) Helmut Schmidt, *Auf dem Weg zur deutschen Einheit: Bilanz und Ausblick* (Hamburg, 2008), p. 64. 2005년도 판 번역서로 오승우 역, 『독일통일의 노정에서』(시와 진실, 2007)가 있다.

9) Jürgen Kocka, 『독일의 통일과 위기』, 김학이 역 (아르케, 1999), pp. 44~45.

10) Kohl, *Ich wollte Deutschlands Einheit*, p. 410.

11) Martin Greive, "Deutsche Einheit kostet 2,000,000,000,000 Euro", *Die Welt* (2014. 4. 5).

12) Thomas Lange & Geoffrey Pugh, *The Economics of German Unification: An Introduction* (Massachusetts, 1998), vii.

1단계 동방정책: 절반의 통일

1) Willy Brandt, *Der Wille zum Frieden: Perspektiven der Politik* (Frankfurt am Main, 1973), pp. 21~22.

2) Willy Brandt, *Draussen, Schriften Während der Emigration*, ed. by Günter Struve

(München, 1966), p. 15.

3) Willy Brandt, *My Road to Berlin* (New York, 1960), pp. 110~111. 독일군들은 노르웨이인들도 게르만족이라는 이유로 대우를 잘해 주었다고 한다.

4) 같은 책, p. 117.

5) Peter Merseburger, *Willy Brandt 1913-1992* (Stuttgart & München, 2004), p. 169; 이동기, 「빌리 브란트, 민주사회주의와 평화의 정치가」, 『역사비평』 102 (2013), pp. 215~216.

6) Willy Brandt, *Erinnerungen* (München, 2003), p. 97; Gregor Schöllgen, *Willy Brandt: Die Biographie* (München, 2003), p. 37. 번역서로 김현성 역, 『빌리 브란트』, (빗살무늬, 2003)가 있다.

7) Claudia Hiepel, "Europakonzeptionen und Europapolitik", in Bernd Rother, ed., *Willy Brandts Auðenpolitik* (Wiesbaden, 2014), p. 21.

8) Brandt, *My Road to Berlin*, p. 165.

9) 같은 책, p. 184~185. 브란트는 서류를 신청할 때 이름을 두 개 적었다. 그가 태어났을 때 얻었던 이름과 19살 이후 망명 중 사용한 이름인 Willy Brandt가 그것이다. 그는 둘 중 Willy Brandt를 독일에서 공식적인 이름으로 사용하기로 했다.

10) 서독 총리를 역임한 에르하르트(Ludwig Erhard)는 1965년 선거 때 브란트가 종전 후 즉시 독일 시민이 되지 않은 것은 그의 애국심에 문제가 있기 때문이라고 비판했다.

11) Brandt, *My Road to Berlin*, p. 274.

12) 같은 책, p. 182.

13) Schöllgen, *Willy Brandt*, p. 113.

14) Brandt, *Erinnerungen*, p. 58.

15) 같은 책.

16) Arne Hofmann, *The Emergence of Détente in Europe: Brandt, Kennedy and the formation of Ostpolitik* (Routledge, 2008), 178. 브란트는 그의 회고록에서 동독이 독일 땅에 존재하는 두 번째 국가라는 사실을 이미 서베를린 시장 시절에 터득했다고 말했다. Brandt, *Erinnerungen*. p. 225.

17) Manfred Görtemaker, *Geschichte der Bundesrepublik Deutschland: Von der Gründung bis zur Gegenwart* (Frankfurt am Main, 1999), pp. 56~59.

18) William E. Griffith, *Die Ostpolitik der Bundesrepublik Deutschland* (Stuttgart, 1981), p. 239.

19) Brandt, *Der Wille zum Frieden*, p. 58.

20) Schöllgen, *Willy Brandt*, p. 171.

21) Egon Bahr, 『빌리 브란트를 기억하다』, 박경서 역 (북로그컴퍼니, 2014), p. 52.

22) Brandt, *Friedenspolitik in Europa*, p. 28.

23) Dennis Bark & David R. Gress, *A History of West Germany*, vol. 2: *Democracy*

and its Discontents 1963-1991, Second edition(Blackwell, 1993), p. 158. 번역서로 서지원 역, 『도이치 현대사: 허상의 붕괴와 통일정책』 4권(비봉출판사, 2004)이 있다.

24) 이들 국가들과의 외교 관계 회복은 에르하르트 정부 때 시도했으나 실천에 옮기지 못했다가 1967, 1968년에 실행에 옮겼다.

25) 서독은 서독과 외교 관계를 맺고 있는 국가가 동독과 외교 관계를 맺는다면 이것은 독일 분단을 더욱 고착화시키는 결과를 만들기 때문에 이를 비우호적인 행위로 간주하여 이 국가와 외교 관계를 자동적으로 단절하겠다고 선언했다. 이후 이 정책은 이 정책의 입안자인 외무부 차관 할슈타인(Walter Hallstein)의 이름을 따 '할슈타인 원칙(Hallstein Doktrin)'이라고 불리게 되었다. 할슈타인 원칙이야말로 아데나워 시기 동독 고립화 정책을 상징적으로 잘 보여 주고 있다.

26) Hans-Dietrich Genscher, *Erinnerungen* (Berlin, 1995), pp. 109~110.

27) 당시 사민당과 자민당의 의원 숫자는 총 254명이었다.

28) Genscher, *Erinnerungen,* pp. 110~111.

29) Avril Pittman, *From Ostpolitik to Reunification: West German-Soviet political Relations since 1974* (Cambridge, 1992), p. 10; Bark & Gress, *A History of West Germany,* vol. 2, p. 159; 최영태, 「빌리 브란트와 김대중: 변방인들의 인문적 삶과 분단극복 정책」, 『역사학연구』, 53호 (2014), pp. 331~332.

30) Bahr, 『빌리 브란트를 기억하다』, p. 87; Karsten Schröder, *Egon Bahr* (Hamburg, 1988), pp. 113~114. 바르는 미국 대통령 닉슨(Richard Nixon)과 미 국무장관 키신저(Henry Kissinger)의 관계를 빗대어 브란트의 키신저로 묘사되기도 했다. M. E. Sarotte, *Dealing with the Devil : East Germany, Dètente, and Ostpolitik, 1969-1973* (North Carolina, 2001), p. 28; Viola Herms Drath, *Willy Brandt: Prisoner of His Past* (Pennsylvania, 1975), p. 90.

31) United States Department of State, *Documents on Germany 1944-1985* (Washington, n.d.), p. 1049.

32) Schröder, *Egon Bahr,* pp. 147~148.

33) United States Department of State, *Documents on Germany 1944-1985,* p. 1060.

34) Brandt, *Erinnerungen,* p. 164.

35) 최영태, 「W. 브란트의 '문화민족' 개념과 동방정책」, 『역사학연구』 45(2012), pp. 291~316, 309.

36) 주지하다시피 민족주의에 대한 정의는 다양하며 그만큼 단정적으로 하나의 개념을 끌어내기가 어렵다. 하지만 대부분이 동의할 수 있는 최소한의 기준은 존재한다. 선조가 같다는 인종적(ethnic) 동류의식, 운명을 같이한 특별한 역사, 공통의 문화적 구조, 그리고 특별한 장소(고국)와의 지속적인 관련성 등이 그것이다. 공통의 문화적 구조에는 공동의 언어, 공동의 종교, 공동의 정신 생활이 해당한다. 그렇다고 해서 각 민족이 하나의 민족으로 될 수 있기 위해

이 모든 것들을 다 갖추고 있어야만 한다는 것은 아니다. 내부적으로 다양한 언어와 종교가 존재할 수도 있다. Philip Spencer & Howard Wollman, *Nations and Nationalism: A Reader* (New Brunswick & New Jersey, 2005), pp. 4~5.

37) United States Department of State, *Documents on Germany 1944-1985*, p. 1059.

38) Bark & Gress, *A History of West Germany*, vol. 2. p. 159.

39) 같은 책, p. 159.

40) United States Department of State, *Documents on Germany 1944-1985*, p. 1060.

41) 한운석, 『하나의 민족, 두 개의 국가』 (신서원, 2003), p. 82.

42) Schöllgen, *Willy Brandt*, p. 171.

43) Friedrich Meinecke 『세계시민주의와 민족국가』, 이상신·최호근 역, (나남, 2007), pp. 27~28.

44) 마이네케는 문화민족은 동시에 국가민족일 수 있으며, 종교와 국가와 민족성이 밀접한 연관성을 지니고 있는 경우도 흔히 있는 일이라고 말했다. 하나의 진정한 국가민족 내에는—스위스의 예가 보여 주듯이—여러 개의 다른 문화민족의 구성원들이 살 수 있었다. 그리고 다시금 문화민족은 자체 내에—대독일의 민족이 보여 주듯이—다수의 국가민족들이 등장하는 것을 볼 수 있다. 즉, 국가들의 주민들은 자신들의 정치적 공통 감정을 강력한 고유성으로 표방함으로써 하나의 민족으로 되며, 또 의식적으로 그렇게 되기를 원하는 경우가 흔히 있지만, 동시에 보다 더 크고 보다 더 포괄적인 문화민족의 구성원들로 남을 수도 있다. Meinecke, 같은 책, pp. 25~27.

45) Bark & Gress, *A History of West Germany*, vol. 2, p. 182.

46) Sarotte, *Dealing with the Devil*, p. 163.

47) Clay Clemens, *Reluctant Realists: The CDU/CSU and West German Ostpolitik* (Duke, 1989), p. 56.

48) Karlheinz Niclauss, *Kontroverse Deutschlandpolitik: Die politische Auseinandersetzung in der Bundesrepublik Deutschland über den Grundlagenvertrag mit der DDR* (Frankfurt am Main, 1977), pp. 124~126.

49) 최영태, 「W. 브란트의 '문화민족' 개념과 동방정책」, pp. 291~316 참조; 최영태, 「빌리 브란트와 김대중: 변방인들의 인문적 삶과 분단극복 정책」, pp. 319~350 참조.

50) Niclauss, *Kontroverse Deutschhandpolitic*, pp. 126~129.

51) 바르는 브란트의 자문관이자 총리실 정무장관으로서 브란트를 도와 동방정책을 실무적으로 책임진 인물이다.

52) Clemens, *Reluctant Realists*, p. 56.

53) Brandt, *Erinnerungen*, pp. 199~200.

54) 같은 책, pp. 194~195.

55) United States Department of State, *Documents on Germany 1944-1985*, p. 1049,

1060; Bark & Gress, *A History of West Germany*, vol. 2, p. 158.

56) Brandt, *Der Wille zum Frieden*, p. 36.

57) Hofmann, *The Emergence of Détente in Europe*, p. 180.

58) Brandt, *Friedenspolitik in Europa*, p. 43.

59) 같은 책, p. 54.

60) 같은 책, p. 75.

61) Brandt, *Der Wille zum Frieden*, p. 324.

62) 브란트의 동방정책은 1960년대 케네디 미국 대통령의 데탕트 정책을 주요 배경으로 하고 있다는 견해와 그것은 제한된 범위에서만 영향을 끼쳤다는 견해가 공존하고 있다. Hofmann, *The Emergence of Détente*, pp. 5~6.

63) Brandt, *Erinnerungen*. p, 190. 닉슨 대통령 및 그의 보좌관 및 국무장관 키신저는 처음에 브란트의 동방정책에 대해 의구심을 갖거나 비판적이었다. Sarotte, *Dealing with the Devil*, p.174. 그러나 키신저의 비판적 평가는 한참 후인 1990년대에 바뀌었다. 브란트는 독일의 민족적 관심사를 서구의 공통 관심사로 연결시키는 데 성공했다고 긍정적 평가를 내렸다. Carole Fink & Bernd Schaefer, *Ostpolitik, 1969-1974: European and Grobal Responses*(Cambridge, 2009), p. 2.

64) Brandt, *Der Wille zum Frieden*, p. 327.

65) 김진호, 「1969~74년 시기의 독일연방공화국의 독일정책과 CSCE」, 『평화연구』 17/1 (2009), p. 236.

66) 노명환, 「빌리 브란트의 망명시기 유럽연방주의 사상과 구성주의 시각」, 『역사문화연구』 53 (2015), p.339.

67) Brandt, *Der Wille zum Frieden*, p. 318.

68) Brandt, *Friedenspolitik in Europa*, pp. 40~41

69) Drath, *Willy Brandt*, p.vii.

70) Brandt, *Friedenspolitik in Europa*, p. 41.

71) Brandt, *Der Wille zum Frieden*, pp. 325~326.

72) Brandt, *Friedenspolitik in Europa*, p. 74.

73) Fink & Schaefer, *Ostpolitik, 1969-1974*. p. 269.

74) 노명환, 「초국가주의 민주주의 평화사상과 지역공동체의 추구 및 분단극복정책: 빌리 브란트의 동방정책과 김대중의 햇볕정책의 비교사적 연구」, 『EU연구』 30 (2012), p. 137.

75) Brandt, *Der Wille zum Frieden*, p. 33.

76) 노명환, 「빌리 브란트의 망명시기 유럽연방주의 사상과 구성주의 시각」, pp. 317~340 참조.

77) 최영태, 「W. 브란트의 동방정책에서 평화의 문제」, 『독일연구』 34 (2017), pp. 161~187 참조.

78) Brandt, *Erinnerungen*, pp. 225~226.

79) United States Department of State, *Documents on Germany 1944-1985*, pp. 1079~1080.

80) Bark & Gress, *A History of West Germany*, vol. 2, pp. 177~178.

81) Sarotte, *Dealing with the Devil*, pp. 164~165.

82) Bark & Gress, *A History of West Germany*, vol. 2, p. 151.

83) Werner Weidenfeld & Wilhelm Bleek, *Politische Kultur und deutsche Frage : Materialien zum Staats- und Nationalbewusstsein in der Bundesrepublik Deutschland* (Köln, 1989), p. 107.

84) United States Department of State, *Documents on Germany 1944-1985*, pp. 1087~1088.

85) Bark & Gress, *A History of West Germany*, vol. 2, pp. 180~181.

86) Griffith, *Die Ostpolitik der Bundesrepublik Deutschland*, p. 239.

87) 황병덕, 「신동방정책과 독일정책의 개관」, 황병덕 외 3인, 『신동방정책과 대북 포용정책』 (두리미디어, 2000), p. 56.

88) Bahr, 『빌리 브란트를 기억하다』, p. 108.

89) "Vertrag zwischen der Bundesrepublik Deutschland und der Union der Sozialistischen Sowjetrepubliken", in *Dokumentation zur Entspannungspolitik der Bundesregierung: Ostpolitik*, (Hamburg, 1981), pp. 13~14.

90) Brandt, *Erinnerungen*, p. 206.

91) "Vertrag zwischen der Bundesrepublik Deutschland und der Volksrepublik Polen über die Grundlagen der Normalisierung ihrer gegenseitigen Beziehungen", in *Dokumentation zur Entspannungspolitik der Bundesregierung: Ostpolitik*, p. 21.

92) Brandt, *Erinnerungen*, p. 214.

93) 이영기, 『빌리 브란트의 동방정책』 (형상사, 1990), pp. 60~63; Honore M. Catudal, *The Diplomacy of Quadriparite Agreement on Berlin. A New Era in East-West Politics* (Berlin, 1978), pp. 14~15.

94) "Vier-Mächte-Abkommen über Berlin und die zwischen den zuständigen deutschen Behörden vereinbarten Regelungen", in *Dokumentation zur Entspannungspolitik der Bundesregierung: Ostpolitik*, pp. 67~120, 69~70.

95) United States Department of State, *Documents on Germany 1944-1985*, p. 1049.

96) Clemens, *Reluctant Realists*, p. 78.

97) 같은 책, pp. 98~99.

98) Jürgen Dittberner, *Die FDP Geschichte, Personen, Organisation, Perspektiven, Eine Einführung* (Wiesbaden, 2010), pp. 45~46

99) Richard von Weizäcker, 『우리는 이렇게 통일했다』, 탁재택 역 (창비, 2012), p. 66.

100) Bark & Gress, *A History of West Germany*, vol. 2, pp. 209~210.

101) Gunter Hofmann, *Willy Brandt und Helmut: Geschichet einer schwierigen Freundschaft* (München, 2012), p. 149.

102) Arnulf Baring, *Macht-wechsel: Die ära Brandt-Scheel*, (Stuttgart, 1983), pp. 416~420. 당시 사민당과 자민당 소속 의원들은 투표에 참가하지 않았다.

103) 베너는 자기와 동료가 4명의 기민당 의원을 회유하는 데 성공했다고 말했다. 그런가 하면 브란트는 비난트란 사람의 말은 믿기 어렵다면서 그가 돈으로 회유 당했단 말에 의문을 표시했다. Brandt, *Erinnerungen*, pp. 290~291.

104) Bark & Gress, *A History of West Germany*, vol. 2, pp. 210~212.

105) Clemens, *Reluctant Realists*, p. 105.

106) 같은 책, pp. 101~104.

107) 같은 책, pp. 105~106.

108) "Treaty Between the Republic of Germany and the German Democratic Republic on Traffic Questions" Signed at Berlin, May 26, 1972, in *Dokumentation zur Entspannungspolitik der Bundesregierung: Ostpolitik*, pp. 1191~1198.

109) Clemens, *Reluctant Realists*, p. 109.

110) Hofmann, *Willy Brandt und Helmut Schmidt*, p. 154.

111) "Vertrag über die Grundlagen", in *Dokumentation zur Entspannungspolitik der Bundesregierung: Ostpolitik*, pp. 205~206.

112) Brandt, *Erinnerungen*, pp.194~195.

113) United States Department of State, *Documents on Germany 1944-1985*, p. 1248.

114) 통일원, 『동·서독 교류 협력 사례집』(통일원 통일정책실, 1994), p. 274.

115) 같은 책, pp. 279~283.

116) 손선홍, 『분단과 통일의 독일현대사』 (소나무, 2005), pp. 236~255; 통일원, 『동·서독 교류 협력 사례집』, pp. 274~278.

117) Baring, *Macht-wechsel*, p. 739.

118) 통일원, 『동·서독 교류협력 사례집』, pp. 159~160. 이런 상황을 반영하듯 기욤 간첩사건 이후에도 동·서독 관계에는 특별한 변화가 없었다. 특히 서독 정부는 기욤 사건을 확대함으로써 동·서독 간, 나아가서는 동·서 진영 간 긴장 완화 추세에 악영향을 끼쳐서는 안 된다는 입장이었다. 이런 점을 근거로 브란트 실각에 분노하는 사람들은 기욤 사건을 브란트를 실각시키려는 정치적 음모로 해석하는 경향이 강했다.

119) Hofmann, *Willy Brandt und Helmut Schmidt*, pp. 161~163.

120) Baring, *Macht-wechsel*, p. 752; Schöllgen, *Willy Brandt*, p. 207.

121) Bahr, 『빌리 브란트를 기억하다』, pp. 178~179.

122) Brandt, *Erinnerungen*, pp. 324~325.

123) 같은 책. p. 325.

124) Schöllgen, *Willy Brandt*, p. 211.

125) Brandt, *Erinnerungen*, p. 330.

126) Bahr, 『빌리 브란트를 기억하다』, pp. 178~179.

127) Baring, *Macht-wechsel*, p. 739.

128) Hofmann, *Willy Brandt und Helmut Schmidt*, p. 158.

129) Brandt, *Erinnerungen*, p. 346.

130) Bahr, 『빌리 브란트를 기억하다』, p. 179.

131) Brandt, *Erinnerungen*, p. 343.

132) 그런 때문인지 모르지만 슈미트는 그의 저술들에서 브란트에 대한 언급을 가능한 한 피해 갔다. 슈미트가 쓴 『구십 평생 내가 배운 것들』*Was Ich Noch Sagen Wollte*이나 『인간과 권력』*Menschen und Machte*의 서문에서 그가 평생 동안 만나고 배운 사람들이나 그의 인생에 많은 영향을 준 인물들에 대한 언급을 하였는데 이들 가운데 브란트는 없었다. Helmut Schmidt, 『구십 평생 내가 배운 것들』, 강명순 역 (바다출판사, 2016); Helmut Schmidt, 『인간과 권력』, 윤근식 · 김일영 · 문순홍 역(대왕사, 1998), pp. x-xv 참조.

133) Brandt, *Erinnerungen*, p. 323, 330; Hofmann, *Willy Brandt und Helmut Schmidt*, p. 176.

134) Genscher, *Erinnerungen*, pp. 459~460.

135) Bahr, 『빌리 브란트를 기억하다』, pp. 182~191.

136) Rolf Steininger, *Deutsche Gerschichte*, Bd. 4: *1974 bis zur Gegenwart* (Frankfurt am Main, 2002), p. 16.

137) Genscher, *Erinnerungen*, pp. 109~110.

138) 같은 책, pp. 212~213.

139) Clemens, *Reluctant Realists*, p. 152.

140) Bark & Gress, *A History of West Germany*, Vol. 2, pp. 327~328.

141) United States Department of State, *Documents on Germany 1944-1985*, pp. 1304~1305.

142) 같은 책, p. 1306.

143) 같은 책, p. 1276.

144) Steininger, *Deutsche Gerschichte*, Bd. 4, p. 108.

145) Guido Knopp, 『통일을 이룬 독일 총리들』, 안병억 역(한울, 1999), p. 283.

146) Bark & Gress, *A History of West Germany*, Vol. 2, p. 324.

147) 손선홍, 『분단과 통일의 독일현대사』, pp. 236~256.

148) 양승현, 「분단국 TV 화면통일의 정치학—동 · 서독 미디어 정책 패러다임 변동을 중심으로」, 『사회과학연구』 24/3 (2017), p. 155.

149) 이우승, 「방송전파 월경에 따른 동·서독 주민의 시청태도와 방송정책」, 『한·독사회과학논총』 16/2 (2006), p. 18.

150) 같은 논문, pp. 24~25.

151) Bark & Gress, *A History of West Germany*, Vol. 2, p. 325.

152) 같은 책, p. 457.

153) Clemens, *Reluctant Realists*, p. 160.

154) Knopp, 『독일 총리들』, pp. 259~260.

155) Bark & Gress, *A History of West Germany*, Vol. 2, p. 321.

156) Schmidt, 『인간과 권력』, p. 47.

157) 같은 책, p. 55.

158) Avril Pittman, *From Ostpolitik to reunification West German-Soviet political relations since 1974* (Cambridge, 1992), p. 169.

159) Knopp, 『독일 총리들』, pp. 273~275.

160) 영국의 대처 총리는 처음에 올림픽 거부를 지지했지만 올림픽이 열리자 영국 선수단을 모스크바에 파견했다.

161) Knopp, 『독일 총리들』, pp. 277~278; Schmidt, 『인간과 권력』, p. 113.

162) Heinrich August Winkler, *Der lange Weg nach Westen Ⅱ : Deutsche Geschichte 1933-1990* (Darmstadt, 2004), p. 362.

163) Bark & Gress, *A History of West Germany*, Vol. 2, p. 333.

164) 같은 책, pp. 334~335.

165) 슈미트 정부는 소련으로부터 수입하는 천연가스 양을 서독의 천연가스 전체 수입량의 30%로 제한했다. 이것은 서독의 전체 에너지 수입량의 6% 미만에 해당된다. 이런 원칙은 콜 정부 때도 유지되었다. 슈미트는 미국이 서독의 소련 천연가스 수입을 반대하는 것은 월권이라고 보았다. Schmidt, 『인간과 권력』, p. 85.

166) Winkler, *Der lange Weg nach Westen Ⅱ*, p. 391.

167) Schmidt, 『인간과 권력』, p. 293; Bark & Gress, *A History of West Germany*, Vol. 2, pp. 336~337.

168) Winkler, *Der lange Weg nach Westen Ⅱ*, p. 392.

169) Knopp, 『독일 총리들』, pp. 244~293.

170) Genscher, *Erinnerungen*, p. 460.

171) 같은 책, p. 461.

172) 제로 옵션이란 소련이 중거리 핵미사일을 폐기하면 미국도 같은 종류의 핵무기를 폐기하겠다는 내용이다.

173) Dittberner, *Die FDP*, pp. 55~56.

174) Bark & Gress, *A History of West Germany*, Vol. 2, p. 383.

175) 같은 책, pp. 391~392.

176) Helmut Kohl, *Zwischen Ideologie und Pragmatismus: Aspekte und Ansichten zu Grundfragen der Politik* (Stuttgart, 1973), pp. 53~57; Kohl, *Ich wollte Deutschlands Einheit*, p. 19.

177) Clemens, *Reluctant Realists*, pp. 134~135.

178) 같은 책, pp. 164~165.

179) 같은 책, pp. 210~211.

180) 같은 책, pp. 212~213.

181) Kohl, *Ich wollte Deutschlands Einheit*, p. 21.

182) Steininger, *Deutsche Gerschichte*, Bd. 4, p. 109.

183) Kohl, *Ich wollte Deutschlands Einheit*, pp. 27~28.

184) 같은 책, p. 28.

185) Bark & Gress, *A History of West Germany*, Vol. 2, p. 412.

186) Genscher, *Erinnerungen*, p. 464.

187) Siegfried Schieder, "Liberalismus vs. Realismus. Der Versuch einer Einordung des "Genscherismus' in die Theorie der internationalen Beziehungen", in Kerstein Brauckhoff & Irmgard Schwaetzer, (ed.), *Hans-Dietrich Genschers Aussenpolitik* (Wiesbaden, 2015), pp. 49~50.

188) Bahr, 『빌리 브란트를 기억하다』, pp. 185~186.

189) Steininger, *Deutsche Gerschichte*, Bd. 4, pp. 127~128.

190) 같은 책, pp. 115~116.

191) United States Departments of State, *Documents on Germany 1944-1985*, pp. 1365~1371.

192) Clemens, *Reluctant Realists*, p. 281.

193) Bark & Gress, *A History of West Germany*, Vol. 2, p. 412.

194) Clemens, *Reluctant Realists*, p. 284.

195) 같은 책, pp. 280~281.

196) Bark & Gress, *A History of West Germany*, Vol. 2, pp. 456~457.

197) 같은 책, p. 457~458.

198) 손선홍, 『분단과 통일의 독일현대사』, pp. 249~255; Clemens, *Reluctant Realists*, pp. 285~286.

199) Kohl, *Ich wollte Deutschlands Einheit*, p. 32.

200) Bark & Gress, *A History of West Germany*, Vol. 2, pp. 489~490.

201) Weizäcker, 『우리는 이렇게 통일했다』, P. 89.

202) Clemens, *Reluctant Realists*, pp. 284~285.

203) DZ, 1987년 7월 17일, Clemens, *Reluctant Realists*, p. 285에서 재인용.

204) 같은 책, pp. 286~288.

2단계 정치적 통일, 1989~1990

1) Mikhail Gorbachev, 『페레스트로이카』, 고명식 역 (시사영어사, 1990), pp. 17~18.
2) Schmidt, 『인간과 권력』, pp. 460~461.
3) Winkler, *Der lange Weg nach Westen* II, pp. 264~265.
4) Oldrich Tüma, "The Difficult Path to the Establishment of Diplomatic Relations between Czechoslovakia and the Federal Republic of Germany," in Carole Fink & Bernd Schaefer, *Ostpolitik, 1969-1974* (New York, etc, 2009), p. 61.
5) Philip Zelikow & Condoleezza Rice, *German Unified and Europe Transformed: A Study in Statecraft* (Cambridge etc., 1997), p. 5. 번역서로는 김태현·유복근 역, 『통일과 유럽의 변환: 치국경세술 연구』(모음북스, 2008)가 있다.
6) Gorbachev, 『페레스트로이카』, pp. 169~171.
7) Zelikow & Rice, *German Unified and Europe Transformed*, p. 5, 16~17.
8) Bark & Gress, *A History of West Germany*, Vol. 2, p. 690.
9) 같은 책, Vol. 2, pp. 692~694.
10) Zelikow & Rice, *German Unified and Europe Transformed*, p. 35.
11) Henrik Bering, *Helmut Kohl* (Washington, DC, 1999), p. 96.
12) 이우승, 「방송전파 월경에 따른 동·서독 주민의 시청태도와 방송정책」, p. 25.
13) Bark & Gress, *A History of West Germany*, Vol. 2, pp. 594~597.
14) Kohl, *Ich wollte Deutschlands Einheit*, p. 67.
15) Helmut Kohl, *Vom Mauerfall zur Wiedervereinigung: Meine Erinnerungen* (München, 2009), p. 48.
16) Genscher, *Erinnerungen*, p. 644; Kohl, *Ich wollte Deutschlands Einheit,* p. 74. 84.
17) Kohl, 같은 책, p. 75.
18) Rödder, *Deutschland einig Vaterland*, pp. 72~75.
19) Genscher, *Erinnerungen*, p. 639.
20) Kohl, *Vom Mauerfall zur Wiedervereinigung*, p. 61.
21) Bering, *Helmut Kohl,* p. 101; Kohl, *Ich wollte Deutschlands Einheit*, p. 93.
22) Genscher, *Erinnerungen*, p. 650. 670.
23) Dittberner, *Die FDP*, p. 64.
24) Kohl, *Vom Mauerfall zur Wiedervereinigung*, pp. 61~62; Bering, *Helmut Kohl*, pp. 100~101.
25) Kohl, *Ich wollte Deutschlands Einheit*, pp. 94~96.
26) Zelikow & Rice, *German Unified and Europe Transformed*, pp. 68~72.
27) Kocka, 『독일의 통일과 위기』, p. 19.
28) Frank Sieren & Günther Schabowski, 『동독 멸망 보고서』, 심재만 역(하늘북,

2016), pp. 15~16.

29) Rödder, *Deutschland einig Vaterland*, pp. 66~70.

30) Kocka, 『독일의 통일과 위기』, p. 20.

31) Kohl, *Vom Mauerfall zur Wiedervereinigung*, p. 64.

32) Rödder, *Deutschland einig Vaterland*, p. 87.

33) 《New York Times》 (Oct. 10, 1989).

34) Rödder, *Deutschland einig Vaterland*, p. 88.

35) Bark & Gress, *A History of West Germany*, Vol. 2, pp. 625~635 참조.

36) Steininger, *Deutsche Gerschichte*, Bd. 4, pp. 163~164.

37) Winkler, *Der lange Weg nach Westen* II, pp. 510~511.

38) Rödder, *Deutschland einig Vaterland*, pp. 107~109.

39) 같은 책, pp. 116~118.

40) Winkler, *Der lange Weg nach Westen* II, p. 520.

41) Kohl, *Ich wollte Deutschlands Einheit*, p. 128.

42) 같은 책, p. 129.

43) Horst Teltschik, 『329일: 베를린 장벽 붕괴에서 독일통일까지』, 엄호현 역 (고려원, 1996), p. 19.

44) Brandt, *Erinnerungen*, pp. 502~503.

45) Genscher, *Erinnerungen*, p. 659.

46) Kohl, *Vom Mauerfall zur Wiedervereinigung*, pp. 90~92.

47) Serge Shmemann, "Clamor in the East: The Border is Open: Joyous East Germans Pour Through Wall: Party Pledges Freedoms, and City Exults", 《New York Times》 (November 11, 1989); Teltschik, 『329일: 베를린 장벽 붕괴에서 독일통일까지』, pp. 21~23.

48) Rödder, *Deutschland einig Vaterland*, p. 120.

49) Kocka, 『독일통일과 위기』, p. 43.

50) Bark & Gress, *A History of West Germany*, Vol. 2, p. 570; Knopp, 『독일 총리들』, pp. 304~305.

51) Zelikow & Rice, *German Unified and Europe Transformed*, p. 2.

52) Kohl, *Ich woillte Deutschlands Einheit*, p. 167.

53) Helmut Kohl, "Neue Chancen und neue Herausforderungen in der Deutschland-und europapolitik: Das Zehn-Punkte-Programm", in Helmut Kohl, *Die deutsche Einheit: Reden und Gesprache. Mit einem Vorwort von Michail Gorbatschow* (Bonn, 1992), pp. 124~132.

54) Zelikow & Rice, *German Unified and Europe Transformed*, pp. 120~121.

55) Teltschik, 『329일: 베를린 장벽 붕괴에서 독일통일까지』, p. 67.

56) Genscher, *Erinnerungen*, p. 669.

57) Kohl, *Ich wollte Deutschlands Einheit*, p, 175.

58) Rödder, *Deutschland einig Vaterland*, pp. 149~150.

59) Zelikow & Rice, *German Unified and Europe Transformed*, p. 133.

60) Kohl, *Vom Mauerfall zur Wiedervereinigung*, p. 158.

61) Zelikow & Rice, *German Unified and Europe Transformed*, p. 138.

62) Fischer (ed.), *Die Einheit sozial gestalten*, p. 37~38.

63) Rödder, *Deutschland einig Vaterland*, pp. 169~170.

64) Fischer (ed.), *Die Einheit sozial gestalten*, p. 40; Rödder, *Deutschland einig Vaterland*, p. 171.

65) Fischer (ed.), *Die Einheit sozial gestalten*, p. 25.

66) Brandt, *Erinnerungen*, p. 528.

67) Rödder, *Deutschland einig Vaterland*, p. 170.

68) Brandt, *Erinnerungen*, pp. 506~511.

69) 같은 책, p. 501.

70) Zelikow & Rice, *German Unified and Europe Transformed*, p. 183.

71) Helmut Schmidt, *Auf dem Weg zur deutschen Einheit*, p. 33.

72) 같은 책, p. 24.

73) Rödder, *Deutschland einig Vaterland*, pp. 171~172.

74) Genscher, *Erinnerungen*, p. 659~660.

75) Rödder, *Deutschland einig Vaterland*, pp . 172~173.

76) Kohl, *Ich wollte Deutschlands Einheit*, p, 214.

77) 같은 책, pp. 215-216.

78) Kohl, *Vom Mauerfall zur Wiedervereinigung*, pp. 148~153.

79) Rödder, *Deutschland einig Vaterland*, pp. 180~181.

80) Ilse Fischer (ed.), *Die Einheit sozial gestalten: Dokumente aus den Akten der SPD-Führung 1989/1990* (Bonn, 2009), pp. 28~30, 116.

81) Bernd Faulenbach, 『독일 사회민주당 150년의 역사』, 이진모 역 (한울, 2017), pp. 169~173.

82) Rödder, *Deutschland einig Vaterland*, pp. 118~120.

83) 같은 책, p. 220.

84) 자를란트 주는 프랑스의 국경 지대에 위치한다. 1871년 프로이센·프랑스 전쟁의 결과 알자스-로렌과 함께 독일에 병합되었다. 제1차 세계대전 후 베르사유 조약으로 15년간 국제연맹의 감독을 받았으며, 1935년 1월 주민투표를 통해 독일로 복귀되었다. 제2차 세계대전 후에 프랑스는 다시 이 지방을 점령하였다. 전후 프랑스와 서독의 우호 관계 증진, 유럽공동체의 창설 등이 고려되어 1957년 프랑스는 자르 지방의 독일 반환 여부를 주민투표의 결과에 따르겠다고 했고 자를란트 주민들은 주민투표에서 독일을 선택했다.

85) Fischer (ed.), *Die Einheit sozial gestalten*, p. 44; Ritter, *The Price of German Unity*, p. 20.

86) Rödder, *Deutschland einig Vaterland*, p. 223.

87) Bering, *Helmut Kohl*, p. 170.

88) 빌리는 브란트 전 총리의 애칭이다.

89) Fischer (ed.), *Die Einheit sozial gestalten*, p. 45.

90) Kohl, *Ich wollte Deutschlands Einheit*, p. 294.

91) Bering, *Helmut Kohl*, p. 175.

92) Rödder, *Deutschland einig Vaterland*, p. 218.

93) 콜 총리도 이 무렵 브란트 전 총리의 생각이 자신의 생각과 매우 유사함을 발견했다고 기술했다. Schöllgen, *Willy Brandt*, pp. 270~271.

94) Hans-Joachim Noack, *Willy Brandt: Ein Leben, Ein Jahrhundert* (Berlin, 2013), p. 312.

95) Rödder, *Deutschland einig Vaterland*, p. 223.

96) Bark & Gress, *A History of West Germany*, Vol.2, p. 729.

97) Rödder, *Deutschland einig Vaterland*, p. 281.

98) Maizière, 『독일 통일 변호사』, p. 81.

99) Ritter, *The Price of German Unity*, p. 22.

100) Maizière, 『독일 통일 변호사』, p. 96.

101) 같은 책, pp. 97~98.

102) Fischer (ed.), *Die Einheit sozial gestalten*, p. 47.

103) Thomas Lange & Geoffrey Pugh, *The Economics of German Unification* (Cheltenham & Northampton, 1998), pp. 3~4.

104) Ritter, *The Price of German Unity*, p. 153.

105) 통일부, 『독일의 통일·통합 정책 연구, 제2권: 부처 지방정부 연구』 (사회복지법인 나누리, 2011), pp. 133~134.

106) Schmidt, *Auf dem Weg zur deutschen Einheit*, p. 39.

107) 정용길, 『독일 1990년 10월 3일: 통일을 생각하며 독일을 바라본다』 (동국대학교출판부, 2009), pp. 252~253; Lange & Pugh, *The Economics of German Unification*, p. 2.

108) Lange & Pugh, *The Economics of German Unification*, p. 3.

109) Ritter, *The Price of German Unity*, 168.

110) Fischer (ed.), *Die Einheit sozial gestalten*, p. 52, 324~331; Faulenbach, 『독일 사회민주당 150년의 역사』, p. 175.

111) 《Die Zeit》, 1990. 5. 18, Bark & Gress, *A History of West Germany*, Vol. 2, pp. 742~743에서 재인용.

112) Zelikow & Rice, *German Unified and Europe Transformed*, p. 346.

113) 임종헌 외 역, 『독일통일백서』(한겨레신문사, 1999), pp.57~58; 정용길, 『독일 1990년』, pp. 256~257.

114) Rödder, *Deutschland einig Vaterland*, p. 293.

115) Fischer (ed.), *Die Einheit sozial gestalten*, p. 367.

116) Michael Walter, "Verhandlungen zur deutschen Einheit: Innerer Prozess", in Weidenfeld & Korte (ed.) *Handbuch zur deutschen Einheit*, pp. 789~790.

117) 같은 책, pp. 790~791.

118) 같은 책, pp. 791~792.

119) 손선홍, 『독일현대사』, pp. 341~345; 임종헌 외 역, 『독일통일백서』, p. 59 참조.

120) Weizäcker, 『우리는 이렇게 통일했다』, p. 114.

121) Faulenbach, 『독일 사회민주당 150년의 역사』, p. 175~176.

122) 손선홍, 『독일현대사』, pp. 345~347.

123) Brandt, *Friedenspolitik in Europa*, p. 41.

124) Kohl, *Ich wollte Deutschlands Einheit*, p. 173.

125) 같은 책, p. 185.

126) Zelikow & Rice, *German Unified and Europe Transformed*, p. 167.

127) 같은 책, p. 173.

128) Genscher, *Erinnerungen*, pp. 716~718.

129) Rödder, *Deutschland einig Vaterland*, pp. 201~202.

130) Zelikow & Rice, *German Unified and Europe Transformed*, pp. 176~182.

131) Rödder, *Deutschland einig Vaterland*, p. 161.

132) Kohl, *Ich wollte Deutschlands Einheit*, p. 475.

133) Kohl, *Vom Mauerfall zur Wiedervereinigung*, pp. 203~204.

134) Teltschik, 『329일: 베를린 장벽 붕괴에서 독일통일까지』, pp. 163~168.

135) Kohl, *Vom Mauerfall zur Wiedervereinigung*, pp. 281~283.

136) 같은 책, p. 286.

137) 손선홍, 『독일현대사』, pp. 332~333; Werner Weidenfeld & Peter M. Wagner & Elke Bruck, "Verhandlungen zur deutschen Einheit: Internationaler Prozess", in Weidenfeld & Korte (ed.) *Handbuch zur deutschen Einheit*, pp. 797~799.

138) Genscher, *Erinnerungen*, p. 831.

139) 겐셔 외무장관도 코카서스에서 고르바초프, 콜과 회담할 때 자신의 고향인 동독 지역의 할레(Halle), 거기서 살다가 2년 전 사망한 그의 어머니를 비롯하여 그의 부모와 조부모에 대한 이야기 등 인간적 대화를 먼저 했다고 기술하고 있다. Genscher, *Erinnerungen*, p. 836.

140) Genscher, *Erinnerungen*, p. 839.

141) Kohl, *Ich wollte Deutschlands Einheit*, pp. 424~436; Kohl, *Vom Mauerfall zur Wiedervereinigung*, pp. 347~348; Genscher, *Erinnerungen*, pp. 840~841.

142) Zelikow & Rice, *German Unified and Europe Transformed*, pp. 342~343.

143) 같은 책, pp. 349~352; Kohl, *Ich wollte Deutschlands Einheit*, pp. 468~469.

144) Genscher, *Erinnerungen*, pp. 844~846.

145) 소련은 조약의 서명 의식을 크렘블린 궁전에서 행하기를 원했지만 다른 나라들의 반대로 소련 공산당에서 운영하는 옥자브르스카야(Oktyabrskaya) 호텔 로비에서 거행했다. Steininger, *Deutsche Gerschichte*, Bd. 4, p. 274.

146) 메지에르 총리는 동독의 메켈 장관이 8월 19일 사임한 관계로 외무장관을 겸직하고 있었다.

147) Steininger, *Deutsche Gerschichte*, Bd. 4, p. 277.

148) 같은 책, pp. 276~284.

149) Weidenfeld & Wagner & Bruck, "Verhandlungen zur deutschen Einheit", pp. 799~800.

150) Schmidt, 『인간과 권력』, p. 47.

151) Schieder, *Liberalismus vs. Realismus*, p. 41.

152) Bahr, 『빌리 브란트를 기억하다』, pp. 185~186.

153) Weizäcker, 『우리는 이렇게 통일했다』, p. 114.

154) Zelikow & Rice, *German Unified and Europe Transformed*, p. 174.

155) 같은 책, p. 348.

156) Kohl, *Ich wollte Deutschlands Einheit*, p. 441.

157) Genscher, *Erinnerungen*, pp. 726~727.

158) 동독 인민의회가 통일조약 비준안을 표결할 때는 8월에 동독 연립정부에서 탈퇴한 자민당과 사민당도 찬성하여 2/3를 넘길 수 있었다.

159) Walter, "*Verhandlungen zur deutschen Einheit*", p. 787.

160) 손선홍, 『독일현대사』, p. 348.

161) Kohl, *Vom Mauerfall zur Wiedervereinigung*, p. 404.

162) Weizäcker, 『우리는 이렇게 통일했다』, p. 195.

163) 같은 책, pp. 263~264. 일부에서는 서독 정부가 소련에 제공한 큰 액수의 재정 규모를 근거로 독일이 돈으로 통일을 샀다고 말하기도 한다.

164) Brandt, *Friedenspolitik in Europa*, p. 74.

165) Schmidt, *Auf dem Weg zur deutschen Einheit*, pp. 10~16; Kohl, *Ich wollte Deutschlands Einheit*, p. 475.

166) Winkler, *Der lange Weg nach Westen* II, p. 636.

167) Weizäcker, 『우리는 이렇게 통일했다』, pp. 195~214.

168) Gerhard A. Ritter, *The Price of German Unity: Reunification and the Crisis of the Welfare State,* Richard Deveson trans. (Oxford, 2011), p. 39.

3단계 내적 통합

1) Christoph Degenhart, 『독일헌법총론』, 홍일선 역 (피엔씨미디어, 2015), p. 7.
2) 같은 책, p. 11.
3) Georg Ress, "Grundgestz", in Weidenfeld & Korte(ed.), *Handbuch zur deutschen Einheit*, pp. 409~410.
4) 같은 책, pp. 408~409.
5) 같은 책, p. 404; Rödder, *Deutschland einig Vaterland*, p. 332.
6) 통일 직전 동독 총리였던 메지에르는 통일 후 1990년 12월 2일 선거 때까지 4개월 동안 무임소장관을 맡았지만 본 정부의 관료들이 업무를 관장하였고, 자기는 단순히 인사나 하는 사람으로 밀려났다고 말했다. 그는 1991년 모든 공직을 그만두었다. Maizière, 『독일 통일 변호사』, p. 143.
7) Ritter, *The Price of German Unity*, pp. 30~34.
8) 같은 책, p. 29.
9) Eckhard Jesse, "Ist zwei mehr als drei?: Wahlen und Parteiensystem nach 20 Jahren deutscher Einheit", in Kurt Bohr & Arno Krause (ed.), *20 Jahre Deutsche Einheit: Bilanz und Perspektiven* (Baden-Baden, 2011), pp. 226~227.
10) Weizäcker, 『우리는 이렇게 통일했다』, p. 108.
11) Steininger, *Deutsche Gerschichte*, Bd. 4, pp. 300~301.
12) Ritter, *The Price of German Unity*, p. 826.
13) Rolf Clement, "Bundeswehr", in Weidenfeld & Korte(ed.), *Handbuch zur deutschen Einheit*, pp. 138~140.
14) 같은 책, pp. 142-143; Ritter, *The Price of German Unity*, pp. 826.
15) Rödder, *Deutschland einig Vaterland*, pp. 334-336
16) Rudolf Wassermann, "Rechtssystem", in Weidenfeld & Korte(ed.), *Handbuch zur deutschen Einheit*, pp. 655~656.
17) 정용길, 『독일 1990년 10월 3일』, pp. 388~410.
18) Steininger, *Deutsche Gerschichte*, Bd. 4, pp. 294~295.
19) 김영탁, 『독일통일과 동독재건과정』, pp. 240~249.
20) 손선홍, 『독일현대사』, pp. 370~375.
21) Gunmar Hinck, *Eliten in Ostdeutschland: Warum den managern der Aufbruch nicht gelingt* (Berlin, 2013), pp. 19~20.
22) Rödder, *Deutschland einig Vaterland*, p. 346.
23) 마르쿠스 폴만·이종희, 「독일 통일 이후 구동독 지역 권력 엘리트의 변화」, 독일사학회 편, 『독일 통일과 동독 권력 엘리트: 남북통일에의 함의』 (한울, 2011), p. 73, 75.
24) Hinck, *Eliten in Ostdeutschland*, p. 24.

25) 같은 책, p. 48.

26) 황병덕 외, 『독일의 평화통일과 통일독일 20년 발전상』 (늘품 플러스, 2011), pp. 351~352.

27) 정용길, 『독일 1990년 10월 3일』, pp. 357~358.

28) 김영탁, 『독일통일과 동독재건과정』, pp. 255~256.

29) 같은 책, p. 260.

30) Lange & Pugh, *The Economics of German Unification*, p. 182.

31) 김영탁, 『독일통일과 동독재건과정』, pp. 267~268.

32) Lange & Pugh, *The Economics of German Unification*, p. 71.

33) 같은 책, p. 72.

34) 같은 책, pp. 74~76.

35) 김영탁, 『독일통일과 동독재건과정』, pp. 291~293.

36) Bering, *Helmut Kohl*, p. 176.

37) 같은 책, p. 178.

38) 김영탁, 『독일통일과 동독재건과정』, pp. 301~304.

39) Lange & Pugh, *The Economics of German Unification*, pp. 83~84.

40) 같은 책, p. vii.

41) 같은 책, p. vii.

42) Maizière, 『독일 통일 변호사』, p. 192.

43) 임홍배 외 2인, 『기초자료로 본 독일 통일 20년』 (서울대학교출판부, 2011), p. 82, 106.

44) Maizière, 『독일 통일 변호사』, p. 224.

45) Schmidt, *Auf dem Weg zur deutschen Einheit*, p. 119.

46) 손선홍, 『독일현대사』, pp. 382~384.

47) Ulrich Busch, "Vereinigt und doch zweigeteilt: Zum Stand der deutsch-deutschen Konvergenz auf wirtschaftlichem Gebiet", in Bohr & Krause (ed.), *20 Jahre Deutsche Einheit*, p. 64, 75.

48) 독일연방정부는 1998년 기민/기사련의 콜 정부에서 사민당의 슈뢰더 정부로 바뀌었다.

49) 임홍배 외 2인, 『기초자료로 본 독일 통일 20년』, pp. 81~84.

50) 이기식, 『독일 통일 25년 후』 (고려대학교출판문화원, 2016), pp. 86~87.

51) Ritter, *The Price of German Unity*, p. 246.

52) Maizière, 『독일 통일 변호사』, p. 120.

53) Ritter, *The Price of German Unity*, p. 84.

54) 같은 책, p. 85.

55) Bering, *Helmut Kohl*, pp. 178~179.

56) Schmidt, *Auf dem Weg zur deutschen Einheit*, p. 146.

57) Busch, Vereinigt und doch zweigeteilt, pp. 84~85.

58) Bering, *Helmut Kohl*, pp. 179~180.

59) Schmidt, *Auf dem Weg zur deutschen Einheit*, pp. 210~211.

60) Bering, *Helmut Kohl*, pp. 180~181.

61) 정용길, 『독일 1990년 10월 3일』, pp. 320~322.

62) Rödder, *Deutschland einig Vaterland*, pp. 349~352.

63) 김누리, 「동·서독 사회 문화 갈등의 원인」, 김누리 편저, 『머릿속의 장벽』, (한울아카데미, 2006), p. 29.

64) 김누리 외, 『동독의 귀환, 신독일의 출범; 통일독일의 문화변동』 (한울, 2009), pp. 47~50.

65) Klaus Schröder, *Die veränderte Republik: Deutschland nach der Wiedervereinigung* (Stamsried, 2006), pp. 470~471.

66) Kohl, *Ich wollte Deutschlands Einheit*, p. 384.

67) 같은 책, p. 385.

68) Uwe Müller,, "100 Milliarden Euro fließen pro Jahr in den Osten," 《*Die Welt*》 (2009. 8. 21).

69) Martin Greive, "Deutsche Einheit kostet 2.000.000.000.000 Euro", 《*Die Welt*》 (2014. 4. 5).

70) Rödder, *Deutschland einig Vaterland*, pp. 358~360.

71) Henrik Bering, *Helmut Kohl*, p. 170.

72) Schmidt, *Auf dem Weg zur deutschen Einheit*, pp. 92~93, 146; Lange & Pugh, *The Economics of German Unification*, p. xiii.

73) 손선홍, 『독일현대사』, pp. 384~386.

74) Kohl, *Ich wollte Deutschlands Einheit*, pp. 385~386.

75) 황병덕 외, 『독일의 평화통일』, pp. 384~387.

76) Maizière, 『독일 통일 변호사』, p. 96.

77) Bering, *Helmut Kohl*, p. 173.

78) Kohl, *Ich wollte Deutschlands Einheit*, p. 470.

79) 같은 책, p. 470.

80) Ritter, *The Price of German Unity*, p. 44; Bering, *Helmut Kohl*, p. 170.

81) 같은 책, p. 44.

82) Schmidt, *Auf dem Weg zur deutschen Einheit*, p, 42.

83) 같은 책, pp. 48~49.

84) Faulenbach, 『독일 사회민주당 150년의 역사』, p. 179.

85) Weizäcker, 『우리는 이렇게 통일했다』, pp. 130~131.

86) 통일연구원, 『2006 독일통일백서』 (통일연구원, 2008), p. 2, 147.

87) 임홍배 외 2인, 『독일 통일 20년』, pp. 84~85; Busch, Vereinigt und doch

zweigeteilt, pp. 77~85.

88) 임홍배, 같은 책, pp. 85~88.

89) Lange & Pugh, *The Economics of German Unification*, p. xvi

90) Busch, Vereinigt und doch zweigeteilt, p. 85.

91) 임홍배 외 2인, 『독일 통일 20년』, pp. 88~93.

92) 같은 책, p. 97; 황병덕 외, 『독일의 평화통일과 통일독일 20년 발전상』, p. 257.

93) Maizière, 『독일 통일 변호사』, pp. 108~109; Berning, *Helmut Kohl*, p. 172.

94) Maizière, 같은 책, p. 110; Olaf Hillenbrand, "Umwelt", in Weidenfeld & Korte(ed.), *Handbuch zur deutschen Einheit*, p. 757.

95) 같은 책, pp. 757~760.

96) 비스마르크가 복지제도를 도입한 것은 노동자들이 사회주의 정당을 지지하는 것을 예방하기 위해서였다. 그는 사회주의자탄압법과 사회보험법을 동시에 제정하여 당근과 채찍정책을 병행했다.

97) Ritter, *The Price of German Unity*, pp. 42~43.

98) 같은 책, pp. 262~265.

99) 같은 책, p. 261.

100) 임홍배 외, 『독일 통일 20년』, pp. 173~177.

101) 김영탁, 『독일통일과 동독재건과정』, pp. 305~306.

102) Martin Greive, "Deutsche Einheit kostet 2,000,000,000,000 Euro".

103) Ritter, *The Price of German Unity*, p. 43, 257.

104) 같은 책, pp. 44.

105) Görtemaker, *Geschichte der Bundesrepublik Deutschland*, p. 775.

106) Greive, "Deutsche Einheit kostet 2,000,000,000,000 Euro", 독일 연방정부가 2015년 공개한 통일연례보고서도 비슷한 지표를 내놓았다. 이 보고서에 따르면 2014년 기준 동독 지역 1인당 국내총생산(GDP)은 서독 지역의 67% 선에서 머물러 있다.

107) Greive, 같은 기사.

108) Thomas Ahbe, "Die DDR im Rücken – Erwartungen und Erfahrungen," www.iwm.at, 2010.

109) 2015년 인구는 8,218만 명으로서 2009년 인구와 거의 차이가 없다.

110) Schröder, *Die veränderte Republik*, pp. 408~409.

111) https://www.welt.de. (2017. 9. 25).

참고 문헌

김영탁, 『독일통일과 동독재건과정』, 한울, 1997.

김진호, 「1969-74년 시기의 독일연방공화국의 독일정책과 CSCE」, 『평화연구』, vol 17, no. 1, 2009, pp. 206~245.

-----, 「독일문제와 유럽의 평화정책」, 『역사문화연구』, 33집, 2009, pp. 317~360.

노명환, 「빌리 브란트의 망명시기 유럽연방주의 사상과 구성주의 시각」, 『역사문화연구』, vol. 53, 2015, pp. 317~346.

-----, 「초국가주의 민주주의 평화사상과 지역공동체의 추구 및 분단극복정책: 빌리 브란트의 동방정책과 김대중의 햇볕정책의 비교사적 연구」, 『EU연구』, 30호, 2012, pp. 133~177.

양승현, 「분단국 TV 화면통일의 정치학—동서독 미디어 정책 패러다임 변동을 중심으로」, 『사회과학연구』 24/3, 2017.

이동기, 「빌리 브란트, 민주사회주의와 평화의 정치가」, 『역사비평』, No. 102, 2013, pp. 210~241.

이영기, 『빌리 브란트의 동방정책』, 형상사, 1990.

이우승, 「방송전파 월경에 따른 동·서독 주민의 시청태도와 방송정책」, 『한·독사회과학논총』 16/2, 2006.

임종헌 외 역, 『독일통일백서』, 한겨레신문사, 1999.

임홍배 외 2인, 『기초자료로 본 독일 통일 20년』, 서울대학교출판부, 2011.

정용길, 『독일 1990년 10월 3일: 통일을 생각하며 독일을 바라본다』, 동국대학교출판부, 2009.

통일부, 『독일의 통일·통합 정책 연구, 제2권: 부처 지방정부 연구』, 사회복지법인 나누리, 2011.

최영태, 「W. 브란트의 '문화민족' 개념과 동방정책」, 『역사학연구』, 45호, 2012, pp. 291~316.

-----, 「빌리 브란트와 김대중: 변방인들의 인문적 삶과 분단극복 정책」, 『역사학연구』, 53호, 2014, pp. 319~350.

-----, 「W. 브란트의 동방정책에서 평화의 문제」, 『독일연구』, 34/1, 2016, pp. 161~196.

한국독일사학회, 『독일 통일과 동독 권력 엘리트: 남북통일에의 함의』, 한울, 2011.

Bahr, Egon, 『빌리 브란트를 기억하다』, 박경서 역, 북로그컴퍼니, 2014.

-----, *Der deutsche Weg: Selbstverstandlich und Normal.* München, 2003.

-----, *Der Nationalstaat: Ueberlebt und Unentbehrlich.* Göttingen, 1998.

Baring, Arnulf, *Machtwechsel : die Ära Brandt-Scheel*, Stuttgart, 1983.

Bark, Dennis & David R. Gress, *A History of West Germany* vol. 2: *Democracy and its Discontents 1963-1991.* Oxford UK & Cambridge USA, 1993. 번역서로 서지원 역 『도이치 현대사』 4권, 비봉출판사, 2004가 있다.

Bender, Peter, *Die Ostpolitik Willy Brandts oder die Kunst des Selbstverstaendlichen.* Hamburg, 1972.

Bering, Henrik, *Helmut Kohl,* Washington, DC, 1999.

Bohr, Kurt & Arno Krause (ed.), *20 Jahre Deutsche Einheit: Bilanz und Perspektiven.,* Baden-Baden, 2011.

Brandt, Willy, *Erinnerungen.* München, 2003. 번역서로 정경섭 역, 『빌리브란트: 동방정책과 독일의 재통합』, 도서출판 하늘땅, 1990 이 있다.

-----, *Friedenspolitik in Europa,* Frankfurt am Main, 1968.

-----, *Draussen, Schriften Während der Emigration,* ed., by Günter Struve, München, 1966.

-----, *Der Wille zum Frieden Perspektiven der Politik,* Mit einem Vorwort von Golo Mann, Frankfurt am Main, 1973.

-----, *My Road to Berlin,* New York, 1960.

Brauckhoff, Kerstein & Irmgard Schwaetzer, (ed.), *Hans-Dietrich Genschers Aussenpolitik,* Wiesbaden, 2015.

Bulletin of the German Historical Institute, *American Detente and German Ostpolitik, 1969-1972.* ed. by David C, Geyer and Bernd Schaefer, Washington, 2004.

Bundeskanzler-Willy-Brandt-Stiftung, *Remembering Willy Brandt-Egon Bahr, Henry Kissinger und die deutsch-amerikanischen Bezieungen,* Washington, 2003.

Clemens, Clay, *Reluctant Realists: The CDU/CSU and West German Ostpolitik,* Duke, 1989.

Dokumentation zur Entspannungspolitik der Bundesregierung: Ostpolitik, reihe, 1981.

Drath, Viola Herms, *Willy Brandt: Prisoner of His Past,* Pennsylvania, 1975.

Faulenbach, Bernd, 『독일 사회민주당 150년의 역사』, 이진모 역, 한울, 2017.

Fink, Carole & Bernd Schaefer, *Ostpolitik, 1969-1974: European and Global Responses,* Cambridge, 2009.

Fischer, Ilse (ed.), *Die Einheit sozial gestalten: Dokumente aus den Akten der SPD-Führung 1989/1990,* Bonn, 2009.

Gorbachev, Mikhail, 『페레스트로이카』, 고명식 역, 시사영어사, 1990.

Görtemaker, Manfred, *Geschichte der Bundesrepublik Deutschland: Von der Gründung bis zur Gegenwart,* Frankfurt am Main, 1999.

Grebing, Helga, *Willy Brandt: Der andere Deutsche,* München, 2008.

Greive, Martin, "Deutsche Einheit kostet 2,000,000,000,000 Euro", 《*Die Welt*》 (2014. 4. 5)

Griffith, William E., *Die Ostpolitik der Bundesrepublik Deutschland,* Stuttgart, 1981.

Hanrieder, Wolfram F., *Germany, America, Europe: Forty Years of Germany Foreign Policy,* New Haven, 1989.

Harrison, Hope M., "The Berlin Wall, Ostpolitik, and Dètente", in David C. Geyer and Bernd Schaefer, ed., *American Dètente and German Ostpolitik, 1969-1972,* Washington D. C., 2003.

Hiepel, Claudia "Europakonzeptionen und Europapolitik" in Bernd Rother, ed., *Willy Brandts Außenpolitik.* Wiesbaden, 2014, pp. 21~91.

Knopp, Guido, 『통일을 이룬 독일 총리들』, 안병억 역, 한울, 1999.

Kohl, Helmut, *Vom Mauerfall zur Wiedervereinigung: Meine Erinnerungen,* München, 2009.

------, *Die deutsche Einheit: Reden und Gesprache. Mit einem Vorwort von Michail Gorbatschow,* Bonn, 1992.

------, *Zwischen Ideologie und Pragmatismus: Aspekte und Ansichten zu Grundfragen der Politik,* Stuttgart, 1973.

------, *Ich wollte Deutschlands Einheit*, Berlin, 1996, p. 167. 번역서로 김주일 역, 『나는 조국의 통일을 원했다』, 해냄, 1998 이 있다.

Kocka, Jürgen, 『독일의 통일과 위기』, 김학이 역, 아르케, 1999.

Lange, Thomas & Geoffrey Pugh, *The Economics of German Unification,* Cheltenham & Northampton, 1998.

Löwenthal, Richard, *Vom Kalten Krieg zur Ostpolitik,* Stuttgart, 1974.

Maizière, Lothar de, 『독일 통일 변호사』, 박응격 역, 백산자료원, 2001.

Merseburger, Peter, *Willy Brandt 1913-1992,* München, 2004.

Niclauss, Karlheinz, *Kontroverse Deutschlandpolitik.: Die politische Auseinandersetzung in der Bunderrepublik Deutschland über den Grundlagevertrag mit der DDR,* Frankfurt am Main, 1977.

Noack, Hans-Joachim, *Willy Brandt: Ein Leben, Ein Jahrhundert,* Berlin, 2013.

Tüma Oldrich, "The Difficult Path to the Establishment of Diplomatic Relations between Czechoslovakia and the Federal Republic of Germany," in Carole Fink & Bernd Schaefer, *Ostpolitik, 1969-1974,* New York, etc, 2009.

Patton, David F., *Cold War Politics in Postwar Germany,* New York, 1999.

Pittman, Avril, *From Ostpolitik to Reunification: West German-Soviet political relations since 1974.* Cambridge, 1992.

Ritter, Gerhard A., *The Price of German Unity: Reunification and the Crisis of the Welfare State,* Richard Deveson trans., Oxford, 2011.

Rödder, Andreas, *Die Bundesrepublik Deutschland 1969-1990,* München, 2004.

───────, *Deutschland einig Vaterland: Die Geschichte der Wiedervereinigung,* München, 2009.

Roth, Florian, *Die Idee der Nation im politischen Diskurs: Die Bundesrepublik Deutschland zwischen Neuer Ostpolitik und Wiedervereinigung (1969-1990),* München, Univ., Diss., 1995.

Rother, Bernd, "Sozialdemokratischer Internationalismus-Die SI und der Nord-Süd-Konflikt", in Bernd Rother, ed., *Willy Brandts Außenpolitik.* Wiesbaden, 2014, pp. 259~334.

Sarotte, M. E., *Dealing with the Devil: East Germany. Dètente, and Ostpolitik, 1969-1973,* Chapel Hill & London, 2001.

Schaefer, Bernd, ed., *Ostpolitik, 1969-1974: European and Global Response.* Cambridge & New York, 2009.

Schmidt, Helmut, *Auf dem Weg zur deutschen Einheit: Bilanz und Ausblick,* Hamburg, 2008, p. 33. 번역서로 오승우 역,『독일 통일의 노정에서: 결산과 전망』, 시와 진실, 2007 이 있다.

───────,『구십 평생 내가 배운 것들』, 강명순 역, 바다출판사, 2016.

───────,『인간과 권력』, 윤근식·김일영·문순홍 역, 대왕사, 1998.

Schmidt, Wolfgang, "Willy Brandts Ost- und Deutschlandpolitik", in Bernd Rother, ed., *Willy Brandts Außenpolitik,* Wiesbaden, 2014, pp. 161~257.

──────, "Die Wurzeln der Entspannung. Der konzeptionelle Ursprung der Ost- und Deutschlandpolitik Willy Brandts in den fünfziger Jahren", *Vierteljahrshefte für Zeitgeschichte* vol 51, no. 4, 2003, pp. 521~564.

Schöllgen, Gregor, *Willy Brandt: Die Biographie,* München, 2003. 번역서로 김현성 역,『빌리 브란트』, 빗살무늬, 2003 가 있다.

Schröder, Karsten, *Egon Bar,* Rastatt, 1988.

Schröder, Klaus, *Die veränderte Republik: Deutschland nach der Wiedervereinigung,* Stamsried, 2006.

Shmemann, Serge, "Clamor in the East: The Border is Open: Joyous East Germans Pour Through Wall: Party Pledges Freedoms, and City Exults," 《*New York Times*》, November 11, 1989.

Shrotte, M. E., *Dealing with the Devil: East Germany. Dètente, and Ostpolitik, 1969-1973,* London, 2001.

Sieren, Frank & Günther Schabowski,『동독 멸망 보고서』, 심재만 역, 하늘북, 2016.

Spencer, Philip & Howard Wollman, *Nations and Nationalism: A Reader,* New Brunswick & New Jersey, 2005.

Steininger, Rolf, *Deutsche Gerschichte,* Bd. 4 : *1974 bis zur Gegenwart,* Frankfurt am Main, 2002.

Stern, Carola, *Willy Brandt,* Hamburg, 2002.

Teltschik, Horst, 『329일: 베를린 장벽 붕괴에서 독일통일까지』, 엄호현 역, 고려원, 1996)

Unites States Department of State, *Documents on Germany, 1944-1985.* Washington, 1985.

Weizäcker, Richard von, 『우리는 이렇게 통일했다』, 탁재택 역, 창비, 2012.

Weidenfeld, Werner & Wilhelm Bleek, *Politische Kultur und deutsche Frage : Materialien zum Staats- und Nationalbewusstsein in der Bundesrepublik Deutschland,* Köln, 1989.

Weidenfeld, Werner & Karl-Rudolf Korte (ed.) *Handbuch zur deutschen Einheit 1949-1989-1999,* Frankfurt am Main, 1993.

Winkler, Heinrich August, *Der lange Weg nach Westen II : Deutsche Geschichte 1933-1990,* Darmstadt, 2004.

Zelikow, Philip & Condoleezza Rice, *German Unified and Europe Transformed: A Study in Statecraft,* Cambridge etc., 1997. 번역서로는 김태현·유복근 역, 『통일과 유럽의 변환: 치국경세술 연구』, 모음북스, 2008 가 있다.